Valentin Atheismus in der Spur Gottes

Joachim Valentin

ATHEISMUS IN DER SPUR GOTTES

Theologie nach Jacques Derrida

Mit einem Vorwort von Hansjürgen Verweyen

Matthias-Grünewald-Verlag · Mainz

D 25

Der Matthias-Grünewald-Verlag ist Mitglied
der Verlagsgruppe engagement

Valentin, Joachim:
Atheismus in der Spur Gottes : Theologie nach Jacques Derrida /
Joachim Valentin. Mit einem Vorw. von Hansjürgen Verweyen. –
Mainz : Matthias-Grünewald-Verl., 1997
Zugl.: Freiburg (Breisgau) , Univ., Diss., 1996
ISBN 3-7867-2033-9

Umschlag: Kirsch & Buckel Grafik-Design GmbH, Wiesbaden
Druck und Bindung: WS Druckerei, Bodenheim

ISBN 3-7867-2033-9

Inhalt

Negative Theologie als Dekonstruktion

Zwischen Agnostizismus und Spuren des Verlorenen: Zur theologischen Rezeption J. Derridas

Danksagung

Wie die meisten Texte verdankt sich diese Arbeit nicht einfach der Anstrengung eines einsamen Autors. Sie hat viele Väter und Mütter, von denen wenigstens einige hier genannt werden sollen.

Ohne die Ermunterung von Herrn Prof. Dr. Ludwig Wenzler hätte ich diese Arbeit nicht begonnen. Daß sie in einem überschaubaren zeitlichen Rahmen abgeschlossen werden konnte, verdanke ich der geduldigen und sensiblen Begleitung durch meinen theologischen Lehrer und Doktor-Vater, Herrn Prof. Dr. Hansjürgen Verweyen. Ihm schulde ich Dank für sein innovatives fundamentaltheologisches Denken, für sein Interesse an einem für die Theologie zunächst befremdlichen Projekt und seine beharrliche sachliche und immer auch weiterführende Kritik.

Danken möchte ich auch dem Cusanuswerk, der Studienförderung der Deutschen Bischofskonferenz, für die überaus großzügige finanzielle Unterstützung und eine hervorragende Bildungsarbeit.

Das Bistum Freiburg hat die Drucklegung finanziell unterstützt. Hier danke ich besonders Herrn Weihbischof Prof. Dr. Paul Wehrle für unbürokratische Hilfe. Von den vielen Freunden und Feundinnen, die das Entstehen der Arbeit durch Rat und Kritik begleitet haben, seien hier Albrecht Birkelbach und Georg Schwind genannt, die den Text unter großem zeitlichem Aufwand zum Teil mehrfach Korrektur gelesen und mit weiterführenden Hinweisen versehen haben.

Nicht zuletzt danke ich meiner Frau Beate und meinen Eltern, die mir durch vielfältige Unterstützung und Rücksichtnahme in den letzten Jahren das kontinuierliche Arbeiten erlaubt haben. Ich danke auch unseren Kindern, Manuel Benedikt und Ruth Maria, deren unverstellte Fröhlichkeit, Traurigkeit und Phantasie mein „Leben am Schreibtisch“ immer wieder an ihre lebendige Wirklichkeit rückgebunden haben.

Hadamar, am zweiten Advent 1996 — Joachim Valentin

Vorwort

Nach dem Kriege hatte die katholische Theologie - zunächst über Heidegger, dann über die Hermeneutik Gadamers - Anschluß an das zeitgenössische Philosophieren gefunden. Unter dem Einfluß des Neomarxismus wurde sie im Umfeld der Politischen Theologie und der Theologie der Befreiung hellhörig für die gesellschaftlichen Repressionsmechanismen, denen Theologie als hermeneutisches Geschehen immer schon unterliegt, die aber in dem von Heidegger und Gadamer eröffneten Horizont nicht wirklich zutage gefördert werden können.

Im Anklang an die Politische Theologie formuliert auch Joachim Valentin sein „erkenntnisleitendes Interesse“:

„Fundamentaltheologie muß ... vor allem eine theoretische Arbeit sein, welche die Flucht vor der Realität der aktuellen Unterdrückung und vor der Vergegenwärtigung des historisch unleugbaren industrialisierten Massenmordes in ein - wie auch immer - konstruiertes Jenseits als Zynismus entlarvt und ihr somit auch noch den letzten Anschein von Legitimation entzieht“. Während in der Politischen Theologie aber zunächst im Anschluß an das Denken von Habermas und Apel vor allem Momente der transzendentalphilosophischen Reflexion zur Gewinnung von gesellschaftskritischer und damit auch theologischer Kompetenz aufgenommen wurden, wendet sich Valentin *Derrida* und damit einem vor allem im französischen Poststrukturalismus über eine relecture von Nietzsche und Freud entwickelten Denken zu, das die am Geltenden der wirkungsgeschichtlichen Rezeption orientierte Hermeneutik *hermeneutisch* hinterfragt auf die Strategien von Sprache, die zugunsten der herrschenden Paradigmen unliebsames sprachliches Geschehen wirksam auszublenden imstande sind. Über die Wahrnehmung einer solchen radikal kritischen „Hermeneutik“ vermag eine Theorie der Kommunikation neben der stets notwendig bleibenden Frage nach universalen Geltungskriterien das Problem der - im lebensweltlichen Sinne „apriorischen“ - Sprachverstellungen angemessener in den Blick zu bekommen, als dies bisher möglich schien.

Innerhalb des mittlerweile schon überbordenden Werkes Derridas selbst (und erst recht seiner Interpretation) konzentriert sich der Autor vor allem auf eine frühe Periode, in der es Derrida um einen Anschluß an den klassischen neuzeitlichen Diskurs geht (mit Orientierung an Husserl, Heidegger, dem Strukturalismus und der Psychoanalyse) und sein begriffliches Instrumentar geprägt wird, und dann auf „die späten“ Arbeiten, wo Derrida nach vorwiegender Orientierung an literaturwissenschaftlichen Untersuchungen sich wieder stärker philosophischen Fragen im engeren Sinn zuwendet (insbesondere in der expliziten wie impliziten Auseinandersetzung mit E. Levinas).

Derrida bezieht sich auf kein „Ende der Metaphysik", um sich der mühevollen Lektüre klassischer Texte der Philosophiegeschichte zu entheben. Er denkt auch nicht wie Heidegger an eine Zeit der Metaphysik, hinter die man zurückfragen müsse, um an die Ursprünge zu kommen. Wenn er überhaupt von einer „Epoche" der Metaphysik redet, so verwendet er diesen Terminus eher im Sinne Husserls als „epoché": In einer Strategie der Einklammerung und Ausgrenzung von Wirklichkeit gelingt es dem je dominierenden Diskurs, „das Andere" aus der Sprache auszublenden. „Metaphysikkritik" kann sich nicht in einem neuen Dualismus von einer „Zeit der Dualismen" distanzieren. Sie muß sich immer wieder in die metaphysizierenden Texte hineinbegeben, um dem ausgeblendeten Anderen auf die Spur zu kommen und ihm so schließlich Raum geben zu können. Schon Heidegger kam dieser Konzeption nahe, insofern er nämlich nicht von einer *Über-,* sondern von einer *Ver-*windung der Metaphysik sprach. Ähnliches wäre zu Adornos Begriff des Nichtidentischen im Verhältnis zu Derridas Denken der „différance" zu bemerken.

Theologie hat zwar einerseits teil am griechisch geprägten ontologischen Denken wie auch der neuzeitlichen „Bewußtseinsmetaphysik" und bedarf insofern einer Metaphysikkritik. Andererseits aber beherbergt der theologisch-spirituelle Diskurs starke „Gegengifte" zum Dualismus der Metaphysik. Im Dialog mit Derrida versucht Valentin, solchen metaphysikkritischen Momenten in der jüdischen und christlichen Tradition nachzugehen, um eine theologische Neubesinnung auf das weiterhin Tragende dieser Tradition vorzubereiten.

Metaphysisches Denken ist für Derrida primär hierarchisch. Über Oppositionen gelangt es zu Ordnungen, die regelmäßig Unterordnung, Ausgrenzung und Marginalisierung zur Folge haben. Unter den Privilegisierungen der Metaphysik steht an erster Stelle die Präsenz vor der Absenz, die Illusion, im Fluß von Geschichtlichkeit durch Hypostasierungen Halt zu gewinnen. „Die Geschichte der Metaphysik ist das absolute Sich-sprechen-hören-Wollen". Von daher auch die Privilegierung des Logos (vor dem „Anderen der Vernunft") und die des gesprochenen Wortes vor der Schrift, dem bloßen „Schattenbild der lebendigen Seele" (Plato).

Im Alltagsgebrauch gilt „Schrift" tatsächlich als der mehr oder weniger sekundäre Niederschlag des gesprochenen Wortes. Derridas Verständnis dieses Terminus kämpft gegen die damit verbundenen Realitätsverdrängungen an. Ein Subjekt versucht sich dadurch im Wort wirkmächtiger zur Geltung zu bringen, daß es sich schriftlich durchsetzt. Doch schon mit der ersten Artikulation des

Sprechens anhebend („textum“ ursprünglich: Gewebe), setzt sich der Sprechende einer Materialität aus, die ihn seiner - auch im Anderen seiner selbst angezielten - völligen Selbstverfügung entzieht. In der Schrift kann der „Autor“ nicht adäquat seine Anwesenheit durchsetzen. Jeder Text ist dem Verlust oder der verzerrenden Interpretation ausgesetzt. Nimmt man diese „Abwesenheit des Autors im Text“ positiv, so ermöglicht sie nun aber, das Marginalisierte, Verdrängte gegen die Intention des über das Andere Verfügenwollenden ans Licht zu bringen.

In diesem Sinne ist „Dekonstruktion der Metaphyik“ bei Derrida zu verstehen, nicht als „Destruktion“ (etwa der Aussage eines Autors), aber eines solchen Lesens von Texten, das auch das nach der Absicht des Autors nicht des Wortes Würdige zu erfassen sucht. „Die marginalisierten Teile eines Textes müßten also in der Lektüre bestärkt werden, aber nicht, weil sie *an sich* einen höheren Rang haben, sondern um ihre ursprüngliche Bedeutung gegen die Privilegierungen der übermächtigen Tradition zu verteidigen“.

Von der Wesenseigenschaft der Schrift, die es durch ihre unaufhebbare Materialität dem, der das Wort hat, unmöglich macht, das Andere seiner selbst zur Darstellung seiner Präsenz zu instrumentalisieren, kommt Derrida auf ein noch Ursprünglicheres zu sprechen, das er ebenfalls unter dem Titel „Schrift“, in den frühen Arbeiten vor allem aber mit Hilfe des Terminus „différance“ thematisiert. Woher hat jemand überhaupt das Wort? Dieses Voraus zur Sprache hatte Heidegger mit der ontologischen Differenz zwischen Sein und Seiendem zu erfassen versucht. Blieb er damit aber nicht doch zu sehr dem Griechischen verhaftet, und: kann das, woher Sprache kommt, als „Sein“ verstanden werden? Indem Derrida Ursprünglichkeit als „différance“, als „absoluten Vokativ“ zu denken versucht, vermag er über den jüdischen Hintergrund seines Denkens vielleicht der Theologie eine adäquatere Orientierung zu geben, und zwar ohne Rückfall in eine Metaphysizierung des Ursprungs zu einem wie auch immer substantierten Ursprünglichen. Über die Gewalt der Sprache, die Namengebung, versucht das Ich das Andere zu vereinnahmen. Indem es sich - notwendig - auf die Schrift einläßt, wird sein Trieb nach Selbstpräsenz aber ständig durchkreuzt. Die Schrift hält somit die „Spur“ des „absoluten Vokativs“ für die Sprache lebendig.

Es sind vor allem zwei Einzeluntersuchungen, in denen Valentin dieser „Spur Gottes im Atheismus Derridas“ nachgeht. Zum einen unternimmt er einen neuen, vorsichtig tastenden Versuch der Vermittlung zwischen jüdischem und christlichen Denken, im wachen Bewußtsein der Aporie, in die sich das Christentum selbst allem Jüdischen gegenüber hineinmanövriert hat. Inwieweit läßt sich das Denken des Philosophen Derrida überhaupt als „jüdisch" charakterisieren? Einen entscheidenden Anhaltspunkt zur Beantwortung dieser Frage findet der Autor in Derridas Verständnis von „Beschneidung". Ausführlich widmet er sich sodann dem Verhältnis zwischen Derrida und E. Levinas. Das Stichwort von einem „verschwiegenen Dialog", der seine Spur im Werk beider Philosophen hinterlassen hat, scheint mir nicht schlecht gewählt. Valentin war schon zuvor auf die schwierige, und wohl immer noch von Mißverständnissen belastete Diskussion zwischen Derrida und Gadamer eingegangen. In seinem Kapitel über Paul Celan wird deutlich, wo sich am ehesten Berührungspunkte zwischen den beiden Philosophen ausmachen ließen. Die wichtigste Einzelanalyse in diesem Zusammenhang der Frage nach Derridas Verhältnis zum Judentum stellt zweifellos der Versuch des Autors dar, Derridas Schriftbegriff auf dem Hintergrund rabbinischer Thorainterpretation nahezukommen: Der offengehaltene Pluralismus der verschiedensten Lesarten hält nicht nur das Bewußtsein für die Unaussprechlichkeit des NAMENS wach, sondern ist zugleich eine Einübung in das Wahrnehmen des anderen (hier: des Interpreten), der (sei es „historisch-kritisch" oder durch autoritativ vorgegebene Lesarten) beim Bemühen um *die* adäquate Auslegung allzu leicht an den Rand des als authentisch Geltenden gedrängt wird.

Den Grundintentionen Derridascher Philosophie im Hinblick auf die Gottesfrage läßt sich, so weist Valentin überzeugend auf, ein gutes Stück näherkommen, indem man sie vom Kontext jüdischen Denkens her zu erschließen versucht. Aber auch der Rückgriff auf eine bestimmte christliche Tradition vermag hier weiterzuführen. Derrida hat sich selbst mehrmals ausführlich (und immer wieder in sporadischen Seitenblicken) mit Texten der „Negativen Theologie" auseinandergesetzt. Über diese Interpretation von Texten, die man vielleicht als „gegen den Strich gelesene" Stücke abendländischer Metaphysik bezeichnen kann, versucht Valentin nicht nur tiefer in das Denken Derridas einzudringen. Er vermag auch, wie mir scheint, jene großen Exkurse des abendländischen Diskurses aus einem neuen Blickwinkel zu beleuchten. Vom Bilderverbot des Ersten Testaments und dessen Analoga bei Philosophen wie Kant und Adorno her nähert sich der Autor einer genaueren Abgrenzung des Begriffs „Negative Theologie" von dem weiteren, vieldeutigen der „Mystik". Über knappe Ausführungen zu Pseudo-Dionys und Meister Eckhart kommt im Eingehen auf die einschlägigen Arbeiten Derridas schließlich vor allem Angelus Silesius in den Blick.

Valentin sieht das Gemeinsame zwischen Derridas (implizitem und zunehmend auch explizitem) Zugang zur Gottesfrage und den Höhepunkten abendländischer Negativer Theologie besonders in der bewußten Durchkreuzung von Sprache. Der „wahre Mystiker“ findet Gott nicht im wortlosen Verstummen. Dieses verleitet allzuoft zu Projektionen eines nicht weiter reflektierten „Absoluten“, hinter das sich das Subjekt selbst zurückziehen kann, ohne weiterem Hinterfragen ausgesetzt zu sein. Mystik in ihrem tiefsten Sinn erfährt sich vielmehr in einem ständigen „Vokativ“ (die vielleicht eindrücklichste Metapher, die Derrida für die „Spur“ des immer abwesend bleibenden Gottes verwendet): Angesprochen und unnachgiebig zum Antworten verführt, weiß sich der Mensch dennoch in jedem Sprechakt in einem Raum von Sprache befangen, die es unmöglich macht, dem Vokativ adäquat Folge zu leisten. Von hierher deutet sich auch eine Antwort auf die sich beim ersten Hinblick aufdrängende Frage an, warum ausgerechnet der unaufhörlich redende (und schreibende) Philosoph Derrida sich dem „Mystiker“ verbunden fühlen kann. In seinem Werk geht es letztlich nicht um ein Spiel mit allem und jedem, sondern um das „Bekenntnis zu der Beschneidun“, die unbarmherzig in jeden Versuch, sich „aus“-zudrücken, sich über das Wort zu vollenden, eingegraben ist.

Joachim Valentin ist mit der bisherigen Rezeption des Derridaschen Denkens durch christlich geprägte Theologen vertraut. Mit Recht konzentriert er sich auf die besonders rege Diskussion in den U.S.A. Anknüpfungspunkt war hier einmal die Anwendung der „Methode der Deconstruction“ in literaturwissenschaftlichen Arbeiten der sog. „Yale School“. Theologischerseits schien man sich über Derrida sodann eine Wiederbelebung der „Gott-ist-tot“-Theologie zu erhoffen - zu Unrecht, wie der Autor mit Blick auf den Altizer-Schüler Mark C. Taylor ausführt. Valentin selbst weiß sich am ehesten in Übereinstimmung mit der Derrida-Interpretation von Kevin Hart.

Seinem eigenen Versuch, christliche Theologie auf dem Hintergrund Derridaschen Denkens neu in den Blick zu nehmen, schickt der Autor ein gut gewähltes Zitat von Hans Urs von Balthasar voraus: „Das Ende der Frage ist der große Schrei. Er ist das Wort, das kein Wort mehr ist, das deshalb auch nicht mehr als Wort verstanden und ausgelegt werden kann. Er ist das Ungeheure, das noch übrigbleibt, nachdem alles Gemäßigte, Geheure, dem Menschengehör Angepaßte verklungen ist. In Wahrheit müßte man das, was in diesem Schrei nunmehr nackt hervorbricht, in jedem bekleideten Wort mithören“. Die Erinnerung an die Theologie von Balthasars klang als grundlegende Fragestellung in der gesamten Monographie immer wieder durch. Von Derrida her ergeben sich wichtige, bisher so noch nicht bedachte Aspekte, in diesem Sinne Theologie zu betreiben. Die entscheidende Frage bleibt dabei, ob im

Anschluß an Derrida auch *christliche* Theologie im strengen Sinn möglich ist, die doch - bei aller notwendigen Gewärtigung der Unmöglichkeit, „den Herrn festzuhalten" - zunächst einmal aus der bleibenden Gegenwart Jesu Christi lebt. Die Überlegungen des Autors zu einem neuen Verständnis von Trinität, Christologie, Eschatologie und dem Sakrament der Taufe, die am Ende seiner Arbeit stehen, bieten interessante Anstöße zur Beantwortung dieser Frage.
Über diese im engeren Sinne theologischen Fragestellungen hinaus scheinen mir die Untersuchungen Valentins noch eine weitere, gewichtige Bedeutung zu haben. Im intellektuellen Milieu Frankreichs nach der Revolution bewegte sich Philosophie, sofern sie allgemein als solche anerkannt wurde, in einem „laizistischen" Raum, zu dem Denker, die aus der christlichen Tradition lebten, nie eigentlich Zutritt bekamen, mochten sie sich auch noch so intensiv mit den Fragen der Moderne auseinandersetzen - man erinnere sich etwa an so herausragende Persönlichkeiten wie Maurice Blondel oder Gabriel Marcel. In den letzten Jahrzehnten scheint diese, von der französischen Geschichte her nur zu verständliche Tendenz zur Gleichsetzung von „laical" mit „nicht mit einem der Offenbarung verpflichteten Denken vereinbar" mehr und mehr von Denkern wie Levinas, Lyotard oder eben Derrida unterlaufen zu werden. Sie erwecken mit Sicherheit nicht das ungute Gefühl, trotz aller Aufmerksamkeit für die Moderne schließlich doch die Gefahr einer Restaurierung von „Thron und Altar" nicht hinreichend bannen zu können. Nur indem sich christliche Theologie - an ihren eigenen Früchten irregeworden - zusammen mit jüdischen Denkerinnen und Denkern in äußerster Zurückhaltung an die durch das abendländische Denken und Handeln verstellte Gottesfrage herangeht, kann sie wieder gesprächsfähig werden für ein säkulares Philosophieren, das lange Zeit glaubte, nur unter Ausklammerung der Frage nach Gott sich nicht der Lächerlichkeit auszusetzen. Valentins Derridainterpretation scheint mir auch in dieser Perspektive lesenswert.

Hansjürgen Verweyen

„Die Götter, wenn sie auch auf Gipfeln wohnen, sind im philosophischen Diskurs präsent. Sie bleiben es, auch nach ihrem Rückzug auf jene mythischen Stätten, in dem Maße, wie der philosophische Diskurs die Mythen einkleidet oder sich in sie flüchtet. Der Gott der Bibel, dessen Wege unbekannt sind, dessen Abwesenheit sich als Anwesenheit aufdrängt, dem der Gläubige gleichzeitig treu und untreu ist, an den er glaubt und gleichzeiztig nicht glaubt, offenbart sich dagegen im Bruch des kohärenten Diskurses. Und doch stimmt der westliche Mensch, unverbesserlicher Philosoph der er ist, dieser Trennung zwischen Glauben (oder dessen Restbestand) und Philosophie nicht zu. Er will einen Diskurs, der auch noch diesen Bruch in sich aufnimmt."[1]

Einleitung

Aufgabe einer theologischen Arbeit kann es nicht sein, in irgendeiner Weise Letzgültigkeitsurteile zu fällen, die mit dem Anspruch auftreten, andere Humanwissenschaften zu binden. Eine solche primär autoritativ-normative Selbstdefinition widerspräche theologieimmanent der Vorstellung eines gemeinsamen Auf-dem-Weg-Seins mit den „Menschen der Welt"[2]. Im mehr denn je notwendigen Dialog mit den anderen Wissenschaften entzöge sich die Theologie selbst durch eine solche Mißachtung pluraler Spielregeln den letzten Rest an Glaubwürdigkeit im Parlament der Stimmen. Dennoch unterscheidet sie von den anderen Wissenschaften, daß sie - ähnlich wie die Philosophie - den gewagten Versuch unternimmt, menschliche Existenz *als Ganzes* in den Blick zu nehmen und so - je nach Intention - mit allen Humanwissenschaften in den Dialog zu treten.

Dementsprechend wird Theologie in dieser Arbeit verstanden als der historischen und philosophischen *ratio* verpflichtete Hüterin bestimmter Felder der abendländischen Tradition. Sie weiß sich als Sachwalterin einer vernunftgemäßen Reflexion auf anthropologie- und religionsrelevante Fragestellungen

---

[1] *E. Levinas*, Philosophie und Religion, in: ders., Außer sich. München / Wien 1991, 79.

[2] Vgl. GS 1.

und Problemkomplexe eindeutig im 'Sprachspiel' des Volkes Gottes[3] verortet. Als solche muß es Aufgabe der Theologie, insbesondere der Fundamentaltheologie sein, in einem Akt der Stellvertretung der Gläubigen und in deren Dienst komplexe und dem einzelnen nicht zumutbare Wahrnehmungs-, Verarbeitungs- und Ordnungsarbeit an den Brennpunkten gesellschaftlicher Auseinandersetzung zu leisten und diese aktuellen Konfliktfelder mit den schon bearbeiteten und ins kollektive Bewußtsein der Glaubenden eingegangenen Texten, Fragen und Antworten in Beziehung zu setzen.

Fundamentaltheologie soll hier - in aller gebotenen Kürze und Allgemeinheit - verstanden werden als diejenige theologische Disziplin, die sich die Reflexion der *Grundlagen* von Theologie und Glaube zur Aufgabe macht. Dazu gehört, daß sie *systematisch* nach den philosophischen, genauer, erkenntnistheoretischen und anthropologischen, Bedingungen christlichen Glaubens fragt. Aktuell - so lautet die erkenntnisleitende Einsicht der neueren politischen Theologie - können dabei die extremen Leid- und Vernichtungserfahrungen unseres Jahrhunderts, die immer komplexeren Mechanismen der Selbstbehauptung und der konkurrierenden Machtsteigerung genausowenig außer acht gelassen werden wie nicht-theologisches Denken, das diese Phänomene reflektiert. Aufgabe der Fundamentaltheologie muß daher, und heute vor allem eine theoretische Arbeit sein, welche die Flucht vor der Realität der aktuellen Unterdrückung und vor der Vergegenwärtigung des historisch unleugbaren industrialisierten Massenmordes in ein - wie auch immer - konstruiertes Jenseits als Zynismus entlarvt und ihr somit auch noch den letzten Anschein von Legitimation entzieht. Eine solche *historische* Arbeit kommt fundamentaltheologisch aber erst dadurch ins Recht, daß sie die inhaltlich bindenden Texte der Heiligen Schrift und den Niederschlag der zentralen Erfahrungen der christlichen und der jüdischen Tradition auf die radikalisierten Grundsituationen hin vor dem Hintergrund auch zeitgenössischer philosophischer Neuansätze auslegt.

Vor dem Hintergrund einer solchen Bestimmung der Fundamentaltheologie verdient der französische Denker JACQUES DERRIDA (*1930) als Dialogpartner ein besonderes Interesse. Als einer der führenden und - vor allem in Philosophie und Literaturwissenschaft, aber auch schon in der Theologie der USA - schulbildend wirkender Denker des späten zwanzigsten Jahrhunderts muß er die Aufmerksamkeit einer Theologie wecken, die unter anderem an einer kri-

---

[2] Vgl. GS 1.

[3] Verstanden als Gemeinschaft der an Christus glaubenden, auf dem Weg seiner Nachfolge befindlichen Menschen.

tischen Prüfung traditioneller Glaubensinhalte, aber auch an deren Vermittlung in sich verändernde gesellschaftliche und philosophische Kontexte arbeitet. Angesichts einer gewissen Ermüdung des theologischen Diskurses und der schon seit einigen Jahren herrschenden Krisenstimmung in den christlichen Kirchen scheint mir der Dialog mit einem innovativen zeitgenössischen Denker - wie schon häufiger in der Geschichte der Theologie - die Chance eines zumindest punktuellen Neubeginns in sich zu tragen. Voraussetzung für einen solchen Dialog wäre jedoch für die Theologie, neben einer zunächst unspezifischen Innovationshoffnung die Suche nach thematischen oder methodologischen Gemeinsamkeiten, auch wenn deren Existenz nicht auf den ersten Blick evident ist. Mit einer Vielzahl zeitgenössischer Philosophen teilt Derrida nämlich die taktische Vermeidung bzw. Tilgung jeder Fährte, die ein Verfolgen seines Denkens bis zu seinen zwangsläufig auch abendländischen Wurzeln erlaubte und so einen Dialog mit christlich-theologischen Fragestellungen ermöglichte. Diese Vermeidungsstrategie - im geistigen Klima des säkularen Frankreich entstanden und dem Denken Heideggers bzw. der Negativen Dialektik Adornos sehr ähnlich - zielt allerdings nur auf eine bestimmte (und tatsächlich defiziente) Theologie: jene, die vermeint, Gott und seine Offenbarung durch ein geschlossenes System in die Immanenz kirchlich - autoritär oder aufgeklärt - subjektiver Verfügung transportieren zu können.
Ein solcher metaphysisch auch noch so gut getarnter Anthropomorphismus kann jedoch auch nicht im Interesse einer wirklich *kritischen* Theologie liegen. Sie sollte sich an eine seit den ersten Formulierungen des Exodusgeschehens und des Bilderverbotes über dreitausendjährigen Tradition der Aufklärung über und gegen versklavende Tendenzen in Gesellschaft und Kult gebunden sehen. Genau in dieser „subversiven“, herrschaftskritischen Tradition der Theologiegeschichte ergeben sich überraschende Anknüpfungspunkte mit dem Denken J. Derridas. Sie in einer ausführlichen Textarbeit an zwei Brennpunkten offenzulegen, nämlich dem jüdischen Denken, speziell der talmudischen Bibelinterpretation, und der Negativen Theologie, sowie die daraus resultierenden Schlußfolgerungen für eine Theologie der späten Moderne zu formulieren, ist Aufgabe und Ziel dieser Arbeit.

Zur Vorgehensweise

Die Bezüge zwischen Jacques Derridas Arbeiten und der Theologie sind - entgegen einem ersten Anschein und gegen Derridas Versicherungen - äußerst vielfältig. Dies gilt um so mehr, als von Vielfalt nicht nur material, sondern auch formal gesprochen werden muß. Gemeinsam mit der Theologie hat das

Denken Derridas zunächst - insofern es (auch) philosophisches Denken ist - die großen Themen der Philosophiegeschichte: die Bestimmung dessen, was Metaphysik sei und wie sich das aktuelle Denken zu ihr verhält; die Frage, wie Zeit und Geschichtlichkeit gedacht werden können; die Frage nach dem Subjekt sowie nach der Möglichkeit von Verstehen.

Die kritische Bearbeitung von Texten der Tradition, das Problemfeld der Hermeneutik, der sprachlichen Vermittlung von Wahrheit, ja von Existenz überhaupt, sind der Theologie und dem Derridaschen Denken zwar als Fragestellung gemeinsam. Derrida schlägt jedoch mit seiner Weise, Texte dekonstruktiv, d.h. auch gegen die Intention des Autors, auf das in ihnen Verborgene, Verdrängte hin zu lesen, einen mit der hermeneutischen Diskussion, der auch die Theologie bisher gefolgt ist, nicht vollkommen kohärenten Weg ein. Die Frage, ob sich von der (post)strukturalistischen Texttheorie her auch grundsätzliche Anfragen an die Exegese ergeben, und um welche Fragen es sich dabei handeln müßte, kann in dieser Arbeit allerdings nicht verfolgt werden.

Es gehört zu den zentralen Gedanken Derridas, daß kein Text ohne Sinnverschiebung übersetzt werden kann, weil dies die Annahme eines von seiner materiellen Verfaßtheit unabhängigen Sinnkonzentrates voraussetzt. Das heißt auch, daß eine Zusammenfassung, wie sie z.B. im Rahmen jeder Philosophie- oder Dogmengeschichte vorgenommen wird, den Text eigentlich verrät. Dementsprechend sind die Derridaschen Texte so gearbeitet, daß eine Komprimierung unmöglich wird. Indem er selbst seine eigene Lektüre an den von ihm bearbeiteten Text anpaßt, nötigt er seine Leser, sich in ähnlicher Weise auch seinen eigenen Texten anzuschmiegen.

In dieser Arbeit wird also selbst dort, wo Derridas Texte zu ausführlichen Interpretationen herangezogen werden, keine „authentische" Wiedergabe im Sinne der Formulierung einer im Text „verborgenen" Autorenintention versucht. Vielmehr sollen seine Arbeiten unter bestimmten Gesichtspunkten und ohne Erwartung einer eindeutigen Antwort befragt werden: Nach dem transportierten Metaphysikbegriff, nach alternativen Ansätzen, Ursprünglichkeit zu denken usw. Versucht man dennoch, bestimmte Grundlinien herauszuarbeiten, die sich *in allen Texten* wiederfinden, sind weder eklektisch wirkende Zitationen noch Wiederholungen ganz zu vermeiden. Die Wiederholung des Gleichen in anderem Kontext ist jedoch nicht einfach redundant, sondern soll verstanden werden (1.) als Illustration und Nachvollzug von Derridas These der nichtidentischen Wiederholung des Selben und (2). als moderne Version der Mnemotechnik, die in einer dem Ideal eines klassisch systematischen Diskurses alternativen Weise ein Thema unter der Perspektive des jeweiligen Textes gegebenenfalls mehrmals umkreist, bis alle seine Aspekte gesammelt sind.

Zum Aufbau der Arbeit

Im ersten Teil der Arbeit wird das Modell der Derridaschen Metaphysikkritik anhand der frühen Schriften in möglichst knapper Form entwickelt, um so den Fragehorizont für die folgenden Teile der Arbeit zu finden. Anschließend werden Derridas Arbeiten in der Nähe jüdischen Denkens sowie zu Negativer Theologie als (im späteren Werk entwickelte) Ansätze für nichtmetaphysisches Ursprungsdenkens vorgestellt. Diese sollen im letzten Teil auf mögliche Anstöße für eine „christliche Theologie der späten Moderne" befragt werden[4].

(I.) Zunächst wird also das Verhältnis der Theologie zur *Metaphysik* im Zusammenhang des Derridaschen Denkens thematisiert. Ist es nach der Rezeption metaphysikkritischer Philosophien inzwischen zwar selbstverständlich, eine solche Kritik auch für *theologische* Systeme zu reklamieren, so stellen sich darüber hinaus dennoch Fragen nach der Reichweite einer solchen Kritik. Von einer rückhaltlosen „Totalitätskritik" könnte der theologische Diskurs nämlich vor allem deshalb in besonderer Weisebetroffen sein, als für ihn - aufgrund des unbedingten Anspruchs, den zu vertreten er antritt - ein metaphysischer Restbestand, z.B. ein nicht abgeleiteter Begriffs von Identität, unverzichtbar bleibt.

Derrida scheint mir für diese Fragestellung mit seiner Methode der „Dekonstruktion" eine plausible Lösung anzubieten: Einerseits ist sein Ziel eine radikale Metaphysikkritik: Die Annahme eines sinnkonstituierenden Zentrums, in dem alle Wahrheit überzeitlich und unzerstörbar versammelt gedacht wird, verwirft er als gefährlichen Teil des abendländischen Identitätsdenkens, als strukturellen Hintergrund konkret geschehender Unterdrückung. Andererseits sucht er aber, vor allem im Kontext der Begriffe *différance*, *la trace* und *déconstruction,* nach nichtmetaphysischen „Alternativen", Ursprünglichkeit, oder genauer: ein „Voraus" der Sprache zu denken, die das berechtigte Anliegen traditioneller Metaphysik retten, ohne ihren Identifizierungen und Verabsolutierungen zu verfallen. Derrida geht hier von einer nicht-

[4] In diesem Aufriß stellt meine Arbeit auch den Versuch einer Antwort auf den von *W. Lesch* in einem instruktiven Text (Wer hat Angst vor Dekonstruktion? Jacques Derridas Herausforderung der Theologie, in: ders. / *G. Schwind* (Hg.), Das Ende der alten Gewißheiten, Mainz 1993, 27-47) geforderten „Dialog von Theologie und Dekonstruktion" dar.

substantiell als Ursprung oder Einheit zu fassenden, nichtvergegenwärtigbaren Differenz aus, die er „*différance*" nennt. Die Strukturen dieses Denkens sollen im ersten Teil der Arbeit vorgestellt werden.

(II.) Dort, wo er vorsichtige Versuche eines nichtmetaphysischen Denkens unternimmt, gerät Derrida keineswegs auf ideengeschichtlich vollkommen unberührtes Terrain. Vielmehr verortetet er diese Versuche in Regionen, in denen auch christliches Denkens gründet: Tradition und Geschichte, Interpretationstechniken und narratives Material des *Judentums*. Dieses Feld, wird im *zweiten Hauptteil* der Arbeit erkundet. Seine Bedeutung für die Frage nach einem nachmetaphysischen Gottesbegriff läßt sich im wesentlichen auf zwei entscheidende Aspekte einengen:
Einerseits eine bestimmte, aus geschichtlicher Erfahrung erwachsene Alterität bzw. Abgründigkeit im Gottesbild des Judentums, wie sie sich in bestimmten Passagen des Ersten Testaments (Jahwenamen, Bilderverbot etc.), in Texten der jüdischen Mystik und unter anderem im Werk von E. Levinas, E. Jabès und P. Celan spiegeln. Die Bedeutung dieser Alterität liegt vor allem in einer konsequenten Vermeidung von Anthropomorphismen, weil sie das Wesen Gottes und des Menschen zu fixieren drohen.
Andererseits richtet sich unser Blick hier auf die mit dieser Unverfügbarkeit im Gottesbild eng korrespondierenden Interpretationstechniken des Talmud. Mögen sie auch von christlichen Theologen und Machthabern immer wieder als „verrückt" und „chaotisch" eingestuft worden sein; ihre Qualität besteht gerade in der Vermeidung einer Hermeneutik, die einem auf den Bereich des Sprachlichen erweiterten Bilderverbot zuwiderlaufen könnte.

(III.) Derridas Vorgehensweise führt zu paradoxen Formulierungen, die unübersehbar an Texte der Mystiker und der Negativen Theologie erinnern. Von einem Begriff Negativer Theologie, der in der Tradition des Neuplatonismus die Vermeidung positiver Propositionen (via negativa) lediglich als Illustration der (positiv anthropomorph gedachten) Erhabenheit Gottes faßt, muß sich auch Derrida freilich distanzieren. Gleichzeitig ist er sich des Eingeschriebenseins der *différance* in einen theologischen Diskurs bewußt. So versteht er Gott nurmehr als zu postulierenden Ursprung jedes Sprechens, als Name für die Geschichtlichkeit der jedem Bewußtseinsakt vorgängigen Sprachlichkeit menschlicher Existenz. Das *Gebet* am Anfang theologischer (und letztlich jeder) Rede wird für Derrida als Erinnerung an den „unterstellten Ursprung jeglichen Sprechens", an den Anderen als Referenten eines jeden *legein*, zum Akt der identifizierenden Selbstvergewisserung. Gleichzeitig weist er darauf hin, daß die absprechende Verneinung jede Logik an ihre eigene Grenze führt. Damit eröffnen sich Spielräume für ein reines Sich-Richten an Gott als den ganz Anderen, eine nicht nur religiöse, sondern gleichzeitig zutiefst ethische Grundbewegung, die verstellende Identifizierungen des anderen Menschen an ihrer Wurzel, nämlich dem Mißbrauch des Namens Gottes als Herrschaftsinstrument, vermeidet. Nach einer knappen Orientierung zur Begriffsgeschichte des Bilderverbotes und der „klassischen" Negativen Theologie, ist es Aufgabe des *dritten Hauptteils* dieser Arbeit, die beiden entscheidenden Texte J. Derridas zum Thema zu interpretieren und ihre Anschlußfähigkeit an theologische Reflexionen aufzuweisen.

(IV.) Nachmetaphysische Theologie läßt sich mit Derrida also einerseits fassen als Verweis auf die theologische Qualität des propositional unausdrückbaren Anderen, des Schweigens, das am Beginn eines jeden Diskurses steht, andererseits als Erinnerung an die Vorläufigkeit jeder Rede von Gott. Nach einem Überblick über schon vorliegende theologische Rezeptionen seines Werkes im angloamerikanischen Raum werden im *vierten Hauptteil* der Arbeit mögliche Konsequenzen seiner Metaphysikkritik, seiner Aufmerksamkeit für das Judentum sowie seines oben skizzierten Begriffs Negativer Theologie für eine Theologie der späten Moderne aufgezeigt.
Am Ende soll die Arbeit dem Anspruch genügen, mögliche Verbindungen zwischen Derridas Ansatz und theologischem Denken umfassend und kritisch darzustellen. Von dieser Darstellung ausgehend leistet sie außerdem eine Kritik der bereits vorliegenden theologischen Adaptationen sowie umgekehrt des Derridaschen Denkens von der Logik theologischen Denkens her.

Die Metaphysikkritik J. Derridas als Problem der Theologie

I. J. Derrida, Person und Anliegen

Jacques Derrida wurde 1930 in El-Biar, Algerien, geboren. Nach dem Studium an der École Normale Supérieure und an der Harvard University promovierte er mit „De la grammatologie“[5]. Von 1960-1964 war er Assistent für allgemeine Philosophie an der Sorbonne, anschließend (bis 1984) Professor für Geschichte der Philosophie an der École Normale Supérieure. 1983 wurde er Gründungsdirektor des Collège international de Philosophie. Seit 1984 ist er Directeur de Recherche an der École des Hautes Études en Sciences Sociales. Derrida hat eine ständige Gastprofessur an der University of California, Irvine.
Seine geistige Herkunft ist mit den Namen F. Nietzsche, S. Freud, F. de Saussure und M. Heidegger bereits relativ exakt umschrieben, wenn sich auch seine ersten und nach wie vor entscheidenden Schriften mit Werken von E. Husserls Phänomenologie beschäftigen[6].
Jacques Derrida bemüht sich um eine kritische Lektüre von Texten der Geschichte der klassischen Metaphysik oder, wie er sie mit Heidegger auch nennt, Ontotheologie, deren Kern - implizit oder explizit - die Rückführung aller Phänomene auf ein Zentrum, einen Ursprung darstellt, sei es als ein erstes, alles Seiende begründendes Prinzip, als ein Gott oder in Form von dessen neuzeitlichen Absolutheitssurrogaten begriffen.

> „Das Zentrum erhält nacheinander und in geregelter Abfolge verschiedene Formen oder Namen. Die Geschichte der Metaphysik wie die Geschichte des Abendlandes wäre die Geschichte dieser Metaphern und dieser Metonymien.“[7]

Was ihn an diesen hier zunächst nur grob skizzierbaren Grundphänomenen der abendländischen Geistesgeschichte besonders interessiert, ist ihre Verflochten-

---

[5] *J. Derrida*, De la grammatologie, Paris 1967 (Deutsch: Grammatologie, Frankfurt a.M. 1974, übersetzt von H.-J. Rheinberger und H. Zischler, im folgenden: „Grammatologie“).

[6] *J. Derrida*: Husserls Weg in die Geschicht am Leitfaden der Geometrie (Edmund Husserl, L'origine de la géometrie. Traduction et introduction par Jacques Derrida. Paris 1962 und 1974), übersetzt von R. Hentschel u. A. Knop; mit einem Vorwort von R. Bernet, München 1987. Ders.: Die Stimme und das Phänomen, (La voix et le phénomène. Paris 1967), übersetzt und mit einerm Vorwort versehen von J. Hörisch. Frankfurt a.M. 1979. Im folgenden: „Die Stimme und das Phänomen“. Ders., 'Genesis und Struktur' und die Phänomenologie, in: Die Schrift und die Differenz (L'écriture et la différence. Paris 1967), übersetzt vom R. Gasché. Frankfurt a.M. 1976. Im folgenden: „Schrift“, 236-258.

[7] Schrift, 424.

heit mit der Einteilung der Welt nach oppositionalen Begriffen wie Gut / Böse, Innen / Außen, Natur / Kultur, gesprochene Sprache / Schrift usw., von denen jeweils einer als „grundlegend“ oder dem Logos zugehörig privilegiert und einer für unbedeutend, marginal oder verwerflich erklärt wird.[8] In Anlehnung an S. Freud[9] rechnet Derrida den inferioren Teil dieses Systems dem „Unheimlichen“, dem Unbewußten zu, das als innerster Kern einer nur scheinbaren „Heimlichkeit“ dem herrschenden System dort, wo es an Kraft zur Ausgrenzung verliert, als „Monstruosität“, als Alptraum erscheint und so schließlich herrschende Weltsichten sprengen kann.

Als signifikanteste Vertreterin des im metaphysischen Denken verdrängten Teils von Wirklichkeit erscheint Derrida die *Schrift*, der in philosophischen Texten immer wieder denunzierte ‘Bruder’ der gesprochenen Sprache. In einer Theorie der Schrift[10], die im „Wunsch nach dem gesprochenen Wort“ *(vouloir dire)* jahrhundertelang aus dem sinnkonstituierenden Begründungsgeschehen ausgeschlossen wurde, soll einer „ursprünglichen Differenz“ gegen identifizierendes Denken neu zu ihrem Recht verholfen werden. Jede Bewegung habe in dieser Differenz ihren Ursprung und erhalte hieraus ihre Dynamik. Ein einpoliger Ursprung wird so undenkbar. Vielmehr ist die Sprache, in der Bedeutungen durch immer neue Akte des Differenzierens entstehen, die letzte der Erkenntnis zugängliche Evidenz. Die Schrift (und mit ihr diese Differentialität der Sprache) gegen die philosophische Tradition in den Mittelpunkt eines Denkens zu stellen, kommt für Derrida einem Einbruch aller verdrängten Aspekte von Wirklichkeit gleich.

Derridas Verwendung des Terminus’ „Schrift“ - einer „key-metaphor“ für sein Werk - weicht vom Alltagsgebrauch ab und ist (bewußt) irritierend. Dem allgemeinen Sprachgebrauch nach bedeutet der Terminus den Niederschlag eines Teils der (gesprochenen oder gedachten) Worte. Diesen umgangssprachlichen Gebrauch ordnet Derrida als naiven oder „vulgären“ Schriftbegriff ein und läßt ihn hinter sich zurück. Auch der Gedanke an die „Heilige Schrift“ hilft für ein Verständnis Derridas zunächst nicht weiter. Denn diese ist als - vom Hl.Geist inspiriert - *Vorhandenes* immer schon der kirchlich-autoritativen Auslegung

---

[8] Vgl. Grammtologie, 2 und *J. Culler*, Dekonstruktion (On deconstruction. London 1983), übersetzt von M. Momberger, Reinbek b. Hamburg 1988 (im folgenden: „Dekonstruktion“), 103.

[9] Vgl. *S. Freud*, Das Unheimliche, in: A. Mitscherlich u.a. (Hg.), S. Freud Studienausgabe, Bd. IV. Frankfurt a.M, ^{4}1970, 242-274.

[10] Dies ist das Projekt von Derrridas „Grammatologie“.

zuhanden oder wird von der historisch-kritischen Exegese auf die ihr vorausliegenden - vor allem mündlichen - Spracheinheiten hin seziert.
Derrida dagegen versteht „Schrift" grundsätzlicher, nämlich als Kondensat des Materiellen, dem im Prozeß der Sinnkonstitution neben dem Geistigen eine gleichursprüngliche Bedeutung zukommt. Damit gesteht er ihr in totalitätskritischer Absicht ein „Eigenleben" neben der und gegen die Intention ihrer Autoren und Interpretatoren zu. Dieses ergibt sich vor allem aus ihrer grundsätzlichen Struktur der „Zeitigung" *(temporalisation)* sowie der ursprünglich gedachten Wiederholbarkeit der (Schrift-)zeichen *(iterabilité)*.
Die abendländische Epoche der Beherrschung der Schrift durch das gesprochenen Wort, die Epoche des der Metaphysik oder - wie Derrida sie bevorzugt nennt - des „Logozentrismus", dauert an. Dies gilt trotz der Wendung gegen das metaphysische Denken, die sich seit I. Kants Kritik in der Philosophie vollzogen hat. Damit bleiben jene Mechanismen, die „das Andere" ausschließen und so Identität konstituieren, wirksam, obwohl sich ihre „Abgeschlossenheit" *(clôture)* darin andeutet, daß in Philosophie und Literatur vor allem der letzten beiden Jahrhunderte ihre Grundaxiome in Frage gestellt werden[11]. Mit dem Terminus *„clôture"* bezeichnet Derrida die Tatsache, daß sich die metaphysischen Anteile der Tradition innerhalb der überlieferten Texte ausmachen, markieren und beschreiben lassen. Damit ist nicht ihre Wirksamkeit infrage gestellt, wohl aber ihre Beschreibbarkeit ermöglicht.
Wird die Schrift auch in bezug auf die Entstehung eines Textes in ihr Recht gesetzt, so tritt der Autor, das schreibende Subjekt, in den Hintergrund. Daß der Text[12] dessen Lebenszeit überdauert[13] und damit Subjektivität und Geschichte

---

[11] Vgl. *J. Derrida*, Positionen (Positions. Paris 1972), übersetzt von D. Schmidt, Wien 1986 (im folgenden: „Positionen"), 114 und Schrift, 118.

[12] Derrida vesteht „Schrift" und „Text" im weitest möglichen Sinne. Eingeschlossen sind Zeichen, die bereits im primären Vollzug materialisiert sind (Bilder- oder Buchstabenbschrift, auf Dauer angelegte deutbare Zeichen ganz allgemein) oder doch durch optische oder akustische Aufzeichnungsverfahren konservierbar werden. Dabei ist besonders darauf hinzuweisen, daß moderne Konservierungsverfahren die Materialität auch der menschlichen Stimme offensichtlich werden ließen, die in der Tradition als nahezu immateriell und damit dem ebenfalls immateriell gedachten Geist, Logos o.ä. besonders nahe verwandt galt. Gegen den Vorwurf, angesichts schriftloser Kulturen bzw. des weltweit verbreiteten Analphabethismus genüge die Schrift nicht zur Grundlegung einer allgemeinen Theorie der Sprache und der Subjektivität, macht Derrida schließlich geltend: „Es gibt keine schriftlose Gesellschaft (keine Gesellschaft ohne stammesgeschichtliche Zeichen, ohne Listen, ohne Archivierung), nicht einmal eine sogenannte tierische Gemeinschaft ohne Spuren, ohne Territoriumskennzeichnungen [...]." Interview mit J. Derrida, in: *P. Engelmann* (Hg.), Philosophien. Gespräche mit französischen Philosophen, Wien 1985 (Paris 1984), 62.

[13] „Jedes Graphem ist seinem Wesen nach testamentarisch." Grammatologie, 120.

umgreift, wird erst offensichtlich, wenn der „Glaube“ an die Abhängigkeit des Textes von seinem „Vater“, dem Autor, und an die Aufreihung der Texte entlang einer durchgehenden zielgerichteten Linie - der Geschichte - als einzig mögliche Sicht aufgegeben wird. Derrida will dadurch auf die strukturelle Freisetzung eines jeden Textes hinweisen: Er kann potentiell mit jedem anderen Text in Verbindung gebracht, auf andere Texte „aufgepfropft“ werden, bis der Ursprung dieses Vorgangs der „Pfropfung“ sich dem Zugriff der Erkenntnis entzieht und sich in einer „Spur“ verliert, die in Vergangenheit, Zukunft und Gegenwart zugleich weist, als habe es den postulierten Ursprung, den Autor und den Augenblick der Entstehung als totale Anwesenheit des „Textsinns“ nie gegeben.

Damit wird Derridas relativ abstrakt anmutende Kritik an der „Präsenzmetaphysik“ mit Hilfe einer alternativen Sprachtheorie konkretisiert. Sie weist die *Abwesenheit* des Autors wie des Sujets[14] als für den Prozeß der Textentstehung zwar nicht *notwendig*, wohl aber als grundsätzlich ohne Verlust wesentlicher Eigenschaften des Textes *möglich*, auf. Gleichzeitig erscheint das Phänomen „Text“ ganz allgemein als Ort, an dem strukturell auf die Konstitutionsbedingungen von Sprache und Bewußtsein überhaupt verwiesen wird[15].

Verständigung ist nur im *Wieder*erkennen einmal definierter Zeichen möglich. Diese Wiederholung wird traditionell als Wiederholung von unverfälschter Identität unabhängig vom jeweiligen Kontext gedacht[16]. Derrida bezweifelt jedoch, daß mit der Repräsentation im Zeichen eine identische Reduplikation des „ursprünglich“ ausgedrückten Sinns geschieht. Vielmehr sei mit der

[14] So kritisiert Derrida in einer Auseinandersetzung mit *E. B. Condillac* (1715-1780): „Die Abwesenheit des Senders vom Zeichen, das er verläßt, das sich von ihm trennt und weiterhin über seine Anwesenheit und die anwesende Aktualität seines Meinens, ja sogar über sein Leben selbst hinaus Wirkungen hervorruft, diese Abwesenheit, die zur Struktur einer jeden Schrift - und [...] zur Struktur einer jeden Sprache im allgemeinen - gehört, wird von Condillac nicht befragt.“ Randgänge, 295.

[15] Dem Begriff „texte“ kommt für Derrida insofern paradigmatische Bedeutung zu, als er klassischerweise für die Nachträglichkeit, für den „Niederschlag“ eines Sinns (Schrift, 323) steht, den es als solchen, unabhängig von jeder Materialität, jedoch nicht gibt. Das Dictum „Il n'y a pas de hors texte“ (De la grammatologie, 274) verweist also auf die schwer bestreitbare Tatsache, daß es kein unerschütterliches Fundament des Bezeichnens (kein „absolutes Signifikat“) gibt, das nicht selbst auch bezeichnete und damit in das zentrumslose Spiel der Signifikanten einbezogen wäre. Zur Entwicklung des Textbegriffs nach dem Strukturalismus vgl.: *R. Brütting*, Ecriture und Text - Die französische Literaturtheorie nach dem Strukturalismus, Bonn 1976.

[16] Nur wenn der einzelne Buchstabe oder ein bestimmtes Wort immer exakt dasselbe bedeuten, sei Verständigung möglich.

(notwendigen und konstituiven) Wiederholung die Möglichkeit einer Verfälschung oder zumindest des Gebrauchs in verändertem Zusammenhang gegeben, die „ursprüngliche“ Präsenz einer leichten Sinnverschiebung und damit eigentlich ihrer Zerstörung ausgesetzt.

II. Dekonstruktion der Metaphysik?

Bei einer Lektüre der Arbeiten Derridas fällt auf, daß das ontotheologische oder metaphysische Denken, dessen „Dekonstruktion" erklärtes Ziel seiner gesamten Bemühungen ist, nirgendwo in einem Wurf *positiv* genauer beschrieben wird. Dieser Mangel erschwert die wissenschaftliche Auseinandersetzung mit ihm - wie übrigens auch mit anderen (post)strukturalistischen Denkern. Teilweise zu Recht wird nach einem an den aktuellen (deutschen) Diskurs anschlußfähigen Metaphysikbegriff gefragt und die Kritik des frühen Derridas als zu pauschal kritisiert[17]. Derridas Weigerung, die sich als begründete erst entwickeln mußte, entbehrt jedoch nicht einer gewissen Logik, ist nicht einfach Ausdruck von Nachlässigkeit oder Anzeichen für eine Inkonsistenz, sondern vor allem Ergebnis einer komplexen Ausgangssituation:
Einerseits schreibt Derrida im Anschluß an die Tradition einer radikalen Metaphysikkritik, deren Vertreter (v.a. Nietzsche und Heidegger, mit Einschränkungen Lacan) insgeheim postulieren, spätestens mit dem Anheben ihres je eigenen revolutionären Denkens sei die metaphysische Tradition an ihr Ende bzw. zu ihrer Vollendung gekommen. Vor allem im philosophischen Denken des zwanzigsten Jahrhundert in Frankreich findet sich die Tendenz, Metaphysikkritik als unerläßliches Ferment überhaupt jeder Philosophie zu betrachten und eine exakte Darstellung des kritisierten Denkens (das als weitgehend einheitlich und verderblich vorausgesetzt wird) zu umgehen[18].

---

[17] „Dieses [Derridas, d. Verf.] Denken [...] zehrt von einer massiven Voraussetzung, nämlich davon, daß es so etwas wie *die* Metaphysik, *den* Logos, *die* Episteme überhaupt gibt." *B. Waldenfels*, Phänomenologie in Frankreich, Frankfurt a.M. 1983, 541. Auch *R. Rorty* (Dekonstruieren und Ausweichen, in: Eine Kultur ohne Znetrum, Stuttgart 1993, 104-146) besteht auf der „Unangebrachtheit des Dringlichkeitstons" (142) und hebt als Derridas innovativsten Zug das „assoziative Schreiebn" und das Ernstnehmen der eigenen „Privatscherze hervor (118ff). *H. Busche* (Logozentrismus und Différance - Versuch über J. Derrida, in: Zeitschrift für phil. Forschung 41 (1987), 245-261) hält Derridas Rede von „*der* okzidentalen Metaphysik [für] überhaupt unstatthaft" und *J. Habermas* wirft Derrida ebenso wie Heidegger und Adorno pauschal vor, sie wehrten „sich noch so, als lebten sie wie die erste Generation der Hegelschüler im Schatten des 'letzten' Philosophen; sie streiten noch gegen jene 'starken' Begriffe von Theorie, Wahrheit und System, die doch seit mehr als hundertfünfzig Jahren der Vergangenheit angehören." Der philosophische Diskurs der Moderne. Frankfurt 1982 (im folgenden: „Ph.D.M."), 246, Anm. Die folgenden Ausführungen werden zeigen, daß zumindest die letzte Diagnose dem nicht epochal, sondern textintern gedachten Metaphysikbegriff Derridas nicht gerecht wird.

[18] So verliert selbst die fundamentale aristotelische Unterscheidung zwischen Metaphysik als *ontologia bzw. metaphysica generalis*, also der grundlegenden Lehre vom Sein des Seienden, und als *Theologie, Kosmologie oder Psychologie (metaphysica specialis)* seit dem neunzehnten Jahrhundert (dies v.a. im angelsächsischen Sprachraum) zunehmend an Bedeutung. Bereits Heidegger spricht allgemein von Ontotheologie.

Andererseits distanziert sich J. Derrida jedoch von den genannten Denkern. Er teilt - dies wird spätestens seit den frühen achtziger Jahren deutlich - den Glauben *nicht*, mit Hilfe der Konstruktion eines einheitlichen Metaphysikbegriffs jene abendländische Epoche strukturieren, abschließen oder hinter sich lassen zu können[19]. Überhaupt verbietet sich in seinen Augen der Begriff „Metaphysik" als Bezeichnung einer chronologisch darstellbaren Epoche. Vielmehr dient ihm dieser Terminus als strategische Vokabel, um in höchst singulären und keinesfalls in irgendeiner Weise reduzierbaren Lektüren jenen (meist zentralen) Teil von Texten aus der theologischen und philosophischen Tradition zu benennen, der sich durch individuelle Immunisierungsstrategien der Kritik, ja der Wahrnehmung zu entziehen trachtet. Eine Tendenz, die er allerdings mit Nietzsche als der Sprache zutiefst innewohnend begreift. Ihr ebenso strategisch gebrauchter (und deshalb ebenso häufig mißverstandene) Gegenbegriff ist der der „Schrift" oder des „Schreibens" *(écriture)*, der alles aus der Metaphysik Ausgeschiedene bezeichnet. Der Epochenbegriff ist in diesem Fall also im Husserlschen Sinne einer methodisch-begrifflichen Reduktion (ἐποχή) und nicht im chronologischen Sinne zu verstehen.
Seine Vorgaben verbieten es Derrida, im traditionellen Sinne „systematisch" zu arbeiten, d.h. etwa das metaphysische Denken *als solches* oder in seiner Ausprägung bei einem bestimmten Autor zu formalisieren, um es dann in einem „eigenen" Text auszuschließen. Das von ihm vorgestellte Schreiben stellt vielmehr eine Art rekonstruktives, wiederholendes Lesen in den Texten der Tradition dar, das selbst keinen Ort außerhalb der Texte hat, aber dennoch -

---

[19] „Aber wer hat gesagt, [...] daß es dergleichen wie eine abendländische Metaphysik gäbe, etwas, das unter diesem Namen einzig und zu seiner Versammlung imstande wäre?" *J. Derrida*, Guter Wille zur Macht, in: Ph. Forget, Text und Interpretation. Deutsch-französische Debatte mit Beiträgen von J. Derrida, H.-G. Gadamer u.a., München 1984, 72. Bereits in dem nach wie vor für Derridas Denken grundlegenden Artikel „Die Struktur, das Zeichen und das Spiel im Diskurs der Wissenschaften vom Menschen" (Schrift, 422-443) antwortet Derrida auf die Frage: „Wo und wie ereignet sich diese Dezentrierung" mit einigen „Eigennamen". Er nennt als Orte an denen die Dekonstruktion offenbar wird „Nietzsches Kritik an der Metaphysik, an den Begriffen des Seins und der Wahrheit [...], die er durch die Begriffe des Spiels, der Interpretation und des Zeichens [...] ersetzt hat. Freuds Kritik am Sich-selbst-gegenwärtig-Sein, das heißt am Bewußtsein, am Subjekt, an der Identität mit sich selbst, an der Nähe zu sich selbst oder am Sich-selbst-Innehaben [...]. Heideggers noch radikalere Destruktion der Metaphysik, der Ontotheologie und der Bestimmung des Seins als Präsenz [...]. Diese destruktiven Diskurse (und alles ihnen Entsprechende) sind aber allesamt in einer Art von Zirkel gefangen. [...] *es ist sinnlos,* auf die Begriffe der Metaphysik zu verzichten, wenn man die Metaphysik erschüttern will. Wir verfügen über keine Sprache - über keine Syntax und keine Lexik -, die nicht an dieser Geschichte beteiligt wäre. Wir können keinen einzigen Satz bilden, der nicht schon der Form, der Logik, den impliziten Erfordernissen dessen sich gefügt hätte, was er gerade in Frage stellen wollte." Ebd. 424f.

etwa einem „Computervirus“ vergleichbar - keinen logischen Bau-„Stein“ auf dem anderen läßt.
Auch Heidegger, obzwar er das „Weltalter der abendländischen Metaphysik“ mit Nietzsche zur „Vollendung“ gekommen sieht[20], spricht ja nicht etwa von einer *Über*windung der Metaphysik, also ihrer endgültigen Beendigung, sondern von ihrer *Ver*windung[21]. Er bringt damit zum Ausdruck, daß nur derjenige gegen die metaphysische Denkstruktur andenken kann, welcher sich ganz auf sie einläßt und ihr nicht vorschnell ein „nichtmetaphysisches“ Denken“ entgegensetzt. „Überwindungen [...] sind allemal schlimmer als Überwundene“, liest man bei Adorno[22], dessen Denken Derrida zwar nicht explizit aufgenommen hat, dessen Begriff des Nichtidentischen jedoch in großer Nähe zu Derridas Denken der *„différance“* zu lokalisieren wäre[23]. Diese Ansätze eines Umgangs mit den Texten der Tradition kommen dem Derridaschen Vorhaben einer „Dekonstruktion der Metaphysik“ bereits recht nahe.

1. Metaphysik?

a) Theologie und Metaphysik

Im folgenden soll die Frage nach dem Zusammenhang von Theologie und Metaphysik sowie nach der Möglichkeit einer Offenlegung dieses Zusammenhangs sowie einer partiellen Verwindung der metaphysischen Anteile kurz skizziert werden.
Metaphysik kann verstanden werden als Transzendenz des Selbstverständnisses im Sinne eines Überstiegs und Aufstiegs über alles sinnlich erscheinende Einzelne zum nichtsinnlich zu denkenden Ganzen und göttlichen Grund. Als Vorrang des Seins und Wesens (des bestimmenden Grundes, des Normativen, des Ganzen, der Ewigkeit, der Theoria) vor dem endlich Seienden. Aus heutiger Sicht sind damit ihre klärenden und helfenden kaum von den gefährlichen und totalitären Aspekten zu scheiden. Einerseits ist nicht zu verkennen „daß das metaphysisch idealistische Denken in seinem hierarchisierend-ordnenden und identifizierenden Charakter dem menschlichen Dasein eine extrem befreiende Distanz verschafft gegenüber dem Andrang des Einzelnen und Besonde-

---

[20] Nietzsche, Zwei Bände, Pfullingen 1961, Bd. II, 261

[21] Überwindung der Metaphysik, in: Vorträge und Aufsätze, Pfullingen 1954f, 71-100.

[22] Negative Dialektik, Frankfurt a.M. 1975f, 373.

[23] Die immer wieder betonte Nähe des Adornoschen Denkens zu Derrida kann im Rahmen dieser Arbeit leider nicht angemessen aufgewiesen werden.

ren und zugleich und eben deshalb die intensivste Aneignung seiner im Allgemeinen."[24] Andererseits wurde „auf diesem Wege des Erblickens und Ins-Auge-Fassens zunehmend verlernt [...], zu hören, zu erhören und beredt zu schweigen."[25]

Theologie hatte zwar einerseits - seitdem sie als Antwort auf die Anfragen aus den klassisch gebildeten Führungsschichten der Spätantike entstanden ist[26] - Anteil am griechisch geprägten ontologischen Denken wie auch an der neuzeitlichen Bewußtseinsmetaphysik des Abendlandes. Die Kritik, die sich seit einiger Zeit gegen die philosophische „Metaphysik" richtete, mußte damit auch die Theologie in ihrem Kern angreifen[27].

Andererseits aber ruhen gerade im theologisch-spirituellen Diskurs, insofern er mit der narrativen Vielfalt der heiligen Schriften arbeitet bzw. religiöse Erfahrung reflektiert, auch starke „Gegengifte" zum metaphysischen Denken, wie z.B. die Vorstellung eines *geschichtlich handelnden persönlichen Gottes*, der *Trinität*, die als Verweis auf die reflexiv unerreichbare Wesensmitte des christlichen Gottes historisch immer wieder als Stachel im Fleisch des Identitätsdenkens wirkte, das *Bilderverbot* und seine Weiterentwicklung in Mystik und Negativer Theologie. Wesentliche Neuansätze in der Theologie seit dem Zweiten Vatikanischen Konzil lassen sich durchaus als Besinnung auf solche marginalisierte Aspekte der Theologiegeschichte und damit als ein bewußteres Sich-Verhalten zu gefährlichen - weil totalitätsverdächtigen - Gehalten der ei-

---

[24] *A. Halder*, Art.: „Metaphysik" in: NHThG, Bd. III., 113.

[25] Ebd.

[26] Vgl. dazu v.a. *W. Nestle*, Die Haupteinwände des antiken Denkens gegen das Christentum, zuletzt in: J. Martin u. B. Quint (Hg.), Christentum und antike Gesellschaft, Darmstadt 1990, 17-80. Nestle macht deutlich, daß es zentrales Anliegen der frühe Apologeten war, der sich bis zuletzt der christlichen Mission sperrenden gebildeten Oberschicht des zerfallenden römischen Reiches „das Christentum [als] die geradlinige Fortsetzung und der krönende Abschluß der antiken Philosophie, der die endgültige Lösung der großen Welt- und Lebensprobleme gebracht hätte" darzustellen (17). Das zerschlagene und zerstreute pharisäische Judentum dagegen kam als zu überzeugendes Gegenüber in der theologischen Rechtfertigung immer weniger in Betracht, ja, die jüdischen Anteile der christlichen Religion stellten sich immer mehr als Hindernis bei der Heidenmission heraus, so daß in einem letztlich bis heute nicht endgültig überwundenen Verdrängungsprozeß eine umfassende Umordnung der christlichen Glaubensinhalte einsetzte.

[27] „Die Theologie wurde verwässert, als sie sich im vergangenen Jahrhundert bei Juden wie bei Christen dazu hergab, der Philosophie als äußerste Grenze zu dienen, als eine Art Schmuckstein auf den Dächern mächtiger Bauten, anstatt sich auf ihre eigenen Maße und Elemente zu gründen, so daß sie bei der Zerstörung der Philosophie mitzerstört wurde und wichtige ihr ureigenste Dinge aus ihr verschwanden." *G. Scholem*: Franz Rosenzweig und sein Buch 'Der Stern der Erlösung' in: F. Rosenzweig, Der Stern der Erlösung, Frankfurt a.M. 1980, 525-549, hier 532.

genen Tradition begreifen. Oft zeigt sich hier eine überraschende Nähe zum Judentum und seinem Verständnis von heiliger Schrift.[28]

An dieser Stelle muß dieser Hinweis genügen, daß nämlich die Geschichte der Theologie keineswegs einheitlich und widerspruchsfrei verläuft, folglich auch von einer einheitlichen Stoßrichtung der metaphysischen wie der nichtmetaphysischen Elemente in ihr nicht die Rede sein kann. Für die Theologie gilt also das Gleiche wie für die Texte der philosophischen Tradition: Nur eine eingehende und genaue Analyse *einzelner Texte* ermöglicht die Abgrenzung metaphysischer und nichtmetaphysischer Elemente voneinander. Es wäre also ebenso falsch, die Theologie als ganze als „der Metaphysik verfallen“ zu brandmarken, wie jede Verbindung zu problematischen Anteilen der abendländischen Tradition zu leugnen.

b) Metaphysikkritik bei Derrida

Daß metaphysisches Denken für Derrida primär *hierarchisches Denken* ist, wurde schon angedeutet: Um eine Wahrnehmung und Strukturierung der Phänomene nach den Kriterien der Vernunft zu ermöglichen, wird ein duales Ordnungsprinzip verwandt: Jeweils zwei polar einander zugeordnete Begriffe begrenzen durch Einnehmen der Extrempositionen ein bestimmtes Feld und dienen durch Aufwertung des einen und Abwertung des anderen als grundlegende Kriterien eines Erfassungs- und Bewertungssystems. Die Unterscheidung eines zunächst unstrukturierten Feldes bedeutet eine Anstrengung, eine konstituierende Leistung des menschlichen Geistes. Diese findet ihre Vollendung in der Abstraktionsleistung der hierarchisch strukturierten Pyramide, mit der man sich bemüht, alles Seiende gemäß seiner Zugehörigkeit zu Gattungen von jeweils höherer Allgemeinheit auf ihren Gipfel, die Idee des Guten, hin zu ordnen.

Derrida vermutet in der für jede so gegliederte Ordnung notwendigen Oppositionalität der Begriffe, und in der mit ihr einhergehenden regelmäßigen Unterordnung, Ausgrenzung und Marginalisierung, den entscheidenden Zug des metaphysischen Denkens.

---

[28] Gedacht ist hier zunächst an die „Option für die Armen“ der Theologie der Befreiung, die sich neben der praktischen Solidarisierung mit den Marginalisierten und einer differenzierten Marx-Rezeption nicht zuletzt auch einer methodisch und inhaltlich erneuerten Lektüre des *Ersten Testamentes* verdankt. Gedacht ist aber auch an die Politische Theologie, die immer wieder eine Neueinschätzung der jüdischen Quellen des Christentums und seiner gesellschaftspolitischen Relevanz gefordert hat.

„Von Plato bis Rousseau, von Descartes bis Husserl sind alle Metaphysiker so vorgegangen: das Gute vor dem Bösen, das Positive vor dem Negativen, das Reine vor dem Unreinen, das Wesentliche vor dem Zufälligen, das Nachgeahmte vor der Nachahmung usw. Es handelt sich hier nicht um *eine* metaphysische Geste unter anderen; es ist *die* metaphysische Forderung schlechthin, die konstanteste, tiefste und stärkste Vorgehensweise."[29]

Entscheidend sind für Derrida vor allem drei Unterordnungen, die als unentwirrbar miteinander verflochten gedacht werden: Die Unterordnung der *Absenz* unter die *Präsenz*, der *Materialität der Sprache* unter den *(rein geistig gedachten) Logos* und der *Schrift* unter die *gesprochene Sprache*. Von allen anderen metaphysisch gebildeteten Begriffspaaren gehöre der jeweils höherbewertete Teil dem Logos, der Präsenz an. Jeder dieser drei Unterordnungsrelationen kommt eine spezifische Bedeutung zu.

(1) Die Privilegierung der Präsenz vor der Absenz ist die grundsätzlichste. Die Theorie des Anwesens, in der das Sein von der zeitlichen Gegenwart her gedacht und zum Stand gebracht wird, die Annahme der Möglichkeit, einen „gegenwärtigen Augenblick" aus einer linear sich von vergangener auf zukünftige Präsenz hin erstreckenden Zeitlichkeit isolieren zu können, ist in den Augen Derridas *das* entscheidende Merkmal metaphysischen Denkens[30].

„Man könnte zeigen, daß alle Namen für Begründung, Prinzip oder Zentrum immer nur die Invariante einer Präsenz (eidos, arche, telos, energeia, ousia [Essenz, Existenz, Substanz, Subjekt], aletheia, Transzendentalität, Bewußtsein, Gott, Mensch usw.) bezeichnet haben."[31]

(2) Die Privilegierung des Logos ist die in der Philosophie v.a. im Zusammenhang mit der Definition von Wahrheit am deutlichsten zu eruierende. Derrida behauptet, daß alle metaphysischen Bestimmungen der Wahrheit (mehr oder weniger unmittelbar) notwendig an die Instanz eines *Logos* oder einer von diesem abstammenden *Vernunft* rückgebunden sind. Kommunikation als Austausch wahrer Aussagen läßt sich ohne eine gemeinsame Ordnung der Begriffe, die von *einem* Ordnungsprinzip her bestimmt ist, nicht denken.

„Alle metaphysischen Bestimmungen der Wahrheit [...] sind mehr oder weniger unmittelbar nicht zu trennen von der Instanz eines Logos oder einer von ihm ab-

---

[29] *J. Derrida*, Limited Inc. a, b, c, Baltimore 1977, 236.

[30] Zwar galt bisher die Annahme einer linearen Zeit geradezu als *der* Einschuß des Jüdischen ins Hellenistische. Aufgrund neuerer Überlegungen zeigt sich jedoch, daß im (aktuellen) jüdischen Geschichtsverständnis eher ein Drittes, situiert zwischen Linearität und ewiger Wiederkehr des Gleichen, vorliegen muß. Vgl. dazu *Chr. Münz*, Der Welt ein Gedächtnis geben. Geschichtstheologisches Denken im Judentum nach Auschwitz, Gütersloh 1995.

[31] Schrift, 424.

stammend gedachten Vernunft, wie immer man diesen Logos auch verstehen mag: im vorsokratischen oder im philosophischen Sinne, als unendlichen Verstand Gottes oder im anthropologischen Sinne, im vorhegelschen oder im nachhegelschen Sinne."[32]

(3) Die Privilegierung des gesprochenen Wortes vor der Schrift schließlich ist der Ausdruck der beiden anderen Privilegierungen auf der Ebene einer allgemeinen Theorie der Sprache. Das gesprochene Wort ist es, das als der ursprünglichste Ausdruck eines Gedankens, des Geistes, des Logos verstanden wird. Für Aristoteles zum Beispiel sei „die Stimme als Erzeuger der ersten Zeichen wesentlich und unmittelbar mit der Seele verwandt"[33]. Der Stimme kommt deshalb ein solches Privileg zu, weil sie in einem Vorgang reiner Selbstaffektion bei sich bleibt und sich nicht in einem fremden Medium verliert.

Daß in den Texten der Geschichte der Philosophie die Schrift als „umherirrend ohne ihren Vater" und „Schattenbild der lebendigen Seele"[34] oder als „gefährliches Supplement"[35] denunziert wird, obwohl ohne sie diese Geschichte nie hätte geschrieben werden können, entlarvt gleichzeitig die Marginalisierung von Schrift, Materialität und Absenz als sekundären Akt. Die Philosophie verdrängt die Frage nach ihrer eigenen Textualität und somit nach ihrer strukturellen Vermitteltheit. Stattdessen gibt sie sich dem Phantasma einer absoluten Gegenwart des Gedankens in der gesprochenen Sprache hin. Ein Phänomen, das Derrida auch in Hegels Philosophie aufdeckt[36]:

„Die Tonsprache, das Sprechen, trägt das Innere nach außen, läßt es jedoch dort nicht einfach - etwa wie eine Schrift - zurück. Indem sie das Innere gerade im Akt des Äußerns in sich zurückhält, ist sie par excellence das, was der inneren Repräsentation die Existenz, das Dasein verleiht und die Existenz des Begriffs [des Signifikats] begründet."[37]

Die gesprochene Sprache - so Derrida - steht dem Geist in der philosophischen Tradition also näher als die Schrift, da das Sprechen kaum noch ein natürliches Substrat benötigt. Die Vibration der Luft, die beim Sprechen erzeugt wird, entspricht am besten dem materielosen inneren „Erzittern der

---

[32] Grammtologie, 24.

[33] Ebd.

[34] *Platon* im Phaidros, 274c ff.

[35] *J.J. Rousseau* in den Confessions, p. 109.

[36] *F. Hegel*, Enzyklopädie der philosophischen Wissenschaften im Grundrisse, Hg. von F. Nicolin und O. Pöggeler, Hamburg [6]1959, 370-374 (§459, Anm.).

[37] Randgänge, 103.

Seele“ und ermöglicht so den „Übergang vom Raum zur Zeit, von der Materialität - über die ‘abstrakte Materialität’ - zum Ideellen.“[38] Das „Sich selbst Vernehmen“ des Sprechers *(s'entendre parler)* ist hier sowohl Ausdruck höchstmöglicher Selbstgegenwart, Herrschaft und Selbstbeherrschung, wie Symbol für die sich selbst denkende (bzw. sich-hörend-sprechende) Vernunft: Der Geist kehrt zu sich selbst zurück.

„Die Geschichte der Metaphysik ist das absolute Sich-sprechen-hören-Wollen.“[39]

In Bezugnahme auf die Zentrierung des Systems auf den Logos und die Stimme (φωνή) und das gesprochene Wort ist bei Derrida entsprechend selten ausdrücklich von metaphysischem, sondern häufiger von *„logo-* oder *phonozentrischem Denken“* bzw. vom *Denken der Präsenz* die Rede. Wie bereits erwähnt, zielen seine Analysen jedoch nicht darauf, den Bereich der Metaphysik hinter sich zu lassen, auch glaubt er nicht an die Möglichkeit einer vollkommen nicht-metaphysischen Philosophie. Vielmehr ist es sein Ziel, den Kern metapyhsischen Denkens, die Annahme der Möglichkeit einer tatsächlichen ungetrübten Gegenwart, wie sie die Rede suggeriert und die das heimliche Ziel und Ideal des Abendlandes darzustellen scheint, ihres Status zu berauben und damit all das, was bisher als „bloße“ Repräsentation eines ehemals gegenwärtigen Ursprungs gehandelt wurde (Schrift, Abbild, Gedächtnis etc.), als Teilhaber der (Neu-)Schöpfung von Sinn wieder ins Recht zu setzen. In seiner Arbeit zu Freuds Vorstellung der „Bahnungen“ des Gedächtnisses hält Derrida als „das für die Geschichte der Metapyshik ungeheure *(monstrueux)* Thema“ fest:

„Daß die Präsenz im Allgemeinen nicht ursprünglich, sondern rekonstituiert ist, daß sie nicht die absolute, vollauf lebendige und konstituierende Form der Erfahrung ist, und daß es keine Reinheit der lebendigen Präsenz gibt [...]“[40]

Im Gegensatz zu Nietzsche, Husserl, Heidegger und anderen, die sich explizit als „nachmetaphysische“ Denker verstehen, warnt Derrida also davor, vorschnell zu glauben, man sei dem metaphysischen Denken entronnen[41]. Er hält diese Denkschemata vielmehr für Grundstrukturen einer jeden - zumindest

---

[38] Ebd. 106.

[39] Die Stimme und das Phänomen, 163.

[40] Schrift, 324.

[41] „Der ‘Schritt aus der Philosophie hinaus’ ist viel schwieriger zu denken, als es sich gewöhnlich jene einbilden, die in weltmännischer Leichtigkeit ihn schon längst geleistet zu haben glauben und die im allgemeinen mit dem Ganzen des Diskurses, den sie von der Metaphysik befreit zu haben vorgeben, ihr ausgeliefert sind.“ Schrift, 430.

diese Denkschemata vielmehr für Grundstrukturen einer jeden - zumindest abendländischen - Philosophie, die in irgendeiner Weise den Anspruch vertritt, einheitliche und zusammenhängende Texte zu produzieren und universalisierbare Aussagen zu machen. Dementsprechend versteht er auch den weit verbreiteten Terminus vom „Ende“ oder „Tod“ der Metaphysik nicht im Sinne eines *Abbruchs (fin)*, sondern als *Abgeschlossenheit* oder *„überstiegene Geschlossenheit“*[42] *(clôture)* einer Denktradition. Seine eigene Position beschreibt er folgerichtig als „an der Grenze des philosophischen Diskurses“ situiert, eines Diskurses, der nur durch die von ihm selbst vollzogenen Ausschließungen und „innerhalb eines Systems fundamentaler Zwänge und begrifflicher Gegensätze“ existiert.

> „Ich versuche, mich an der Grenze des philosophischen Diskurses aufzuhalten. Ich sage Grenze und nicht Tod, weil ich an das, was man heutzutage den Tod der Metaphysik nennt, ganz und gar nicht glaube [...]. Eine Grenze also, von der aus die Philosophie erst möglich geworden ist und sich als Episteme definiert hat, wobei sie sich innerhalb eines Systems fundamentaler Zwänge und begrifflicher Gegensätze bewegt, außerhalb derer sie gar nicht betrieben werden kann.“[43]

Die Texte der Tradition sind zwar von Ausschließungen und Marginalisierungen bestimmt, jedoch „jenseits der Trennung“ immer auch von einer *„Spur“* durchzogen, die auf einen diesen Trennungen vorhergehenden und in sich gespaltenen *Ursprung* verweist. Diese Spur, die gegen die die Schlüssigkeit der Texte begründende Marginalisierung spricht, läßt jede vermeintliche Ursprünglichkeit als einer Differenz nachgeordnet erscheinen. Sie kehrt die gängigen Denkschemata um und ermöglicht es dem Leser, punktuell eine Position *„außerhalb“* des metaphysischen Denkens einzunehmen. Um das zu erreichen, ist eine *doppelte* Strategie der Lektüre notwendig, die es „ebenso vermeiden [müßte], die binären Gegensätze der Metaphysik einfach nur zu *neutralisieren*, wie auch, sich einfach in dem geschlossenen Feld ihrer Gegensätze anzusiedeln und sie somit zu bestätigen.“[44] Die marginalisierten Teile eines Textes müßten also in der Lektüre bestärkt werden, aber nicht, weil sie *an sich* einen höheren Rang haben, sondern um ihre ursprüngliche Bedeutung gegen die Privilegierungen der übermächtigen Tradition zu verteidigen.

Aus Derridas Perspektive erscheint die „Epoche“ der Metaphysik als *„Gehege“*, als ein Raum innerhalb der Textproduktion, der durch in seinem

---

[42] Vgl. Schrift, 407.

[43] Positionen, 37.

[44] Positionen, 87.

Innern immer wieder von neuem errichtete Mauern charakterisiert wird. Sie kann jedoch gleichzeitig auch keinen „Kreis, der ein geschlossenes Feld umgibt“, bilden. Sie ist nicht durch eine gerade „Linie“ von ihrem Betrachter abgetrennt.[45] Vielmehr muß dieser sich selbst immer wieder in die auf Gegensätzlichkeiten basierende Struktur des Textes und damit in die Gefahr begeben, in totalisierende Denkstrukturen zurückzufallen, um zu verstehen, wie diese „funktionieren“, ohne sie für abschließbar zu halten.

Mit Hilfe einer Bevorzugung der Rhetorik vor der Logik, der Metonymie vor der Metapher, des Marginalen vor dem Zentralen[46] unterläuft Derrida die logische Abfolge von Argumenten[47]. Die einem Text so gegen die Tradition seiner Rezeption entlockte ursprüngliche Selbstwidersprüchlichkeit entspricht einerseits der Differenz, einer strukturellen Inkohärenz, die *vor* jeder *Konstruktion* eines Systems der Schrift innewohnt, andererseits markiert sie den Standpunkt des Betrachters, den Derrida als *Ort des Umbruchs* zwischen zwei Paradigmen charakterisiert. Paradigmen, deren Verhältnis nicht das einer chronologischen Abfolge ist - dem der Metaphysik und dem der *différance*.[48] Vor diesem Hintergrund kann kein philosophischer Text *per se* und ohne Einschränkung der metaphysischen Tradition zugeordnet werden, denn kein Text ist „in einem Wurf“ oder aus einem Guß entstanden. Er hat Risse, Kanten, Widersprüche, die dem Autor, mindestens aber der großen Mehrheit seiner Rezipienten, verdeckt bleiben mußten.

---

[45] „Vor allem ist der Abschluß der Metaphysik nicht ein Kreis, der ein homogenes Feld umgibt, ein für sich im Innern homogenes Feld, das es daher auch in seinem Äußeren sein müßte. Die Grenze ist durch immer unterschiedliche Risse, durch Spaltungen geprägt, deren Zeichen oder Narben alle philosophischen Texte tragen.“ Positionen, 114.

[46] Vgl. Ph.D.M., 220f.

[47] „Die gegen den Strich gekämmten Texte selbst widersprechen, dank ihres *rhetorischen* Gehaltes, dem, was sie aussagen, z.B. dem explizit behaupteten Primat der Bedeutung gegenüber dem Zeichen, der Stimme gegenüber der Schrift, des anschaulich Gegebenen und unvermittelt Gegenwärtigen gegenüber dem Stellvertretenden und Aufgeschoben-Aufschiebenden. [...] So werden einem Interpreten jene für die Erkenntnis konstitutiven Beschränkungen eines philosophischen Textes erst zugänglich, wenn er den Text als das behandelt, was er nicht sein möchte - als literarischen Text.“ Ebd. 223.

[48] „Es handelt sich hier [bei der Metaphysik, d. Verf.] nicht um eine chronologische Phase, auch nicht um einen gegebenen Augenblick oder eine Seite, die man eines Tages umdrehen könnte, um einfach zu etwas anderem überzugehen. Die Notwendigkeit dieser Phase ist strukturbedingt und erfordert daher eine unaufhörliche Analyse: denn die Hierarchie der dualen Gegensätze stellt sich immer wieder her.“ Positionen, 88.

2. *Dekonstruktion!*

a) Der Ausgangspunkt: Heideggers „Destruktion der Metaphysik"

Die entscheidende Wurzel jener Vorgehensweise bei der Lektüre von philosophischen Texten, die Derrida *Dekonstruktion* nennt, findet sich im Werk MARTIN HEIDEGGERS[49]. Derrida selbst weist an verschiedenen Stellen auf die Wichtigkeit des Heideggerschen Werkes für seine Arbeit hin. Bezüglich der gegen ihn erhobenen Vorwürfe eines „Epigonentums" stellt er klar, daß es seiner Ansicht nach „im Heideggerschen Text ein Fragepotential gibt, das noch nicht ausgeschöpft worden ist"[50].

Vor allem die Heideggersche Figur einer „ontologischen Differenz zwischen dem Sein und dem Seienden" hat Derrida stark beeinflußt[51], eine Denkbewegung, die die - in den Augen Heideggers - zentrale metaphysische Tendenz der philosophischen Tradition sichtbar machen sollte: Nach der Destillierung eines Begriffs von Sein durch reine Abstraktion wurde dieses immer wieder von den Phänomenen, aus denen sein Begriff doch gewonnen war, gänzlich abgekoppelt und durch reduktionistische Benennungen (Idee, Cogito, Subjektivität) vergessen. Die bekannte Heideggersche Kritik an der „Seinsvergessenheit" richtet sich also durchaus in der Tradition der Phänomenologie gegen eine „Vergessenheit des Seins des Seienden" als Mittelpunkt philosophischer Reflexion. Der Mensch wird in einer fundamentalen Kritik am abendländischen Subjektbegriff und als Ausdruck seines „vielleicht sogar ausgezeichneten Bezug[s] [...] zur Seinsfrage"[52] „Dasein" genannt.

Bereits in „Sein und Zeit" konstatiert Heidegger, daß es einer „Auflockerung der verhärteten Tradition und der Ablösung der durch sie gezeitigten Verdekkungen" bedürfe. Am Leitfaden der Seinsfrage solle eine „Destruktion des

---

[49] Von verschiedenen Seiten wird sogar behauptet, Derrida habe den Heideggerschen Gedanken nichts Wesentliches hinzugefügt. So M. Frank: Was ist Neostrukturalismus? Frankfurt a.M. 1983, 281 und B. Waldenfels, Phänomenologie in Frankreich. Frankfurt a.M. 1983, 545.

[50] Positionen, 27f.

[51] Vgl. Positionen, 43.

[52] *M. Heidegger*, Sein und Zeit, Tübingen [15]1986 (im folgenden: „SuZ"), § 2, S. 8. - Als Ergebnis der „Fundamentalanalyse des Daseins" formuliert Heidegger eine der zentralen Einsichten seines Frühwerks noch in deutlicher Nachbarschaft zum Cartesischen Modell des Selbstbezugs: „das Dasein *ist* als verstehendes Seinkönnen, dem es in solchem Sein um dieses als das eigene geht. Das Seiende dergestalt seiend, bin ich je selbst." Ebd. § 45, S. 231. Ein Konzept, das Derrida in einer noch darzustellenden „Levinasschen Wende" hinter sich läßt. Er versteht das Ich nunmehr als fundamental dem immer schon geschehenen „Ruf des Anderen" verdankt und setzt sich damit noch entschiedener als Heidegger von metaphysischen Tendenzen der philosophischen Tradition ab.

überlieferten Bestandes der antiken Ontologie“ versucht werden, um so Zugang zu den „ursprünglichen Erfahrungen“ zu erlangen, die in der Geschichte der Seinsfrage durch das ungerechtfertigte Postulat einer *totalen Präsenz* immer wieder verstellt worden sei.[53] Dies meint, daß die die abendländische Geistesgeschichte prägende *„Verstellung der Seinsfrage“* durch vorschnelle Gleichsetzung des Seins mit dem Seienden umgangen werden müßte, indem die „Zeitigung“ des Seins, also die Unterwanderung jeder Gegenwart durch ihre Vergangenheit und ihr Eingeholtsein von ihrer Zukunft her, neu wahrgenommen wird.

Im Verlauf dieser Verzeitlichung metaphysischer Grundbegriffe durch ihre „Re-Lektüre“ soll es jedoch keinesfalls, wie der Terminus „Destruktion“ nahelegen könnte, zu einer „schlechten Relativierung ontologischer Standpunkte“ oder zur „Abschüttelung der ontologischen Tradition“[54] kommen. Vielmehr verfolgt Heidegger mit der Destruktion der Metaphysik eine *konstruktive* Absicht[55], nämlich

> „diese in ihren positiven Möglichkeiten, und das besagt immer, in ihren *Grenzen*, ab(zu)stecken, die mit der jeweiligen Fragestellung und der aus dieser vorgezeichneten Umgrenzung des möglichen Feldes der Untersuchung faktisch gegeben sind.“[56]

Dieser konstruktive Zug findet sich im Partikel *„-kon-“* der Derridaschen Wortschöpfung „Dekonstruktion“ wieder. Die metaphysische Tradition soll nicht verworfen werden, da sie in dieser Form als erratischer Block gar nicht vorkommt. Vielmehr müssen metaphysische oder besser logozentrische Positionen zunächst durch je spezifisch andere Perspektiven der Lektüre innerhalb der Texte *abgegrenzt* werden. Konstruktiv verfährt die Dekonstruktion allerdings nicht in dem Sinne, daß sie ein neues Paradigma zu konstruieren sucht. Vielmehr soll die innere Logik, nach der Texte „funktionieren“, offengelegt, die Struktur eines Textes soll (aus anderer Perspektive, nämlich der des jeweiligen „blinden Flecks“) nachkonstruiert werden. Eine Logik und eine Struktur, die, obwohl letztlich unverzichtbar, immer auch eine spezifische Verzerrung der - an sich unzugänglichen - Wirklichkeit transportieren.

---

[53] Ebd. 22.

[54] Ebd.

[55] „Negierend verhält sich die Destruktion nicht zur Vergangenheit, ihre Kritik trifft das ‘Heute’ und die herrschende Behandlungsart der Geschichte der Ontologie [...] Die Destruktion will aber nicht die Vergangenheit in Nichtigkeit begraben, sie hat positive Absicht; ihre negative Funktion bleibt unausdrücklich und indirekt.“ Ebd. 23.

[56] Ebd. 22.

Die Übereinstimmungen sind offensichtlich: Heidegger wie Derrida kritisieren die Metaphysik vor allem als *Denken der vollen Präsenz*. Dieses Denken soll durch eine Hinwendung zu den Texten der Tradition zunächst positiv beschrieben, dabei von seinen eigenen Gesetzmäßigkeiten und „Verstellungen" her aufgelockert und schließlich aufgelöst werden. Gemeinsam ist beiden auch die Forderung nach einer *Eingrenzung des metaphysischen Textes*. Das metaphysische Denken soll als begrenzt, nicht-allumfassend, nicht-notwendig, nicht-ursprünglich, nicht-irreduzibel entlarvt werden.
Heidegger zufolge sollte eine Destruktion der Ontologie jedoch letztlich den Zugang zu den „ursprünglichen Quellen"[57], den „ursprünglichen Erfahrungen, in denen die ersten und fortan leitenden Bestimmungen des Seins gewonnen wurden"[58], neu eröffnen. Dieser Versuch beinhaltet die Illusion, das ontologische Denken durch seine Umgrenzung objektivieren zu können und schließlich „hinter" der Verstellung des Seins durch die Tradition sein eigentliches Wesen freizulegen. An diesem Punkt folgt Derrida dem Ansatz Heideggers nicht mehr, denn in seinen Augen fällt Heidegger auf der Suche nach der „Nähe des Seins" erneut in eine (letztlich phantasmatische) Privilegierung der Gegenwärtigkeit vor der Abwesenheit des Vergangenen wie des Zukünftigen zurück, was notwendig zu neuen Totalisierungen führt.[59]
Auf andere Weise wird dieses verborgene Verhaftetsein an metaphysisches Denken für Derrida in Heideggers Unterscheidung zwischen „vulgärem Zeitbegriff" (des metaphysischen Denkens) und einer „ursprünglichen *Zeitigung* der Zeitlichkeit" deutlich. Heidegger deutet die Annahme eines Ursprungs, eines Eigentlichen der Zeitlichkeit an, indem er von einem „Fallen" der „faktischen Existenz [...] *aus* der ursprünglichen, eigentlichen Zeitlichkeit" spricht.[60] Derrida sieht hier einen metaphysischen Dualismus im Gegensatzpaar „ursprünglich"/„abgeleitet", „eigentlich"/„uneigentlich", der Heideggers Aufmerksamkeit auf der Suche nach einer „neuen Ursprünglichkeit" entgangen sei.

---

[57] Ebd. 21.

[58] Ebd. 22.

[59] „Ich würde sagen, daß die Heideggersche Problemstellung die 'tiefgründigste' und 'gewaltigste' Verteidigung dessen ist, was ich unter dem Schlagwort Denken der Präsenz in Frage zu stellen versuche." Positionen, 111f. Vgl. dazu auch *B. Waldenfels*, Phänomenologie in Frankreich, a.a.O. 545, und die späteren Veröffentlichungen Derridas zu Heidegger: Geschlecht (Heidegger). (Geschlecht. La main de Heidegger. Paris 1987), Wien 1988 und Vom Geist. Heidegger und die Frage (De l'esprit. Heidegger et la question. Paris 1987), Frankfurt a.M. 1989.

[60] Vgl. SuZ, 436 (§ 82), zit. nach Randgänge 81.

Sollte aber, wie Heidegger behauptet, jede Spur eines Unterschiedes zwischen Sein und Seiendem und damit aller Unterschiede *als solcher* in der europäischen Geistesgeschichte wirklich vergessen sein, gelöscht und für immer entzogen[61], könnte das Sein stets nur als das Seiende „anwesen", dann, so vermutet Derrida, „ist dieser unerkannte Unterschied vielleicht älter als das Sein selbst". Ausdrücklicher noch als Heidegger spürt Derrida an dieser Stelle also eine „ursprüngliche" Differenz auf, die „jenseits des Seins und des Seienden differiert und bahnt".[62] Diese *Differenz*, die sich nicht mehr auf einen Punkt, auf keine *„Nähe"* oder *„Eigentlichkeit"* mehr zusammenziehen läßt, gilt es für Derrida im Prozeß der Dekonstruktion offenzulegen. Mit dieser bereits im Frühwerk[63] aufweisbaren Konzeption eines unerkennbaren und dennoch in der Endlosigkeit komplexer Verweisungszusammenhänge unübersehbaren „Voraus" zur sprachlich, d.h. textuell gefaßten Wirklichkeit befinden wir uns auf der Fährte einer für Derridas Denken ebenso wie für seine theologische Rezeption wesentlichen Denkfigur.

---

[61] „Die Seinsvergessenheit ist die Vergessenheit des Unterschiedes des Seins zum Seienden [...] Erst das Unterschiedene, das Anwesende und das Anwesen entbirgt sich, aber nicht als das Unterschiedene. Vielmehr wird auch die frühe Spur des Unterschiedes [...] ausgelöscht." Holzwege 336.

[62] Randgänge, 84.

[63] Wenn im folgenden von *frühen* bzw. *späten* Arbeiten Derridas die Rede ist, so ist damit keineswegs die Vorstellung von einem Bruch in seinem Werk verbunden, der dieses in zwei oder mehr Abschnitte teilt. Dennoch ist eine gewisse formalisierbare Entwicklung festzustellen: Bis 1972 kann man ohne allzugroße Vereinfachung von an den klassischen neuzeitlichen Diskurs anschlußfähigen philosophischen Werken sprechen, die - orientiert an der Husserlschen und Heideggerschen Phänomenologie, dem Strukturalismus und der Psychoanalyse - vor allem von der Erarbeitung eines begrifflichen Instrumentariums geprägt sind. Darauf folgt, beginnend mit „Glas" (1974) eine Phase der eher literaturwissenschaftlich, ja literarisch geprägten Texte. Diese spielen - von wenigen Ausnahmen (Schibboleth, 1986) abgesehen - in meiner Arbeit keine große Rolle. Die Dauer dieser „mittleren" Periode würde ich bis etwa zum Erscheinen von Psyché und Chora (1987) ansetzen. Diese Arbeiten markieren eine Rückkehr zur deutlicher philosophischen Auseinandersetzung, die sich - vor allem im Anschluß an das ethische Apriori von E. Levinas - stärker der philosophischen Relevanz der singulären Begegnung mit dem Anderen zuwenden, ohne die Problematik der Literalizität philosophischer Texte aus dem Auge zu verlieren. Diese Aufgliederung - der freilich ein gewisser gewaltsamer Charakter zukommt - spiegelt sich in der Gliederung meiner Arbeit: Der erste Teil, der die grundlegenden Fragen des Derridaschen Denkens aufreißen soll, stützt sich vorwiegend auf sein „Frühwerk", während die folgenden Teile sich als Bearbeitung der eher konstruktiven Antworten des „späten" Derridas verstehen. Zur Konkretisierung dieser Chronologie vgl. auch die Liste der zitierten Werke Derridas in der Reihenfolge ihres Erscheinens am Ende meiner Arbeit.

b) „Intensivierung der Verwandlungen" - J. Derridas Dekonstruktion

J. Derrida hat sich die Aufgabe gestellt, das logozentrische Denken Schritt für Schritt hinter sich zu lassen, um es zu einem noch unbestimmten Zeitpunkt zu überschreiten. Das soll geschehen vor dem Hintergrund der Annahme, daß in *jedem* Text gegenläufige Strukturen ausgemacht werden können. Im Prozeß der dekonstruierenden Lektüre entpuppt sich die allgemein verbreitete Vorstellung von der Einheitlichkeit der in einem Text vertretenen Thesen und der Konvergenz der verwendeten Begriffe als fragwürdig. Legt man die spezifische Eigenart der textimmanenten Mißverständnisse und Inkonsistenzen offen, dann liefert jeder Text sogar das Werkzeug, „gegen sich selbst" gelesen zu werden. Es bedarf also nicht eigentlich einer einheitlichen „Methode", um das gesteckte Ziel zu erreichen, sondern einer unbegrenzten Zahl je nach Text höchst singulärer Lektüren. Es bedarf einer geschärften Aufmerksamkeit für die „Propaganda", die ein Autor zum Erreichen einer bestimmten Feststellung, für die Verankerung eines bestimmten Weltbildes innerhalb „seiner" Textes betreibt. Metaphysisch besetzte Begrifflichkeit kann so enttarnt werden, widersprüchliche Aussagen zur Bedeutung vorher marginalisierter Phänomene wie der Schrift, der Abwesenheit, der Wiederholung etc. treten zutage.

> „Die Dekonstruktion hat notwendigerweise von innen her zu operieren, sich aller subversiven, strategischen und ökonomischen Mittel der alten Struktur zu bedienen, sich ihrer strukturell zu bedienen, das heißt ohne Atome und Elemente von ihr absondern zu können. Die Dekonstruktion wird immer auf bestimmte Weise durch ihre eigene Arbeit vorangetrieben."[64]

An diesem Punkt wird der Unterschied zwischen der Dekonstruktion und anderen „kritischen Texttheorien" sichtbar: Die Texte werden nicht auf ihre Übereinstimmung mit einem Gegenmodell, das als neue Norm angelegt wird, betrachtet, sondern auf eine - vom jeweiligen Autoren behauptete, de facto jedoch unmögliche - innere Konsistenz hin überprüft. So wechselt der Standpunkt und die Methode Derridas je nach dem gelesenen Text. Man hat diese Vorgehensweise zu Recht „perspektivistisch"[65] genannt. Ein dekonstruierter philosophischer Text wird demnach auch nicht als „der Norm nicht entsprechend" oder „metaphysisch" verworfen. Ziel ist es vielmehr zu zeigen, daß er (wie jeder andere Text) auch als der Gattung „Literatur" zugehörig anzusehen ist, d.h. auf rhetorische Mittel und sprachliche Vorgegebenheiten angewiesen

---

[64] Grammatologie, 45.

[65] *H. Kimmerle*, Derrida zur Einführung, Hamburg ^{2}1988, 42.

ist, und daß er ganz bestimmte Widersprüchlichkeiten enthält. Auf diese Weise wird er nicht überstiegen, sondern seine eigentliche Kraft wird sichtbar gemacht.[66]

Der Ablauf einer dekonstruktiven Lektüre läßt sich grob in mehrere Phasen einteilen: in einem ersten Schritt wird der Text„vom Rand her“ gelesen: die (oben bereits beschriebenen) logozentrischen Gegensätze werden offenlegt. Man sucht nach den Funktionen des marginalisierten Teils, die für das jeweilige Denkmodell - oft entgegen der Autorenintention oder der Rezeptionsgeschichte - konstituierend sind.

Was Derrida für die Lévi-Straussche „Bastelei“ *(bricolage)* als Texttheorie an der Wende zwischen metaphysischem und nachmetaphysischem Denken bemerkt, gilt auch für die Dekonstruktion, die damit in einem ersten Arbeitsgang darin bestehen würde,

> „[...] alle diese alten Begriffe im Bereich empirischer Forschung wie Werkzeuge, die noch zu etwas dienlich sein können, aufzubewahren und nur hier und da die Grenzen ihrer Brauchbarkeit anzuzeigen. Man gesteht ihnen keinen Wahrheitswert und keine strenge Bedeutung mehr zu, man wäre sogar bereit, sie bei Gelegenheit aufzugeben, für den Fall, daß passendere Werkzeuge zur Hand sind.“[67]

Wie oben schon kurz angedeutet, macht sich Derrida die verschiedenen Ebenen, auf denen ein Text gelesen und verstanden werden kann, zunutze. Was im Rahmen der Logik in sich schlüssig zu sein scheint, kann aufgrund von ungewollten Anspielungen oder rhetorischen Mitteln mit sich selbst in Wider-

---

[66] Vgl. auch die treffenden Erläuterungen *J. Cullers* aus „Structuralism and Grammatology“ in: Boundary 2, 8 / 1979, 75-84, S. 78f: „Wir stellen uns dekonstruktives Lesen als einen Angriff vor, weil wir annehmen, daß Selbstwiderspruch (die Selbstdekonstruktion, die dekonstruktives Lesen in einem Text enthüllt) jedes intellektuelle Abenteuer vernichte. Aber es ist ja gerade einer der Effekte des dekonstruktiven Lesens, uns gezeigt zu haben, daß die begriffliche Macht *(power)* und Angemessenheit eines Textes mit der gleichzeitigen Anwesenheit einer selbstdekonstruierenden Bewegung nicht unvereinbar ist. Im Gegenteil: Die begriffliche Macht und Angemessenheit eines Textes dürfte zu einem erheblichen Anteil gerade von der Tatsache abhängen, daß er die Philosophie dekonstruiert, in die er verwickelt ist.“ Eigene Übersetzung.

[67] Schrift, 430. - Vgl. zur zeitlichen Reihenfolge der beiden Strategien: „(1) Wir möchten den Punkt erreichen, der gegenüber der Totalität der logozentrischen Epoche in gewissem Sinne äußerlich ist. Ausgehend von diesem Exterioritätspunkt könnte (2) eine bestimmte Dekonstruktion dieser Totalität in die Wege geleitet werden, die selber ein vorgezeichneter Weg ist.“ Und zur Formalisierbarkeit der Dekonstruktion: „Das Hinaustreten *(ex-orbitant)* ist auf radikale Weise empiristisch. Es schreitet voran in der Weise eines Denkens, das sich über die Möglichkeit des Weges und der Methode im Unklaren ist. Es wird vom Nicht-Wissen als seiner eigenen Zukunft affiziert und setzt bewußt sein eigenes Bewußtsein aufs Spiel.“ Grammtologie, 84.

spruch treten. In „Grammatologie“[68] weist Derrida beispielsweise darauf hin, daß Rousseau einerseits „erklärt“ *(déclare)*, die Schrift sei nur ein *äußerliches Supplement* der gesprochenen Sprache und könne deshalb nicht zum Ursprung der Sprache gehören, gleichzeitig aber beschreibt *(décrire)*, wie menschliche Sprache erst durch Artikulation, und das heißt für Derrida durch Intensivierung der materiellen Differenzierungsmöglichkeiten, also durch „Schriftwerdung“, ihr Spezifikum erhält. Rousseau stellt so selbst die Einheitlichkeit eines Ursprungs in Frage, die er vorher durch Ausgrenzung der Schrift aus dem Ursprungs*geschehen* zu erreichen versuchte.[69] Nach einem „Umdrehen“ der ursprünglichen Hierarchie der Begriffe wird so in einem zweiten Schritt von selbst deutlich, daß die hierarchische Dualität der Begrifflichkeit nicht aufrechtzuhalten ist und durch etwas Neues ersetzt werden müßte.[70] Nachdem die Marginalisierung der Schrift zunächst nicht ernst genommen und somit rückgängig gemacht wurde, erscheint die Polarität von Rede und Schrift als sekundäre Erscheinung des ihnen vorausgehenden Spiels der Gegensätze, welches wiederum als ein Moment der *différance*, eines nicht zentralisierten Ursprungsgeschehens, erscheint[71].

Diese doppelte Bewegung der Dekonstruktion macht das Denken Derridas für Angriffe und Mißverständnisse natürlich besonders anfällig. Und zwar aus zwei Richtungen. Es kann ihm sowohl „neues Ursprungsdenken“[72] als auch eine Nietzscheanische „Entwertung aller Werte“ und die Unfähigkeit vorgeworfen werden, Identität konstruktiv zu denken[73].

---

[68] Grammatologie, 371.

[69] „Rousseau deklariert, was er sagen will, daß nämlich die Artikulation und die Schrift eine post-originäre Krankheit der Sprache sind; er sagt oder beschreibt, was er nicht sagen will: die Arikulation und folglich der Raum der Schrift wirken am Ursprung der Sprache.“ Grammtologie, 393.

[70] In diesem Falle durch eine neue Vorstellung vom Ursprung der Sprache: „Die Schriftwerdung der Sprache ist die Sprachwerdung der Sprache.“ Ebd.

[71] Darauf wird im Kapitel „La différance“ noch genauer eingegangen werden.

[72] Vgl. „Überbietung der temporalisierten Ursprungsphilosophie“ in: Ph.D.M.; *R. Rorty*: Derrida on language, being and abnormal philosophy, in: The Journal of Philosophy 74 (1977), 674f und *B. Taureck*: Französische Philosophie im 20. Jahrhundert. Reinbek bei Hamburg 1988, 173. Für die Bestreitung dieses Vorwurfs vgl. *H. Kimmerle*, Ist Derridas Denken Ursprungsphilosophie? Zu Habermas' Deutung der philosophischen „Postmoderne“, in: M. Frank u.a. (Hg.), Die Frage nach dem Subjekt, Frankfurt a.M. 1988, 267-282.

[73] *M. Frank*: Eine fundamental-semiologische Herausforderung. in: Philosophische Rundschau 23 (1976), 1-16, hier 6f.

III. Derridas Angebot: Ontosemiologische Auswege

Dekonstruktion ist etwas anderes als Destruktion. Derridas Anliegen ist es nicht, Denkstrukturen, die er als metapyhsische entlarvt zu haben glaubt, einfach nur zu zerstören, sie unbrauchbar zu machen und der „Kritik" preiszugeben. Tatsächlich geht es ihm immer schon - deutlicher jedoch in seinen späteren Arbeiten - um ein „Jenseits" des Bezeichenbaren, ein „Außerhalb" der Sprache, das in ihr seine Spuren hinterläßt, ja, das Bedeuten erst ermöglicht. Es muß deshalb nicht als Zeichen theologischer Vereinnahmung verstanden werden, wenn im folgenden nach Alternativen zu metaphysischer Ursprungsspekulation im Denken Derridas gesucht wird. Er selbst unternimmt ja immer wieder den Versuch, Ursprünglichkeit und Identität paradox zu denken, d.h. unter Vermeidung dualistischer Systeme und der klassisch-sokratischen Frage „τί ἔστι", die, ursprünglich einmal im Nicht-Wissen endend, seit ihrer aristotelischen Rezeption als Antwort notwendig eine propositionale Aussage fordert.

1. „La trace"

Für Derrida offenbart sich das Wesen der Sprache am deutlichsten in der Schrift: Sie kann bereits im Zentrum der Sprachentstehung lokalisiert werden. Gleichzeitig ist sie ihr Strukturprinzip. Dies gilt deshalb, weil die sprachkonstituierenden Eigenschaften „Abwesenheit des Autors" und „endlose nichtidentische Wiederholbarkeit der Zeichen" im Bereich der Schrift besonders deutlich zutage treten.[74] Derrida denkt sein Pendant zur Metaphysik aber nicht ausschließlich auf der Ebene einer sprachtheoretisch relevanten Theorie, sondern weist mehrfach auf ihre subjekttheoretischen und zeitphilosophischen Dimensionen hin[75]. Die Konsequenzen für alle drei genannten Ebenen sollen im folgenden vor allem im Hinblick auf die Derridasche Fassung des Übergangs zwischen Immanenz und Transzendenz, Selbst und Anderem, Ursprung

---

[74] „Die Schriftwerdung der Sprache ist die Sprachwerdung der Sprache [...] die Artikulation und folglich der Raum der Schrift wirken am Ursprung der Sprache." Grammatologie, 393.

[75] „Die Urschrift *(arché-ecriture)* [...] [eröffnet] zugleich die Temporalisation, das Verhältnis zum Andern und die Sprache [...]." Grammatologie, 105. - Auch *M. Foucault*, den Derrida selbst seinen Lehrer nennt (Schrift, 53f), konstatiert als Historiker eine Mitwirkung der Schrift, die stets auch eines Andern bedarf, bei der Formung des Selbst. Vgl. dazu v.a. L'Écriture de soi, in: Corps Ecrit 5 (1983) „L'autoportrait" zit. nach W. Schmid, Auf der Suche nach einer neuen Lebenskunst, Frankfurt a.M. 1991, 313.

und Nachträglichkeit, der in unserem Zusammenhang besonders interessiert, ausgeführt werden.

Derrida faßt den Begriff „Schrift" so weit, daß er sowohl als Bezeichnung für den materiellen Anteil des Sprach-Zeichens, aber auch in einem weiteren Sinne als strategisch gebrauchter Sammelbegriff für die marginalisierte Materialität der Phänomene überhaupt verstanden werden kann. Mit dem materiellen Charakter der Schrift ist die Vorstellung von *der* Geschichtlichkeit der Texte angesprochen. Im Moment seiner Niederschrift ist das Zeichen von seinem Vater, dem Autor, getrennt und aus der augenscheinlichen Lebendigkeit seines Entstehenskontextes herausgenommen. Die Zeichen überdauern als „steinerne Monumente" Generationen, auch wenn ihre originäre Intention längst nicht mehr entzifferbar ist. Was aus ihnen gelesen wird, in welchem Kontext sie einmal auftauchen werden, entzieht sich der Kontrolle des Autors, der doch - wenn überhaupt - nur durch diese Zeichen in den Geschichtsbüchern auftauchen kann.

Materialität wirkt jedoch nicht nur an der Entstehung eines bestimmten Entwurfs von Zeitlichkeit mit, sie setzt die Schrift und mit ihr jede durch sie vermittelte soziale „Struktur", jede Kommunikation, jeden Sinn auch der Vernichtung durch Katastrophen aus, dem Mißverstehen durch gestörte Übermittlung, der Lüge. Bibliotheken können vernichtet, historische Texte vertauscht, Zeichen verwischt, Tonbänder zerschnitten und neu kombiniert werden. Das Subjekt, das sich durch die Vorstellung einer absoluten Selbstpräsenz in der gesprochenen Sprache auf eindeutigem und festem Grund verortet glaubte und die Schrift zur weiteren Sicherung seiner Präsenz benutzen wollte, wird durch die unvermeidliche Verräumlichung und Verzeitlichung einer auf Schriftlichkeit gegründeten Existenz aus dieser Gewißheit gerissen und auf die Uneinholbarkeit jener begründenden Sprachlosigkeit verwiesen, die Derrida auch mit der Metapher des Todes faßt.

> „Die Verräumlichung der Schrift ist das Abwesend- und Unbewußtwerden des Subjekts. Durch die Bewegung ihres Abweichens begründet die Emanzipation des Zeichens rückwirkend den Wunsch nach Präsenz. Dieses Werden - oder dieses Abweichen - überkommt das Subjekt nicht als etwas, das es wählen oder in das es sich passiv hineindrängen lassen könnte. Als Verhältnis des Subjekts zu seinem eigenen Tod ist dieses Werden gerade die Begründung der Subjektivität - auf allen Organisationsstufen des Lebens, das heißt der Ökonomie des Todes. Jedes Graphem ist seinem Wesen nach testamentarisch."[76]

[76] Grammatologie, 120.

Der sich hier zeigende ungewöhnliche Sprachgebrauch macht eine Abgrenzung gegenüber der umgangssprachlichen Bedeutung des Wortes „Schrift“ oder „Schreiben“ *(écriture)* nötig:
Derrida unterscheidet - zum erstenmal in seiner Lektüre G. Batailles[77] - zwischen zwei Arten der Schrift: Der *unmündigen* oder *entmündigten* Schrift (auch „vulgärer Schriftbegriff“), der als bloßer identischer Wiederholung der gesprochenen Sprache und damit auch der Regungen des Geistes ihr fester Platz im System des abendländischen Denkens zugewiesen wurde (Repräsentations-modell), und der *mündigen* Schrift oder Urschrift *(arché écriture)* oder Urspur *(arché trace)*[78], die sich im herkömmlichen Schriftbegriff jedoch immer schon ankündigt.
Letztere ist nicht mehr nur determinierbares Element in einer Relation zwischen Anwesenheit (eines ursprünglichen Sinns) und Abwesenheit (des Autors in der Schrift)[79], sondern „jene Bewegung, die die Differenz zwischen Anwesenheit und Abwesenheit hervorbringt“[80]. damit ist das Anheben jedes diskurses überhaupt angesprochen - ein Phänomen, das letzte Evidenzen metaphysischen Denkens noch einmal unterfängt. Der Bereich der „Schrift“ im herkömmliche Sinne wird endgültig verlassen. Derrida spricht deshalb in diesem Zusammenhang auch von der „Spur“.
Zunächst beschreibt Derrida jedoch mit dem Begriff „Ur-Schrift“ das Spezifische der Bewegung, mit der eine vor dem „linguistic turn“ einmal autonom gedachte Bedeutungseinheit in das Feld der aufeinander verweisenden Zeichen oder mit der eine Person in eine soziale Gruppierung eintritt. Ein solcher Eintritt verschiebt die „symbolische Ordnung“ (Lacan), also das nicht transzendierbare Feld herrschender Regeln zur Hervorbringung sinnvoller Aussagen, und schafft neue Konstellationen. Keine Bedeutungszuweisung ist ohne die differenzierenden Bewegungen dieses zentrumslosen Feldes denkbar. Der reine Selbstbezug, ein positiv nur aus sich beschreibbarer Ursprung des einzelnen Zeichens wird aufgegeben - darin folgt Derrida de Saussure konse-

---

[77] „Von der beschränkten zur allgemeinen Ökonomie. Ein rückhaltloser Hegelianismus.“ Schrift, 380-421.

[78] Weil „Die Spur selbst [nicht] existiert“ (Grammatologie, 287), gebraucht J. Derrida die Begriffe *trace* und *écriture* (im Sinne der „mündigen Schrift“) meist univok, besteht jedoch darauf, daß: „Die Schrift [...] ein Repräsentant der Spur im allgemeinen [ist], sie ist nicht die Spur selbst.“ (Ebd.).

[79] „Letztere [die mündige Schrift, Anm. d. Verf.] ist nur dann eine Spur, wenn die Präsenz in ihr von ihrer ersten Verheißung an unwiederbringlich entwendet wird, und wenn sie sich als die Möglichkeit einer absoluten Ausstreichung konstituiert.“ Schrift, 402.

[80] *R. Gasché*: Deconstruction as Criticism, in: GLYPH 6 (1979), 177-215, hier 198.

quent. Der Ursprung der Bedeutung eines Zeichens ist als absoluter immer schon unauffindbar gewesen. Er existiert nur als *„vouloir dire"*, d.h. als Postulat, als überlebensnotwendiger Wunsch z.B. nach Einheit, absoluter Nähe, Ursprünglichkeit oder unverfälschter Natürlichkeit, ohne den Kultur und Zivilisation nicht zu denken wären. In Wirklichkeit erhält das Zeichen seine Bedeutung jedoch immer schon von außen aus der niemals fixierbaren komplexen Struktur „Sprache", und Subjektivität ist in die Sprache a priori „eingeschrieben":

> „Benennen, die Namen geben, die es unter Umständen untersagt ist auszusprechen, das ist die ursprüngliche Gewalt der Sprache, die darin besteht, den absoluten Vokativ in eine Differenz einzuschreiben, zu ordnen, zu suspendieren. Das Einzige im System zu denken, es in das System einzuschreiben, das ist die Geste der Ur-Schrift: Ur-Gewalt, Verlust des Eigentlichen, der absoluten Nähe, der Selbstpräsenz, in Wahrheit aber Verlust dessen, was nie stattgehabt hat, einer Selbstpräsenz, die nie gegeben war, nur geträumt und immer schon entzweit, wiederholt, unfähig, anders als in ihrem eigenen Verschwinden in Erscheinung zu treten."[81]

In diesem deutlich von Freuds Traumdeutung beeinflußten Modell kommt es also einer Instanz außerhalb des entmächtigten Subjektes, der Schrift (bzw. der Sprache, insofern sie Schrift ist), zu, die Beziehung zu einem Anderen zu ermöglichen und zu bestimmen. Der Wunsch nach Verständigung setzt die durch keine Identifikation einholbare, aber auch weder von Sprache noch von Schrift hervorgebrachte Differenz zwischen „Selbem" und „Anderem" voraus. Die differentiale Struktur der Sprache reißt in einem gewaltsamen Prozeß, der kein lineares Voraus in der Zeit hat, auch das Individuum aus seinem Solipsismus. Dieser existierte jedoch schon immer nur als Wunsch; und statt Harmonie und Einheit wird diese ursprüngliche Selbstentfremdung des Subjekts in der Sprache sichtbar.

Die sich hier offenbarende irreduzible Pluralität oder Differenz bildet gemeinsam mit dem schon erwähnten Trieb zur Einheit jenen Motor menschlichen Handelns, den Freud „Libido" genannt hat und der bei Lacan und Levinas als *désir* - in mehr oder weniger großer Nähe zum Modell der erotischen Liebe gedacht - die Beziehung zwischen Selbst und Anderem bestimmt. Mit der Annahme eines Triebes zur Einheit, der, von der Erfahrung ursprünglicher Differenz auf den Plan gerufen, an der Grenze zwischen Sagbarem und Unsagbarem Sinn und Subjektivität konstituiert, vermeidet Derrida in einer phä-

---

[81] Grammatologie, 197.

nomenologischen Reflexion[82] den Rückfall in metaphysische Subjekttheorien. Gleichzeitig wird ein argumentativer Nachvollzug der Struktur und Herkunft dieses Triebes zur Einheit unmöglich. Derrida verweist auf ein vollkommen unstrukturiertes „Voraus", aus dem sich ein jeweils vorläufiger und immer neu über- und eingeholter Begriff von Einheit „zuschickt".

> „Die Abwesenheit eines *anderen* Hier-und-Jetzt, einer *anderen* transzendentalen Gegenwart, eines *anderen* Ursprungs der Welt, der als solcher erscheint und sich als irreduzible Abwesenheit in der Anwesenheit der Spur gegenwärtigt - all das ist nicht eine metaphysische Formel [...] Das 'Theologische' ist ein bestimmtes Moment in der gesamten Bewegung der Spur."[83]

Derrida selbst ist also bemüht, den Verdacht zu zerstreuen, in seinem Denken folge auf die metaphysische Apotheose des gesprochenen Wortes (insbesondere in der lateinischen Rezeption des ursprünglich weit gefaßten griechischen Logosbegriffs) als *verbum* nun eine ähnliche Entrückung der für ihn zentralen Metaphern „Schrift" und „Spur" in ein Jenseits. Doch abgesehen davon, daß Derrida das Verhältnis zwischen Schrift / Spur und Metaphysik nicht dialektisch faßt[84], ist der Zusammenhang auch streng *immanent* gemeint: In den frühen Arbeiten Derridas fungiert der Begriff der „Schrift" als Verweis auf Regionen, die sich einem vergegenwärtigenden Zugriff des Bewußtseins entziehen, also etwa auf das Unbewußte oder die Geschichte[85]. Insofern damit jedoch ein sozusagen blinder (weil propositional unbeschreibbarer) Schritt aus dem Bereich der Sprache hinaus, nämlich in ein Jenseits jeder oppositionalen Bemächtigung der Phänomene, getan wird, scheint immer wieder gerade dort, wo die Sprache der Metaphysik vermieden wird, die Möglichkeit einer fremdartigen Transzendenz[86] auf. Aufscheinen und Verlöschen, Enthüllen und Verhüllen sind dabei eins und nicht voneinander zu trennen. Das Verlöschen ge-

---

[82] „Die Einheit der Unendlichkeit muß also *gedacht* werden, bekundet sie sich doch, ohne in der Gegenwart zu erscheinen oder enthalten zu sein. So ist diese gedachte Einheit, die die Phänomenalisierung der Zeit als solcher möglich macht, immer eine Idee im Kantischen Sinne, die sich selber nie phänomenalisiert." *J. Derrida*, Husserls Weg in die Geschichte am Leitfaden der Geometrie, a.a.O., 182.

[83] Grammatologie, 82.

[84] Vgl. die Ausführungen zur *clôture* im Kapitel „Metaphysikkritik bei Derrida". - Es löst nicht eine Epoche der Schrift die der Metaphysik ab, sondern jeder Text ist von metaphysischen Elementen und von der Spur gleichzeitig durchzogen.

[85] „Die Schrift ist die tote Zeit in der lebendigen Gegenwart, die sich der Aneignung entzieht." *B. Waldenfels*, Phänomenologie in Frankreich, a.a.O., 542.

[86] Derrida selbst spricht, in doppelter Abgrenzung gegen eine mögliche vorkritische Lesart einerseits, wie gegen einen „szientistischen Objektivismus" andererseits, von „ultratranszendentalem Text". Grammatologie, 107.

hört notwendig zum „Wesen“ der Spur. Es bezeichnet die Unausdrückbarkeit[87] jenes Schrittes aus dem Bereich der Sprache mit ihren eigenen Mitteln[88]. Gleichzeitig verweist aber - ist der Dualismus von An- und Abwesenheit einmal aufgebrochen - auch jede „naive“ Rede von einer reinen Präsenz auf ein Jenseits der Sprache, das sich der Metaphysik entzieht. Im Lichte eines Denkens der Spur gewinnt der klassische Dualismus einen neuen - abgeleiteten - Sinn.

Die „frühe Spur“ der Differenz, die Heidegger im „Spruch des Anaximander“ wiederfindet[89], und Freuds Bahnung des Gedächtnisses[90] bleiben als Quellen dieser Gedanken sichtbar. Den deutlichsten Einfluß auf Derridas Konzept der Schrift / Spur hatte jedoch EMMANUEL LEVINAS.

Bereits in seinem 1964 erstmals veröffentlichten Aufsatz *Violence et Métaphysique*[91] hatte Derrida auf eine „gewisse Rehabilitierung der Schrift“ [92] bei Levinas aufmerksam gemacht. Levinas' Essays *La trace de l'autre*[93] und *La signification et le sens*[94], die eine ausführliche Entwicklung des Begriffs „Spur“ enthalten, konnte Derrida damals nur in einer Fußnote als „wichtige Texte“[95] würdigen. Levinas entwickelt hier den Begriff der Spur ausgehend von der Frage nach der Zugänglichkeit von Transzendenz. Im Gegensatz zu

---

[87] Randgänge, 49.

[88] Dort wo Derrida dennoch die Relation der Spur zu einem Jenseits zu umschreiben sucht, wird seine Redeweise paradox: „Die Spur ist nicht nur das Verschwinden des Ursprungs, sondern besagt hier - innerhalb des Diskurses, den wir einhalten, und des *Parcours,* dem wir folgen -, daß der Ursprung nicht einmal verschwunden ist, daß die Spur immer nur im Rückgang auf einen Nicht-Ursprung sich konstituiert hat und damit zum Ursprung des Ursprungs gerät.“ Grammatologie, 108.

[89] In: Holzwege, Frankfurt a.M. ^{6}1950, 317-368, hier 350ff.

[90] In: Notiz über den Wunderblock, in: S. Freud, Studienausgabe, a.a.O., 363-370.

[91] Erstveröffentlichung in: Revue de métaphysique et de morale, 68 (1963) Nr. 3 u. 4. Dt.: Gewalt und Metaphysik. Essay über das Denken Emmanuel Levinas', in: Schrift, 121-235.

[92] Schrift, 155

[93] Erstveröffentlichung in: Tijdschrift voor Filosofie (Löwen) 1963, aufgenommen in: *E. Levinas,* En découvrant l'existence avec Husserl et Heidegger, Paris 1949, 2. erw. Aufl. 1967. Dt. in: E. Lévinas, Die Spur des Anderen. Untersuchungen zur Phänomenologie und Sozialphilosophie, übers., hrsg. u. eingel. v. W. N. Krewani, Freiburg / München 1983, 209-235.

[94] Erstveröffentlichung in: Revue de Métaphysique et de Morale 69 (1964), 125-156. Der Schlußteil des Textes stimmt weitgehend mit dem erstgenannten Aufsatz überein. Dt.: Die Bedeutung und der Sinn, in: E. Levinas: Humanismus des anderen Menschen, Hamburg 1989, 9-61.

[95] Schrift, 121, Anm.

Derrida[96] und an plotinisches Denken anknüpfend, behält er den Begriff „Erfahrung *(expérience)* des Einen" zwar bei, unterminiert ihn jedoch, indem er von einer „heteronomen Erfahrung", nämlich des ganz Anderen, spricht. Die Spur, bei Levinas v.a. in ethischem Kontext und unter Beiseitelassen sprachphilosophischer Überlegungen gedacht, bezeichnet den be-deutenden Aspekt eines sonst sprachlich unerreichbaren Jenseits, dessen Anruf im Antlitz des Anderen das Selbst, das abendländische Bewußtsein, gleichzeitig zutiefst irritiert und hervorbringt[97]. Auch der Aspekt einer Bestimmung der Zeitlichkeit aus der Spur[98] sowie seine Verallgemeinerung auf den gesamten Bereich der Schriftlichkeit im oben beschriebenen weiten Sinne[99] findet sich bereits bei Levinas. Dennoch gibt es Unterschiede:
Levinas, der bewußt in der Tradition der jüdischen Gottesrede steht, gehen zunächst metaphysisch klingende Formulierungen offenbar leichter über die Lippen als dem frühen Derrida. Er kann in scheinbarem Widerspruch zu der Behauptung der Unaussprechlichkeit eines Jenseits von „Allmacht" und „Göttlichkeit" und der Subversion jedes identifizierenden Gottesbegriffs

---

[96] Weil er jede Annahme einer vollen Präsenz als metaphysisch verwirft, ist Derrida gezwungen, auch die Vorstellung der Möglichkeit einer Erfahrung im Sinne einer Gleichzeitigkeit und vor allem Identität von Geschehen und Perzeption zu kritisieren und „die transzendentale Erfahrung [Husserls] als ein bloßes *Moment des Diskurses einzuordnen*", sie also bereits den Möglichkeiten und Bedingungen der jeweiligen Sprache und das heißt auch der Willkür der Kontingenz sekundär zu betrachten. Grammatologie, 108.

[97] *R. Bernasconi* (The Trace of Levinas in Derrida, in: Ders. / D. Wood, Derrida and Differance, 1985) behauptet, das Anliegen Levinas' sei ein völlig anderes als das Derridas („Levinas is not engagend in a deconstruction of Western ontology as Derrida would understand it." Ebd. 24), weil Levinas die Geschichte westlicher Philosophie vor allem wegen ihrer Destruktion der Transzendenz kritisiere, Derrida aber Transzendenz gar nicht denken wolle bzw. könne. In dieser Arbeit ist jedoch schon gezeigt worden, daß gerade im Aufbrechen dualistischer Weltbilder auf ihr „Voraus" hin ein zentrales Anliegen der Dekonstruktion zu suchen ist. Außerdem. sieht sich Levinas - ähnlich wie Derrida - durchaus einer - für ihn allerdings im Denken Heideggers kulminierenden - Tradition der Seins- bzw. Alteritätsvergessenheit gegenüber, die sich in einer unverantwortlichen Selbst-verherrlichung gefällt und von der er sich in einer epochalen Bewegung absetzt.

[98] „Antworten wir nicht in der Gegenwart eines Anderen auf eine Ordnung, in der das Bedeuten unaufhebbare Verwirrung bleibt, absolut verflossene Vergangenheit? [...] Es ist eine unvordenkliche Vergangenheit, und vielleicht ist dies auch die Ewigkeit, deren Bedeuten dem Vergangenen nicht fremd ist." Die Spur des Anderen, a.a.O., 228 f.

[99] Wie für Derrida ist das Bedeuten der Spur für Levinas darüber hinaus unabhängig von jeder Intention: „[...] in diesem Sinne ist jedes Zeichen Spur." Ebd. 231. Im Vorwort zur deutschen Ausgabe von Totalität und Unendlichkeit (Freiburg / München 1987. Frz.: Totalité et Infini, La Haye 1961) charakterisiert E. Levinas dann in deutlicher Aufnahme des Derridaschen Denkens den unbedingten ethischen Anspruch des Andern, das „Antlitz, das schon Sprache ist" als „Sprache des Ungehörten, Sprache des Unerhörten, Sprache des Ungesagten, *Schrift*." Ebd. 10. - Vgl. die ausführliche Auseinandersetzung mit der subtilen Interdependenz zwischen E. Levinas und J. Derrida im zweiten Teil der Arbeit.

durch den Verweis auf seine Abwesenheit davon sprechen, daß „der geoffenbarte Gott unserer jüdisch-christlichen Spiritualität [...] sich nur in seiner Spur [zeigt]“[100]. Derridas Kunstwort „ultra-transzendental“ wirkt im gleichen Zusammenhang etwas bemüht.

Die Schrift als Spur und Instanz, die eine metaphysische Logik ablöst, hat aber auch schon für den frühen Derrida eine talmudisch-religiöse Komponente, die er jedoch pessimistisch wendet: Im Denken der Kabbala gibt es die Vielfalt der Bücher nur als Kommentare und Interpretationen eines verlorengegangenen ersten Buches. Dieses erste Buch, das die Handschrift Gottes getragen haben soll, existiert in den Augen Derridas allerdings nur als Postulat, nahe daran, eine Fiktion genannt werden zu müssen. Die Annahme seiner prähistorischen Existenz sollte Identität und Sicherheit stiften für den sich im Chaos verlierenden Menschen. Doch - so lautet die Einsicht der ästhetisch-kritischen Moderne - nur die *Spuren* dieses Buches existieren - Verweise, Andeutungen, und auch diese sind verweht und unleserlich. AlleBemühungen, einen ein für allemal verlorenen ursprünglichen Sinn zu rekonstruieren, bleiben vorläufig.

> „Der Verlust dieser Gewißheit[101], die Abwesenheit der göttlichen Schrift, das heißt zunächst des jüdischen Gottes, der gelegentlich selbst schrieb, definiert nicht nur, und in unklarer Weise, so etwas wie die Modernität. Als Abwesenheit und als Heimsuchung durch das göttliche Zeichen bestimmt sie die gesamte Ästhetik und moderne Kritik.“ [102]

2. *„La différance“*

Derrida steht vor der Aufgabe, Welterschließung und Wahrnehmung von Identität und Kontinuität herzuleiten, ohne das Modell einen einheitlichen Ursprung des Seins, der als Zentrum und Strukturprinzip außerhalb allen Seins lokalisiert werden müßte, zu bemühen. Er erhält diese Spannung aufrecht und verwendet zu ihrer Bezeichnung der Schlüsselbegriff *„différance“*.[103]

---

[100] Ebd. 235.

[101] „[...] nach der sich jede Buchseite von selbst in den unvergleichlichen Text der Wahrheit einband [...]“

[102] Schrift, 21. - Die sich hier andeutende Affinität Derridas zum jüdisch-kabbalistischen Denken wird im zweiten Hauptteil der Arbeit ausführlich untersucht.

[103] Zum erstenmal in „Die Stimme und das Phänomen“, entfaltet in dem zentralen Artikel „La différance“. (Ursprünglich der Text eines Vortrages vor der „Französischen Gesellschaft für Philosophie“ [Société francaise de philosophie] 1968, erschien er dann [1972] in der Aufsatz-

„différance" ist als Vokabel des *Übergangs* zwischen Metaphysik und Spur zu verstehen, der sich in jedem Text anders darstellt, und trotz des inzwischen erreichten Status eines Terminus technicus ein kurzlebiger Begriff. Sie hat im Werk Derridas die Begriffe des „Supplements", der „Ur-Schrift" und der „Ur-Spur" abgelöst, wird aber auch parallel zu ihnen verwendet. In seinen neueren Veröffentlichungen taucht sie jedoch schon nicht mehr auf. Und doch bildet sie für eine bestimmte Zeit seines Schaffens eine Art *Sammelbecken*, in dem sich alles spiegelte, was für Derridas Philosophie von Bedeutung war. Der Gebrauch anderer Begriffe anstelle von *différance* in Derridas späteren Arbeiten muß als Ergänzung, der im Kontext von *la trace* und *la différance* gewonnenen Einsichten begriffen werde, nicht als deren Ablösung.
Die *différance* ist keine ordnende oder strukturierende Größe, die etwa an der Spitze einer Hierarchie der Begriffe einen bestimmten Bereich formen würde oder als Terminus von größter Allgemeinheit aus anderen Termini durch Abstraktion hergeleitet werden könnte. Sie bezeichnet eher den Ort eines Zusammentreffens von für Derrida entscheidenden Themenkomplexen aus der „Geschichte der Philosophie", in denen eine Dekonstruktion oder Subversion der Metaphysik mit ihren eigenen Mitteln einsetzt. An keinem anderen Terminus im frühen Werk Derridas läßt sich eine ähnliche Vielzahl von philosophischen Wurzeln und Verästelungen ausmachen wie an der *„différance"*.
Deshalb haben die nun folgenden Abschnitte auch eher den Charakter einer Aufzählung oder Ansammlung; ordnende Zusammenhänge lassen sich ohne Vergewaltigung der Intention des Autors J. Derrida kaum herstellen.[104]
Der Buchstabe *a* stellt in dem Kunstwort *différance* noch einmal einen Focus dar: Er wird durch einen Verstoß gegen die Orthographie, „gegen das Gesetz, welches das Geschriebene [...] in die Grenzen seiner Schicklichkeit einschließt"[105], in die Vokabel *différence* eingeschleust, ohne daß beide Wörter sich in der Aussprache unterscheiden. Nur in einem *geschriebenen* Text also ist diese Differenz wahrzunehmen. In der gesprochenen Sprache entsteht ein Schein von Identität der beiden Worte *différence* und *différance*. Die Materialität produziert einen sinnfälligen Unterschied, der sich der gesprochenen

---

sammlung „Marges. De la philosophie". In deutscher Übersetzung liegt er vor in: Randgänge, 29-52.)

104 „Die différance ist keine Beziehung, kein Zustand; sie ist ein Vorgang." *S. Strasser*, Von einer Husserl-Interpretation zu einer Husserl-Kritik. Nachdenkliches zu Jacques Derrida. in: Ernst W. Orth (Hg.): Studien zur neueren französischen Phänomenologie, München 1986 (130-169), 158.

105 Randgänge, 29.

Sprache entzieht. Damit wird das klassische Modell der stufenweisen Repräsentation (Phänomen - gesprochenes Wort - Schrift) implizit aufgelockert und in Frage gestellt.
Gleichzeitig stehen der Buchstabe „A“ und das tonlose Aleph der hebräischen Sprache als der jeweils erste Buchstabe für das gesamte Alphabet. Sie erinnern damit an die im Abendland als Repräsentation des gesprochenen Wortes in der „unmündigen“ Schrift des phonetischen Alphabetes (im Gegensatz etwa zur Hieroglyphenschrift) marginalisierte *„Ur-Schrift“*. Außerdem hat das Aleph in der Geschichte der jüdischen Mystik und Spekulation als Wurzel der Sprache und tonloser Anlaut, der in einer radikalen Auslegungstradition als einzige authentische Offenbarung Gottes verstanden wurde, eine entscheidende Rolle gespielt.[106]
Darüber hinaus bezeichnet die Endung „-ance“ im Französischen (wie z.B. in „mouvance“ oder in „résonance“) eine weitere Ununterscheidbarkeit: die zwischen Aktiv und Passiv. Die *différance* ist „weder einfach aktiv noch passiv“; sie bringt eine Operation zum Ausdruck, „die keine Operation ist, die weder als Erleiden noch als Tätigsein eines Subjektes bezogen auf ein Objekt [...] sich denken läßt“.[107]
In einer „semantischen Analyse“ des Begriffs geht es Derrida zunächst darum, durch die Einfügung des Buchstabens „A“ das Bedeutungsfeld „Aufschub, aufschieben“ aus der Verbalform (*différer* oder lat. *differre*) in die substantivische Form *différence* (Verschiedenheit) hinüberzuretten. Damit ist der oben schon näher beschriebene Aspekt der „Temporisation“, des Aufschiebens eines Erlebnisses in der Zeit als „Zerstreuung“ der Selbst-Gegenwart des Bewußtseins und als Ursprung der Zeit, in den Bodensatz dieses wichtigen Begriffs eingeschrieben und eine uralte Bedeutung (die im lateinischen *differre* - auseinandertragen noch enthalten war) neu lesbar gemacht worden:

„Différer in diesem Sinne heißt temporisieren, heißt bewußt oder unbewußt auf die zeitliche und verzögernde Vermittlung eines Umweges zu rekurrieren, welcher die Ausführung oder Erfüllung des ‘Wunsches’ oder ‘Willens’ suspendiert

---

106 „Das Aleph des Rabbi Mendel ist dem tonlosen, nur schriftlich diskriminierten „a“ der „différance“ darin verwandt, daß in der Unbestimmtheit dieses gebrechlichen und vieldeutigen Zeichens die ganze Fülle der Verheißung konzentriert ist.“ Ph.D.M., 216. - Die jüdische Tradition findet durchaus ihren Niederschlag im Werk Derridas, wenn er auch selbst darauf hinweist, daß er als algerischer Jude nicht mit der klassischen jüdischen Bildung aufgewachsen ist. Vgl. dazu ausführlich den zweiten Teil dieser Arbeit.

107 Randgänge, 34.

und sie ebenfalls auf eine Art verwirklicht, die ihre Wirkung aufhebt oder temperiert."[108]

Die Bedeutung der *différance* als Aufschub enthält eine Anspielung auf Freuds Begriff der „Sublimierung": Zugunsten des „Realitätsprinzips" wird der Wunsch nach Lust *aufgeschoben*, um in erfüllter Arbeit einen vermehrten Lustgewinn zu erzielen. Lust stellt dabei eben *nicht* das einfache „Danach" zu ihrer Vor-Bereitung dar. Lust- und Realitätsprinzip liegen vielmehr ineinander, lassen sich auf einer linearen Zeitachse nicht voneinander trennen. Die Stunde der Lust wird auf einem Umweg (Aufschub, Aufschieben) „erreicht". In der erfüllten und konzentrierten Arbeit ist die Lust ständig gegenwärtig, wird aber als „eigentliche" Erfüllung nicht erreicht. Sie ist immer und niemals, weil das, um dessentwillen der Aufschub „ertragen", wird als „Etwas" gar nicht benannt werden kann.[109]

Die Bedeutung „unterschieden, nicht identisch sein" des Verbs *différer* wird durch die *graphische* Differenz bei gleichzeitiger *phonischer* Identität zusätzlich mit einem Hinweis auf die Ununterscheidbarkeit zwischen Identität und Differenz „aufgeladen": die *différance* soll dieser (metaphysischen) Unterscheidung vorausgehen, das Gleiche und das Unterschiedene, das Selbe und das Andere werden zusammen gedacht, jedoch ohne das Andere vom Selben her zu vereinheitlichen, wie dies in der Dialektik Hegels geschieht[110].

Diese „spezifische Andersheit"[111] der *différance* ist es, die sie vor Vereinnahmungen bewahren kann und die sie nicht als gegenwärtig Seiendes, sondern nur *nachträglich*, als (Erinnerungs-) Spur erscheinen läßt. Ähnlich wie das „Unbewußte" bei Freud, das nur als vom Bewußtsein *Unterschiedenes* qualifiziert werden kann, als Ort, an dem auch widersprüchliche Erinnerungen, unvereinbar mit den Kriterien der Logik, gleichzeitig auftreten, verweist

---

108 Ebd.

109 „Unter dem Einflusse des Selbsterhaltungstriebes des Ichs wird das Lustprinzip vom Realitätsprinzip abgelöst, welches, ohne die Absicht endlicher Lustgewinnung aufzugeben, doch den Aufschub der Befriedigung, den Verzicht auf mancherlei Möglichkeiten einer solchen und die zeitweilige Duldung der Unlust auf dem langen Umweg zur Lust fordert und durchsetzt." *S. Freud*, Jenseits des Lustprinzips, Studienausgabe, a.a.O. Bd. XIII, 6.

110 „Es ist evident, [...]daß man das Gleiche und das Andere usw. nicht zusammen denken kann. Wenn die différance dieses Undenkbare ist, darf man sie nicht vorschnell zur Evidenz in dem philosophischen Element jener Evidenz erheben, die ihr Trügerisches und Unlogisches mit der Unfehlbarkeit des Kalküls [...] bald aufgelöst hätte." Randgänge, 45.

111 Deshalb „spezifisch", weil sie sich vom metaphysischen, totalisierenden Zentrum des jeweiligen Diskurses her bestimmt und zu dessen Dekonstruktion führt.

die *différance* auf „eine Vergangenheit, die nie gegenwärtig war"[112]. In dieser Formulierung trifft sich Derrida (gewollt) mit einer Denkbewegung von E. Levinas, der (aus ganz anderen Quellen als denen der Psychoanalyse) damit die absolute Andersheit des Anderen qualifiziert.

So kann die *différance* in ihrer Bedeutung „radikale Unterschiedenheit" als Sammlung verschiedenster ontologiekritischer Konzepte der Andersheit, des Unbewußten oder auch - in geistiger Nähe zu Nietzsche - der „*Zwietracht* verschiedener Kräfte und Kräftedifferenzen"[113] verstanden werden. Als „Sammlung" von radikaler Unterschiedenheit und phonetischer Gleichheit soll die *différance* als Interpretament der Schlüssel zu jeder Art von Dekonstruktion metaphysischer Begriffspaare sein können. Sie weist auf die ursprüngliche Ununterscheidbarkeit von Identität und Differenz, Univozität und Äquivozität der Begriffe hin, weil sie der Identität wie der Differenz als deren Unterscheidung vorausgeht [114]. Derrida stellt den Bezug zu anderen oppositionalen Begriffen wie folgt her:

> „Man könnte auf diese Weise alle Gegensatzpaare wieder aufgreifen, auf denen die Philosophie aufbaut und von denen unser Diskurs lebt, um an ihnen nicht etwa das Erlöschen des Gegensatzes zu sehen, sondern eine Notwendigkeit, die sich so ankündigt, daß einer der Termini als *différance* des anderen erscheint, als der andere, in der Ökonomie des Gleichen unterschieden / aufgeschoben (différé), das Intelligible als von dem Sinnlichen sich unterscheidend *(différant)*, als aufgeschobenes Sinnliches *(différé)*; der Begriff als unterschieden / aufgeschobene-unterscheidend / aufschiebende Intuition *(dif-férée-différante)*; die Kultur als unterschieden / aufschiebende Natur *(différée-différante)*; jedes andere der Physis - techne, nomos, thesis, Gesellschaft, Freiheit, Geschichte, Geist usw. - als aufgeschobene Physis *(différée)* oder als unterscheidende Physis *(différante)*. Physis in différance."[115]

Die *différance* durchbricht die Ordnung der Dualismen, ohne einen neuen einheitlichen Ursprung darzustellen. Sie zerbricht den Ursprung und die Ordnung der Oppositionen, ohne sie ganz zu trennen. Sie steht an der Stelle eines Übergangs.

[112] Randgänge, 46.

[113] Ebd. 44.

[114] Ebd. 43.

[115] Ebd.

3. Identität „gespurt": Arbeit am Subjektbegriff der Phänomenologie

Eine frühe Zuspitzung auf subjekttheoretische Überlegungen finden die Arbeiten Derridas in seiner hochgelobten[116] Schrift „Die Stimme und das Phänomen", die im französischen Original gleichzeitig mit „De la Grammatologie" und „L'écriture et la différence" 1967 in Paris erschien.

Wie der Titel schon andeutet, beinhaltet dieser kurze Text, ebenso wie Derridas Frühwerk „Edmund Husserl, l'origine de la géometrie", eine Auseinandersetzung mit Husserlscher Phänomenologie. Derrida liest verschiedene Texte des Philosophen in ihrer Zuspitzung auf die Transzendentalität des Ego und dessen gleichzeitiges Eingebundensein in den Zeitfluß und bemüht sich, im phänomenologischen Denken metaphysische Denkmuster abzugrenzen[117]. Dies geschieht vor allem durch den Erweis der Tatsache, daß, folgt man Husserls eigenen Prämissen nur konsequent genug, Nicht-Präsenz und Differenz in den innersten Bereich der Selbstgegenwart vordringen.

Prägend für die Philosophie Husserls sind seine Bemühungen, dem „Psychologismus" zu entgehen. Mit diesem Begriff ist eine Verschiebung der Fragestellung von der spezifisch philosophischen Suche nach apriorischen Strukturen menschlicher Erkenntniszusammenhänge hin zur Frage nach den empirischen Bedingungen der Möglichkeit des Denkens, Handelns und Erfahrens allein im sich beständig wandelnden Subjekt bezeichnet. Dazu führt Husserl die sogenannte „Reduktion" oder *epoché* als methodologischen Grundbegriff ein. Durch diese soll es möglich sein - im Ausschlußverfahren und ohne Berücksichtigung irgendeines empirisch-kontingenten Datums - das Wesen der betrachteten Sache zu erschauen bzw. seine letzten Möglichkeiten im transzendentalen Ego zu ermitteln („Wesensschau"). Als *phänomenologische* ist die Reduktion eines Faktums auf das reine Phänomen, als *transzen-*

---

[116] „In 'Die Stimme und das Phänomen', einem Text, der den logozentrischen Diskurs umstößt, gibt es nicht einen überflüssigen Teil eines Satzes. Eine wunderbare Strenge, die zweifellos in der phänomenologischen Schule erworben wurde, durch extreme Aufmerksamkeit auf Husserls diskrete Gesten, Heideggers ausladende Bewegungen, jedoch im Geist eines Fortsetzers und mit vollendeter Meisterschaft ausgeübt [...] Begriffe werden von ihrem ontischen Beiklang gereinigt, befreit von der Alternative wahr oder falsch." *E. Levinas*: Eigennamen (Noms propres und Sur Maurice Blanchot. Montpellier 1976), München / Wien 1988, 68.

[117] „Es handelt sich also darum, am ausgezeichneten Beispiel der Zeichenkonzeption die phänomenologische Kritik der Metaphysik als internes Moment der metaphysischen Selbstversicherung sich ankündigen zu sehen. Besser noch: mit dem Nachweis zu beginnen *(vérifier)*, daß die Möglichkeit der phänomenologischen Kritik selbst dem metaphysischen Entwurf in seiner geschichtlichen Vorstellung wie in der Reinheit seines restaurierten Ursprungs entspricht." Die Stimme und das Phänomen, 53 / *3* (Übersetzung geändert).

dentale die Reduktion auf das jedwede Wesenhaftigkeit konstituierende reine transzendentale Bewußtsein angezielt. In den „Cartesianischen Meditationen" formulierte Husserl als Kern seiner transzendentalen Phänomenologie:

> „Die objektive Welt, die für mich je war und sein wird, je sein kann mit allen ihren Objekten, schöpft [...] ihren ganzen Sinn und ihre Seinsgeltung, die sie jeweils für mich hat, aus mir selbst, aus mir als dem transzendentalen Ich, dem erst mit der transzendental-phänomenologischen epoché hervortretenden."[118]

Husserl bezieht hier die Position eines starken Subjektivismus, um die Universalisierbarkeit und Objektivität der erscheinenden Fakten zu retten. Was dem Subjekt begegnet, ist niemals das Fremde, das radikal Andere, sondern immer schon durch eine Art Intuition im Bewußtsein des Subjekts vorhanden oder hervorgebracht, wobei Husserl transzendentales Bewußtsein stets als Selbstreflexion oder Selbstaffektion denkt.

Es ist offensichtlich, daß die Phänomenologie an diesem Punkt mit dem Modell eines unvollendeten Feldes, das kein Bedeutung generierendes Zentrum hat - wie es vom Strukturalismus entwickelt und von Derrida noch einmal radikalisiert wurde - nicht in Einklang gebracht werden kann.

Derridas Kritik setzt bei Husserls Versuch an, Selbstbewußtsein - jenseits von Intersubjektivität und Differenz - als absolute Selbstgegenwart zu beschreiben. Husserl unterscheidet im ersten Kapitel der ersten seiner „Logischen Untersuchungen" zwischen zwei Bedeutungen des Begriffs „Zeichen", nämlich zwischen „Ausdruck" und „Anzeichen". Der Terminus „Ausdruck" meint den „reinen" Sinn einer Aussage, der von der Materialität eines Informationsträgers unabhängig und damit vor jeder Verfälschung oder Zerstörung gefeit sein soll. In Husserls Text steht der „Ausdruck" der Stimme, der gesprochenen Sprache, nahe. Das „Anzeichen" dagegen entstammt dem Begriffsfeld des Zeigens, das notwendig von Räumlichkeit, Kontingenz, Sichtbarkeit, Materialität und Intersubjektivität abhängig ist, und deshalb eine Nähe zu allem Schriftlichen im weiteren Sinne aufweist.

Der „Ausdruck" in diesem Sinne kann nur einer - reduzierten - „phänomenologischen Sprache" angehören, die, gereinigt von den Verfälschungsmöglichkeiten der Kontingenz, im Bereich des „einsamen Seelenlebens" ihren Ort hat, dem Bereich des transzendentalen Bewußtseins, das auch für die Verschiebungen, die Raum und Zeit mit sich bringen, unerreichbar sein muß. Das „Anzeichen" dagegen wird der Lebenswelt zugeordnet und

---

118 *E. Husserl*: Cartesianische Meditationen, §11, in: Husserliana Bd. I, hg. v. S. Strasser, Den Haag 1950.

damit aus dem Bereich des transzendentalen Bewußtseins ausgeschlossen. Eine Abhängigkeit des transzendentalen Bewußtseins von jedwedem Außen, jedem Anderen, Differenten wird vermieden.[119]

> „[...] die ungetrübte Funktion *(fonction pure)* des Ausdrucks und des Bedeutens *(vouloir dire)* liegt weder in der Mitteilung noch in der Information, noch in der Kundgabe und also insgesamt nicht in der Anzeige. Und das 'einsame Seelenleben' stellt nun unter Beweis, daß ein solcher Ausdruck ohne Anzeige möglich ist. Im einsamen Diskurs erfährt das Subjekt nichts über sich selbst, wie es sich selbst auch nichts kundgibt."[120]

Damit ist die absolute Nähe, ja eigentlich die Identität der (zur Reflexion notwendigen) beiden Pole des Selbst postuliert, da nur so die identische Widerspiegelung des Ausgedrückten durch das „alter ego" gewährleistet, eine mögliche Ex-altierung des Bewußtseins vermieden werden kann.

Derrida kann zeigen, daß Selbstpräsenz bzw. -reflexion die Elemente „Differenz", „Aufschub" und „Zeitlichkeit" immer schon enthält. Ihm gelingt dies mit Hilfe des Husserlschen Terminus der Selbstaffektion und mit dessen eigener Einsicht, daß Gegenwart nur von Vergangenheit (Retention) und Zukunft (Protention) her zu beschreiben sei. Derrida weist darauf hin, daß Husserl[121] selbst erkennt, „daß kein Jetzt als Moment oder reine Punktualität isoliert werden kann".

Von einer Raum- bzw. Zeitlosigkeit oder Allzeitlichkeit des intrasubjekiven Geschehens (Husserl spricht exakter von „Instantaneität") kann also, streng genommen, nicht die Rede sein. Vielmehr hat im Zentrum des Husserlschen Systems, der absoluten Selbstgegenwärtigkeit, die von jeder Zeichenhaftigkeit und Repräsentation frei sein soll, eine zeitliche Verschiebung, die Differenz zwischen einem jeden Jetzt und seinem Vorher und Nachher, ihren Ort.[122]

---

119 „Die Beziehung zum anderen ist als Nicht-Präsenz die Unreinheit des Ausdrucks. Um in der Sprache *(langage)* die Anzeige zu reduzieren und den reinen Ausdruck ins Recht zu setzen *(regagner)*, muß also der Bezug zum anderen suspendiert werden. Denn dann bedarf das Ich nicht länger der Vermittlung durch die Physis oder irgendeine Form der Appräsentation überhaupt." Die Stimme und das Phänomen, 94 / *44* (Übersetzung geändert).

120 Die Stimme und das Phänomen, 101 / *53*.

121 Vgl. *E. Husserl*, Zur Phänomenologie des inneren Zeitbewußtseins, R. Boehm (Hg.): Husserliana X, Den Haag 1966, 47 und passim.

122 *J. Culler* beschreibt das metaphysische Modell einer Zeitlichkeit, die vom Zentrum einer Präsenz her bestimmt wird, mit einem anschaulichen Bild: „Wenn Realität das ist, was in irgendeinem gegebenen Augenblick präsent ist, dann stellt der Pfeil ein Paradox dar. Zu jedem gegebenen Augenblick befindet er sich an einem bestimmten Ort; er ist immer an einem bestimmten Ort und niemals in Bewegung [...] Es erweist sich, daß die Präsenz der Bewegung nur zu erfassen ist, wenn jeder Augenblick schon von der Spur der Vergangenheit oder der

„Noch bevor er ausgedrückt wird, ist der Sinn durch und durch zeitlich. Die Allzeitlichkeit *(omnitemporalité)* der idealen Gegenstände[123] ist Husserl zufolge nur ein Modus der Zeitlichkeit. [...]. Der 'Quell-Punkt', die 'ursprüngliche Impression', das, woraus die Zeitigungsbewegung *(mouvement de la temporalisation)* hervorgeht, ist selbst schon reine Selbst-Affektion. Sie ist vor allem reine Erzeugung, da Zeitlichkeit niemals reales Prädikat eines Seienden sein kann. Die Intuition der Zeit selbst kann nicht empirisch sein, sie ist eine Rezeption, die nichts empfängt."[124]

Die Rede von einer Selbst-Affektion macht die reine Selbstpräsenz unmöglich; der Ursprung des Sinns ist „immer schon in Bewegung" und darum punktuell bzw. von einer reinen Präsenz her nicht zu beschreiben. Derrida spricht an anderer Stelle von „Aufschub" *(renvoi)*, um dieses Phänomen zu beschreiben.[125] Wenn aber selbst das transzendentale Bewußtsein seiner selbst nicht vollständig gegenwärtig ist, sich aufgrund einer Re-präsentation konstituiert, so ist damit der Spalt bezeichnet, „durch den jenes Licht der Sprache fällt, in dem erst etwas als etwas in der Welt präsent oder anwesend sein kann"[126]. Daß Husserl dieses Paradoxon von Sprachlichkeit und absoluter Identität nicht selbst aufgegangen ist, habe - so Derrida - seine Ursache im phonozentrischen „Verblendungszusammenhang", der Verleugnung der Materialität von Sprache im gesprochenen Wort, die als Aufschub und Verräumlichung originär nur in der Schrift erscheint.[127] Die an dieser Stelle notwendige Frage nach dem Ursprung irgendeiner Form von Einheit oder einem irgendwie gearteteten - wenn auch sekundären - Konzept von Identität klärt Derrida mit dem Verweis auf jenes *„vouloir dire"*, dessen Herkunft freilich im Dunkeln bleiben muß.

Das Spiel von Retention und Protention jedenfalls, das der Subjektivität vorausgeht, ist seiner selbst nicht bewußt, sondern geht dem Bewußtsein voraus, wird von diesem immer schon vorgefunden. Es bringt die Spaltung der Identi-

---

Zukunft markiert ist [...] Zu einem gegebenen Augenblick kann etwas nur geschehen, wenn dieser Augenblick schon in sich gespalten ist, wenn ihm die Nicht-Präsenz schon innewohnt." Dekonstruktion, 105.

[123] D.h. der „Repräsentationen" und „Imaginationen", die im inneren Seelenleben statthaben.

[124] Die Stimme und das Phänomen, 141 / *93* (Übersetzung geändert).

[125] Vgl. Randgänge, 33

[126] Ph.D.M., 207.

[127] Derrida bezieht sich hier auf die eher beiläufige Bemerkung Husserls „daß ich in den, mein stilles Denken begleitenden und stützenden Wortvorstellung jeweils von meiner Stimme gesprochene Worte phantasiere". *E. Husserl*: Logische Untersuchungen. Bd.II,i, Tübingen 1913 / 1980, 97.

tät in ego und alter ego, Bewußtes und Unbewußtes bereits als Differenz hervor.

4. Hermeneutik und Dekonstruktion

Aus den bisherigen Überlegungen sollte deutlich geworden sein, daß angesichts der Frontstellung zwischen transzendentalphilosophischem und hermeneutischem Anspruch innerhalb der Philosophie und der systematischen Theologie[128] die Arbeiten Derridas nur dem hermeneutischen Diskurs zugeschlagen werden können. Dies gilt, insofern sie die Unhintergehbarkeit der *Textualität* philosophischer Schriften gegen die Vorstellung eines reinen Denkens stark zu machen bemüht sind. Gleichzeitig ist in einem Ansatz wie dem Derridas durchaus ein Anspruch enthalten, der über den hermeneutischen hinausgeht. Insofern nämlich als er im Kontext der allgemeinen Begriffe „Spur" und *„différance"* nach den Bedingungen der Möglichkeit von Sprache, Subjekt und Verstehen fragt, auch wenn die Antworten zunächst befremdlich erscheinen mögen.
Leider muß man dem bereits vorliegenden Versuch, Derrida in die Tradition der *Bewußtseinsmetaphysik* einzuordnen, unlautere Intentionen und inexaktes Arbeiten vorwerfen: Christoph Menke[129] unterstellt der dekonstruktiven Philosophie, sie traue „sich das Vermögen zu [...], 'die Totalität der Welt als Totalität dessen, was ich im allgemeinen denken kann, zu überschreiten'," bzw. sie transportiere implizit „die Idee eines von jeder Krise ungefährdeten Sinns" [130]. Eine solche Reduktion auf traditionelle Raster verfehlt aber die Behutsamkeit, mit der Derrida antritt[131] und die oben dargestellt wurde. Daß Derri-

---

[128] Ausgenommen die Arbeiten von K.-O. Apel und seiner Schüler, Th. Pröpper und H. Verweyen, die Transzendentalphilosphie als „Ancilla hermeneuticae" betreiben.

[129] *Chr. Menke*, „Absolute Interrogation" - Metaphysikkritik und Sinnsubversion bei J. Derrida, Phil. Jahrbuch (1990), 351-366.

[130] Ebd. 365. - Das Derridazitat stammt aus Schrift, 91. Aus dem Derridaschen Text geht jedoch eindeutig hervor, daß es sich an dieser Stelle um eine Paraphrase des *Descartesschen* Anspruchs und *nicht um den der Dekonstruktion* handelt!

[131] Indem Chr. Menke bei Derrida Spuren des im Zusammenhang der Universalpragmatik verabschiedeten transzendentalphilosophischen Denkens zu finden behauptet, folgt er seinem Lehrer J. Habermas. Dieser entdeckte bei Derrida Anklänge an jüdische Mystik (Ph.D.M., 216f). Angesichts des pauschalen (und unbegründeten) Neokonservatismusvorwurfs gegen die Autoren der Postmoderne (vgl. *J. Habermas*, Die Moderne. Ein unvollendetes Projekt [1980], in: Kleine politische Schriften, Frankfurt a.M., 1981, 444-464, hier 462ff) können solche Zuordnungen nur als - wenn auch letztlich recht unbeholfene und gewaltsame - Denunziationsversuche verstanden werden.

das Denken tatsächlich in gewisser Weise als Fortführung der Kantischen Kritik[132] verstanden werden könnte, kann hier leider nicht in ausreichender Breite entfaltet werden.

Auch Menkes Versuch, Derridas Ansatz als unlautere Verallgemeinerung von einer (auch in Menkes Augen angemessenen und erhellenden) Ästhetik der *Moderne* auf eine *allgemeine* Ästhetik darzustellen, kann angesichts der ausgewiesenen Kompetenz des Dekonstruktion, auch vormodernen Werken überraschende neue Bedeutungsebenen abzugewinnen (Vgl. etwa „Wie nicht sprechen" oder „Chora"), nur als Versuch einer Entschärfung durch Regionalisierung verstanden werden. An Menkes weiterer Arbeit ist außerdem zu kritisieren, daß Derridas zentrales Werk zur Ästhetik „La vérité en peinture" (Paris 1978) in Menkes Dissertation zum Thema „Die Souveränität der Kunst. Ästhetische Erfahrung nach Adorno und Derrida" (Frankfurt a.M. 1988) nicht einmal im Literaturverzeichnis auftaucht. Derrida selbst hat Kampagnen dieser Art, die einer genaueren Lektüre seiner Texte nicht standhalten und in der Praxis bis zu der Verhinderung der Übersetzung seiner wichtigsten Werke ins Deutsche reichten, in einem wenig bekannten Text scharf kritisiert: „[...] es sind diejenigen, die sich der Argumentation entheben, die die strengen textuellen Überlegungen und Dispositive, die differenzierten Analysen und die Spaltungen unberücksichtigt lassen, die ein wenig subtiler sind als das, was bei ihnen davon übrigbleibt, wenn sie von 'Nihilismus', von 'Anti-Humanismus', von 'Zynismus', von neo-heideggerschem Poststrukturalismus, von neo-nietzscheanischem Konservatismus und anderen demagogischen Ungenauigkeiten und Verkürzungen dieses Stils sprechen. [...] Ist das nicht das, was Sie (K.-O. Apel, Anm. d. Verf.) einen 'permanenten performativen Selbstwiderspruch' nennen, indem man voller Autorität an den Konsens und an die Ethik der wissenschaftlichen oder philosophischen Kommunikation appeliert, ohne deren elementarsten Regeln zu respektieren?" Antwort an Apel, in: Zeitmitschrift 3 (1987), 79-85, hier 84f.

[132] Bzgl. I. Kant kann hier nur kursorisch auf eine wesentliche Übereinstimmung hingewiesen werden: In seinem Frühwerk *Husserls Weg in die Geschichte am Leitfaden der Geometrie* faßt Derrida die Husserlsche „Idee im Kantischen Sinne" (gemeint ist die sogenannte „regulative Idee"), die er anderer Stelle als „kantisch im Geiste und husserlsch dem Buchstaben nach" kennzeichnet (Antwort an Apel, 80) folgendermaßen: „Als Telos unendlicher Bestimmbarkeit des Seins ist sie nur die Offenheit des Seins für das Licht der Phänomenalität, ist Licht des Lichts, Sonne der sichtbaren Sonne, die zeigt, ohne sich zu zeigen, und von der uns zweifellos ein unterm Platonismus vermummter Platon sprach." (Ebd. 192). Hier wird, unter Aufnahme der in der Philosophie eher unüblichen paradoxen Rede, die Idee aller „Dinge an sich" beschrieben, ohne die Kantische Einsicht in ihre Unwißbarkeit zu verletzen. Den Levinas / Derridaschen Begriff der „Spur" kann man dabei durchaus als Umsetzung der Kantschen Aussage verstehen, das Ding an sich „affiziere" den Menschen. In diesem Sinne handelt es sich beim Derridaschen Denken nicht - wie Menke nahelegt - um eine „Lehre" über das Ding an sich, wohl aber um das in immer neuen Anläufen gewagte Unternehmen einer „Spurensuche" nach den Konstituierungsbedingungen eines jeden (auch des unvernünftigen) Diskurses jenseits der drei Vernunftideen (unsterbliche) Seele, (abgeschlossene) Welt und Gott (als Ursprung der Welt).
In einem späteren Text macht Derrida deutlich, daß er selbst die Referenz auf Texte / Sprache als Umsetzen der Kantschen Einsicht in die Unmöglichkeit einer Erkenntnis des Dings an sich versteht: „Wir sind nicht mehr so leichtgläubig zu meinen, daß wir von den Dingen selbst ausgehen, indem wir die 'Texte' umgehen, einfach indem wir vermeiden zu zitieren oder den Anschein des 'Kommentierens' zu erwecken." (Wenn es Gabe gibt - oder: „Das falsche Geldstück", in: Ethik der Gabe, 93-136, hier 110). Im dritten Teil meiner Arbeit wird diese Übereinstimmung mit Kant als beiden gemeinsame Umsetzung des jüdischen Bilderverbots noch einmal ausführlicher diskutiert.

Mit der Frage nach dem Verhältnis von Dekonstruktion und *Hermeneutik* rühren wir an einen in dieser Arbeit und vielleicht überhaupt unentscheidbaren Streit zwischen der (hermeneutischen) Tradition von Schleiermacher bis Gadamer und Ricœur, welche Interpretation als Herausarbeitung eines bestimmten Sinns, als Verstehen einer Autorenintention und Nichtverstehen vorwiegend negativ, als Mißlingen von Kommunikation, denkt, einerseits, und einer Interpretationstheorie andererseits, die, über Freud und Nietzsche bis auf Schlegel zurückgehend, im Umgang mit Texten die Wichtigkeit des Unverständnisses, der Lüge und der Ironie einklagt, um für die wesentliche Unerkennbarkeit der Wahrheit Zeugnis abzulegen.
Derrida rekurrierte in seiner Kritik an hermeneutischen Texttheorien bisher immer wieder auf die Unmöglichkeit, den Kontext eines Zeichens komplett zu rekonstruieren und damit seine Bedeutung eindeutig festzulegen, ohne ganz bestimmte Sprachhandlungen (Sprechen im Wahn, Ironie, Mißbrauch der Sprache) a priori auszuschließen[133]. Einen solchen Ausschluß, der u.a. auf ein reduziertes Verständnis der Psychoanalyse[134] zurückzuführen sei und den die Dekonstruktion zu vermeiden suche, sieht Derrida an den Wurzeln des aktuellen hermeneutischen Diskurses am Werke. Dies wurde zuletzt in der ausführlich dokumentierten Debatte zwischen Gadamer und Derrida[135] deutlich: Um

---

[133] Vgl. *J. Derrida*, Signatur, Ereignis, Kontext, in: Randgänge, 291-314, sowie: Antwort an Apel, a.a.O. Zuletzt fand die Konfrontation zwischen Derrida und Gadamer statt auf einem Kolloquium in Paris Ende 1993, vgl. dazu den Bericht in „information philosophie", 4 / 1994, 131.

[134] Wie J. Habermas versteht auch *H.-G. Gadamer* als ausschließliches Ziel der Psychoanalyse, „Blockaden aufzuheben und am Ende den Patienten von seiner Neurose zu befreien" (Text und Interpreation, in: Ph. Forget (Hg.), Text und Interpretation, München 1984, 24-55, hier 44) also als *Therapie*. Natürlich ist dies *auch* richtig, doch beschäftigt sich ein Großteil der Freudschen Schriften - zuvörderst die „Traumdeutung" - mit dem Versuch einer *Beschreibung* der an sich unbeschreiblichen Vorgänge im Unbewußten. Damit wurde aber auch die Einsicht Nietzsches, daß jede bewußte Handlung von einem nie in einer Präsenz anzuhaltenden und verstehbaren Unbewußten vorbereitet, unterfangen und eben auch unterminiert wird, noch einmal bestätigt. Eine Erkenntnis, deren bei weitem nicht ausgeschöpfter philosophischer Wert mit Derrida deutlich bewußt und von ihm mit anderen ähnlich metaphysikkritischen Denkbewegungen auf der Seite der Schrift verortet wird. Die Psychoanalyse primär als Rückführung eines entmächtigten Subjekts auf den „normalen", d.h. von der Gesellschaft als richtig definierten Weg seiner Selbst- und Weltbemächtigung zu verstehen, kann im Extremfall aber nicht nur eine Reduktion des Anliegens der Psychoanalyse bedeuten, sondern auch eine illegitime Bemächtigung des „ver-rückten" anderen Menschen.

[135] Dokumentiert in: *Ph. Forget* (Hg.), Text und Interpretation, München 1984. - In diesem Zusammenhang fragt Derrida Gadamer nach der Möglichkeit einer von diesem geforderte Integration des Psychoanalyse in eine allgemeine Hermeneutik „Wird nicht vielmehr im Gegenteil [...] ein Bruch notwendig sein oder eine allgemeine Neustrukturierung des Kontextes bis zum Kontextbegriff selber?" (Guter Wille zur Macht (I). Die Unterschriftten interpretieren, in: Ph. Forget, Text und Interpretation, a.a.O., 56-58, hier 57).

den „guten Willen, einander zu verstehen“ - als durchgehaltendes Movens jeder interpretatorischen Bemühung - sowie die Hermeneutik selbst als *alle* möglichen Formen der Verständigung umfassendes Programm beschreiben zu können, muß Gadamer von einem eingeschränkten Textverständnis ausgehen. In direktem Anschluß an die Schriftdenunziation in Platons *Phaidros* schließt er die Notiz als „bloße Erinnerungsspur“[136] und die „wissenschaftliche Mitteilung“ von vorneherein aus, als im eigentlichen Sinne „nicht interpretierbar“. Ebenso werden Scherz und Ironie („Antitexte“), Rhetorik („Pseudotexte“) und (ideologische) öffentliche Meinungsäußerung („Prätexte“) als dem hermeneutischen Konzept von Verstehen nicht zugänglich ausgegliedert[137]. Natürlich ist es ein Irrtum, „diese Fälle verzerrter Verständlichkeit als den Normalfall des Textverstehens zu privilegieren“[138]. Genauso falsch ist es aber, ein Textverständnis zu entwickeln, das auf dem Ausschluß dieser Fälle beruht und damit notwendig ein reduziertes Konzept von Kommunikation transportiert.
Die Bemerkung Gadamers, daß sich die Kontroverse letztlich auf ein unterschiedliches Verständnis der Gültigkeit sprachlicher Aussagen zuspitze - „Brücke oder Schranke. Brücke, durch die der eine mit dem anderen kommuniziert und über dem fließenden Strome der Andersheit Selbigkeiten aufbaut, oder Schranke, die unsere Selbstaufgabe begrenzt und uns von der Möglichkeit abschrankt, uns selber je ganz auszusprechen und mitzuteilen“[139] - schließt an diesen Ausschluß mit einer reduzierten Sicht der Dekonstruktion an. Dagegen bleibt festzuhalten, daß Derrida niemals die *Möglichkeit von Kommunikation überhaupt*, sondern nur die *Möglichkeit* anzweifelt, in einer *unmittelbaren, ungebrochenen* Verständigung den intendierten Sinn einer Aussage *vollkommen* zu erfassen[140].

---

[136] *H.-G. Gadamer*, Text und Interpretation, a.a.O., 37. - Eng mit dem Ausschluß der Notiz geht bei Gadamer eine aus oben bereits ausgeführten Gründen problematische Privilegierung der gesprochenen Rede als „Normalfall“ der hermeneutischen Situation einher.

[137] Ebd. 42f.

[138] Ebd. 45. Gadamer beschreibt hier ein Mißverständnis, zu dem manche Derridasche Formulierung des Dekonstruktionsbegriffs tatsächlich Anlaß gewesen sein könnte. Derridas Anliegen besteht jedoch genauer darin, Ansätze wie den Gadamerschen mit Hinweis auf die in ihrem Kontext unbeschreibbaren Diskursformen an seine nur beschränkte Universalisierbarkeit zu erinnern, an die Ausschlußmechanismen, die zu seiner Konstitution notwendig beigetragen haben.

[139] Ebd. 31.

[140] „Schon wenn man spricht, gibt es alle möglichen Überdeterminiertheiten, die das Sprechen dicht, komplex [...] ja schließlich geschichtet [...] machen. [...] Man tut so, als ob man unmittelbar sprechen würde, aber das ist eine Scheinhandlung *(simulacre)* und ein Trick.“ Positionen, 25f.

Doch auch Derrida operiert mit einem Verständnis der (Gadamerschen) Hermeneutik, das mir auf die seine Bedürfnisse, genauer, als Objekt einer Dekonstruktion oppositionaler Begriffsysteme, zugerichtet zu sein scheint: Eine genauere Analyse von Gadamers Hauptwerk „Wahrheit und Methode“[141] würde nämlich zeigen, daß Gadamers Anliegen mit einem endgültigen oder rückhaltlosen Verstehen, daß sich eindeutig von jedem Mißverstehen absetzt, nicht ausreichend beschrieben wird. Erst recht Gadamers Kommentar zu Paul Celans Gedichtband „Atemkristall“ zeugt von seiner Ablehnung eines „starken“ Verstehensbegriffs[142].

Für unsere Fragestellung interessiert nun allerdings die Tatsache, daß es Derrida besser als Gadamer gelingt, den *Wert* von *Nichtverstehen* positiv zu denken, nämlich als Wahrung des Geheimnisses, eines anderen Raumes, der jeder Kommunikation ebenso vorausgeht wie der Kunst, der Literatur und der Religion, während Gadamer darauf beharrt, „daß wir immer schon auf das Verstehen des im Text Gesagten *[!]* vorausblicken“ - eine These, die mir, bei aller Berechtigung für den alltäglichen Sprechakt, spätestens für die literarische Moderne kaum eine adäquate Beschreibung mehr zu bieten scheint. Hier besteht also zwischen Derrida und Gadamer zwar Einigkeit bezüglich einer Verstehbarkeit von Texten, die bis zu einem gewissen Grade reicht, Uneinigkeit aber bezüglich der Beurteilung eines nach Gadamer unerläßlichen, für Derrida aber stets totalitätsverdächtigen „guten Willens zum Verstehen“.

Die Dekonstruktion ist also zwar eher der Hermeneutik benachbart, weil beide die Unhintergehbarkeit der Interpretation, d.h. einer textuellen bzw. sprachlichen *Vermittlung* von immmer neu zu eruierenden Inhalten gegen eine *letztgültige* Sinnvermittlung sei es im „reinen Denken“, sei es in einer „unmittelbaren Begegnung mit dem anderen Menschen“ vertreten. Derrida weist jedoch auf mögliche Schattenseiten einer reduzierten hermeneutischen Theorie hin, die sich in einem Dualismus aus Verstehen und Mißverstehen bewegt und das Verstehen ausdrücklich privilegiert: den notwendigen Ausschluß „unheimlicher“ Sprachformen zu Beginn des Diskurses und die Gewaltsamkeit eines Primates des Verstehenwollens angesichts der irreduziblen

---

[141] *H.-G.Gadamer*, Wahrheit und Methode. Grundzüge einer philosophischen Hermeneutik, Tübingen ^{4}1975.

[142] Wer bin ich und wer bist Du? Frankfurt a.M., 1973f. - Zu Gadamers Celan-Interpretation vgl. auch das Kapitel „Durch die Sprache beschnitten“ - Derrida zu P. Celan im zweiten Hauptteil dieser Arbeit.

Unverstehbarkeit des Anderen in seiner Andersheit[143]. Damit verweist er aber die Hermeneutik gleichzeitig auf die Notwendigkeit einer (letztlich transzendental zu nennenden) Reflexion auf die eigenen Konstitutionsbedingungen, fordert sozusagen eine Hermeneutik der Hermeneutik, wie er an anderer Stelle selbst eine „Phänomenologie der Phänomenologie“[144] betreibt.
Dennoch wäre es verfehlt, diesen Verweis Derridas auf die Bedingungen des Verstehens - im Sinne eines Bruchs des Bezugs zum Anderen oder einer immer neuen Brechung der aus einem unerklärlichen Trieb sich aufbauenden Identifikationen - als Ansatz einer *erstphilosophischen* Reflexion zu bezeichnen. Es handelt sich vielmehr um die *Feststellung des endgültigen Entzugs eines Anfangs*. Die Eins ist verloren, und Derrida sieht sich an einem „Nullpunkt der Ver-rücktheit“[145].Es war mein Ziel zu zeigen, daß sich Derrida an keiner Stelle der aktuellen Fronten Metaphysik versus Relativismus verorten läßt. Einerseits unterfängt er hermeneutische Reflexionen mit einem Voraus und nimmt ihnen mit der Letztgültigkeit ihren metaphyischen Charakter. Andererseits drückt er sich nicht um die Frage nach einem Jenseits des sprachlichen Diskurses und wird durch sein Beharren auf dessen Nicht-Präsentierbarkeit und Undarstellbarkeit anschlußfähig für einen behutsamen theologischen Diskurs, der sich jedoch nicht in der Tradition der oftmals identifizierenden Gottesbilder, sondern des jüdischen Bilderverbots und der Negativen Theologie weiß. Mögliche Ansätze für einen solchen Diskurs sollen im folgenden ausgeführt werden.

---

[143] *E. Behler* schlägt - ähnlich wie Derrida - als Alternative zu dem Begriff „Verstehen“ eine Haltung der *Anerkennung* als einzig adäquate Weise der Begegnung mit dem Anderen im Text vor und erinnert als weitere Beispiele für diese Tradition an die Docta Ignorantia des Cusaners und die Laus Stultitiae des Erasmus. (Deconstruction versus Hermeneutics, in: Southern Humanities Review 21 (1987), 121f). Es stellt sich jedoch die Frage, ob ein kohärenter Begriff wie „Anerkennung“ angesichts der unendlichen Andersheit des Anderen nicht entweder leer bleiben muß oder ebenso problematische Tendenzen zu entwickeln in der Lage ist wie der des Verstehens.

[144] Husserls Weg in die Geschichte am Leitfaden der Geometrie, a.a.O., 187.

[145] Vgl. den von R. Barthes entlehnten Titel des Derridaschen Essays „Am Nullpunkt der Verrücktheit - Jetzt die Architektur“, in: W. Welsch (Hg.), Wege aus der Moderne, Weinheim 1988, 215-232.

J. Derridas Verhältnis zum Judentum

I. Einleitung

Diese Arbeit geht von nun an vor allem zwei Verdachtsmomenten nach. Es handelt es sich um Verdächtigungen, die J. Derrida schon früh in konkreten kultur- und geistesgeschichtlichen Kontexten verorten und seine Texte damit einerseits entschärfen, andererseits denunzieren wollten. Ein erster Vorwurf entdeckte in Derridas Technik des Verschiebens und Ausweichens Spuren, die auf Traditionen der *negativen Theologie* zu verweisen schienen. Ein zweiter, eng mit dem ersten verbundener Vorwurf zielt auf seine *jüdische Herkunft*, die er selbst in seinen frühen Stellungnahmen als rein genetischer Natur bezeichnet hat.

Derrida sagt von sich selbst, daß er das Hebräische nicht beherrsche und niemals in den heiligen Schriften unterrichtet worden sei[1]. Diese Distanzierung von der Tradition des Volkes, das als „das Andere der abendländischen Geistesgeschichte" bezeichnet wurde[2], mußte im genannten Zusammenhang deshalb so scharf ausfallen, weil es - seltsames Zusammentreffen - zunächst mit dem Vorwurf verbunden war, Derridas Denken gelinge es nicht, „mit den Mitteln eines negativen Fundamentalismus" in der Spannung zwischen Mystik und Aufklärung zu verharren. Vielmehr komme Derrida - so J. Habermas - „von der Ursprungsphilosophie nicht los" und betreibe „am Ende nur eine Mystifizierung handgreiflicher gesellschaftlicher Pathologien"[3]. Diese Kritik richtet sich aber gar nicht gegen die richtig beobachtete Tatsache, daß Derrida „trotz aller Dementis der jüdischen Mystik nahebleibt", sondern gegen seine angeblich allzu enge Anlehnung an das von Habermas „ursprungsphilosophisch" gescholtene Denken Martin Heideggers[4]. Was seine *Nähe zum Juden-*

[1] „Es trifft sich, daß ich kein oder kaum Hebräisch spreche, ich kenne die jüdische Geschichte oder die Texte der jüdischen Kultur sehr schlecht." *E. Weber*, Jüdisches Denken in Frankreich. Frankfurt a.M. 1994, 68. Im folgenden „Jüdisches Denken".

[2] *J.-F. Lyotard*, Heidegger et „les juifs". Paris 1988 (dt.: „Heidegger und die Juden." Hg. von P. Engelmann. Graz / Wien 1988).

[3] Auch für die vorhergehenden Zitate: Ph.D.M. 214ff.

[4] Eine in den Frühschriften evtl. noch zu konstatierende unkritische Übernahme des Heideggerschen Begriffs einer „Destruktion der Metaphysik" weicht bereits im Aufsatz „La Différance" (1972), endgültig dann aber in der umfassenden Beschäftigung mit Heidegger (De l'esprit. Heidegger et la question. Paris 1987) und in den konkreten Umsetzungen der Dekonstruktion (La carte postale de Socrate à Freud et au-delà, Paris 1980 u.a.) einer fundamentalen Kritik v.a. am Heideggerschen Dualismus des Eigentlichen und Uneigentlichen (Eperons. Les stiles de Nietzsche, Paris 1978, 89ff), an seiner Höherbewertung der gesprochenen Sprache (Randgänge, 335), an seinem unkontrollierten Gebrauch des Wortes „Geist" seit 1933 (De l'esprit a.a.O., 48ff u.ö.) sowie an einer gefährlichen Sehnsucht Heideggers nach einer im

tum[5] angeht, ist Habermas' Beurteilung des Derridaschen Ansatzes sogar erstaunlich positiv. Diese Wende kommt so überraschend, daß selbst Derrida meint, sich hier mit einer methodischen Kritik verteidigen zu müssen. Er antwortet also - ohne auf Habermas' höchst interessante inhaltliche Entdeckungen einzugehen:

> „Was das Judentum angeht, so bezieht sich Habermas auf ein amerikanisches Buch[6], das ich meinerseits für interessant, aber etwas zu kurz greifend halte. Angenommen, man wüßte, was 'jüdisch' im allgemeinen bedeutet, es wären jüdische Elemente in meiner Arbeit und diese Elemente würden sich nicht durch den Inhalt manifestieren, dann würde man sehr viele Voraussetzungen machen müssen, um hier von diesem mutmaßlichen Judentum sprechen zu können"[7]

Gerade Derridas „konsequente Profanisierung" der „Lichtquelle" „mystischer Erfahrung"[8] , die von ihm betriebene Erneuerung des „mystischen Begriffs der Tradition als eines *hinhaltenden* Offenbarungsgeschehens" läßt Habermas die Dekonstruktion verstehen als „paradoxe Arbeit einer Traditionsfortsetzung, in der sich die Heilsenergie einzig durch Verausgabung erneuert". Versteckt in einer ausführlichen Fußnote heißt es gar:

Ungefähren bleibenden „Nähe des Seins" (Schrift, 207). Insgesamt waren Derridas Äußerungen zu Heidegger jedoch immer von vorsichtigem Abwägen geprägt, was man von der deutschen Diskussion zum Thema Heidegger nicht gerade sagen kann. Bisweilen findet sich bei Derrida allerdings eine ausgesprochen scharfe ironische Distanz, wie sie etwa in der folgenden Aussage zum Ausdruck kommt: „Stets sind sie [Heideggers Texte, Anm. d. Verf.] furchtbar gefährlich und zugleich wahnsinnig witzig, stets ist das Behauptete sehr schwerwiegend und dennoch ein bißchen komisch". (De l'esprit a.a.O., dt., 82). Vgl. zur Entwicklung der Heideggerrezeption bei Derrida die entsprechenden Passagen im ersten Teil dieser Arbeit.

[5] *J. Habermas* spricht einschränkend (und ungewollt pejorativ) nur von jüdischer Mystik und subsumiert darunter fälschlicherweise einen Großteil der rabbinischen Tradition. Zudem handelt es sich um eine Unterstellung (Irrationalismusvorwurf), gegen die sich Derrida in knappen Worten verteidigt: „Wenn 'Mystizismus' 'Erfahrung des Unsagbaren' oder 'Ahnung einer Anwesenheit' (*présence*) etc. bedeutet, dann steht nichts weniger mit der Mystik in Beziehung als das Denken der Spur oder der différance." Positionen, 28. Mystik? Mystizismus? An einer Begriffsklärung scheint hier niemandem gelegen zu sein. Eine genaue Analyse der Arbeitsweise Derridas soll im folgenden zeigen, daß es vor allem das *talmudische* Judentum und der in seinem Milieu über Jahrhunderte entwickelte Umgang mit der Schrift in ihrer *Materialität* als Ausgangspunkt für die Kreativität des Interpretatoren ist, die sich in Derridas Methode der Dekonstruktion (wieder)findet. Zur Identifikation von mystischer Theologie und irrationalem Mystizismus (ein Kampfbegriff) wird im dritten Kapitel Stellung genommen.

[6] *S. Handelman*, Jacques Derrida and the Heretic Hermeneutic. In: M. Krupnick (Ed.), Displacement. Derrida and After. Bloomington, Indiana, 1983, 98ff. Tatsächlich ist Handelman die einzige Autorin, die - in Ansätzen und tw. verzerrt - die Parallele der Dekonstruktion zu bestimmten Interpretationstechniken des Talmud erkannt und in einer früheren Arbeit neben S. Freud, J. Lacan und H. Bloom auf sechzehn Buchseiten für J. Derrida kurz skizziert hat. (The Slayers of Moses. The Emergence of Rabbinic Interpretation in Modern Literary Theory, New York 1982).

[7] Positionen, 29.

[8] Ph.D.M., 216f.

„Dadurch gewinnt freilich die Metaphysikkritik bei Derrida eine andere Bedeutung als bei Heidegger. Die Arbeit der Dekonstruktion dient dann der uneingestandenen *Erneuerung eines Diskurses mit Gott*, der unter den modernen Bedingungen einer unverbindlich gewordenen Ontologie abgerissen ist. Nicht die Überwindung der Moderne unter Rückgriff auf archaische Quellen wäre dann die Intention, sondern eine spezifische Berücksichtigung der Bedingungen des modernen nachmetaphysischen Denkens, unter denen der ontotheologisch abgeschirmte Diskurs mit Gott nicht fortgeführt werden kann."[9]

Neben dem großen Wert solcher Aussagen für ein Gespräch zwischen Habermas und der Theologie, in dem sie bisher keine Rolle spielen, scheinen mir diese kurzen Partien eines Aufsatzes, der in der Literatur und offensichtlich auch von Derrida selbst als vernichtende Kritik verstanden wurde, für den theologischen Diskurs selbst von einiger Bedeutsamkeit zu sein. Erst in Veröffentlichungen der jüngsten Zeit wird ja deutlich, wie drängend inzwischen die Notwendigkeit einer adäquaten Rezeption des Judentums erscheint, die nicht in die so gängigen wie subtilen Antijudaismen der christlichen Tradition zurückfällt[10].

---

[9] Ph.D.M., 218, Anm. 46, (Hervorh. v. Verf.).

[10] Diese Gefahr analysiert *G. Czermak*, Christen gegen Juden. Geschichte einer Verfolgung. Von der Antike bis zum Holocaust, von 1945 bis heute, Frankfurt 1991. Vgl. auch die immer noch grundlegende Arbeit von *R. Redford-Ruether*, Nächstenliebe und Brudermord. Die theologischen Wurzeln des Antisemitismus, München 1978. Der vor allem in der christologischen Abgrenzung des Christus der christlichen Verkündigung vom jüdischen Rabbi Jesus und seinen jüdischen „Mördern" verorteten Problematik versucht der evangelische Systematiker *F.-W. Marquardt* neuerdings in seiner Arbeit Das christliche Bekenntnis zu Jesus dem Juden. Eine Christologie, München 1990, zu begegnen. Vgl. zum Antijudaismus im NT den Art. „Antijudaismus" in LThK^3, Bd. I, 749f sowie *H. Fronhofen* (Hg.), Christlicher Antijudaismus und jüdischer Antipaganismus, Hamburg 1990.
Für das Judentum des *Ersten* Testaments müssen hier im katholischen Raum v.a. die Arbeiten *E. Zengers* genannt werden (z.B. Das Erste Testament. Die jüdische Bibel und die Christen. Düsseldorf 1991). Ich schließe mich in meiner Arbeit E. Zenger an, der vorschlägt, die seit 1980 in der evangelischen Kirche verbreitete Redeweise vom „Ersten" (statt „Alten") Testament zu übernehmen. (Zenger, a.a.O., 144ff). Für die systematische Theologie sei auf das ausdauernde Bemühen *J.B. Metz*' verwiesen, „den Kampf um die jüdische Theologie als eine Lebensfrage christlicher Theologie nach Auschwitz zu erläutern". (Ders., Kampf um jüdische Traditionen in der christlichen Gottesrede. In: Kirche und Israel, 1 / 87, 14-23, hier 15). Von Metz stammt auch die Warnung an jede Theologie nach Auschwitz: "Fragt euch, ob die Theologie, die ihr kennenlernt, so ist, daß sie vor und nach Auschwitz eigentlich die gleiche sein könnte. Wenn ja, dann seid auf der Hut." (Jenseits bürgerlicher Religion. Reden über die Zukunft des Christentums. München / Mainz 1980, 42). Anders, aber mit gleicher Intention charakterisiert *E. Salmann* das jüdische Denken als „Er-finder der Moderne" und fragt: „Wie sähe die Religion des Kreuzes aus, wenn sie sich mit den Opfern desselben konfrontierte, sich von ihnen aus neu begriffe, wirklich von den Unterlegenen und nicht von der geheimen Siegergeschichte des Christentums her bestimmt würde?" (Der geteilte Logos. Zum offenen Prozeß von neuzeitlichem Denken und Theologie, Rom 1992, 189). Auf die umfangreiche historiographische Studie von *Chr. Münz*, Der Welt ein Gedächtnis geben. Geschichtstheologisches Denken nach Auschwitz (Gütersloh 1995), die eine vorbildliche Aufarbeitung der englischsprachigen „Holocaust-Theologie" und damit ein wertvolles Gesprächsangebot für jede

Könnte man Derridas Ansatz als solcherart nachmoderne Verarbeitung des jüdischen Gottesbildes und jüdischer Interpretationstechniken verstehen, so gewänne er zudem an Virulenz für eine heutige Theologie, befindet sie sich doch auf der Suche nach einem Gottesbegriff, der den Tendenzen der Anonymisierung, Zersplitterung, Individualisierung und zunehmenden Gleichgültigkeit gegenüber religiösen Fragestellungen in der späten Moderne[11] standhält, ohne sich diesen Tendenzen fundamentalistisch zu verschließen.
In letzter Konsequenz kann es uns hier natürlich nicht einfach um eine Rejudaisierung des Christentums gehen. Die intellektuelle Redlichkeit gebietet Respekt vor der Eigenständigkeit des Judentums, einer explizit nichtchristlichen Religion, die in Geschichte wie Gegenwart unzähligen Missionierungs- und Vereinnahmungsversuchen (auch) von seiten der christlichen Kirchen ausgesetzt war und ist. Im Gegenteil müßte gerade der Abstand zwischen Judentum und Christentum als Phänomen beschrieben, eben jene Verschiedenheit also zunächst noch verschärft werden, die in keiner Weise, am wenigsten aber durch den „Bindestrich" einer allzu häufig bemühten „jüdisch-christlichen" Kultur des Abendlandes überwunden werden darf.
In unseren Überlegungen wird sich jüdisches Denken, wie es sich im Werk Derridas spiegelt, allerdings als Reservoir einer vielschichtigen „Religions- bzw. Metaphysikkritik zwischen den Religionen" erweisen. In den folgenden Kapiteln soll darum dem zitierten Verdacht Jürgen Habermas' detailliert und mit Blick auch auf anschließend erschienene Werke J. Derridas nachgegangen werden. Zuvor muß jedoch Derridas methodischer Einwand berücksichtigt werden, es sei kaum möglich, genauer zu bestimmen, „was 'jüdisch' im allgemeinen bedeutet".

christliche Theologie nach Auschwitz v.a. im deutschsprachigen Raum bietet, kann hier leider nicht in angemessener Weise eingegangen werden.

[11] Vgl. zu dieser religionssoziologischen Diagnose: *F.-X. Kaufmann*, Religion und Modernität, Tübingen 1989, und *K. Gabriel*, Christenum zwischen Tradition und Postmoderne, Freiburg i. Br. / Basel / Wien 1993.

II. Was heißt hier „Judentum"?

Zunächst ist von der Tatsache auszugehen, daß kein Denken aufgrund bestimmter Kriterien eindeutig als „jüdisch" identifiziert werden kann. Eine solche Identifizierung würde die unüberwindlichen Schwierigkeiten, die in der Diskussion um jüdische Identität auch heute noch auftauchen, vorschnell überspringen. Man würde sich zudem in bedenklicher Nähe zu (neo)antisemitischer Propaganda bewegen, die sich nicht zuletzt an der simplen Logik einer solchen Identifizierung aufrichtet. Nach der wahllosen Ermordung von sechs Millionen Menschen, nur weil sie Juden im Sinne eines bestimmten Rassebegriffs waren, läßt sich jedoch bei allen von Derrida behandelten jüdischen Autoren und bei Derrida selbst eine spezifische Verletztheit, eine Prägung des Denkens gerade von der Ungeheuerlichkeit *dieses* Geschehens ausmachen[12].

Die Arbeit der genannten jüdischen Autoren ist gekennzeichnet von der Einforderung einer schier unmöglichen Gerechtigkeit angesichts des anderen Menschen, von einem ausgeprägten Mißtrauen gegenüber der mindestens bis Heidegger ungebrochenen Tradition abendländisch-metaphysischen Denkens und von dem Versuch, ein bestimmtes Denken des „Außen" hinter sich zu lassen um des in dieser Tradition verdrängten Außerhalb, des „Danach" oder „Davor" willen. Das Gleiche gilt für Derrida selbst. Vor allem kennzeichnet diese Autoren als Angehörige der jüdischen „Rasse"[13] in Europa, nach Auschwitz, daß sie die Trennung zwischen *Innen* und *Außen* denken und hinter sich lassen. Eine Trennung, die immer wieder den Juden, die Jüdin als Fremde, als Außenseiter charakterisiert und exiliert hat. Angesichts dieses Phänomens der Ausgrenzung legt sich die Vermutung nahe, daß „die Frage nach dem Anderen [...] auch die Frage nach dem Antisemitismus"[14] ist. Diese Feststellung trifft zu und beinhaltet die Tatsache, daß derjenige, der diese Frage

---

[12] Ein Geschehen, das in seiner Ungeheuerlichkeit nur noch von der Tatsache übertroffen wird, es überlebt zu haben.: „Gemeinsam ist uns nur, daß wir alle hier Überlebende sind. Alles, was uns am meisten eint, das Wesentlichste, ist, wie Sie zugeben werden, die Tatsache, daß wir leben. Durch Zufall sind wir hier [...] jeder von uns ist einzeln hier [...] wir wissen nicht wie! [...] Wegen einer Zerstreutheit der Gestapo [...]. Es hat in unserem Leben furchtbare Tragödien gegeben, die uns für immer prägten und die uns von den anderen unterscheiden ..." *V. Jankélévitch*, zit. nach: E. Levinas, Schwierige Freiheit. Versuch über das Judentum, Frankfurt a.M. 1992, 120.

[13] Eine Kategorisierung, die nurmehr durchgestrichen oder in Anführungszeichen verwendet werden darf, die man jedoch auch nicht auslassen oder verschweigen kann, ohne damit das in ihrem Namen geschehene Unrecht zu verschweigen.

[14] So formuliert *E. Weber* mit Blick auf das Werk von E. Levinas in ihrem Aufsatz „Nachdenken als Nach-denken: Anamnesis" in: M. Mayer / M. Hentschel, Lévinas. Zur Möglichkeit einer prophetischen Philosophie, Gießen 1990, 257.

stellt, sich damit als der jüdischen „Rasse“ in gewisser Weise zugehörig zu erkennen gibt. Selbst der oftmals als Religionsphilosph bezeichnete Emmanuel Levinas charakterisiert jüdische Identität im zwanzigsten Jahrhundert nicht mehr als *religiöse* Zugehörigkeit, sondern als eher *unbestimmte Solidarität* angesichts einer jahrhundertealten Verfolgungssituation[15]: „Es ist eine diffuse Sensibilität, die aus einigen Ideen und Erinnerungen, aus einigen Bräuchen und Gefühlen besteht, aus einer Solidarität mit den aufgrund ihres Judentums verfolgten Juden.“ [16] J.-F. Lyotard begreift das Judentum als den Angstgegner der abendländischen Geistesgeschichte und seine Exteriorisierung als Verdrängung des Unheimlichen schlechthin.

> „Es handelte sich um die Vernichtung eines ‘anderen’ Denkens, das, fremd und vertraut zugleich, nicht eigentlich zur Hut des Seins berufen, sondern vielmehr der Achtung eines Gesetzes geschuldet ist, dessen Geisel es ist. Von dieser Hypothese wäre zu erwarten, daß sie den Philosophen seiner Stellung entsetzt. Daß sie ihn der Gewißheit beraubt, alles, was seit den Anfängen des Abendlandes gedacht wurde und wird, sei philosophisch. [...] daß sie in ihm den Verdacht ermutigt, das Abendland könnte ohne es zu wissen oder auch nur zu ahnen, von einem Gast bewohnt sein, eine Geisel hehlen, die nicht ‘abendländischer’ Abkunft, die nicht ‘seine Geisel’ ist. Sondern die Geisel eines etwas, von dem es selbst als Geisel genommen wird.“[17]

Es soll in diesem Kapitel deutlich werden, daß auch Derrida selbst, dort, wo er das „Datum“, die „Beschneidung“, „Verwundung“ überhaupt thematisiert, nicht umhin kommt, sein Schreiben in der jüdischen Tradition zu situieren, wenn er auch in der gleichen Bewegung die Möglichkeit von Zugehörigkeit überhaupt fundamental in Frage stellt. Darüber hinaus wird die These vertreten werden, daß ein sich hier abzeichnendes Modell von gestörter, fundamental ausgelieferter Identität, der Schrift und eines in der Schöpfung abwesenden Gottes nicht nur als *Ergebnis* der seit zweitausend Jahren mehr oder weniger prägenden Exil- und Enteignungserfahrung verstanden werden kann, sondern daß jenes bis in den Atheismus Derridas hineinzuverfolgende Denken gerade deshalb auch *Elemente der Rettung* - und das heißt in unserem Zusammenhang: vor allem der Totalitätskritik - transportiert, die von der christlichen Theologie bisher kaum bedacht wurden. Vor allem die *eigene* Verstrickung in die Entstehung und Fortschreibung expansiven gewaltsamen Denkens und dessen Folgen wird ja in der (christlichen) Theologie nach wie vor zuwenig reflektiert.

---

[15] Welche große Rolle die Tatsache der Judenvernichtung für E. Levinas' Werk Autrement qu'être ou au-delà de l'essence gespielt hat, zeigt *E. Weber* in ihrer Dissertation „Verfolgung und Trauma. Zu Emmanuel Lévinas' Autrement qu'être ou au-delà de l'essence“, Wien 1990.

[16] Schwierige Freiheit, a.a.O., 38.

[17] Heidegger und die Juden, a.a.O., 95f.

Mit dem Versuch, im Kontext der christlichen Theologie die Perspektiven des spätmodernen, assimilierten europäischen Judentums in den Blick zu bekommen, mußten bestimmte herkömmliche Bilder vom Judentum bzw. gerade für die christliche Religion prägende oder von ihr verstärkt rezipierte beruhigende Bilder desselben in dieser Untersuchung explizit ausgeklammert werden. Ausgeklammert wurde *die Situation der jüdischen Religion zur Zeit Jesu* und ihre charakteristischen (mehr oder weniger endzeitlichen) Jenseitsvorstellungen, außerdem die *gegenwärtige politische Verfaßtheit des Judentums in Israel.* Allerdings werden bestimmte, besonders deutlich fokussierte Elemente des Umgangs mit der *Schrift,* wie sie gerade im pharisäischen Judentum der Antike vorgeprägt wurden, bzw. im rabbinischen Paradigma, wie es sich uns heute darstellt, nachklingen, für die folgende Interpretation relevant sein. Insgesamt besteht jedenfalls immer noch Grund zu dem Verdacht, daß neben unverdauten Resten des Antisemitismus und Antijudaismus gerade das Judentum zur Zeit Jesu und der moderne zionistische Staat auch im Bewußtsein der gegenwärtigen christlichen Theologie übermächtige Paradigmen darstellen, sich vor andere geschichtliche Epochen und mögliche Perspektiven auf das Judentum schieben und sie verdecken.

Der angezielte Wechsel der Perspektive auf das jüdische Denken ergibt sich zuerst aus einem Sich-Einschreiben in eine bestimmte Tradition. Diese kann bei den jüdischen Autoren angetroffen werden, mit denen sich Derrida in zugänglichen Veröffentlichungen explizit befaßt[18]. Es handelt sich allerdings um ein Sich-Einschreiben, das selbst eine neue, gleichsam *nach*religiöse textuelle Tradition hervorbringt, die gleichzeitig als *Bekenntnis zu* und als *Distanzierung vom* historisch-religiösen Judentum gelesen werden kann. Darüber hinaus ist es unübersehbar von der Bemühung geprägt, die theoretischen Konsequenzen aus der bis heute nachwirkenden Erfahrung einer kollektiven Vernichtung des eigenen Volkes zu ziehen. Dieses Denken schließt sich in seiner Infragestellung jeder Methodik und Systematik, in seiner Vorliebe für das Paradoxe und die konstruktive Zertrümmerung durchaus - bewußt oder unbewußt - an die jüdische Tradition an. Schließlich ist es gerade ein „unsystematischer", vor allem auf die Erfordernisse der Zeit gerichteter Umgang mit der Tradition, der jüdisches Denken durch die Jahrhunderte kennzeichnet:

> „[...] die [jüdische] Tradition besteht darin, keine Tradition zu haben, im eigentlichen Sinne, da sie die Juden unablässig dazu nötigt, zu 'erfinden', was das Ge-

---

[18] Die Tatsache, daß er sich an der École Normale Supérieure und der École des Hautes Études en Sciences Sociales mehrfach auch mit anderen jüdischen Autoren beschäftigt hat (Hermann Cohen, Franz Rosenzweig und Gershom Scholem) soll hier nur vermerkt werden.

setz sagt. Diese Tradition sagt das Gesetz nicht aus, sie überliefert die Verpflichtung, ihm zu lauschen, ohne es zu verstehen.“ [19]

Unter anderem wird also dennoch von der jüdischen Religion als Hintergrund der endlosen Produktion *religiöser* Texte die Rede sein, vom Judentum, verstanden als Hüter eines Gesetzestextes, der unbedingten Gehorsam und gleichzeitig vogelfreie Kommentierung fordert. Wenn Derrida Schrift als Anwesenheit eines Abwesenden charakterisiert und sie damit dem einen Ursprung vorordnet, wenn er Individualität sowohl vom (christlichen) Bekenntnis als auch von der Beschneidung her denkt, so bewegt er sich damit an der Grenze zwischen Judentum und - griechisch geprägtem - Christentum und führt diese Grenze ebenso wie die bereits genannten Denker, allen voran E. Levinas, selbstverständlich und mit großer Konsequenz wieder in die Mitte der abendländische Tradition ein. Vor allem aber das - wenn auch zunehmend in den Hintergrund tretende, so doch auch im Spätwerk wirksame - Anliegen Derridas, das abendländisch dualistische Weltbild und Denken zugunsten der Paradoxie aufzubrechen, findet seine Parallele in einem Hauptmerkmal des jüdischen Denkens:

> „Mit Offenbarung, Bundesverständnis und in beidem zugrundegelegten Geschichtsverständnis haben wir eine Reihe kaum auflösbarer, paradoxaler Bindungsverhältnisse vorliegen, die den innersten Kernbestand jüdisch-religiösen Selbstverständnisses mit axiomatischer Kraft ausmachen: der historisch verortete Akt der Offenbarung verbindet Transzendenz (Gott) und Immanenz (Israel); im Bundesverständnis fließen Ethnizität (Volk Israel) und Religiosität (Glaube Israels) zusammen, werden in ihrer partikularen Besonderheit (Bund Gottes mit Israel) mit universaler Bedeutung (Gott und Mensch/Welt) versehen und verketten im Ergebnis unauflösbarer Geschichte und Glauben miteinander.“[20]

Im einzelnen können die nun folgenden Kapitel folgendermaßen charakterisiert werden:

Indem er das Werk von EMMANUEL LEVINAS schon sehr früh liest und kommentiert, nimmt J. Derrida ausdrücklich ein ethisches und theologisches Vermächtnis mit explizit jüdischen Wurzeln in sein Denken auf. In diesem Kapitel wird deshalb die Besessenheit *(obsession) vom* Anderen und die sich daraus ergebende fundamentale Verantwortung *für* den Anderen bei Levinas in den Blick kommen[21]. In diesem Kontext soll zum erstenmal ein Bezug zwischen einer *Theorie der Schrift* und einer bestimmten *Theologie* bei J. Derrida

---

[19] *J.-F.Lyotard*, Vor dem Gesetz, nach dem Gesetz, in: Jüdisches Denken, 157-182, hier 167.

[20] *Chr. Münz*, Der Welt ein Gedächtnis geben, a.a.O., 122.

[21] Levinas' Denken einer Spur *(la trace)*, die auf eine Gegenwart verweist, „die niemals gegenwärtig war“ und sein Fortwirken im Denken Derridas wurde bereits im Kapitel „La trace“ im ersten Teil meiner Arbeit untersucht.

selbst angesprochen werden[22]. „Theologie" wird hier in dem weiten Sinne verstanden, der bei der Auseinandersetzung mit einem explizit atheistischen Denker der späten Moderne unumgänglich ist, will man dem Verdacht entgehen, ihn gegen seine Intention als religiösen oder gar christlichen Denker zu vereinnahmen. „Theologie" meint hier allgemein das spekulative Reflektieren über ein immer nur annäherungsweise Verbalisierbares, das allerdings nicht aus einem Jenseits in ein Diesseits wirkt und dieses nicht in einem schlechten Idealismus von sich selbst auf eine Fiktion ablenkt, sondern dessen Existenz, einmal postuliert, in der Immanenz vor allem im Handeln, das heißt in Ritual und ethischer Praxis, be*schreib*bar wird. Daß zur Existenz angesichts dieses Außerhalb, dieser Transzendenz in der Immanenz wesentlich eine Haltung der *Entschiedenheit* wider alle scheinbaren Selbstverständlichkeiten gehört, wird in der gegenwärtigen Situation eines „Christentums der Wahl" (Berger / Luckmann), einer zunehmenden Individualisierung, also eines individuellen Rechtfertigungsdrucks für in großer Einsamkeit und mit einem nur unter Strafe des Fundamentalismus verminderbaren Maß an Unsicherheit getroffene Entscheidungen (U. Beck), deutlicher als in früheren Zeiten.

Mit EDMOND JABÈS hat Derrida das Judentum schon in seinem frühen Werk als *Buchreligion* charakterisiert, die sich der Vorgängigkeit der Schrift vor dem gesprochenen Wort der Welterschaffung schon immer bewußt war und daraus Konsequenzen für Anthropologie und Theologie gezogen hat. Die Derridaschen Arbeiten zu Jabès werden aus Gründen der inneren Logik jedoch erst gegen Ende dieses Teils und im Zusammenhang mit den talmudischen Interpretationstechniken erörtert werden. Gerade im Blick auf Jabès und Levinas wird deutlich werden, daß J. Derrida wesentliche Anteile seiner Theorie im Dialog mit explizit jüdischen Werken entwickelt hat.

Im Rahmen einer Interpretation von Derridas Arbeit über PAUL CELAN wird sowohl die Schriftlichkeit eines (Gedicht-) Textes thematisiert, die sich in der Einschreibung eines Datums[23] und der Signatur manifestiert, wie auch die Verlorenheit des Autor-Ichs an ein Du, an das es sich richtet. Beide Wahrnehmungen verweisen dabei auf ein hinter dem Antlitz (des Textes) verborgenes *Geheimnis*, von dem mit absoluter Gewißheit nur sein Verborgensein aus-

---

[22] *E. Weber* weist auf die Möglichkeit hin, daß es gerade der Versuch der Nationalsozialisten, jede Erinnerungsspur dieses Volkes auszulöschen, gewesen sein könnte, was zur Elaboration eines Denkens der Spur bei Levinas und anderen beigetragen hat. (Zuletzt in: Jüdisches Denken, 25).

[23] Bezeichnenderweise handelt es sich beim Prototypen dieses Datums um den *20. Jänner*, der in Celans Büchnerpreisrede „Der Meridian" sowohl den Gang von Büchners Lenz „durch das Gebirg" als auch die Entscheidung über die „Endlösung der Judenfrage" auf der sog. Wannseekonferenz (20.1.1942) markiert.

gesagt werden kann. Dieses „Jenseits“ ist allerdings nicht im metaphysischen Sinne zu verstehen. Hier geht es nicht um die Spur einer Präsenz, die aus der Immanenz hinausführt, etwa zu einer unausdrückbaren Fülle des Seins; vielmehr verhindert das Celansche Gedicht seine Aneignung im Verstandenwerden und hält sich wie den Interpreten damit in einer Unversöhntheit, die auf die ebenfalls theoretisch uneinholbare Begegnung mit dem anderen Menschen verweist. Es ist „dazu bestimmt, ein Name zu werden, [...] ein Name von Nichts, 'Niemandes Stimme', Niemandes Name. Asche.“[24]

Gegen Ende dieses zweiten Hauptteils richtet sich der Blick dann zunehmend auf die *Interpretationstechniken* der talmudisch/rabbinischen und der kabbalistischen Ausprägung dieser Religion und deren Parallelen zur Derridaschen Dekonstruktion. Weitergehend wird sich spätestens hier jedoch bereits ein ganz bestimmter Umgang mit einem Gottesbegriff abzeichnen, der sich in bestimmten Strömungen des talmudischen und kabbalistischen Judentums über Jahrhunderte herausgebildet hat und sich auf erstaunliche Weise im Werk J. Derridas wiederfindet. Dabei rückt die zentrale Stellung des Textes (bzw. der Thora) als - jüdische - Alternative zum christlichen Glauben an den menschgewordenen Gott Jesus Christus in den Mittelpunkt. Über die Konsequenzen dieser Konstellation für eine christliche Theologie der späten Moderne wird dann allerdings erst im vierten Teil dieser Arbeit zu handeln sein.

Zunächst jedoch soll das Verhältnis des Juden J. Derrida zu jüdischen Traditionen in den Blick kommen, insofern es Thema ausdrücklich autobiographischer Texte geworden ist.

---

[24] Schibboleth, 89.

III. Beschnittenes Bekenntnis. Bekenntnis zur Beschneidung. Derridas Judentum in Selbstzeugnissen

Naturgemäß ist uns ein fremdes Leben unmittelbar noch weniger zugänglich als das eigene. Es zeigt sich uns zwar in den sprachlichen Aussagen, die es zum Thema haben, doch wird es als Kette singulärer Ereignisse einem begreifenden Zugriff letztendlich doch entzogen bleiben. Es ist immer mehr und anders als der Begriff, den wir uns von ihm machen. Trotz der sich aus dieser Feststellung ergebenden Vorsicht, scheint mir die Tatsache, daß J. Derrida selbst einen autobiographischen Text verfaßt, veröffentlicht und damit der Interpretation zugänglich gemacht hat, Grund genug, auch eine biographische Bestimmung seines Verhältnisses zum Judentum auf der Basis dieses und anderer von ihm verfaßter Texte zu versuchen. Dabei wird sich zeigen, daß gerade eine Festlegung auf „Bekenntnisse" oder eine unauflösliche Verknüpfung zwischen Biographie und Theorie in den bearbeiteten Texten immer wieder thematisiert, ironisiert und letztendlich unmöglich gemacht werden. Im Zentrum unserer Untersuchung steht dabei Derridas Arbeit *„Circonfession"*, die - mit einem Text von Geoffrey Bennington *über* Derrida *(„Derridabase")* parallel montiert - unter dem gemeinsamen Titel „Jacques Derrida" 1991 in Paris erschien[25], sowie ein Interview, geführt von Elisabeth Weber, in dem er explizit zu seinem Verhältnis zum Judentum befragt wird[26].

---

[25] Dt.: Jacques Derrida. Ein Portrait von Geoffrey Bennington und Jacques Derrida. Frankfurt a.M. 1994. Leider findet sich der genannte Titel im Deutschen in einer sinnentstellenden Übersetzung wieder. Hier lautet er „Zir*kum*fession". Er unterschlägt die im Deutschen durchaus gebräuchliche „Konfession". Deshalb wird im folgenden immer (auch für die deutsche Übersetzung) der französische Titel „Circonfession" gebraucht. Zitiert wird nach den übersichtlichen *Kapiteleinteilungen.* Der parallel montierte Text von G. Bennington wird unter seinem Titel „Derridabase" mit den *Seitenangaben* zitiert.

[26] Zeugnis, Gabe, in: Jüdisches Denken, 63-90. - Eine Charakterisierung des Judentums im Anschluß an Hegels Begriff der Familie findet sich bereits in „Glas" (57f), wo Derrida, Hegel paraphrasierend und sich langsam von ihm entfernend, den Terminus „coupure abramique" folgendermaßen einführt: (1.) Das Umherirren, der Krieg mit der Natur und den Völkern, die List, die Beherrschung, die Gewalt zerstören die jüdische Familie nicht.[...] Die Beschneidung ist eine determinierende Verwundung. Sie erlaubt es, zu kappen *(couper)* und mit dem selben Schlag *(coup)* mit der Wunde verbunden zu bleiben. [...] Der Jude ist nur verwundet, um die Wunde mit sich selbst (vertraglich) zu verbinden *(traiter)*, sie zu kontraktieren. (2.) Aufbegehrend gegen die Natur und feindselig gegen die Humanität, unendlich aggressiv, macht sich Abraham zum Herrn. Durch seine unendliche Opposition steigt er empor zu jenem Gedanken des Unendlichen, der im Griechischen fehlt. In diesem Sinne trägt der Geist des Judentums eine Negativität bzw. eine indispensable Abstraktion zur Entstehung des Christentums bei. Die Wüste, das Nomandentum und die Beschneidung entgrenzen das Endliche." Eigene Übersetzung.

Schon der *Titel* verortet den erstgenannten Text in einem bestimmten jüdischen und im christlichen Kontext. Die aus den französischen Worten für Beschneidung *(Circoncision)* und Bekenntnis *(Confession)* zusammengesetzte[27] Neuschöpfung verweist einerseits auf den quasi geburtlichen Initiationsritus, der seit jeher die Differenz des Juden zu seiner nichtjüdischen Umgebung, aber auch (zumindest im jüdischen Raum) die Differenz zwischen Mann und Frau markiert. Andererseits zitiert dieser Titel die mit Augustinus beginnende Tradition der Autobiographie, die in ihren Anfängen als verschriftlichtes Rechenschaft-Ablegen vor Gott beschrieben werden könnte. Sie war als solche bei Augustinus noch eng mit der literarischen Form des *Gebets*[28] verbunden, stellt gleichzeitig jedoch eine der Wurzeln, wie auch eine mögliche erste Störung des als *eines* gedachten abendländisch-christlichen Ichs dar[29], das von sich *die eine Wahrheit* sagt bzw. schreibt. Die Autobiographie konstituiert und beschreibt ein Bewußtsein, das im Laufe der historischen Entwicklungen zunehmend unter die Kontrolle weltlicher und kirchlicher Herrschaftssysteme gerät, und grenzt es gleichzeitig gegen sein Anderes ab: Das Kind, der Ungebildete, die Wahnsinnige, der Wilde besitzen (noch) keine Autobiographie oder haben sie verloren[30].

Sich das eigene Leben als Wahrheit zu erschreiben, die Schrift des Unbewußten komplett zu entschleiern, zu entziffern, es seines Geheimnisses zu berauben und als Eigentum „schwarz auf weiß" zu besitzen, diese Bewegung der Aneignung hatte Derrida schon früher als - phallogozentrisches - Paradigma

---

[27] Ich beschreibe damit nur einen Teil des evozierten Bedeutungsfeldes, das im Derridaschen Text noch über den Bereich der aus den beiden lateinischen Termen *circum-* und *ferre* im französischen bildbaren Wörter *(circonscrire, circonvenir, circonvolution, circumnavigation usw. bzw. circonférence usw.)* hinausgeht. (Vgl. Anm. 1 des Übersetzers in der dt. Ausgabe, 410).

[28] Vgl. zu dieser Problematik das Kapitel "Jenseits der Ontologie. Eine Poetologie des Gebets" im dritten Teil dieser Arbeit.

[29] Die Autobiographie „ist nicht einfach eine literarische Gattung, sondern Ausdruck neuzeitlichen Bewußtseins und Speicher des ausgearbeiteten Wissens, das das Leben über sich selbst hervorbringt. Mit einem Wort: Der autobiographische Text ist das Selbstbewußtsein." *M. Schneider*, Das Geschenk der Lebensgeschichte: die Norm, in: J.M. Rabaté / M. Wetzel, Ethik der Gabe, Berlin 1993, 252.

[30] Diese Beschreibung der Konstitution des Selbstbewußtseins durch einen Mechanismus der Ausgrenzung des Marginalen oder, wie er es nennt, „Supplementären" reicht im Werk Derridas weit zurück. Bereits in Grammatologie (420) schreibt er im Rahmen einer Arbeit über den zweiten großen „Bekenner", J.J. Rousseau: „Die Selbstbekundung des Menschen ist seit der (und durch die) Supplementarität möglich, die somit weder ein akzidentelles noch ein essentielles Attribut des Menschen darstellt [...]. Der Mensch kann *sich* Mensch nur *nennen*, indem er Grenzen zieht, die sein Anderes: die Reinheit der Natur, der Animalität, der Ursprünglichkeit, der Kindheit, des Wahnsinns, der Göttlichkeit aus dem Spiel der Supplementarität ausschließen."

der Psychoanalyse selbst noch bei J. Lacan beschrieben. Diese nämlich setzt für die *letzte* Wahrheit den Phallus, den Signifikanten des Signifikanten[31], und versteht die Analyse als unendliche Arbeit an seiner (als prinzipiell möglich gedachten) Entzifferung. Diese Kritik an der Psychoanalyse ist bereits hier als Kritik an der Behauptung letztgültiger Offenbarung zu verstehen. Entsprechend nimmt Derrida auch in seiner Arbeit über die Apokalypse, die eine etymologische und semantische Analyse des apokalyptischen Denkens bietet, die *Offenbarung der letzten Wahrheit* als gewaltsames Ende, als Tod des freien Spiels der Bedeutungen und Unterbrechungen wahr[32].

Das Unbewußte läßt die nach abendländischer Tradition für wahres Sprechen notwendige Unterscheidung zwischen Realität und Fiktion nicht zu[33], es ist der Unterscheidung zwischen Wahrheit und Falschheit nicht zugänglich - ebensowenig wie das Gebet[34]. Derrida schließt daraus, im Unbewußten, das gemeinhin als Unterminierung des Bewußtseins begriffen wird, eine dem abendländischen Bewußtsein, dem Nous, dem Logos, der Vernunft *vorgängige* Instanz vor sich zu haben. Im Unbewußten, sofern es *vor* der Sprache, *vor* der Trennung (in Wahr und Falsch) situiert wird, fände sich folglich so etwas wie die „eigentliche" Realität. Bereits die Eröffnung des Sprechens jedoch würfe wieder einen Schleier über das Reale (hier bedient sich Derrida Lacanscher Idiomatik). Damit ist dem Menschen dieser Anfang, dieses „Voraus" jedoch ein für allemal entzogen, denn der Bereich der Sprache umschreibt seine Artikulationsmöglichkeiten. Sein Außerhalb kann nur postuliert, nicht aber ausgesagt werden.

Jedes rückhaltlose Streben nach Wahrheit, das den Schleier zerreißen und sich des Geheimnisses der Realität bemächtigen wollte, muß mit Derrida also in seinem Streben nach unerreichbarem Eigentum und damit als Kompensation der männlichen Kastrationsangst gelesen werden. Wer glaubt, eine Wahrheit endgültig gefunden zu haben, sitzt dem Phantasma ungetrübter Identität zwi-

---

[31] Vgl. *J. Lacan*, Die Bedeutung des Phallus. In: Schriften II, 119-132. Derrida kritisiert die Fixierung auf die im Unbewußten zu entdeckende „Wahrheit" als Phallogozentrismus (Der Facteur der Wahrheit, in: Die Postkarte von Sokrates bis an Freud und jenseits, 2. Lieferung, 183-266).

[32] „Es ist nicht allein die Wahrheit als geoffenbarte Wahrheit eines Geheimnisses um das Ende des Geheimnisses, um das Ende oder des Geheimnisses des Endes. Die Wahrheit selbst ist das Ende, die Bestimmung, daß die Wahrheit sich enthüllt, ist die Vollendung des Endes." Apokalypse. Von einem neuerdings erhobenen apokalyptischen Ton in der Philosophie, Wien 1985, 64.

[33] „ [...] die sichere Einsicht, daß es im Unbewußten ein Realitätszeichen nicht gibt, so daß man die Wahrheit und die mit Affekt besetzten Fiktionen nicht unterscheiden kann." *S. Freud*, 69. Brief, 21.9.1897, in: Aus den Anfängen der Psychoanalyse, Frankfurt a.M., 1962, 179.

[34] Vgl. *Aristoteles*, Peri hermeneias, 17a.

schen Realität und Aussage auf - ein Vorwurf, den Derrida vor allem der Psychoanalyse macht.

Das *Weibliche* dagegen macht er als den Bereich aus, in dem die Wahrheit im oben genannten „phallischen“ Sinne ihre Geltung verliert[35]. Die Frau ist es, die kastriert (und beschneidet)[36]. Dies gelingt ihr durch Lachen und Ironie, Äußerungen, die das gesprochene Wort entweder durch eine nichtsprachliche Artikulation des Un-ernstes (im Lachen) oder durch die (sinn)veschiebende Iteration (in der Ironie) durchkreuzen und es auf seine Nichtursprünglichkeit zurückwerfen:

> „[...] der unveräußerliche Schlag der Frau ist die *Ironie*. Die Frau, der ‘innere Feind’ des Gemeinwesens, kann immer im letzten Augenblick in Gelächter ausbrechen, sie weiß in den Tränen und im Tod die Macht zu pervertieren, die sie unterdrückt.“[37]

Versteht man die jüdische Institution der Beschneidung als „symbolische Kastration“ [38], als Nacktheit des Phallus und Sichtbarmachung der männlichen Kastrationsangst, wäre sie als fleisch- (oder besser: narbe-) gewordener Ver-

---

[35] „Die Frau interessiert sich so wenig für die Wahrheit, daß die Wahrheit für sich genommen sie nicht mehr betrifft.“ Sporen. Die Stile Nietzsches, in: W. Hamacher (Hg.), Nietzsche aus Frankreich, Frankfurt a.M. / Berlin 1986, 51.

[36] „Die Weiblichkeit ist die Wahrheit (der) Kastration, sie ist die beste Figur der Kastration, weil sie in der Logik des Signifikanten immer schon kastriert worden ist.“ Der Facteur der Wahrheit, a.a.O., 218.

[37] Glas, Paris 1974 (Ü.: E. Weber), 209f.

[38] Circonfession 59. Bereits in Glas (58) nennt Derrida die Beschneidung *'castration symbolique'*. Die Verbindung von Beschneidung und Kastration stellt keineswegs eine Entdeckung der Psychoanalyse dar, sondern findet sich bereits bei Philo v. Alexandrien. Für Kaiser Hadrian war der Kastrationsverdacht Grund genug, die Beschneidung grundsätzlich zu verbieten, denn sie wurde mit dem Mord, der Auslöschung des lebendigen Individuums gleichgesetzt. Vgl. „Art. „Beschneidung“ in: TRE, Bd. V, 714-724.
Die Spiritualisierung der Beschneidung bei *Paulus* im Zusammenhang der Diskussion des ersten Apostelkonzils um die Heidenmission führte konsequent zu ihrer Verwerfung als heilsverderblich *(lex mortifera)* für die Heidenchristen. Im LThK^2 (1958, Bd. II, Sp 290) heißt es wörtlich. „Damit ist die Bedeutung der Beschneidung überhaupt hinfällig geworden. [...] Die Idee des alten Bundesvolkes [ist] preisgegeben. Das wahre Israel sind die Christen.“ Spätestens hier wird deutlich, daß die Beschneidung in sich bereits die Grenze zwischen Judentum und Christentum markiert, genauer, den Ort der Ausgrenzung des Judentums aus dem Christentum in der Zeit der Urgemeinde.
Spinoza, der als Marrane ähnlich wie Derrida an der Grenze zwischen Katholizismus und Judentum lebte und dachte, schrieb im „Theologisch-politischen Traktat“ vom jüdischen Volk: „Daß sie sich aber so viele Jahre hindurch in der Zerstreuung und ohne eigenes Reich erhalten haben ist durchaus kein Wunder, nachdem sie sich einmal in einer Weise von allen Völkern abgesondert, die ihnen den Haß aller zugezogen hat, eine Absonderung nicht nur in äußeren Gebräuchen, die den Gebräuchen der anderen Völker entgegengesetzt sind, sondern auch im Zeichen der Beschneidung, das sie gewissenhaft beobachten. [...] *Das Zeichen der Beschneidung, halte ich dabei für so bedeutungsvoll, daß ich überzeugt bin, dies allein werde das Volk für immer erhalten.*“ (Dt. Ausgabe: Meiner, Hamburg 1976ff, 63f, Hervorhebung v. Verf.).

weis auf ein unaussprechliches Geheimnis, auf die Vorgängigkeit der Realität vor jeder sprachlichen Äußerung, zu lesen.

Diese Verlängerung der Derridaschen Überlegungen zur Wahrheitsproblematik wird in „Circonfession" vollzogen: Was die „Identität" des Judentums - sofern man im Verständnis J. Derridas von einer solchen sprechen kann - kennzeichnet, ist nicht die identitätserzeugende *Autobiographie*, die gattungsgeschichtlich und logisch eng mit einem vor Gott bzw. der staatlichen oder kirchlichen Autorität abgelegten Bekenntnis zusammenhängt, sondern die *Beschneidung*, eine ritualisierte Form der Kastration, die nach dem mosaischen Gesetz an allen männlichen jüdischen Neugeborenen vollzogen werden muß. Ihnen wird dabei mit der Namensgebung und dem Eintritt in die jüdische Glaubensgemeinschaft der Zugang zum oben beschriebenen Wahrheitsparadigma rituell unmöglich gemacht[39] und jede endgültige Festschreibung einer Identität von ihrer Wurzel her durchkreuzt.

Derrida weist darauf hin, daß die Beschneidung nicht nur in dieser (letztlich psychoanalytischen) Deutung von einer Frau vollzogen wird. Auch in den Texten des Ersten Testaments ist bekannt, daß *die Frau beschneidet*: Mehrfach wird erinnert an Zipporah, die Frau des Mose, welche stellvertretend für ihren Gatten, der wegen gesundheitlicher Schwäche nicht beschnitten werden kann, eine der ersten biblisch dokumentierten Beschneidungen (an Gershom, einem der beiden Söhne) vornimmt, um eine Tötung durch Jahwe zu verhindern[40]. Es handelt sich also eigentlich um eine *doppelte* Stellvertretung: Moses kann weder selbst beschneiden noch selbst beschnitten werden.

Ein zweiter Verweis gilt der heiligen Katharina von Siena, die nach der Legende in einer Vision die Vorhaut Jesu von ihm selbst erhielt und seitdem als Vermählungsring am Finger trug[41]. Derrida identifiziert also nicht nur Frau und Mohel[42], sondern schließt vom Ritual der „Mezizah"[43] auf eine

[39] „[...] der beschnittene Jude: nackter vielleicht und darum schamhafter unter der Überfülle der Kleider, sauberer, schmutziger ohne die bedeckende Vorhaut und geschützter, weil exponierter. Durch die Innerlichkeit, das Pseudonym, die Verstellung, den Umweg und die Umlenkung - daher mein Thema, Vorhaut und Wahrheit [...]" Circonfession, 26.

[40] (Ex 4,24-26) Circonfession 13, 14 u.ö.

[41] Vgl. *A. Chr. Sellner*, Immerwährender Heiligenkalender, Frankfurt a.M. 1993, 145f. - Haben wir hier eine - weithin unbekannte - volkstümliche Verarbeitung des Themas Beschneidung im Kontext des Christentums vor uns? Bemerkenswert auf jeden Fall, daß gerade eine Frau mit der Beschneidung Jesu in Verbindung gebracht wird, welche das Wort erhob gegen eine von Männern beherrschte Welt, welche „wie ein Mann in die Weltgeschichte eingegriffen hat", welche „Juden und uneheliche Kinder vor den Steinwürfen aus dem Hinterhalt bewahrte" und der geoffenbart wurde, „ich werde dir Weisheit und Sprachgewalt geben, daß niemand dir zu widerstehen vermag." (Zitate: *H. Hümmler*, Helden und Heilige. Siegburg, 1955, 219f).

[42] Hebr. für „Beschneider".

„mütterlichen Fellatio", die er in einer gewagten Projektion auch für die biblischen Erzählung (s.o.) annimmt[44]. Mit dem Begehren der Mutter nach dem Kind als Phallussubstitut und der aus der Beschneidung resultierenden Verletzung durch die Mutter wird Verwunden mit Begehren verwoben: Bereits vor der Entstehung von Bewußtsein ist die Identitätskonstitution des Kindes in einen Zusammenhang von Schuld und Begehren verstrickt. Diese Verstrikkung ist ursprünglicher als das Bewußtsein. Die Kerbe, die Narbe, der Einschnitt der Beschneidung markiert eine Grenze, eine Schwelle[45], hat die Funktion einer trennenden Verbindung[46].
Bei Lacan markiert die Beschneidung, vestanden als symbolische Kastration, den Übergang zwischen organischer Funktion und Begehren, zwischen Realem und Symbolischem. Diese Grenze wird durch das jüdische Initiationsritual markiert. Die christliche Taufe steht insofern immer in der Gefahr, die Grenze zu verwischen, als sie mit dem Anspruch auftritt, die ursprüngliche Verstrickung des Menschen mit Begehren und Tod zu überwinden, aus der Erbsünde in das Leben zu führen[47].
Ähnlich wie hier die Be*schneidung* als „Desidentifizierung" verstanden wird, interpretiert E. Levinas[48] die Ein*schreibung* eines Buchstabens des Gottesnamens, die aus Abram Abraham werden läßt, aus Sarah Sarai, ebenfalls als einen Akt der Enteignung des Selbst: Abraham besetzt nach der Einschreibung nicht mehr die Instanz des Gesetzes und verliert die Definitionsgewalt über den „Anderen", indem dieser eine Spur in seinem Namen hinterläßt[49]. Gleichzeitig wird ihm der Besitzanspruch auf seine Frau verwehrt, „die in

[43] Aufsaugen des nach der Beschneidung ausströmenden Blutes und Vermischung des Speichels mit Wein zur Desinfektion.

[44] Circonfession 14.

[45] Im frühen Christentum löste das Fest „Beschneidung des Herrn" das Fest des doppelköpfigen Janus an Neujahr, an der Schwelle zwischen den Jahren, ab, bevor es (seit dem 11. Jahrhundert) gemeinsam mit der Erscheinung des Herrn am 6. Januar gefeiert wurde. Der Beschneidung Jesu als „Namensgebung" wird heute am 1. Januar, dem „Hochfest der Gottesmutter Maria" gedacht.

[46] Vergleichbar dem Terminus „Hymen", der gleichzeit die Jungfernhaut und die Hochzeit also seine Verletzung bezeichnet.

[47] Bzgl. weiterführender Überlegungen zum Verhältnis zwischen Begehren und Taufe vgl. den vierten Teil dieser Arbeit.

[48] A l'Heure des nations, Paris 1988, 99.

[49] Die Levinassche Konzeption des Gesetzes konvergiert, wenn er sie wie an dieser Stelle ontologisch faßt, mit der Kants (Unbedingtes Sollen) und Derridas. „Gesetz" wird also verstanden als transzendente Instanz, als Außerhalb der sprachlichen Äußerungen, also auch des Systems der herrschenden Moral. Die Forderung des Gesetzes lautet nur : „Höre!".

einer männlichen Welt stets Gefahr läuft, zu den Sachen, die man besitzt, zu zählen“[50].

Es muß betont werden, daß diese jüdische Durchkreuzung der Identität nicht im Namen eines Relativismus, einer Verleugnung der Möglichkeit von Wahrheit, sondern als totalitätskritische Reflexion über die Grundlagen der Rede von Wahrheit sowie über das Geheimnis und eine theoretisch nicht mehr einholbare Realität oder besser *Praxis* gelesen werden will. Ähnlich dem kategorischen Imperativ fordert in diesem Verständnis das Gesetz immer schon zum Handeln auf, *bevor* es je verstanden wird.

Die Identifizierung „Jude“, Angehöriger des Judentums, verliert dadurch den Charakter einer metaphysischen, weil ausgrenzenden Benennung, daß sie mit dem de-identifizierenden und enteignenden Akt der Beschneidung im oben beschriebenen Sinne anhebt. Derjenige wäre also der „jüdischste“, der erste und letzte aller Juden, dem am wenigsten oder am wenigsten endgültig eine Identität zugeschrieben werden könnte. Fremdheit und Andersheit werden zum Maßstab einer Einordnung, und dies stellt ein unauflösliches Paradoxon dar.

Aus dieser Deutung der Beschneidung folgt für Derrida notwendig eine Kritik am Gedanken der Auserwähltheit, der Exemplarität des jüdischen Volkes in seiner Menschlichkeit und seiner Gottesbeziehung:

> „[...] so wäre einer um so jüdischer, je mehr die Selbstidentität aufgelöst würde, je mehr er also sagte, ‘meine Identität besteht darin, nicht mit mir identisch zu sein, fremd zu sein, nicht mit mir übereinzustimmen.’ [...] Jeder wird dann das beste Beispiel der Identität (als Nicht-Identität mit sich selbst) und folglich ein exemplarischer Jude sein. [...] wer kann im Namen des Judentums *sprechen*?“[51]

Der Hinweis auf die Unmöglichkeit des *Sprechens* im Namen einer Identität verweist auf die Theorie des Subjekts im Frühwerk des Autors. Hier wird aus dem Primat der Schrift vor dem gesprochenen Wort zwar nicht der modische „Tod des Subjekts“, wohl aber das Ende eines als punktuell und einfach gedachten Ichs, im Rahmen einer Theorie der Textentstehung die Nichtexistenz einer „souveränen Einsamkeit des Schriftstellers“ gefolgert. Der Derridasche Subjektbegriff ist dabei letztlich als konsequente Verlängerung der psychoanalytischen Überlegungen zu verstehen, die den Gedanken der Einfachheit eines menschlichen Denk- und Handlungszentrums unmöglich erscheinen lassen, sowie der Husserlschen Reflexionen auf die „Selbstzeitigung des Ich“[52]. Die Vorstellung einer kohärenten *„Selbstkonzeption“*, die das Denken und Spre-

---

[50] *E. Weber*, Schwarze Tränen, Tintenspur. In: J. M. Rabaté / M. Wetzel, Ethik der Gabe, a.a.O., 39-55, hier 53f.

[51] Zeugnis, Gabe in: Jüdisches Denken, 63-90, hier 65 (Hervorhebung v. Verf.).

[52] Vgl. die Ausführungen dazu im ersten Teil dieser Arbeit.

chen „von sich“ als identischem Subjekt im Sinne einer regulativen Idee ermöglicht, ist damit nicht ausgeschlossen, sie ist jedoch nicht mehr die letzte dem spekulativen Denken zugängliche Wirklichkeit. Das nichtzugehörige Subjekt gehört weniger der gesprochenen Sprache, als der Schrift an. Dieses Konzept von nichtidentischer Subjektivität wird nun am Ritus der Beschneidung, die sich bezeichnenderweise im „Volk des Buches“ entwickelt hat, exemplifiziert.

Ein möglicher Einwand gegen diese Überlegungen zur Unmöglichkeit einer Zugehörigkeit wäre, daß hier die Beschneidung als konkretes Zeichen eines konkreten Volkes in einer allgemeinen vielleicht anthropologisch zu nennenden Bestimmung aufgelöst werde. Es sei jedoch darauf hingewiesen, daß Derrida gleichzeitig an der Unaufgebbarkeit der (inzwischen auch als *Modell* unabhängig vom konkreten Ritus gedachten) Beschneidung als vorsprachliches Signum (der *différance*) festhält. Eine „Verwässerung“ der eindeutigen Benennung des Verfahrens - wie im algerischen Judentum geschehen, wo die Beschneidung „Taufe“ genannt wurde - vergrößert zwar das *Leiden* an der Wunde, macht jedoch ein *Denken* des Ritus, der halb christianisierten Augen als unaussprechlich - also „barbarisch“ - erscheinen muß, beinahe unmöglich[53]. Die Unausprechbarkeit des Anderen, des Arabischen, Jüdischen (je nach Position des Sprechers) spiegelt sich in dem Phänomen der Sprachlosigkeit der Opfer. Die Fiktion einer Identität geht damit verloren. Dieses Verlorengehen entspricht einer *Spur*, die durch die Annahme der Opferrolle gelegt wird und auf eine vergangene Identität verweist, ohne ihr Erreichen zu ermöglichen.

Mit seinen Überlegungen verwirft Derrida den Gedanken der Auserwähltheit des Juden nicht. Indem er die Beschneidung als Exempel nimmt, spitzt er ihn allerdings bezüglich seines identitätskritischen Potentials zu und weitet ihn gleichzeitig über die Geschlechtergrenze und über die Grenze der „Rasse“ hin aus:

> „Mein Unwissen und meine faktische Unzugehörigkeit zur jüdischen Kultur geben mir möglicherweise Anlaß zu der Erwägung, daß es Beschneidung im Grunde selbst dort gibt, wo es keine gibt, und daß dasjenige, was sie markiert, näm-

---

[53] „ (..) daß in meiner Familie und bei den algerischen Juden fast nie von der ‘Beschneidung’, sondern von der ‘Taufe’, nicht von der ‘Bar Mizwah’, sondern von der Kommunion’ gesprochen wurde, mit allen von einer verschüchterten Akkulturation, unter der ich stets mehr oder weniger bewußt gelitten habe, hervorgerufenen Konsequenzen der Abschwächung, der Verharmlosung unaussprechlicher Ereignisse, die auch als solche empfunden wurden, als uneingestehbar, nicht ‘katholisch’, gewalttätig, roh, ‘arabisch’ - beschnittene Beschneidung, verinnerlichte, insgeheim übernommene Anklage des Ritualmordes.“ Circonfession, 13. Implizit reiht Derrida diese Verwerfung der Beschneidung in eine gewisse Tradition der Verwerfung der Schrift seit Platon ein. Die Beschneidung ist eine Art Schrift, insofern sie in einem Akt der Gewalt materiell bezeichnet.

lich die Zugehörigkeit zu einer Gemeinschaft, den Bund, die Wunde, den Bezug zum Vater, das Symbolische usw., in allen Kulturen und Sprachen stattfindet."[54]

Hier wird noch einmal deutlich, daß der Terminus „Beschneidung" ein weiteres Glied in der Kette von Begriffen ist, die bei der *différance* ihren Anfang nimmt. Wie „Supplement", „Hymen", „Chora" etc. stellt der Begriff „Circoncission" immer schon das heimliche Thema seiner Texte dar, insofern sie Identität und Zerstreuung, Schnitt und Geschlossenheit thematisieren. Die Beschneidung läßt sich jedoch auch nicht einfach nach dem Urbild-Abbild-Prinzip auf die Funktion „Spezialfall der universalen *différance*" reduzieren, weil es die „*différance als solche*" nicht gibt. In diesem Fall ist es der Bezug der Beschneidung zur Biographie des Autors, der den Rahmen einer analogisch gedachten Theorie sprengt: Der Autor Jacques Derrida ist beschnitten.[55] Konsequent unterfüttert er die am Instrumentarium der Dekonstruktion gewonnene Umschreibung mit einer eigenwilligen Interpretation seiner eigenen Lebensgeschichte: Glaubt man ihm, so war es eine seiner einschneidensten Jugenderinnerungen, unter der Vichy-Regierung und ohne Zwang der deutschen Besatzer am 3. Oktober 1941 als Jude „von der Schule und aus dem Franzosentum" verwiesen zu werden[56], die ihm sein Judentum und seine (Nicht-) Zugehörigkeit zur französischen Kultur prägend bewußt gemacht hat. Erst diese Ausweisung identifiziert ihn als Opfer und insinuiert ein lebenslanges Mißtrauen gegenüber jeder Logik des Eigentums und der Zugehörigkeit. Mit Blick auf die Themen der Derridaschen Veröffentlichungen gewinnt seine zwiespältige Herkunft, das akkulturierte algerische Judentum, eine vorausweisende Bedeutung und veranlaßt zu einer Aussage quasi bekenntnishaften Charakters:

„Ich gehöre, wenn ich denn eine Art Marran[57] der katholischen französischen Kultur bin, und ich habe auch meinen christlichen, in einer mehr oder weniger veschlungenen Linie von SA [St. Augustin, Anm.d.Verf.] ererbten Körper, condiebar eius sale[58], zu jenen Marranen, die sich selbst im Geheimnis ihres Herzens

[54] Jüdisches Denken, 68.

[55] Circonfession 14.

[56] Circonfession 47 und öfter. Vgl. Auch das „Curriculum Vitae" in „Jacques Derrida", 331-341, v.a. 331.

[57] *Marranen* : Diejenigen Juden, die sich unter Zwang der Inquisition im Jahrhundert der Vertreibung aus Spanien (1492) und Portugal (1496) hatten taufen lassen. Sie wurden als Neuchristen z.T. fanatische Katholiken. Z.T. tarnten sie sich und hielten heimlich an jüdischen Bräuchen und Vorstellungen fest. [...] Sie hatten häufig ein kritisch-skeptisches Verhältnis zur Überlieferung, wiesen sogar manchmal Symptome einer Persönlichkeitsspaltung auf. Man hat von einer besonderen marranischen Religion gesprochen und Männer wie Uriel de Costa, La Peyère, Spinoza von hier aus verstehen wollen. Brockhaus Enzyklopädie [17]1971, XII, 182.

[58] (Ich wurde gezeichnet mit dem Zeichen des Kreuzes und) gesalzen mit seinem Salz. (Augustinus, Confessiones, 1, XI, 17).

einen Juden nennen. Nicht weil sie auf beiden Seiten der öffentlichen Grenze authentifizierte Marranen sein wollen, sondern weil sie an allem zweifeln, niemals die Beichte ablegen und die Aufklärung nicht preisgeben, koste es, was es wolle, bereit, sich verbrennen zu lassen, beinahe, in dem eigenen und einzigen Augenblick des Schreibens unter dem monströsen Gesetz des unmöglichen Von-Angesicht-Zu-Angesicht [...]"[59]

Autobiographie als Bekenntnis. Als Bekenntnis zum Marranentum, zum Nicht-Eindeutigen, zum Oszillierenden, Zitternden, die Seiten zwischen Judentum und Christentum Wechselnden. Im Sinne Derridas muß man von einem „beschnittenen Bekenntnis" (Circoncission) sprechen. Er bekennt keine Wahrheit, sondern zweifelt an der Möglichkeit von „reiner" Wahrheit. Um der Wahrheit der Unbeschreibbarkeit, der Unbegreifbarkeit auch der eigenen Biographie willen wird die Beichte verweigert.

Trotz oder gerade wegen Derridas Absage an eine Metaphysik, die sich bis hierher einerseits als Erfüllung des Begehrens nach unumstößlicher Wahrheit, Reinheit und Lebendigkeit, andererseits als (Schuld)Bekenntnis vor einem richtenden Gott manifestierte, stoßen wir in diesem autobiographischen Text nun zum ersten Mal auf Aussagen zu seiner „Religion". Diese wird in der Konsequenz einer Vermeidung von Gesten der Aneignung, auf dem Wege der Negation umkreist, aber niemals eingeholt. Derrida nennt sie „meine Religion [...] von der niemand das geringste begreift" und „beständige Anwesenheit Gottes"[60]. Sie fällt jedoch aus der Metaphysik der Präsenz und damit aus der jüdischen bzw. christlichen Metaphernsprache heraus. Derrida grenzt sich gegen christliche und jüdische Mystik ebenso ab, wie gegen eine Vernunftreligion etwa in der Nachfolge Kants und gegen die naive Vorstellung einer Zugehörigkeit, einer Inbesitznahme durch Gott etwa im Sinne der Gotteskindschaft[61].

Der Vorwurf des Atheismus, der jede bild- und kultkritische Religion bzw. Religiosität nur allzuleicht trifft, liegt auch hier sehr nahe. Denn die Weige-

---

[59] Circonfession 33. Derridas Biograph, *G. Bennington*, widmet diesem besonderen Charakter der Zugehörigkeit J.D.'s zum Judentum einen ausführlichen Kommentar: „Verletzung gewiß, empfindliche und engagierte Sensibilität für den Antisemitismus wie für jeden Rassismus, Antwort eines 'Verwundeten' auf die Xenophobie, aber auch Ungeduld angesichts jener herdenhaften Identität und des militanten Charakters der Zugehörigkeit im allgemeinen - sei es auch eine jüdische. Kurz eine doppelte Zurückweisung, deren Zeichen, schon vor Zirkumfession, zahlreich sind." Jacques Derrida, 332f.

[60] Circonfession 30.

[61] „[...], daß die Allgegenwärtigkeit dessen, was ich in meiner absolvierten, absolut privaten Sprache Gott nenne, für mich weder die eines Augenzeugen noch die einer Stimme ist, die irgend etwas anderes täte als zu mir zu sprechen, um nichts zu sagen, daß sie weder transzendentes Gesetz, noch immanente Schechina [ist], diese weibliche Gestalt eines Jahwe, die mir so fremd und so vertraut bleibt [...]. Ebd.

rung, propositional zu benennen, kann jederzeit als Leugnung des zu Benennenden verstanden werden. Derridas Umgang mit der Unmöglichkeit einer Letztbegründung ist jedoch nicht der verzweifelte Versuch, den nichtvernünftigen Ursprung der Vernunft zu *deduzieren* oder den nichtsprachlichen Ursprung der Sprache mit Worten zu *beschreiben* oder im religiösen Sinn zu bekennen, seine Antwort ist auch nicht das Schweigen fernöstlicher Weiser, sondern ein Sich-Ausliefern, ein Sich-Verlieren *(se perdre)* an eine Singularität, die von keinem Allgemeinen repräsentiert oder ausgesprochen werden kann. Im potentiell endlosen Spiel des internen Aufeinanderverweisens eines radikal sprachlich gedachten Textraumes, im Prozeß endloser sinnverschiebender Wiederholung wird das „Geheimnis" niemals erreicht. Es ist das Geheimnis, „von dem ich ausgeschlossen bin"[62], das aber dennoch in einer potentiell unabschließbaren Bewegung der Textproduktion zwangsläufig umkreist wird.

> „[...] das ist es, was sie nicht ertragen, daß ich nichts, daß ich niemals etwas sage, das Bestand oder Geltung hätte, keine These, die man widerlegen könnte, nichts Wahres und nichts Falsches, nicht einmal das, ungesehen unergriffen, und das ist keine Strategie, sondern die Gewalt der Leere, durch die Gott in mir zur Erde in den Tod stürzt [...] die maßlose Gewaltlosigkeit meiner Diskurse rührt daher, daß sie alles zermalmen bis zur stummen Asche, um nur noch ihren Namen, kaum den meinen, zurückzulassen, und all das kreist um nichts, kreist um ein Nichts, in dem Gott sich mir ins Gedächtnis ruft, das einzige Gedächtnis, das ich besitze, die Bedingung meiner jeweils unbedingten Treue, der Name Gottes in der Asche Élies, ein Abend der Ruhe, der niemals, 7 Tage nach dem Jahr mit 52 Wochen eintreten wird, Domine deus, pacem da nobis. Omnia enim praestitisti nobis - *pacem quietis pacem sabbati, pacem sine vespera [...] Dies autem septimus sine vespera est nec habet occasum.*"[63]

Fassen wir zusammen: Wie in kaum einem früheren Text scheint Derrida in *Circonfession* zunächst bereit, Zugehörigkeiten familiärer und weltanschaulicher Art einzugestehen. Sehr bald schon stellt sich jedoch heraus, daß, was als Bekenntnis auftritt, nicht im Sinne einer eindeutigen Festlegung von Zugehörigkeit oder einer Identifizierung mit Hilfe von Kategorisierungen verstanden werden soll. Dennoch wird der (jüdische) Mensch letztlich im Namen einer Zugehörigkeit, die sich beständig selbst auflöst, in die Heimatlosigkeit versto-

---

[62] Ebd.

[63] Circonfession 51. Übersetzung tw. geändert. (Zitat: Conf. XIII, XXXV, 50). Bemerkenswert die eitle Selbsteinschätzung Derridas . Sie erinnert an Nietzsches „Ecce homo". (Kritische Studienausgabe, a.a.O., 6, 298ff). Hier schreibt *F. Nietzsche* von seinem eigenen Werk: „Es gibt keine stolzere und zugleich raffiniertere Art von Büchern - sie erreichen hier und da das Höchste, was auf Erden erreicht werden kann, den Zynismus."

ßen[64]. Die Zugehörigkeit zu einem Judentum, dem man nicht angehören kann, weil ihm *alle* angehören, wird durch die Beschneidung markiert, ein Eingriff, der den Körper verletzt und zeichnet und durch einen Eingriff in die (scheinbare) Unversehrtheit des Körpers auf die ursprüngliche Verletzung des sprechenden Ich durch die Sprache hinweist.

Derrida entwirft einen Humanismus der Beschneidung, der den abendländisch/männlichen Subjektbegriff verläßt, ohne ein Ziel, ohne eine neue Identität vor Augen zu haben[65]. Wir haben damit in der Konfrontation[66] von Bekenntnis und Beschneidung eine geradezu 'klassische' Dekonstruktion vor uns: Das Feld der Dualismen Bekenntnis/Beschneidung, Realität/Fiktion, Phallus/Kastration, (katholisches) Christentum/Judentum wird in diesem Text aufgespannt, um sie abzuschreiten und als einander ausschließende unbrauchbar zu machen. Was sich zuvor unversöhnlich gegenüberstand wird angesichts eines ausgeschlossenen „ursprünglichen" und unsagbaren Dritten für das jeweils Konträre transparent.

---

[64] Er spricht später von der „Erfahrung oder der Erfahrung meines Verhältnisses - ich wage nicht 'zum Judentum' zu sagen - , sagen wir, zur Beschneidung." In: *E. Weber*, Jüdisches Denken, 64.

[65] Es sei am Rande bemerkt, daß sich an diesem, wie an anderen Punkten, eine deutliche Konvergenz mit Denkansätzen von *E. Levinas* ausmachen läßt. Auch Levinas situiert den Juden exemplarisch für den Menschen überhaupt in Anlehnung an Celans „Gespräch im Gebirg" in einem „einsamen Draußen". Er schreibt: „Nichts ist fremdartiger und fremder als der Andere, und im Lichte der Utopie zeigt sich der Mensch außerhalb jeder Verwurzelung und Seßhaftwerdung: *Heimatlosigkeit als Authentizität.*" (Eigennamen, München / Wien 1988, 61). Auch Levinas nennt auf die Frage nach einer neuen Moralität *das Judentum* als exemplarische Existenzweise. In seinem Aufsatz über die Lehren aus Auschwitz (Sans nom / Namenlos, in: Eigennamen, a.a.O., 101-106) heißt es: „Das Judentum ist die Menschheit, die an der Schwelle einer Moral ohne Institutionen steht." (105).

[66] Konfrontation, weil zwei Terme sich an ihrer Sinnspitze, ihrer Front oder Stirn gegenüberstehen, ohne durch ein Verhältnis der gegenseitigen Unterordnung gekennzeichnet zu sein. Ihr Verhältnis ist das eines *Streits* im Sinne Heideggers (Der Ursprung des Kunstwerks [1935 / 36] in: Holzwege, Frankfurt a.M. 1950f, 1-72, hier 34ff).

IV. Das Prinzip Alterität. Der verschwiegene Dialog zwischen J. Derrida und E. Levinas.

> „Je ne sais pas ... devant une pensée comme celle de Lévinas, je n'ai jamais d'objection. Je suis prêt à souscrire à tout ce qu'il dit. Ça ne veut pas dire, que je pense la même chose de la même façon; mais là les différences sont très difficiles à déterminer: que signifie dans ce cas-là la différence d' idiome, de langue, d'Ecriture? J'ai essayé de poser un certain nombre de questions à Lévinas en le lisant, qu'il s'agisse de son rapport au logos grec, de sa stratégie, de sa pensée sur la féminité par exemple, mais ce qui se passe là n'est pas de l'ordre du désaccord ou de la distance. [...] j'ai souvent du mal à situer ces écarts autrement que comme des différences de 'signature', c'est-à-dire d'écriture, d'idiome, de manière de faire, d'histoire, d'inscriptions liée au bio-graphique, etc. Ce ne sont pas des différences philosophiques." [67]

Es kommt selten genug vor, daß die Namen Derrida und Levinas[68] - zumal in der deutschsprachigen Diskussion[69] - in einem Atemzug genannt werden.

---

[67] „Ich weiß nicht [...] angesichts eines Denkens wie dem von Levinas habe ich niemals einen Einwand. Ich bin bereit, alles zu unterschreiben, was er sagt. Das heißt nicht, daß ich dieselben Sachen in derselben Weise denke; doch die Unterschiede sind da sehr schwierig zu bestimmen: was bedeutet in diesem Fall der Unterschied im Idiom, in der Sprache in der Schrift? Ich habe versucht, während ich ihn las, Levinas eine gewisse Anzahl von Fragen zu stellen, was zum Beispiel seinen Bezug zum griechischen Logos, seine Strategie, sein Denken über die Weiblichkeit angeht; doch das, was dort geschieht, gehört nicht in den Bereich von Uneinigkeit oder Distanz [...] ich habe oft Schwierigkeiten, diese Abweichungen auf andere Weise zu beschreiben denn als Unterschiede der 'Signatur', das heißt des Schreibens, des Idioms, der Machart, der Geschichte, der bio-graphischen Einschreibungen etc. Dies sind keine philosophischen Unterschiede." J. Derrida in: J. Derrida et Pierre-Jean Labarrière, Altérités, Paris 1986, 74f, eigene Übersetzung.

[68] Geb. 6.1.1906 in Kaunas, Litauen, gest. 25.12.1995. Zu weiteren Lebensdaten siehe: *E. Levinas*, Die Zeit und der Andere, Hamburg 1984, 9 ff. Eine Kenntnis der fundamentalen Anliegen des Levinasschen Denkens kann innerhalb des beschränkten Rahmen dieser Arbeit nicht vermittelt werden. Als zuverlässige Darstellung soll hier auf die Arbeit von *S. Strasser*, Jenseits von Sein und Zeit, 1978 verwiesen werden. Als erste Einführung sei der knappe und dennoch minutiöse Nachvollzug der „Unruhe dieses Denkens" im Nachwort zur deutschen Ausgabe von „Die Zeit und der Andere" (von *L. Wenzler*) empfohlen sowie die umfassende Arbeit von *Th. Wiemer* zum zweiten Hauptwerk von Levinas Jenseits des Seins oder anders als Sein geschieht (Autrement qu'etre ou au-dela l'essence, La Haye 1974ff. Übersetzt von Th. Wiemer, Freiburg / München 1992), Passion des Sagens. Freiburg / München, 1988.

[69] In den USA untersucht *R. Bernasconi* bereits seit einiger Zeit das Verhältnis zwischen beiden Denkern. Vgl. „The Trace of Levinas in Derrida". In: Ders. / D. Wood (Ed.), Derrida and différance (1985) 13-29 und „Levinas and Derrida: The Question of the Closure of Metaphy-

Während Derrida konsequent dem Spektrum der sogenannten „Postmoderne“ zugeordnet und als solcher kritisiert wird, hat das Denken des jüdischen Philosophen E. Levinas stille und konzentrierte Aufnahme in der deutschen Religionsphilosophie gefunden, wo er nun seit mehr als fünfzehn Jahren gelesen, interpretiert und übersetzt wird.[70]

Vor dem Hintergrund solchermaßen abgetrennter Diskurse ist der wohlwollende und quasi subkutane Dialog zwischen den beiden Denkern hierzulande bisher kaum wahrgenommen worden. Hier soll nun behauptet und gezeigt werden, daß es eine subtile gegenseitige Beeinflussung zwischen beiden Denkern gab[71], die sich an ihren markantesten Punkten als Akzentverschiebung im Levinasschen Ansatz zwischen den beiden Hauptwerken *„Totalité et Infini“* und *„Autrement qu'être ou au-delà de l'essence“* bzw. als kontinuierliche Verstärkung eines ethischen Denkens bei Derrida manifestiert[72]. Dabei handelt

---

sics“ in: R.A. Cohen, Face to Face with Levinas, New York 1986, 181-202, sowie: Deconstruction and the Possibilities of Ethics“ in: John Sallis, Deconstruction and Philosophie. The Textes of Jacques Derrida, Chicago 1987, 122-139, dt. in: Frag-Mente 39 / 40 (1992), 231-147. Bernasconi weist darauf hin, daß Derrida bereits 1968 in einer Zusammenfassung des Différance-Essays im Bullettin de la Société Française ([63], 7) die Differenz der Levinasschen Irreduzibilität der Spur des Anderen zu den fünf prägenden Ursprüngen seines eigenen différance-Begriffs zählt (1985). Außerdem müssen hier die Arbeiten von *R.A. Cohen* (The privilege of reason and play. In: Tjidschrift voor Philosophie 45. 1983, 242-255'), *Sh. Wolosky* (Derrida, Jabès, Levinas: Sign-Theory as Ethical Discourse, in: Prooftexts. A Journal of Jewish Literary History, 2, 1982) und *E. Wyschogrod* (Derrida, Levinas and Violence, in: H. J. Silverman (Hg.): Derrida and Deconstruction, 182-200, 1989) erwähnt werden.

[70] Hier sind vor allem die Namen von *B. Casper* (1978 f), *L. Wenzler* (1979, 1988) und *Th. Wiemer* (1987) zu nennen, denen ein großer Anteil an der Entdeckung, Erklärung und Übersetzung Levinasschen Denkens für den deutschsprachigen Raum zu danken ist.

[71] Es soll hier vermerkt werden, daß die Übereinstimmung Derridas mit Levinas in seinen frühen wie auch wieder in den späteren Veröffentlichungen weit bestimmender ist als alles Trennende. *R. Bernet* schreibt im Vorwort zur deutschen Ausgabe von Husserls Weg in die Geschichte am Leitfaden der Geometrie (München 1987), 26: „Die innere Verwandtschaft zwischen den beiden Denkern kommt da am deutlichsten zum Ausdruck, wo Derrida die menschliche Verantwortung als eine Antwort auf einen fremden Anspruch bestimmt.“ Zur späten Wiederannäherung an Levinas vgl. auch *B. Waldenfels*, Phänomenologie in Frankreich, 546f. Von einer „beinahe Levinassche Wende“ bei J. Derrida zu einer „singulären Sensibilität für singuläre Fälle, die uns aufrufen, das richtige Wort auszusprechen und 'das Richtige' zu tun“ (H. de. Vries, Theologie im pianissimo & zwischen Rationalität und Dekosntruktion, Kampen 1989) kann man jedoch erst seit den späten achtziger Jahren sprechen.

[72] *S. Critchley* äußert in seiner interessanten Arbeit „The Ethics of Deconstruction. Derrida & Levinas“ (Cambridge, Mass., 1992), die detailgetreu bis zur Redundanz die Relation zwischen Derrida und Levinas nachzeichnet, für die *nordamerikanische* Diskussion die Vermutung, „daß einer der wichtigsten Gründe, warum Derridas Werk von seinen Kommentatoren nicht als ethische Anfrage *(demand)* gelesen wurde, in der Vermeidung oder im Ignorieren der neuen Ethikkonzeption liege, welche in Levinas Denken am Werk sei.“ (Ebd. 1). Für die deutsche Theologie müßte man eher formulieren: Der ethische Anspruch in *Derridas* Werk wurde wegen einer allzu starken Konzentration auf das *Levinassche* Apriori der Ethik übersehen. Eine Ausnahme bilden die Arbeiten von *W. Lesch* (1990 u. 1993). *A. Honneth* gesteht „Derridas Rückgriff auf Levinas' Ethik“ gar einen Schritt über die Diskursethik seines Lehrers

es sich vor allem um den Gedanken der Singularität einer Begegnung mit dem Anderen.
Levinas schreibt in seiner wenig umfangreichen, aber philosophisch sehr tiefgreifenden Stellungnahme „Tout autrement. Jacques Derrida“[73] 1976:

> „Der lächerliche Ehrgeiz, einen wahrhaftigen Philosophen zu ‘verbessern’, liegt sicher nicht in unserer Absicht. Ihn auf seinem eigenen Wege zu treffen, ist schon sehr viel, und vermutlich die einzige Art von Begegnung in der Philosophie. Indem wir die erstrangige Bedeutung der von Derrida gestellten Fragen unterstrichen, wollten wir unsere Freude über einen Kontakt im Herzen eines Chiasmus ausdrücken.“[74]

Dies soll auch das Anliegen dieses Kapitels zum schweigsamen Dialog zwischen Levinas und Derrida sein: zu zeigen, wie sie sich auf dem Weg ihres Philosophierens an einigen wesentlichen Punkten begegnen.

1. Erste Begegnung: Violence et Métaphysique

Die Aufsatzsammlung „Die Schrift und die Differenz“ enthält mit dem Essay „Gewalt und Metaphysik“[75] eine sehr ausführliche Analyse von E. Levinas’ frühem Hauptwerk *„Totalité et Infini. Essai sur l’ extériorité“*[76]. In einer schier endlosen, bisweilen fast ermüdenden Kreisbewegung wird dem Leser dieses Essays das frühe Denken des jüdischen Philosophen gleichzeitig anvertraut und entfremdet[77]. Wie in allen Arbeiten Derridas handelt es sich also auch bei seiner dritten Veröffentlichung nicht um die „Kritik“ eines anderen

---

Habermas hinaus zu: „Erst in den ethischen Überlegungen, die Jacques Derrida in jüngster Zeit im Rückgriff auf das Werk von Emmanuel Levinas angestellt hat, gelangen moralische Gesichtspunkte zur Geltung, die den Denkhorizont der Diskursethik sprengen; sein Beitrag zu einer postmodernen Ethik [...] macht an der moralischen Verantwortung für den konkreten Anderen eine Perspektive fest, die nicht in Übereinstimmung mit, sondern in Spannung zur Idee der Gleichbehandlung steht.“ Das Andere der Gerechtigkeit. Habermas und die ethische Herausforderung der Postmoderne, Deutsche Zeitschrift für Philosophie 42 (1994), 195-220, hier 196f.

[73] In: Noms Propres, Montpellier, 1976, 81-89. Dt. in: Eigennamen, a.a.O., 67-76.

[74] Eigennamen, a.a.O., 76.

[75] Schrift 121-235 / *Écriture, 117-.228.* Zuerst veröffentlicht in: Revue de métaphysique et de morale. 1964, Nr. 3 und 4. - *S. Critchley* weist darauf hin, daß es sich bei der Arbeit Derridas um die einzige ausführliche Interpretation des Levinasschen Werkes in den sechziger Jahren handelte, weshalb sie die französische Rezeption des Werkes von Levinas ebenso beeinflußt habe wie die englischsprachige (S. Chritchley a.a.O., 11).

[76] La Haye, Nijhoff 1961, [8]1988. Wo nicht anders vermerkt wird im folgenden aus der deutschen Übersetzung (Freiburg / München 1987) zitiert („Totalität“).

[77] *R. Bernasconi* spricht hier von einer „doppelten Strategie“, aufgrund derer Derrida bei seiner Dekonstruktion des Levinasschen Textes „auf [die] Notwendigkeit, sich selbst in der traditionellen Konzeptualität zu situieren mit dem Ziel, sie zu zerstören“, hinweist. The Trace of Levinas in Derrida, a.a.O., 17.

Denkens, sondern um seine *Dekonstruktion*[78], um das Aufzeigen seiner Grenzen und Inkonsistenzen. Sie hat dabei gleichzeitig die Form einer Würdigung. Phasenweise scheint es, als wolle Derrida Levinas zu „sich selbst" bringen, und das hieße hier: ihn an seine eigenen Prämissen erinnern und ihn somit vor den Fehlern ontologischen Denkens bewahren, gegen die sich seine eigene profunde Kritik an anderer Stelle gerade richtet. Im folgenden sollen einige dekonstruktive Denkbewegungen in diesem Text nachvollzogen werden:

Zentrales Anliegen der Arbeit von Levinas ist es, die Dominanz der ontologischen Tradition[79] zugunsten eines Denkens des ethischen Apriori zu brechen. Er selbst versteht diesen Prozeß als Plädoyer *für* Moral *gegen* eine bestimmte Politik, *für* ein Denken der Metaphysik des Anderen, der Transzendenz, und *gegen* ein Denken der Totalität, der Immanenz. Genau an diesem Bemühen, die griechische Linie der abendländischen Tradition als identifizierend[80] zu verwerfen, setzen Derridas beharrlich kommentierenden Überlegungen an. Er zeigt auf, inwiefern auch noch Levinas' Denken Teil dieser Ontologie ist: insofern nämlich, als es sich weiterhin der dualistischen Entgegensetzung ebenso zu bedienen scheint wie der Technik der Privilegierung einer Seite.[81]

Obwohl Levinas im Rahmen dieser binären Gegenüberstellung Metaphysik und Transzendenz zunächst als Fülle, als Positivität bestimmt, das heißt ohne Bezug zu ihrem Gegenüber, der Totalität, der herrschaftlichen Gewalt, entdeckt Derrida in dessen *Methodik* aber auch Aspekte einer Negativität[82], eines

---

[78] Daß dies gilt, obwohl Derrida diesen Begriff zur Zeit der ersten Veröffentlichung des Artikels noch nicht entwickelt hatte - er tauchte zum ersten Mal in De la Grammatologie, 279 auf -, sollen die folgenden Ausführungen zeigen.

[79] Der Begriff „Ontologie" übernimmt in seinem Denken also etwa die Rolle, welche für Heidegger die „Metaphysik" spielt.

[80] „Identifizierende Wahrnehmung" meint in diesem Kontext Wahrnehmung des Anderen durch Einzwängen in vom Ich entworfene Kategorien und vereinheitlichende Begriffe, systematische Ordnungen oder Weltbilder.

[81] Totalität, 10, 13, 16, Levinas ist sich dabei durchaus bewußt, daß er damit die metaphysischen Privilegierungen einfach vertauscht. Prägnant formuliert er: „Das *Sein* vor dem Seienden, die Ontologie vor der Metaphysik - das ist die Freiheit (sei sie auch die der Theorie) vor der Gerechtigkeit. Es ist dies eine Bewegung im Selben, die der Verpflichtung gegenüber dem Anderen vorangeht. *Man muß die Termini untereinander austauschen.*" Totalität, 17. (Hervorh. v. Verf.) Im Vorwort zur deutschen Ausgabe von Totalität (1980, 8) bemerkt Levinas dann selbst: "'Autrement qu'être ou au-delà de l'essence' vermeidet bereits die ontologische - oder genauer eidetische - Sprache, auf die sich 'Totalité et Infini' noch durchwegs beruft [...]."

[82] „Man könnte zweifellos zeigen, daß das Eigentümliche des Levinasschen Schreibens *(écriture)* in ihren entscheidenden Momenten darin besteht, sich entlang dieser Sprünge (der philosophischen Tradition, wo sie auf die 'undenkbare Wahrheit der lebendigen Erfahrung stößt' J.V.) zu bewegen, indem sie meisterhaft mit Hilfe von Negationen voranschreitet und Negation gegen Negation setzt." Schrift, 139 / *Écriture, 134f.*

sich Abstoßens von oppositionalen Begriffen. Ein Verfahren, das auf Levinas' Sensibilität für die Inkonsistenz *jeder* in sich schlüssig erscheinenden Theorie schließen läßt, die sich auf die gründende Konsistenz *eines* Ursprungs beruft. Derrida würdigt in diesem Verfahren der Differenz zwischen Präsenz und Absenz des Anderen, daß es die Spannung zwischen den Differenzen wahrt, was Levinas an anderer Stelle vermissen läßt (s.o.), und gemahnt Levinas an dieses ihm ureigene Prinzip des Denkens, in dem er sich von Husserls Subjektdenken ebenso absetzt wie von Heideggers Denken des Seins.

Levinas' entscheidender Gedanke wäre also die radikale Differenz, die nicht identifizierbare Andersheit des Anderen, der weder bloße Negation des Selbst sein kann, noch als Seiendes vom Sein beherrscht wird. Wird jedoch der Andere, wie von Levinas als unendlich Anderer des Selben, das heißt ohne Verflochtenheit mit dem Sein oder Bezug zum Selben gedacht, so steht diese Relation immer in Gefahr, sich (unausgesprochen) erneut in die metaphysische Kette der Dualismen einzuschreiben. [83]

Nach Derridas Ansicht läge eine Möglichkeit, ein solches Mißverständnis auszuschließen, darin, den „unendlich Anderen" - den Gedanken der Unendlichkeit und letztlich auch Gottes - gegen die vorherrschenden (neu-) scholastischen Interpretationen von dessen hebräisch-messianischen Wurzeln her anders, nämlich geschichtlich, und das heißt *diachron* zu denken. Derrida erkennt in Levinas' Ansatz richtig den „Bruch *(rupture)* des Logos", der als Verletzung und Eingebung „jeden Logos und jeden Rationalismus ermöglicht"[84] und in einem quasi axiomatischen Anfang den Primat der Ethik *a*logisch, das heißt von einem Ort *außerhalb* der Logik, „begründet". Jene Begegnung wird bei Levinas im Terminus des *Antlitzes (visage)* gefaßt. Es kommt aus einem Bereich, den man eher „ethische Praxis" nennen möchte.

> „Hinter dem Zeichen zu sein, das in der Welt ist, heißt weiter in der Epiphanie unsichtbar für die Welt zu bleiben. Im Antlitz *(dans le visage)* teilt sich der Andere leibhaftig als Anderer mit, das heißt als das, was sich nicht offenbart, als das, was sich nicht thematisieren läßt. Ich kann unter keinen Umständen über den Fremden reden, ein Thema aus ihm machen, ihn im Akkusativ als Gegenstand bezeichnen. Ich kann allein, ich darf einzig und allein zum Fremden sprechen, ihn im Vokativ anrufen, der keine Kategorie und kein Kasus der Sprache ist, sondern das Hervortreten *(surgissement)*, die Erhöhung *(l'élévation)* der

---

[83] „Es handelt sich nicht darum, nur das *Entgegengesetzte (le contraire)* [einer bestimmten Evidenz, Anm. d.Verf.] zu denken, das immer noch ihr Komplize ist, sondern sein Denken und seine Sprache für die Begegnung *jenseits der klassischen Alternative freizumachen.*" Schrift, 146 / *Écriture, 141* (letzte Hervorh. v. Verf.)

[84] Schrift, 150 / *Écriture, 145.*

Sprache selbst [...]. Er muß sich als Abwesenheit darstellen und als Nicht-Phänomenalität erscheinen.“[85]

Der Anspruch des Anderen „du wirst mich nicht töten“, der im Levinasschen Werk die ethische Qualität dieser fundamentalen (Nicht-)Relation zum anderen Menschen signalisiert, bedeutet keine Drohung, die notfalls gewaltsam durchgesetzt werden kann. Sie wird auch nicht von einem ontologisch deduzierbaren Anspruch begleitet, sondern resultiert aus der Forderung nach *Anerkennung* seiner Andersheit, die nur die phänomenale Wahrnehmung der *Unendlichkeit des Anderen selbst* gewährleisten kann. Das tatsächliche Stattfinden dieser Anerkennung kann vom Antlitz alleine nicht garantiert werden, denn seine theoretische wie praktische Gewaltlosigkeit ist nach Levinas ja gerade eines der Hinweise auf seine unendliche Andersheit. Deshalb kann die *Levinassche* Ethik den tatsächlichen ungehemmten Ausbruch von Gewalt im Krieg ebensowenig verhindern wie irgendeine andere. Der Anspruch „Du wirst mich nicht töten“, der sich im Antlitz des Anderen manifestiert, kann also ohne weiteres negiert werden, eine Negierung, die immer wieder den Krieg hervorruft[86]. Derrida weist hier darauf hin, daß Gott, auch wenn Levinas versucht, ihn als sanftes „Unendliches“ gegen die gewaltsame „Totalität“ abzusetzen, in einem monistischen System gleichzeitig als Möglichkeitsbedingung des Kriegs *und* des Friedens „eine Funktion im System des Krieges“ werden kann. In Gott, insofern er bei Levinas gerade *nicht* wehrloses Antlitz ist, sondern als oberstes Prinzip jenseits der totalen Gewalt steht, wird erst die Möglichkeit des Friedens sichtbar.[87] Unter der Voraussetzung, daß der unendliche Andere *so,* als Gott, gedacht wird, ließe er sich also nicht mit einer radikalen (unendlichen) Andersheit des konkreten, nackten Antlitzes verbinden, sondern stellte eine *Unendlichkeit* dar, die aus der Andersheit *als unendlicher* auf dem Wege einer rein begrifflichen *Abstraktion* und nicht auf dem Wege der konkreten zwischenmenschlichen *Begegnung* gewonnen würde. Diesem ethischen Apriori wäre die Begegnung mit dem Anderen nachgeordnet:

---

[85] Schrift, 158 / *Écriture, 152f* (Übersetzung geändert).

[86] *Totalité et Infini* hebt an mit einer Phänomenologie des Krieges, die deutlich macht, wie sehr seine Vermeidung (im doppelten Sinne des Wortes: seine *Vernichtung* als Phänomen und seine *Verdrängung* aus dem eigenen Denken) zentrales Anliegen Levinasschen Denkens sein muß: „Der Krieg zeigt nicht die Exteriorität und das Andere als anders; er zerstört die Identität des Selben.“ Totalität, X.

[87] „Das Unendliche [...] kann nicht wie die Totalität [...] gewaltsam sein. Deshalb verhindert Gott allein, daß die Welt von Levinas die der schlimmsten und reinsten Gewalt, die Welt der reinen Immoralität ist. Die Strukturen der lebendigen und nackten Erfahrungen, die Levinas beschreibt, sind die einer Welt, in der Krieg wüten würde - eigentümlicher Konditionalis -, wäre das unendlich Andere nicht das Unendliche, wäre es zufällig ein nackter, endlicher und einsamer Mensch.“ Schrift, 163 / *Écriture, 158.*

„Das Von-Angesicht-zu-Angesicht *(face-à-face)* ist daher für Levinas ursprünglich nicht als das Gegenüber *(vis-à-vis)* zweier gleicher und aufrechter Menschen bestimmt. Letzteres setzt das Von-Angesicht-zu-Angesicht des den Nacken beugenden und die Augen in *(vers)* Gotteshöhe erhebenden Menschen voraus."[88]

Als ontologisch kritisiert Derrida an diesem Denken die Fiktion, jene Unendlichkeit, die sich zwischen dem Selben und dem Anderen, zwischen *Totalité et Infini* auftut, als unabhängig, als unbefleckt vom Prozeß einer sich immerfort selbst verwischenden Spur denken zu können. Tatsächlich kann die Unendlichkeit nur als Phänomen der *Differenz* zwischen Selbem und Anderem gedacht werden; sie erscheint nicht als Gegenwart, sondern im Antlitz als Spur einer Vergangenheit, „die niemals gegenwärtig war"[89]. Indem dieser Levinassche Gedanke einer nichtidentifizierbaren Zeit des Anderen hier gegen eine monistische Konstruktion der unendlichen Andersheit ins Spiel gebracht wird, konfrontiert Derrida Levinas erneut lediglich mit seinem eigenen Denken. Er wird hier als gegen seine eigene positive Setzung des Unendlichen denkend und damit im Sinne einer impliziten „Negativen Theologie" gelesen. Sein Begriff des Unendlichen als Spur macht qua Ontologiekritik ein Denken des Unendlichen als Präsenz ebenso unmöglich wie als Absenz: „Das Denken Levinas' steht zwischen diesen beiden Setzungen."[90]

Wenn Levinas auch auf einer Trennung zwischen seinen philosophischen und talmudisch-jüdischen Texten besteht, so scheint mir doch an dieser Stelle ein klassisch jüdisches Konzept vom Erscheinen Gottes in der Welt auf der Schwelle von An- und Abwesenheit, von Ver- und Enthüllung, indiziert von der Erfahrung einer theoretisch nicht angemessen erfaßbaren Begegnung mit dem anderen Menschen, ja, mit dem Anderen in einem noch weiteren (Derridaschen) Sinne, im Hintergrund zu stehen. Derrida umgeht diese theologische Wendung nicht, sondern fordert sie in seiner Lektüre geradezu heraus.

Indem er Levinas' Denken der Spur an dieser Stelle weiterführt und in sein eigenes Denken aufnimmt[91], wendet er es gegen die Konzentration des frühene Levinas auf das gesprochenen Wort. Auch dies geschieht im Rahmen eines Plädoyers für ein hebräisches Denken, in einer direkten Konfrontation Levinas' mit seinen eigenen Texten, genauer seiner philosophischen Arbeit mit

---

[88] Schrift, 164 / *Écriture, 158*. Die adversative Bedeutung des frz. „*vers*" verschwindet in der deutschen Übersetzung.

[89] Vgl. dazu *E. Levinas*, Jenseits des Seins oder anders als Sein geschieht, a.a.O., 200f u. 232.

[90] Schrift, 165 / *Écriture, 159*.

[91] Vgl. die Ausführungen zum Begriff der *Spur* im ersten Teil dieser Arbeit.

der explizit jüdisch-religionsphilosophischen Textsammlung „Difficile Liberté“[92]:

> „Wie könnte das hebräische Denken *(hébraïsme)* übrigens, auf das Levinas eine so gelungene Lobrede *(éloge)* schreibt, das Schriftzeichen erniedrigen? Beispielsweise: 'Die Wirkung der Literatur auf die Menschen zuzulassen, das ist vielleicht die höchste Weisheit des Abendlandes, in der sich das Volk der Bibel wiedererkennt' (DL). Und: 'Der Geist ist in den Schriftzeichen frei, wogegen er in der Wurzel gekettet ist'; weiter: 'Die Thora mehr als Gott zu lieben' ist 'ein Schutz vor dem Wahnsinn eines direkten Kontaktes mit dem Heiligen ...' (DL).“[93]

Alle Analysen Derridas laufen hier also auf die Frage nach der Ursprünglichkeit des Unendlichen hinaus, genauer auf die Frage, ob nicht *jede* Privilegierung eines vom „Spiel der Welt“ völlig unabhängigen Unendlichen letztlich doch zu einem Vorbeischauen an den *konkreten* Leiden der vielen Menschen verleiten kann oder sogar muß. Immer wieder - auch in diesem Augenblick - wird im Namen des Unendlichen Krieg gegen die vielen endlichen Gesichter Gottes geführt. Fundiert nur das Unendliche die Möglichkeit, den Anderen in seiner radikalen Andersheit zu achten, läßt sich das Angesicht Gottes jenseits aller Relativierungen als „totale Person und totale Präsenz des Ewigen“ treffend beschreiben, so ist damit auch der absoluten Legitimation des Krieges im Namen Gottes Tür und Tor geöffnet.

Derrida löst die von ihm formulierte Alternative, die er zunächst gewaltsam an das Denken Levinas' heranzutragen scheint, konsequent zugunsten einer - der Theorie nur bedingt zugänglichen - „Unentscheidbarkeit der Verweisungen“ auf[94]. Er beharrt auf der Unmöglichkeit, jenes „Spiel der Welt“ gedanklich zu transzendieren, das der „Ekzendenz“ zum unendlich Anderen immer schon vorausgehe. Für ihn gilt nicht, daß der Mensch „ein zu früh gekommener Gott“[95] sei; sondern er besteht mit Edmond Jabès auf der Irreduzibilität der einzelnen Anderen: „Alle Gesichter sind das Seine; deshalb hat ER kein Gesicht“[96]. *Diese* Alternative ließ Levinas unerwähnt, da er einerseits der Versuchung einer Metaphysik entkommen mußte, die durch Identifizierung des Ich mit dem Sein die Andersheit des Anderen nicht erkennt, sie verschlingt und tötet, andererseits in *Totalité et Infini* noch an einer *Theorie* der Ethik festhal-

---

[92] *E. Levinas*, Difficile Liberté. Essais sur le Judaïsme. Paris 1963. (Dt.: Schwierige Freiheit, a.a.O., im Zitat: „DL“).

[93] Schrift, 157 / *Écriture, 151*. (Übersetzung geändert).

[94] Ebd.

[95] Ebd.

[96] *E. Jabès*, Das Buch der Fragen (Le Livre des questions), zit. nach Schrift, 166.

ten wollte, die den radikalen Anspruch von einem *Außerhalb* der Begegnung her begründet.

Die hier skizzierte Frontstellung zwischen Derrida und Levinas entpuppt sich bei genauerem Hinsehen als Ergebnis zweier zunächst vollkommen unterschiedlicher Grundentscheidungen: Indem der frühe Levinas Sprache primär als *gesprochene* Sprache versteht und damit im Idealbild des Antlitzes konsequent dem Ideal der Ursprünglichkeit und Lebendigkeit der Intention verhaftet zu bleiben scheint[97], begreift Derrida Sprache als Phänomen der endlosen Differenzierung, also in ihrer konfliktiven Materialität. Edith Wyschogrod hat jedoch bereits 1989 in einer überaus differenzierten Arbeit auf die große Ähnlichkeit zwischen den Begriffen *„visage"* (Levinas) und *„différance"* (Derrida) hingewiesen, auf die sich Derrida hier letztlich (gegen und mit Levinas) beruft. Eine Ähnlichkeit, die darin besteht, daß beide, sprechend/schweigendes Antlitz und Schrift *„the absence of an origin"*[98] bezeichnen. Auch das Antlitz verweist nämlich das egozentrische Selbst immer wieder auf den Anderen, in dessen Anblick es niemals zur Ruhe kommen kann wie in einem absolute Ruhe und Sicherheit garantierenden Ursprung.

Aufgrund der genannten Vorentscheidung Derridas zeigt sich die Spur vornehmlich in der unter den Zeichen herrschenden Gewalt der sich voneinander unterscheidenden Zeichen. In der Auseinandersetzung mit Levinas wird die Gewaltsamkeit dieses „Krieges in der Sprache" (gleichzeitig ein Verweis auf die *différance*) besonders hervorgehoben und in einem gewagten Überstieg zum Ursprungsort jeder Gewalt erklärt. Dieser Ort kann in einem doppelten Sinne ebensowenig festgestellt werden wie das sich hier abspielende Geschehen. Eine Leugnung der Ursprünglichkeit *dieser* Gewalt macht eine Anerkennung des Andern unmöglich. Ein Streben nach Gerechtigkeit ist also nur unter der Maßgabe der *Anerkennung* einer gründenen Gewalt möglich; eine Feststellung, die gleichzeitig vor jenem Pazifismus warnt, der, unfähig, Gewalt zu beschreiben und zu analysieren, ihre Bekämpfung vergeblich unternimmt.[99]

> „Der Frieden ist, wie das Schweigen, die eigentümliche *(étrange)* Vokation einer durch sich außer sich gerufenen Sprache. Aber wie das *endliche* Schweigen zugleich das Element der Gewalt ist, kann auch die Sprache immer nur unentwegt

---

[97] *E. Wyschogrod*, Derrida, Levinas, and Violence, in: H. J. Silverman, Derrida and Deconstruction, New York, 182-200. Bereits zu diesem Zeitpunkt nahm E. Wyschogrod auch den verborgenen ethischen Anspruch des Derridaschen Denkens wahr.

[98] Ebd. 192.

[99] Ausführlicher hat sich Derrida mit der gründenden Gewalt beschäftigt in: Force de loi. Le 'fondement mystique de l'autorité'. Zuerst in englischer Übersetzung in: Deconstruction and the Posibility of Justice. Cardozo Law Review, Vol. 11, July August 1990, Numbers 5-6, New York 1990.

nach der Gerechtigkeit streben, indem sie den Krieg in sich selbst anerkennt und praktiziert."[100]

Die Tatsache, daß Levinas die Erfahrung dieser Gewalt nicht einfach analysiert, sondern durch das Postulat eines Unendlichen zu unterbauen scheint, damit zugleich dessen Anarchie unterläuft und zum Stillstand bringt, stellt für Derrida letztlich einen Hinweis auf die „zweideutige Komplizenschaft von Theologie und Metaphysik in *Totalité et Infini*" dar. An anderer Stelle zeigt er jedoch, daß auch im Levinasschen Begriff des Anderen ein Moment der nichtmetaphysischen Gewalt verborgen ist: Wenn der Andere die in die Gegenwärtigkeit verliebte Zeitlichkeit des Selbst auf eine unvordenkliche Vergangenheit hin aufsprengt, so hat man sich dies nicht als gewaltlosen Vorgang vorzustellen.[101]

In unserem Zusammenhang soll auf den bei Derrida zugegebendermaßen nur angedeuteten Entwurf dessen hingewiesen werden, was an der Rede von „Gott" einer dekonstruierenden Lektüre entgehen könnte: Wenn die Spur auf etwas verweist, das nicht gegenwärtig, aber auch nicht vollkommen abwesend genannt werden kann, so verweist sie auf den Rand der sprachlichen Möglichkeiten und fordert gleichzeitig den Schluß heraus, was nicht ausgesprochen werden könne, existiere nicht.

> „Wir befinden uns 'in der Spur Gottes'; diese Aussage läuft Gefahr, mit jeder Anspielung auf 'die Anwesenheit von Gott selbst' unvereinbar *(incompatible)* zu sein. Sie ist eine Aussage, die nahe daran ist, in einen Atheismus umzuschlagen *(convertir)*: wenn Gott zum Beispiel ein *Effekt der Spur* wäre? Wenn die Idee der göttlichen Anwesenheit (Leben, Existenz, Parusia usf.), wenn der Name Gottes lediglich die Bewegung der Tilgung *(d'effacement)* der Spur in der Anwesenheit wäre?"[102]

Auf einen Gott wird hier verwiesen, der anwesend *in* der unendlichen Vielfalt der Gesichter, Bilder, Texte, Vorstellungen, Hoffnungen, Sehnsüchte, doch niemals auf *eine* alles beschreibende, abstrakte Formel gebracht werden kann. Niemals wäre ein solcher Gott als „Totalität" im Levinasschen Sinne anwesend, aber auch niemals gänzlich abwesend[103]. Irgendeine differentielle oder

---

[100] Schrift, 178 / *Écriture, 172, eigene Übersetzung*. Dieser Gedanke wird später noch einmal deutlicher formuliert: „Eine Sprache, die sich ohne die geringste Gewalt hervorbrächte, würde nichts de-terminieren, nichts nennen und dem Andern nichts bieten; sie wäre nicht *Geschichte* und *zeigte* nichts [...]." Schrift, 225 / *Écriture, 218*.

[101] Schrift, 201.

[102] Schrift, 165 / *Écriture, 160*.

[103] Das hier von Derrida angezielte Phänomen beschreibt Levinas an anderer Stelle mit einer Husserlschen Formulierung als neues Moment „an der ganz modernen Philosophie [...], daß das Menschliche nicht das Wissen über Gott ist, sondern der Ort, wo das Göttliche wirkt, wo Gott lebt. Also eine immanente Transzendenz." Intention, Ereignis und der Andere. Gespräch zwischen E. Levinas und Chr.v. Wolzogen, in: *E. Levinas*, Humanismus des anderen Men-

identifizierende Beziehung eines jeden Textes oder Gespräches verwiese stets auf Gott, doch in keiner wäre er ganz erfaßt. Wie jeder Begriff, jede Bedeutung existierte er nirgendwo abgelöst von der Vielfalt der Bezüge, Beziehungen, und das heißt für Derrida zuallererst: der zeichenproduzierenden *différance*. Der Gedanke einer „endgültigen" Offenbarung Gottes ließe sich nach Derrida nur als Folge jener Sehnsucht nach ungeschichtlicher Einheit verstehen, die er - wenn nicht ironisch gebrochen - als metaphysisch entlarvt hat, da sie sich der Kontingenz zu entziehen versucht.

> „Wenn Gott [...] nichts Bestimmtes ist, kein Lebendiges, weil er alles ist, heißt das nicht, daß er gleichzeitig das Ganze und das Nichts, Leben und Tod ist? Das bedeutet, daß Gott in der Differenz zwischen Allem und Nichts, Leben und Tod usw. ist, erscheint oder *benannt wird*. In der Differenz, und im Grunde als die Differenz selbst. Diese Differenz ist das was man Geschichte nennt. Gott ist in ihr eingeschrieben."[104]

2. Zweite Begegnung: Tout Autrement

Der kleine Text „Tout Autrement. Jacques Derrida" von E. Levinas, der 1976 in der Textsammlung „Noms Propres" erschien, fällt in eine Zeit, in der Derrida in Frankreich außerhalb eines relativ kleinen Kreises von Freunden nicht gelesen wird. Auf den ersten Blick scheint es sich um eine Gelegenheitsarbeit zu handeln, um die nebenbei geschriebene Würdigung eines benachbarten Denkens. Dies trifft auch über weite Strecken zu. Hier soll nun aber nach möglichen Reaktionen auf die dekonstruktive Lektüre in *„Violence et Métaphysique"* gefahndet und ein Blick auf den Entwurf einer Relation zwischen beiden Denkansätzen von der Seite Levinas' geworfen werden.

Zunächst geht Levinas in seiner ersten Reaktion auf den frühen Derrida-Text mehr als zehn Jahre nach dessen Erstveröffentlichung überhaupt nicht ein. Vielmehr erwähnt er mehrfach lobend die inzwischen erschienene Arbeit *La voix et le phénomène* und nimmt damit auf die Phänomenologie Husserls Bezug, neben dem Judentum *die* gemeinsame Quelle der beiden Denker[105].

Wir haben hier zudem eine sehr frühe Würdigung Derridas als Denker einer *Ethik* vor uns. Levinas versteht dessen Dekonstruktion der Metaphysik als eine mögliche Version seines eigenen Anliegens, „die Ontologie umzusto-

---

schen, Hamburg 1989, 131-150, hier 139f.

[104] Schrift, 176 / *Écriture, 170.*

[105] „In *'Die Stimme und das Phänomen'*, einem Text, der den logozentrischen Diskurs umstößt, gibt es nicht einen überflüssigen Teil eines Satzes. Eine wunderbare Strenge, die zweifellos in der phänomenologischen Schule erworben wurde, durch extreme Aufmerksamkeit auf Husserls diskrete Gesten, Heideggers ausladende Bewegungen, jedoch im Geist eines Fortsetzers und mit vollendeter Meisterschaft ausgeübt." Eigennamen, 67f.

ßen". Er erkennt in Derridas Kritik der Präsenz, des Selbstbewußtseins, der „Sicherheit der Völker Europas hinter ihren Grenzen und Häusermauern, die ihr Eigentum versichert haben"[106] das Ende jeder möglichen Vollendung, jeder Sicherheit des Denkens, jedes Materialismus und Idealismus und damit auch einer *„messianischen Zukunft"*.

Levinas paraphrasiert den Mechanismus der Dekonstruktion, jedoch nicht, ohne kritisch auf jene altbekannte Aporie hinzuweisen, der auch das Derridasche Denken erliegen müßte, verstünde man es als radikalen Skeptizismus, der sich im Leugnen der Möglichkeit wahrer Aussagen die Grundlage des eigenen Wahrheitsanspruchs entzieht. Das Derridasche Denken als Totalitätskritik, als Ethik im Sinne Levinas' - und das heißt hier zuerst: als *Verweis auf eine Praxis*, die von der Theorie nicht bis zum Letzten eingeholt werden kann - zu lesen, heißt aber gleichzeitig, ein differenzierteres Konzept von *Wahrheit* zu entwickeln und damit dem Skeptizismusvorwurf zu entkommen.

Levinas unterscheidet hier wie später in *Autrement qu'être ou au-delà de l'essence* zwischen der vollzogenen, objektivierenden und objektivierbaren Rede, „Dit", und dem noch wortlosen, alle Thematisierungen und Kommunikation erst ermöglichenden Sich-Bedeuten und Mir-Bedeuten des Antlitzes, „Dire". So, wie die Ontologie im Levinasschen Denken von der Ethik bedingt wird, so hängt das Dit vom Dire ab. Der Impuls eines Sich-Entscheidens, einer Umkehrung der Vorzeichen zwischen Ontologie und Ethik, wie er von Derrida kritisiert wurde, wird jedoch aufgegeben. Dire und Dit befinden sich in einem fragilen Gleichgewicht[107]. Damit wird ein dem *différance*-Konzept sehr ähnliches Denkmodell sichtbar: Levinas spricht von einem „Fehlen der Gleichzeitigkeit", einer „Diachronie des Unvereinbaren"[108] - all das Versuche, eine Relation auszudrücken, ohne die klassischen Modelle der Analogie, der idealen Repräsentation oder der Dialektik zu bemühen. Es scheint, als reflektiere Levinas in dieser sehr freien Paraphrasierung des Derridaschen Modells einer Dekonstruktion einen Neuentwurf der eigenen Philosophie, der wenig später dann in ausgearbeiteter Form in *Autrement qu'être ou au-delà de l'essence* vorliegt.

---

[106] Ebd., 69.

[107] „Das Ausgesagte vermag das zu Sagende, vermag seine Herkunft aus unbedingtem Anspruch nicht erschöpfend zu übersetzen. Dennoch ist diesem Anspruch die unzureichende und seiner Unvordenklichkeit widersprechende Übersetzung in die thematisierende Rede notwendig. [...] Deshalb braucht es Thematisierung, Bewußtwerdung, Bewußtsein überhaupt und braucht es letztlich auch den philosophischen Diskurs." *Th. Wiemer*, Passion des Sagens, a.a.O., 78.

[108] Eigennamen, 72.

Doch zurück zur Frage nach Wahrheit und ethischer Praxis: Wenn in jedem konkreten Vollzug der Sprache ein Moment der Ungleichzeitigkeit, des Transzendenten aufscheint, der Verpflichtung gegenüber dem Anderen, an den ich mich notwendig richte, und wenn andererseits diese Transzendenz, die jeden Diskurs letztlich begründet, jeder einzelnen Aussage, jedem „Dit", vorausgeht, gleichzeitig gerade der konkreten, endlichen und damit immer auch verfehlten Objektivierung des Anderen in der konkreten Aussage *bedarf*, um aufzuscheinen[109], dann kann man wohl zu Recht davon sprechen, daß die von Derrida geforderte Abschwächung der „Unendlichkeit des Anderen" (s.o.) hier eingelöst wurde. Es ist offensichtlich, daß damit jener nimmermüde Verweis Derridas auf die Endlichkeit eines jeden konkreten Antlitzes, den er bei Levinas bereits vorgefunden, auf den er ihn in *Violence et Métaphysique* jedoch neu verpflichtet hat, von nun an ein wesentliches Ferment des Levinasschen Denkens darstellt[110]. Das Sich-Halten in dieser Spannung bedeutet gleichzeitig die Anerkennung der philosophischen Tradition wie ihre fundamentalste Kritik. Damit wird - Levinas deutet das hier nur kurz an - die Suche nach der Wahrheit ebenfalls auf ein *Jenseits* der identifizierenden Dualismen verwiesen. Sie hat keinen Ort mehr, an dem sie in einem jederzeit identisch wiederholbaren Diskurs aufgesucht werden könnte, sondern muß in einer unmöglichen Gleichzeitigkeit, in der Begegnung mit dem konkreten Andern sich ereignen.

> „Die Wahrheit aller Wahrheiten wäre demnach also nicht mehr in einem Moment zu vereinigen, noch in einer Synthese, in der die angebliche Bewegung der Dialektik zur Ruhe käme. Sie liegt im Gesagten und im Widerruf und im Anders gesagt: Regression, Reduktion - das ist die Geschichte der Philosophie, bzw. ihre Vorbedingung." [111]

Ein zweiter im Werk Levinas' weniger auffallender und dennoch für sein Denken unverzichtbarer Gedanke gewinnt im Kontext seiner Arbeit über Derrida an Konturen: der in seinem Kern metaphysikkritische Gedanke einer *creatio ex nihilo*. Für Levinas impliziert der Schöpfungsgedanke weder eine vom Gegebenen ausgehende Rückwendung zu einer *causa prima* alles Seienden, noch den von der Gegenwart her gedachten Rückgang auf einen Anfang

---

[109] Genauer scheint nun auch für Levinas, dem die Sprache als materiale Bedingung der Begegnung mit dem Anderen zunehmend wichtig geworden ist, Bedeutungskonstitution und Verstehen erst in der Differenz (zwischen Dire und Dit) möglich zu sein. „Das Gesagte wird in der Korrelation zwischen dem Sagen und dem Gesagten verstehbar als Noema eines intentionalen Aktes, die Sprache verkürzt sich zu Denken, zu Denken, das das Sprechen bedingt, zu Denken, das sich im Gesagten als Akt zeigt, der durch ein Subjekt getragen ist [...]." Jenseits des Seins, 112.

[110] Vgl. Jenseits des Seins, 90ff, 109ff, u.ö.

[111] Eigennamen, 72.

der Zeit. Levinas meint mit Schöpfung die Tatsache einer unableitbaren Vorfindlichkeit des „Moi“ in einem Diesseits, das fundamental durch das Ausgeliefertsein an den Anderen gekennzeichnet ist. Eine umfassende *Rekonstruktion* dieses Geschehens der Ich-Konstitution etwa in einer Theorie oder einem Mythos käme einer (ontologischen) Herrschaft des (denkenden) Ichs über die Begegnung mit dem Anderen gleich. Aus Gründen der Totalitätskritik muß dem Ich sein eigener Ursprung fundamental entzogen bleiben. Levinas spricht darum von „creatio *ex nihilo*“, weil Schöpfer und Geschöpf durch die Grenze zwischen Endlichkeit und Unendlichkeit getrennt sind. Daher begründet sich auch die Rede von der *Anarchie*[112], der Ursprungs- und Herrschaftslosigkeit, die sich zuallererst in einer Zersplitterung der Zeitlichkeit niederschlägt.

> „Die Rekurrenz ist vergangener als alle erinnerbare Vergangenheit, als alle in Gegenwart überführbare Vergangenheit. Geschöpf, aber von Geburt an verwaist oder atheistisch und gewiß seinen Schöpfer nicht kennend, denn würde es ihn kennen, könnte es insofern noch seinen Anfang annehmen. Die Rekurrenz des Sich *(moi)* verweist zurück an ein Diesseits der Gegenwart, in der alle im Gesagten *(dit)* identifizierte Identität konstituiert wird [...].“[113]

Levinas zeigt in „Ganz Anders“ auf, daß er diesen Gedanken der Derridaschen Kritik an der Präsenzmetaphysik zu verdanken hat.

> „[...] daß diese [Derridas, Anm d. Verf.] Kritik des Seins und seiner ewigen Präsenz in der Idealität zum ersten Mal in der Geschichte des Westens erlaubt, das *Sein der Kreatur* zu denken, ohne einen ontischen Bericht über einen göttlichen Eingriff zu Hilfe zu nehmen, ohne gleich zu Spielbeginn das ‘Sein’ der Kreatur wie ein Seiendes zu behandeln, ohne negative, empirische Begriffe in Aktion zu setzen, wie die der Kontingenz oder der ‘Hervorbringung durch Zufall’, die ja ebenso ontisch sind wie der der Nichtkorrumpierbarkeit des Ganzen.“[114]

Gleichzeitig muß jedoch Derridas Gedanke der ursprunglosen unendlichen Verweisungen als Fortführung jenes Ausbruchs aus dem zweipoligen de Saussureschen Zeichenbegriff verstanden werden, den er nur mit Hilfe des Levinasschen Denkens der Spur zu fassen vermochte.

Levinas geht im folgenden noch einen deutlichen Schritt über das Denken des *zeitgenössischen* Derrida hinaus und prägt damit dessen spätere Wende zur Ethik vor, wenn er - in einer quasi analogen Konstruktion - die ethische Relevanz des Sagens in den beiden Denkern gemeinsamen Zeichenbegriff implantiert. Beide Gedanken stehen für die Unterwerfung (Sub-jektion) des sich unter den Anspruch des Anderen beugenden Ich. Die Unfähigkeit der Zeichen, auf ein Signifikat zu verweisen, das sich selbst nicht wieder in einen endlosen

---

[112] Jenseits des Seins, 234.

[113] Jenseits des Seins, 232.

[114] Eigennamen, 74. Auf die Nähe dieser Schöpfungskonzeption zum kabbalistischen Gedanken des „Zimzum“ wird im nächsten Kapitel näher eingegangen.

Prozeß der Verweisungen entzieht, beschwört für Levinas - wie für (den späten) Derrida - nicht den Nihilismus herauf, sondern verpflichtet angesichts des Ereignisses der Exposition zum Andern hin.

„Das Zeichen wie auch das Sagen, ist - gegenläufig zur Präsenz - das außerordentliche Ereignis der Exposition zum Andern hin, der Sub-jektion unter den Anderen, d.h. das Ereignis der Sub-jektivität. Es ist ein Der-Eine-für-den-Anderen. Es ist die Bedeutung, die sich in bloßer Abwesenheit von Intuition und Präsenz nicht erschöpft."[115]

3. Dritte Begegnung: En ce moment même dans cet ouvrage me voici[116]

„[...] lui donner le donner même du donner, un donner qui ne soit même plus un objet ou un dit présent, puisque tout présent reste dans la sphère économique du même, ni un infinitif impersonnel (il faut donc que le 'donner' troue ici le phénomène grammatical dominé par l'interprétation courante de la langue), ni quelque opération ou action assez identique à elle-même pour revenir au même."[117]

Derrida knüpft in diesem Essay, der zuerst 1980 erschien, beinahe nahtlos an seinen Text von 1964, und damit an die gemeinsamen Themen der Differenz und der Spur an. Im ersten Teil, der ungemein vorsichtig verfährt, steht jedoch nicht mehr das „Daß" der Levinasschen Aussagen im Mittelpunkt. Vielmehr wird die Levinassche Methode, das „Wie" seines textuellen Verfahrens, mit dem er der metaphysischen Sprache zu entkommen vermag, untersucht:

„Nun denn, er [Levinas, Anm. d. Verf.] schreibt Bücher, die nicht Staats-(Philosophie-, Medizin-, Logik-) Bücher sein sollen. Wie macht er das? [...] Knoten bilden sich darin. Sie lassen das Diskontinuierliche in seiner Spur erscheinen, aber da die Spur sich nicht in ihrem Erscheinen versammeln darf, kann

---

[115] Eigennamen, 75.

[116] Psyché, Paris 1987, 159-202. Dt. in: *M. Mayer / M. Hentschel* (Hg.), Lévinas (1990), 42-82. Im folgenden zitiert als „Moment", Seitenzahlen des frz. Originals kursiv.

[117] „[...] ihm [dem Anderen, aber auch dem Autor, Levinas, E.L. = elle, sie / ihr ..., Anm. d.Verf.] das Geben gerade des Gebens geben, ein Geben, das nicht einmal mehr gegenwärtiger Gegenstand oder Gesagtes wäre, da doch jede Gegenwart in der ökonomischen Sphäre des Selben verbleibt, auch kein unpersönlicher Infinitiv (das 'Geben' muß also hier das grammatische Phänomen durchstoßen, das von der geläufigen Interpretation der Sprache beherrscht wird), noch irgendeine Verrichtung oder Handlung, die genügend identisch mit sich selber wäre, um zu sich selbst zurückzukehren." Moment, 47 / *164, eigene Übersetzung.*

sie immer der Spur gleichen, die das Diskontinuierliche im logischen Diskurs des Staats, der Philosophie, der Medizin läßt."[118]

Die Levinassche Schreibweise entkommt also einem Diskurs der Präsenz, indem sie ihre eigene Zeitlichkeit, ihre Zerrissenheit nicht zu verdecken sucht, sondern indem sie sich selbst Schnitte im Faden der Argumentation beibringt, an deren Verknotungen der Aufschub[119], die *différance*, mit Levinas' Worten: die Diachronie zwischen Gesagtem und seinem Grund, dem Sagen, sichtbar würden. Derrida findet diesen Aufschub exemplarisch in einer bestimmten Iteration, in der Wiederholung der Formulierung *„en ce moment même"*[120], die den Moment der Aussage mit der ersten Nennung präsentiert, mit der zweiten aber verschiebt. Nicht in diesem notdürftig überbrückten Hiatus, diesem „Knotensupplement", wohl aber in einer *Serie* von Knoten erscheint das, was den Text, die Sprache ermöglicht: das Schweigen, die Verschwiegenheit des Andern[121]. Derrida weigert sich dabei mit Levinas, die leicht metaphysisch vereinnahmbare Formulierung von der Transzendenz, dem Jenseits der Sprache, nachzuvollziehen. In seiner Lesart bezeichnen diese „Knoten" lediglich *Berührungspunkte* zwischen dem Diesseits und einem Jenseits, dem Selben und dem Anderen. Zwar kann es auch für Levinas nicht der Sinn eines Textes sein, dieses Jenseits zu beschreiben, es zu vergegenwärtigen.

Das Nicht-Vergegenwärtigbare wird nur berührt, nicht propositional beschrieben, und doch gerät Levinas am Ende von *Autrement qu'être ou au-delà de l'essence* scheinbar in die Gefahr, sein eigenes Buch als offene Präsentation des Anderen zu lesen. Der Gefahr, sein Buch als Ort der Präsenz des Jenseits zu begreifen, entgeht er hier nur, indem er sofort auf einen Raum jenseits des Buches, die Begegnung mit dem Andern, verweist. Dieser Raum ist sichtbar geworden, weil die Anordnung der Aufschübe eine Geschlossenheit des Buches[122] verhinderten. „Das hier präsente Buch macht aus dem ein Präsent, was nur außerhalb des Buches gegeben werden kann."[123]. Damit jedoch kann eine Formulierung wie „im hier präsenten, vorliegenden Werk"[124] nur als Levinassche Ironisierung des wissenschaftlichen Betriebs verstanden werden, die die-

---

[118] Ebd. 179 / *59f.*

[119] Vgl das Kapitel „La différance" im ersten Teil dieser Arbeit.

[120] Jenseits des Seins, 363ff.

[121] Moment, 185 / *64.*

[122] Vgl. die Ausführungen zur Problematik des Buches bzw. des Texts im Kapitel zu Edmond Jabès weiter unten.

[123] Moment, 183 / *63.*

[124] Jenseits des Seins, 390ff. In der Übersetzung von Th. Wiemer heißt es „Die hier vorgelegten Untersuchungen".

sen sprengt. Eine Sprengung nicht im Namen eines Nihilismus, sondern im Namen des *'Dire'*. Sprengung des Diskurses als 'Beziehung zur Andersheit', textuelle Materialisierung der Tatsache, daß „die im Endeffekt immer gleiche Zärtlichkeit der Liebe [...] immer anders [ist]", daß „Gott mit seinem ewigen Wort 'zu jedem Menschen gesondert' [spricht]"[125]. Derrida geht soweit, im Namen dieser Sprengung des herkömmlichen Verständnisses von einem (wissenschaftlichen) Werk *(Œuvre)* auch die Rolle des Autors zu thematisieren. Dieser 'handelt' nicht im herkömmlichen Sinne, er läßt geschehen, schafft einen Raum, in dem das „Nichterscheinende als solches" erscheinen kann. Seine Aktivität ist die eines „Lassens", „passiver als die Passivität" (Levinas).

> „Wenn 'er' das einfache Pronomen des Unterzeichners wäre [...], könnte man also denken, daß der Unterzeichner die Autorität eines Autors hat, und daß 'er' das Agens oder der Agent der Aktion ist, die 'unterschlagen haben wird' usw. [...] Nun *es wäre nötig gewesen,* es ist also nötig zu sagen, daß 'er' überhaupt nichts unterschlagen hat, er hat die Möglichkeit dieser Unterschlagung *erscheinen lassen (fait apparaître)* [...] er hat das Nichterscheinende als solches [...] auf der Grenze des Jenseits '(er)scheinen' 'lassen' *('laissé' 'apparaître')*, Grenze, die keine bestimmbare, sichtbare, denkbare Linie ist und die keine definierbaren Ränder hat: auf der Grenze also des 'Jenseits' des Phänomens und des Wesens [...]."[126]

Damit ist die Rezeption, die Verantwortung für den dem Leser vorliegenden Text in einem geradezu antihermeneutischen Affront alleine in die Hand des Lesers bzw. der Rezeptionsgeschichte gelegt. Der Autor hinterläßt lediglich eine Spur, die er jedoch auch los- und zurückläßt, auf die und deren „authentische" Interpretation er keinen Anspruch erhebt. Derrida knüpft damit nicht nur an den eigenen, von Levinas entlehnten Begriff der *Spur* an, er befindet sich auch in Levinas' Spur, der die Enteignung des Werkes durch die Lektüre des Anderen in *Totalité et Infini* selbst beschrieben hat[127].

Nach dem, was über Derridas Technik der Dekonstruktion gesagt wurde, liegt es nahe, in bezug auf seine Arbeit über den Levinasschen Text von einem Moment des Wiedererkennens zu sprechen. Was Derrida an *Autrement qu'être ou au-delà de l'essence* aufzeigt, ließe sich ebensogut über einen beliebigen Text aus der eigenen Werkstatt sagen. Kein Zweifel: er erkennt seine Theorie der Dekonstruktion bei Levinas wieder, die niemals (nur) eine Theo-

---

[125] Jenseits des Seins, 392.

[126] Moment, 68 / *188.*

[127] „Der Andere kann mich aus dem Besitz meines Werkes vertreiben, er kann es mir nehmen oder es kaufen und so selbst mein Verhalten bestimmen. Ich bin der Anstiftung ausgesetzt. Das Werk ist seit seinem Ursprung in mir dieser fremden Sinngebung (dt.i.O.) ausgeliefert." Totalität, 330 / 332.

rie war, sondern immer schon an fremden Texten praktiziert wurde, die das Subjekt des Autors ebenso in Anführungszeichen setzte, wie die Performanz und Intentionsgebundenheit der Aussage.
Gerade damit vermittelt Derrida jedoch eine für Levinas ungewöhnliche Lektüreerfahrung: Während nämlich üblicherweise - zumindest in der Rezeption, wohl aber auch bei Levinas selbst, der sich immer wieder von den (strukturalistischen) Trends der Sprachkritik in seiner unmittelbaren Umgebung distanziert hat,[128] - die *Machart seiner Textur* hinter der *„Autorenintention"* zurücksteht, der Intention, auf die Begegnung mit dem Anderen zu verweisen, nimmt Derrida ihn beim Wort und läßt diesen Schritt aus der Theorie hinaus auf der Aussagebene, als Inhalt der philosophischen Rede, in den Hintergrund treten. Dies geschieht jedoch, um den gleichen Schritt - nun verstanden als Vermeidung von Intentionalität, als Ironisierung, Dislozierung, Unterschlagung etc. - auf der formalen Ebene neu zu entdecken, was einer Aufhebung der starren Grenze zwischen *Form* und *Inhalt* des Levinasschen Textes und *philosophischer Texte überhaupt* gleichkommt. Ein Gutteil der oft beklagten „Schwierigkeit", Levinas wie auch Derrida zu lesen, dürfte auf diese Selbstenteignung des Autors, auf die Vermeidung ununterbrochener Argumentation, auf die Offenheit des Textes zur Lektüre hin zurückzuführen sein, die im Sinne eines bestimmten Wissenschaftsbegriffs immer als Unvollständigkeit erscheinen muß. Der Text fordert seinen eigenen Kommentar heraus, er ist unvollständig ohne die Lektüre, ohne die ethische Praxis[129].

Der Aufsatz enthält jedoch noch ein zweites Thema: Es handelt sich um die zweite große Thematisierung des Geschlechterunterschieds bei Derrida[130]. Sie ist mit den bis hierher dargestellten Überlegungen zum Verhältnis von Werk und Autor nur locker, und zwar über den Begriff des „Œuvres"verbunden.[131]

---

[128] Vgl. etwa *E. Levinas*, Die Bedeutung und der Sinn, in: Humanismus des anderen Menschen, 22 / *30f* und Vier Talmud-Lesungen (Quatre lectures talmudiques. Paris 1978) Frankfurt a.M. 1993, 15 - diesmal mit Bezug auf den Talmud.

[129] ... und steht damit deutlich in der Tradition jüdischen Textverständnisses, wie im folgenden noch deutlich werden wird.

[130] Neben den Arbeiten zur Rolle des Weiblichen im Werk Nietzsches in den Texten „Otobiographies. L'enseignement de Nietzsche et la politique du nom propre" (Paris 1984) bzw. „Eperons. Les styles de Nietzsche" (Paris 1978).

[131] „ [...] wenn du zu 'seinem' Œuvre Zutritt haben willst*(accéder)*, wirst du das passiert haben müssen, was er von dem Œuvre gesagt haben wird, nämlich, daß es ihm nicht zu(rück)kommt. Deshalb ist es an dir, dafür Antwort zu stehen. Es *(elle)* liegt in deinen Händen, die es ihm geben, es ihm widmen können. In diesem Moment, eben hier." Moment, 70 / *191*. - Derrida spielt hier mit der Homophonie der Initialen von Emmanuel Levinas (E. L.) und dem weiblichen Personalpronomen „Elle" im Französischen. Die nun folgenden Passagen des Essays gehören wegen ihrer formalen Anklänge an moderne Literatur und die Arbeit mit der Homo-

Tatsächlich gab Levinas' Denken des Weiblichen bereits Anlaß zu einer wenn auch spärlichen, so doch zwiespältigen Rezeption seines Werkes im Rahmen der feministischen Theoriebildung[132]. Genau diese Zwiespältigkeit, die sich bei einer aktuellen Lektüre der entsprechenden Kapitel von *Totalité et Infini* beinahe unweigerlich einstellt[133], wird von Derrida als solche thematisiert. Einerseits gibt Levinas die fiktive Neutralität des philosophischen Autors auf. Angesichts seiner Thematisierung der Leiblichkeit, von Genuß und Eros, die er als philosophische Termini neu bestimmt, kommt er nicht umhin, sich auch im Feld einer Geschlechterdifferenz zu situieren. Doch diese Zwiespältigkeit im philosophischen Werk ist es nicht, die Derrida zunächst näher beschäftigt. Er wendet sich vielmehr übergangslos und ohne Respekt vor der von Levinas ausdrücklich geforderten Trennung Passagen aus dem essayistischen Werk zu, jüngeren Arbeiten, die eine ausdrücklich jüdisch/talmudische Sichtweise auf das Weibliche explizieren[134]. Levinas kommentiert hier, es ist nicht sein „eigenes" Denken sondern das der jüdischen Tradition, zu dem er sich selbst mit Formulierungen wie „Wie kann die Gleichheit der Geschlechter vom Vor-

---

phonie zwar zu den hermetischsten im Werk Derridas, sie enthalten aber andererseits eine der Rationalität durchaus zugängliche Reflexion über die Rolle des Weiblichen im Werk Levinas'. Die Thematik der Signatur und der Unhintergehbarkeit der Geschlechterdifferenz ist im Werk Derridas offensichtlich. Außerdem wird ihre enge Verbindung zu E. Levinas bereits in *Violence et Métaphysique* vorbereitet. In einer erst kurz vor der endgültigen Drucklegung eingefügten Fußnote heißt es: „Ist diese prinzipielle Unmöglichkeit eines Buches, von einer Frau geschrieben worden zu sein, nicht einzigartig in der Geschichte des metaphysischen Schreibens?" (235 / *228*).

[132] Vgl. zu einer feministischen Rezeption und Kritik des Werkes von E. Levinas v.a.: *Luce Irigaray*, Questions to Emmanuel Levinas: On the divinity of love, in: Re-Reading Levinas, ed. by Robert Bernasconi and Simon Critch-ley, London 1991, 109-118, *Sabine Gürtler*, 'Für ein männliches Wesen...'. Das Problem einer geschlechtlichen Markierung des Autorsubjekts im philosophischen Diskurs am Beispiel des Denkens von Emmanuel Levinas, in: Die Philosophin 4 (1993), 36-56 und *Susanne Sandherr*, Die Verweiblichung des Subjekts. Zu Emmanuel Levinas' Jenseits des Seins oder anders als Sein geschieht, in: Orientierung 59 (1995) 133-136.

[133] V.a. Totalität, 81-125 und 229-264. Vornehmlich in Konstruktionen wie den folgenden ist es ja gerade die *Eindeutigkeit,* mit der das Subjekt vom Kontext als männlich charakterisiert wird, welche beim Leser / bei der Leserin den Wunsch wach werden läßt, es auch als männlich *benannt* zu finden. Die klare geschlchtliche Identifizierung des Autorsubjektes als männlich droht in der scheinbar geschlechtslosen Rede von „Selbem" und „Anderem" unterzugehen: „In der Wollust zieht sich der Andere - das Weibliche - in sein Geheimnis zurück. Die Beziehung mit ihm, ist die Beziehung mit seiner Abwesenheit" (Totalität, 254) oder: „Gerade als es selbst befreit sich das Ich durch die Beziehung mit dem *Anderen in der Weiblichkeit* von seiner Identität, gerade als es selbst kann es anders sein im Ausgang von sich selbst als Ursprung." [250, Hervorh. v. Verf.] Formulierungen wie diese sind es, deren Tendenz Derrida als „Vernebensächlichung" *(secondarisation)* des Geschlechterunterschiedes bei Levinas kennzeichnet (Moment 72 / *194*).

[134] Le Judaïsme et le féminin in: Difficile Liberté, a.a.O., 42-52 und Et Dieu créa la femme in: Du sacré au saint, 132-142.

rang des Männlichen herstammen?“ distanziert, nicht jedoch, ohne im Anschluß ebendiese Zweitrangigkeit, die zunächst als Phänomen der hebräischen Grammatik vorgestellt wird, philosophisch zu begleiten, ja zu begründen, und mit seiner Unterschrift als Mann gegenzuzeichnen *(contresigner)*:

> „[...] die Frau stammt also gleichsam grammatisch vom Mann ab [...] ‘Fleisch von meinem Fleisch und Bein von meinem Bein’ bedeutet also eine naturgemäße Identität *(identité de nature)* von Mann und Frau, eine Identität des Schicksals und der Würde, und ebenso eine Unterordnung des Geschlechtslebens unter das persönliche Verhältnis, das die Gleichheit an sich ist.“[135]

> „Die Menschheit kann nicht von zwei gänzlich verschiedenen Prinzipien aus gedacht werden. Es muß *Selbes* gegeben haben, das diesen *anderen* gemeinsam war: [...] Gerade *die Weiblichkeit der Frau ist in dieser anfänglichen Nachträglichkeit.*“[136]

Derrida stellt fest, daß eben jene oben bemerkte unausgesprochene Männlichkeit des Autorsubjekts den geschlechtslosen Ursprung der für Levinas „gleichnebensächlichen“ Geschlechterdifferenz nicht in seiner angenommenen Neutralität beläßt. Ist der Geschlechtsunterschied einmal untergeordnet, so Derrida, befindet man sich unweigerlich in der Tradition der Rückführung aller Duplizität und Differenz auf das geschlechtlich undifferenzierte „Eine“. Derrida beharrt darauf, daß dieses bei aller postulierten Gleichnebensächlichkeit männlich oder weiblich genannt werden *muß*. Andernfalls verfestigt die gleiche Grammatikalität, welche im Hebräischen die Gleichheit der Geschlechter zu garantieren scheint, die Herrschaft über die Frau.

> „Die Folge der angeblich vom Ganz-anderen (als Er) geforderten Vernebensächlichung würde zur Ursache, anders gesagt, zum anderen des ganz anderen, das andere eines ganz anderen, der nicht mehr geschlechtlich neutral, sondern *gesetzt* (*hors-série* - außer der Reihe, in der Seriatur), mit einem Streich als Er bestimmt wäre.“[137]

Wenn sich Levinas’ „Unachtsamkeit“ tatsächlich aus der Bestätigung eines bestimmten hebräischen Schöpfungsbegriffes herleitet, aus einer Entscheidung für eine bestimmte Grammatik, so wäre Derrida an dieser Stelle nach der Alternative zu fragen. Wie kann das Verhältnis der Geschlechterdifferenz zum Ursprung, zur Ursprünglichkeit überhaupt gedacht werden, ohne daß eine der bekannten Inferiorisierungen des Weiblichen sich einschleicht, zu denen auch jene typisch Levinasche „Stummheit“ des „Ganz Anderen“ im strengen Sinne gezählt werden muß?

---

[135] Difficile Liberté, 47f. - Es wurde sowohl die Übersetzung von E. Weber, als auch die der inzwischen erschienenen deutschen Ausgabe von E. Moldenhauer berücksichtigt.

[136] Et Dieu créa la femme, zit. nach: Moment, 73 / *195*.

[137] Moment, 75 / *197f.*

Derrida verweist hier erneut gegen eine - immer drohende - bruchlose Ableitung des Andern aus dem Selben auf die Gewalt *(violence)*, deren Verleugnung einer Verleugnung ursprünglicher Uneinigkeit, ursprünglicher Schuld gleichzusetzen ist. Levinas bekennt sich andererseits ja selbst zu ihr, wo er die Andersheit des Weiblichen beschreibt und sich als Mann in einer unhintergehbaren Relationalität verortet. Eine Tatsache, die - von Derrida selbst zugestanden - die ganze Feinsinnigkeit, um nicht zu sagen Spitzfindigkeit seiner Argumentation offenlegt.

An dieser Stelle zeigt sich, was die tiefere Intention des brüchigen Gedankenganges war: Levinas' heimlicher Schluß von der Männlichkeit des Autors auf einen allgemeinen Vorrang des Männlichen, der die gesamte Geschichte der uneingestandenen Herrschaft des Mannes wieder heraufzubeschwören droht, geht letztlich auf eine bestimmte Art des Schließens, nämlich auf den *Analogieschluß*, zurück. Die Begrenztheit dieses Schlußverfahrens wird jedoch deutlich, wenn es plötzlich auf einen Ort jenseits der Immanenz ausgedehnt wird, die von der Wunde der *différance*, der Geschlechterdifferenz endgültig gezeichnet ist.

Derrida unterscheidet deshalb in vielleicht nicht sofort einsichtiger Konsequenz mit dem Levinas der Talmudkommentare zwischen dem *Antlitz* Gottes und seinem *Namen*, also zwischen seinem wie auch immer verfaßten Wesen, das sich in einer Unmittelbarkeit offenbaren könnte, und seiner Repräsentierung in einer textuellen, materialen Spur, die die Abwesenheit ihres Referenten niemals ganz verleugnen kann.[138] Eine Unterscheidung, die deutlich macht, daß ein Anlogieschluß auf das *Wesen* Gottes (mit Kant) unmöglich ist, die einen Schluß auf seinen *Namen*, auf seine (sprachlich-textuelle) Erscheinungsweise jedoch erlaubt: Analogien zwischen *Namen* sind denkbar. Allen Männer- und Fraueneigennamen muß also, insofern sie Zeichen für das unbegreifbar Andere sind, die gleiche Behutsamkeit entgegengebracht werden, wie sie im Talmudtraktat Schewuot (35a) für den Namen Gottes gefordert wird. Anders als das Antlitz bewahrt der Name jedoch deutlicher seine eigene Inadäquatheit. Insofern er Schrift ist, ist ihm die Unterbrechung der Analogie zu einem wie auch immer gearteten Wesen hin eingeschrieben.

---

[138] *G. Scholem* formuliert in seiner Arbeit Der Name und die Sprachtheorie der Kabbala, Judaica III, 7-70: „Der Name Gottes ist der 'wesentliche Name', der der Ursprung aller Sprachen ist [...] Dieser Name hat für die Kabbalisten keinen 'Sinn' im gewöhnlichen Verstande, keine konkrete Bedeutung. [...] Was aus Schöpfung und Offenbarung zu uns spricht, das Wort Gottes, ist unendlich deutbar und reflektiert sich in unserer Sprache. Seine Strahlen oder Laute, die wir auffangen, sind nicht so sehr Mitteilungen als Anrufe." Anschließend bemerkt er, daß die Dichter eines mit den Meistern der Kabbala verbinde: „der Glaube an die Sprache als ein, wie immer dialektisch aufgerissenes, Absolutum, der Glaube an das hörbar gewordene Geheimnis der Sprache." Ebd, 69f.

„Ist die Analogie einmal unterbrochen, so gewahrt man sie erneuert *(renouée)* als Analogie zwischen absolut Heterogenem durch das Rätsel hindurch, die Zweideutigkeit der ungewissen und prekären Epiphanie. Die monotheistische Humanität ist auf diese Spur einer jeden Erinnerung absolut vorgängiger Vorübergegangenheit, auf den ab-soluten Ent-zug des geoffenbarten Namens, auf seine Unzugänglichkeit selbst *bezogen.*“[139]

4. Anderes Denken des Anderen

Sollte der Eindruck entstanden sein, das Denken von Levinas und Derrida stimme im Grunde völlig überein, so muß dem widersprochen werden. Der unleugbare Unterschied zwischen den beiden benachbarten und im Dialog sich entwickelnden Konzepte von Andersheit liegt neben ihrer unterschiedlichen Herkunft in der Art, wie sie *das Andere* denken. Zunächst wird der Begriff bei beiden in Absetzung zur philosophischen Tradition des Subjekts, des Eigenen und des Eigentums, der falschen Harmonie und Synthese gebraucht. Eine nähere Qualifizierung findet eher implizit statt.

Abgesehen von einer zeitweiligen Engführung auf ein rein textbezogenes Denken in den frühen Arbeiten (v.a. *„Grammatologie“*) faßt Derrida Andersheit weiter als Levinas. Ausgehend von einer metaphysikkritischen Texttheorie, begreift er das Andere als das im Text Ausgeschlossene, Marginalisierte, ohne der Versuchung eines Rückfalls in den Dualismus Selbst - Anderes aufzusitzen. Bereits in einem frühen Interview setzt er das Denken der Andersheit damit vor allem als grundlegende Hegelkritik an.

„Die Dialektik des Selben und des Anderen, des Drinnen und des Draußen, des Homogenen und des Heterogenen ist [...] eine ganz besonders durchtriebene *(retorse).* Das Draußen kann immer wieder zum ‘Objekt’ innerhalb der Polarität Subjekt/Objekt oder zur beschwichtigenden ‘Realität’ des Außertextlichen werden, und manchmal ist das Drinnen genauso beunruhigend, wie das Draußen besänftigend sein mag.“ [140]

Das hier sich äußernde Mißtrauen gegen jede Dialektik hält Derrida davor zurück, soviel vom Andern zu erwarten wie Levinas, nämlich *alles.* Ist einmal geklärt, daß „der Andere ursprünglich am Sinn *mit*wirkt“[141], spielt er keine herausgehobene Rolle mehr. Derrida denkt Ursprünglichkeit als *différance.* Dadurch kommt dem Anderen nur insofern eine Bedeutung zu, als er sein Pendant, das Selbst, semantisch immer mittransportiert.

---

[139] Moment, 77 / *200, eigene Übersetzung.*

[140] Positionen, 131.

[141] Schrift, 111.

In den späteren Arbeiten Derridas[142] kommt der Andere dann erneut, diesmal entsprechend der schon aufgezeigten „Levinaschen Wende", als immer singulär begegnendes Du, als in seinem Anruf nie endgültig verstehbare, an der Konstitution des Selbst fundamental beteiligte Größe in den Blick. Gegenüber einer auf den ersten Blick nur als Begegnung zweier menschlicher Subjekte gefaßten Konstellation (Levinas) hat Derrida allerdings immer - und damit befindet er sich in der Tradition der Psychoanalyse Lacanscher Prägung - die irreduzible Konstitution oder Kontaminierung des Selbst durch den Anderen betont.

Daß es sich hier um eine Einsicht handelt, die sich eigentlich auch aus Levinas' Denken ergibt[143], wird im Werk Derridas allerdings erst auf den zweiten Blick deutlich:

> „Aber es handelt sich immer um die Singularität des anderen, insofern sie mich erreicht, ohne an mich gerichtet zu sein, ohne für mich präsent zu sein, und der Andere kann 'ich' sein, ich, der ich gewesen bin oder hätte gewesen sein müssen, [...]."[144]

Während Levinas also seine gesamte Philosophie als „Denken im Angesicht des Anderen" konzipiert, nimmt der Andere bei Derrida als Korrelat der *différance*, die selbst als Supplement des Ursprungs gedacht wird, keine zentrale Stellung ein. Das Auftauchen des Anderen im Derridaschen Text ist abhängig von der Perspektive der gerade bearbeiteten Autoren. Hier übernimmt der Andere die Aufgabe einer Sprengung der Dialektik (Hegel) oder einer Vermeidung des Rückfalls in ontologisches Denken (Levinas). Immer aber wird er mit seinem Gegenüber, dem Selbst oder dessen Ausfall, in der Weise zusammengedacht, daß ihr Verhältnis als Dualismus zerstört und damit die Unangemessenheit der Bezeichnungen 'Ich' und 'Anderer' für eine dem Denken unzugängliche Realität aufgewiesen werden kann.

---

[142] Vgl. etwa Schibboleth und Force de loi. Le 'fondement mystique de l'autorité'. Zuerst in englischer Übersetzung in: Deconstruction and the Posibility of Justice. Cardozo Law Review, vol. 11 (1990), numbers 5-6, New York 1990. Dt. Gesetzeskraft. Der 'mystische Grund der Autorität'. Übersetzt von A.G. Düttmann, Frankfurt a.M. 1991, sowie Les morts de Roland Barthes, in: Poétique, Nr 47 (1981), 269-291. Dt. Die Tode von Roland Barthes. Übersetzt von G. Ricke und R. Voulié, Berlin 1987.

[143] Bereits in seinem frühen Aufsatz über E. Levinas führt Derrida dessen Denken zustimmend aber im Sinne der Psychoanalyse weiter: „*Anders als* muß *anders als Ich* besagen [...] folglich ist er nicht mehr länger unendlich und absolut anders [...] [diese Übung] verdeutlicht, [...] daß der Andere *nicht* absolut äußerlich zum Selben sein kann, ohne aufzuhören, Anderer zu sein, und daß folglich das Selbe keine in sich geschlossene Totalität ist, keine Identität [...]. Wie könnte es ein 'Spiel des Selben' geben, wenn die Andersheit nicht schon im Selben wäre, in der Bedeutung eines Hereinragens, die das Wort 'im' zweifellos verrät?" Schrift, 192 (Übersetzung geändert).

[144] Die Tode des R. Barthes, a.a.O., 13.

Für Derrida wird der Andere textuell evoziert, bewegt er sich im Innern wie in einem radikalen Außen des Textes, gefangen zwischen den Zeichen der Schrift und gleichzeitig als Ruf, als uneinholbares „Voraus der Sprache", diese immmer wieder hervorbringend.

V. „Durch die Sprache beschnitten" - J. Derrida zu P. Celan[145]

Paul Celan hat jedes seiner Gedichte in der Reinschrift mit einem Datum versehen[146], aber Datierungen auch als Fermente der Singularität und Unwiederholbarkeit eines Ereignisses im Titel bzw. Text der Gedichte selbst benutzt[147]. Derrida stellt nun einen Zusammenhang zwischen dem Celanschen Gebrauch des Datums im Gedicht und der Problematik von Singularität und Allgemeinheit des Ereignisses *im allgemeinen* her. Er versteht das Datum dabei als Kulminationspunkt dieser Problematik, insofern es jede sprachlich vermittelte Begegnung eines Textes mit dem Anderen des Leser-Ichs markiert, und weiß sich damit zu Recht nahe an Celans Verständnis des Gedichtes selbst:

> „Vielleicht darf man sagen, daß jedem Gedicht sein '20. Jänner' eingeschrieben bleibt? Vielleicht ist das Neue an den Gedichten, die heute geschrieben werden, gerade dies: daß hier am deutlichsten versucht wird, solcher Daten eingedenk zu bleiben? Aber schreiben wir uns heute nicht von solchen Daten her? Und welchen Daten schreiben wir uns zu?" [148]

Zunächst schwingt hier der Verweis auf ein Erinnern an Daten mit, die nur um den Preis der Unmenschlichkeit vergessen werden können. Ihre Einmaligkeit konstituiert einen Kontext von Daten und Fakten, der sie gleichzeitig trägt und ihnen ihre Bedeutung verleiht. Der 20. Jänner Celans zum Beispiel verweist nicht nur auf Büchners Lenz, sondern auch auf das Datum der Wannseekonferenz, „sein" 13. Februar auf das Jahr 1936 (spanischer Bürgerkrieg) ebenso wie auf das Jahr 1962 (Protest Pariser Bürger gegen den Algerienkrieg). Ja, um identifizierbar zu bleiben, *muß* das Datum sogar auf alle anderen Daten

---

[145] Es würde den Rahmen dieser Arbeit sprengen, sollte in diesem Kapitel eine eingehende Interpretation der in poetologischer und hermeneutischer Hinsicht ungewöhnlich beziehungsreichen Arbeit Derridas zu P. Celan angestrebt werden. (Schibboleth - Pour Paul Celan", Paris 1986, dt.: Schibboleth. Für Paul Celan, Wien 1986 im folgenden zitiert als „Schibboleth", Seitenzahlen im frz. Orginal kursiv). Wir müssen uns auf die Herausarbeitung theologisch-biblischer Motive und auf Zusammenhänge beschränken, die für eine Theorie des Judentums bei Derrida relevant sind. Dabei ist zwischen *impliziten* Bezügen, also dem Thema *Zugehörigkeit,* dem Spannungsfeld zwischen einer Singularität der Begegnung mit dem Anderen im Gedicht und der Unmöglichkeit einer Universalisierung der poetischen Erfahrung, und *expliziten* Bezügen zu unterscheiden, nämlich der Strukturanalogie zwischen den Reflexionen über Singularität und Allgemeinheit des Datums bei P. Celan und einem Idealtypus des Judentums, das auch hier im Phänomen der Beschneidung zusammenschießt.
Die überaus inspirierte und sensible Arbeit „Anders als Sprache, Gott und Zeit. Der Haken der Transzendenz im Dichten Paul Celans" von G. Rauscher [Judaica 51 (1995), 132-153] trifft sich mit zentralen Anliegen unserer Arbeit, konnte aber im einzelnen nicht mehr berücksichtigt werden.

[146] Dieses tauchte dann im Druck nicht mehr auf. Vgl. *P. Szondi*, Eden in: Ders., Celan-Studien, Frankfurt a.M. 1972, 113-125, hier 114.

[147] So etwa in „In eins", Werke, I, 270; „Beim Hagelkorn", Werke II, 22; „Huhediblu", Werke I, 275; „Tübingen, Jänner", Werke I, 226 und öfter.

[148] *P. Celan*, Büchnerpreisrede „Der Meridian", in: Werke III, 187-203, hier 196.

verweisen, es muß sich in die Allgemeinheit eines Kalendariums, einer Reihe von Ziffern, und in den Kontext ihrer traditionellen Bedeutungen eingliedern, um recht verstanden zu werden. Die Singularität des Datums steht und fällt mit seiner Allgemeinheit. Diese jedoch droht den einmaligen Charakter dessen, an das erinnert werden soll, auszulöschen[149]. Ein Datum, nur mit Hilfe anderer Daten verstehbar, wird zugunsten der anderen vernichtet. Wodurch es konstituiert wird, das zerstört es auch. Diese gegenseitige Voraussetzung von Singularität und Universalität kann nicht durch eine Dialektik gemeistert werden[150]. Es gibt keine Reduktion des (datierten) Gedichtes auf ein System. Die Gleichzeitigkeit und Irreduzibilität von Einzigartigkeit und Allgemeinheit halten sich in einer aporetischen Spannung der *différance*.

P. Celan selbst hat das Gedicht als *Begegnung* verstanden, als Begegnung mit dem Anderen. Diese wird von ihm jedoch nicht mehr weiter spezifiziert. Da die bloße Nennung des Datums, seine Begehung in einem Jahrestag etwa, jedoch die Singularität eines Ereignisses, die Einzigartigkeit des Anderen nicht gewährleisten kann, weil es seine eigene Auflösung in eine Allgemeinheit, eine Gewohnheit und damit den Verlust seiner spezifischen Bedeutung immer schon beinhaltet, muß es im Gedicht zu einer *je neuen* Begegnung zwischen Ich und jenem Anderem kommen können, „von welchem (her) ein Gedicht [...] spricht und auf welches es zu spricht“[151]. Eine solche Begegnung entzieht sich jeder Kalkulation und Ökonomie, sie ist zufällig[152] und bewahrt eine merkwürdige Fremdheit. Um in diesem Sinne poetisch „*in eines Anderen Sache* - wer weiß vielleicht in eines *ganz Anderen* Sache“[153] zu sprechen, um gar auf ein „Allerheiligstes“ zu verweisen ohne es anzutasten, muß das Gedicht sich der endgültigen hermeneutischen Ausdeutung immer wieder entziehen können. Denn wenn man weiß, was das Gedicht *eigentlich* bedeutet,

---

[149] Ein vielsagendes Beispiel für dieses Dilemma aus der jüngsten deutschen Geschichte ist die Diskussion um die Vieldeutigkeit des 9. November, der - je nach Kontext und Vorverständnis - ebenso auf die Gewaltsamkeit (1938) wie auf den Freiheitswillen (1989) in Deutschland stehen kann. Konnotationen, die sich fortwährend gegenseitig auszulöschen drohen.

[150] Derrida verweist auf den Anfang der „Phänomenologie des Geistes“, wo die hier als unauflöslich angezielte Spannung zwischen Singularität und Allgemeinheit anklingt, aber gleich darauf in einer Aufhebung im rezeptiven Akt verschwindet. Es heißt dort: „Das Aufzeigen ist also selbst die Bewegung, welche es ausspricht, was das Itzt in Wahrheit ist; nämlich ein Resultat, oder eine Vielheit von Itzt zusammengefaßt; und das Aufzeigen ist das Erfahren, daß Itzt Allgemeines ist.“ *G.W.F. Hegel*, Phänomenologie des Geistes, Hamburg 1988, 75.

[151] Schibboleth, 25 / *23*.

[152] Eine Bedeutung, die im französischen „ren*contre*“ stärker mitklingt, als im deutschen „Begegnung“.

[153] Der Meridian, a.a.O., 196.

auf welche Ereignisse es *einzig* verweist, was die Intention des Autors unwiderruflich gewesen sein muß, hat man ihm sein Eigentliches genommen, sein Geheimnis[154].

Für die hermetischen Gedichte Celans sicher zu Recht, erhält die Ermöglichung dieser Begegnung mit dem Anderen an der Schwelle zwischen Allgemeinheit und Singularität im Datum, wenngleich phänomenal gewonnen, doch etwas wie eine normative, kriteriologische Funktion angesichts der Frage nach dem, was ein Gedicht sein kann, ja sein *soll*. Derrida folgt Celan aber ebenso in der Feststellung, daß es das „absolute Gedicht", das sich auf dieser Schwelle hält, nicht gebe.

So wird an den fragilen Gedichten Celans, die sich in einer elliptischen Bahn immer wieder um die traumatische Erfahrung der Judenvernichtung bewegen, exemplarisch deutlich, was Derrida - Levinas radikalisierend[155] - für die Sprache als *Sprache des Anderen* einklagt: „Es gibt keine ursprüngliche Bedeutung, seit es das Datum gibt"[156]. Nur indem man sie *nicht* versteht, versteht man sie recht. Jede Lesart, die für sich Endgültigkeit reklamiert, zerstört die Identität störende, zerstörende Wirkung des Gedichtes, ordnet es ein, weist es einer Zugehörigkeit zu, macht jeden weiteren singulären Zugang zunichte. Damit entlarvt sich jede (Gedicht)Interpretation selbst als unangemessen, die rückhaltloses Verstehen für sich reklamiert. Man wird hier Derrida sicher leicht zustimmen können. Offen bleibt jedoch die Frage, wen er mit seiner Kritik treffen will. Gadamer jedenfalls hat sich ebenso vom dialektischen Denktypus verabschiedet wie Derrida. Gerade in seinem (späten) Celan-Buch[157] scheint Gadamer Derrida näherzustehen, als die fruchtlosen Pariser Debatten vermuten lassen[158]. Ja, es gibt im hermeneutischen Konzept Gadamers sogar Ansätze zu einem Denken der *Spur* im Derridaschen Sinne: „Paul Celans Gedichte erreichen uns - und wir verfehlen sie."[159] Seine eigene Arbeit

---

[154] Derrida wirft aus diesem Grund seinem Freund, dem vergleichenden Literaturwissenschaftler Peter Szondi, den er im Jahre 1968 in Berlin kennenlernte, vor, Celan in der „Komplizenschaft eines vorinformierten Dechiffrierers" zu lesen. (Schibboleth, 39 / *35*).

[155] Derrida geht in Konsequenz seiner Husserl-Lektüre insofern über Levinas hinaus, als er diese Andersheit im Ich lokalisiert: „Du, das Wort Du kann sich genausogut wie an den Anderen an mich, an sich selbst als Anderes richten. Jedesmal sprengt es den Rahmen der *Ökonomie* des Diskurses, geht über sein Bei-sich-Sein *(son être auprès de soi)* hinaus. Schibboleth, 109 / *93*.

[156] Schibboleth, 72 / *61*.

[157] *H.-G. Gadamer*, Wer bin ich und wer bist Du? Kommentar zu Celans Atemkristall, Frankfurt a.M. 1973 u. 1986ff.

[158] Vgl. das Kapitel zu Dekonstruktion und Hermeneutik im ersten Teil dieser Arbeit.

[159] *H.-G. Gadamer*, Wer bin ich und wer bist Du? a.a.O., 7.

an Celans Texten beschreibt Gadamer mit der einem solchen Konzept von Verstehen angemessenen Zurückhaltung, die eine letzte Unverstehbarkeit des Textes zu wahren bemüht ist, ohne die Suche nach seiner Zugänglichkeit vorschnell aufzugeben.[160]
Ein „Verstehen", die „Nähe zu einer Botschaft" bleibt freilich ausdrückliches - wenn auch unerreichbares - Ziel von Gadamers Interpretation[161], wohingegen bereits im Levinasschen Verständnis der Spur nicht nur die Verstehbarkeit, sondern auch schon das Vorhandensein einer ausdrücklichen Autorenintention in Frage gestellt wird: „Derjenige, der Spuren hinterließ, indem er seine Spuren verwischte, wollte durch die Spuren, die er läßt, nichts sagen und nichts tun."[162]
Daß Levinas trotz seines überaus skeptischen Verhältnisses zur Kunst und im besonderen der Poesie und der Schrift im allgemeinen[163] Celan durchaus als einen solchen Dichter der Spur einschätzte, ergibt sich aus seinem kurzen Text „Vom Sein zum Anderen - Paul Celan"[164], wo es heißt: „Daß in Celans Essay [Der Meridian, Anm. d. Verf.] ein Versuch enthalten ist, Transzendenz zu denken, ist offensichtlich."[165]
Derrida geht konsequent soweit, selbst dem Autor das volle Bewußtsein für die Grenzen der Fülle möglicher Bedeutungen seiner Gedichtes abzusprechen[166]. Dabei ist doch eine Interpretation ohne jeden Rest von Verstehen undenkbar: Auch bei Abwesenheit aller Zeugen - für den „eigentlichen" Kontext des Zeichens bleibt eine „gewisse Lesbarkeit" der Unlesbarkeit der Gedichte für den Fall bestehen, daß sie den Leser befremden, daß eine Erfahrung von etwas konstatiert werden kann: „es gibt hier etwas Kryptisches, dieses ist unauslotbar *(incalculable)*, es verbirgt nicht ein einziges bestimmtes Geheimnis,

---

[160] „Es sind Entzifferungsversuche, wie die von fast unleserlich gewordenen Schriftzeichen. Niemand zweifelt, da stand etwas. [...] Niemand kann meinen, *vor* solcher sorgfältigen Entzifferung etwas über die Botschaft dieser Verse wissen oder sagen zu können, ja auch nur über die Sprache, in der sie geschrieben sind. [...] Wer meint, er verstünde Celans Gedichte bereits, mit dem rede ich nicht - für den schreibe ich nicht. Er weiß nicht, was hier Verstehen ist." Ebd.

[161] Ebd. 8.

[162] Humanismus des anderen Menschen, a.a.O., 55.

[163] Vgl. *Th. Wiemer*, Passion des Sagens, a.a.O., 67-99.

[164] *E. Levinas*, Eigennamen, a.a.O., 56-66.

[165] Ebd. 52. - *W. Lesch* zeigt in seinem 1988 erschienen Aufsatz zur Celan-Lektüre Levinas', wie eng ästhetische Theorie und Kunstverständnis der beiden Autoren beieinanderliegen.

[166] „Diese Grenzen [der Deutbarkeit, Anm.d. Verf.] werden von der Zukunft her bestimmt, welcher sie durch einen Bruch zugesprochen werden. Keine Zeugenschaft, kein Wissen, nicht einmal das von Paul Celan, könnte per definitionem ihre Dechiffrierung ausschöpfen." Schibboleth 70f / *60*.

keinen semantisch festmachbaren Inhalt"[167]. Darüber hinaus wird dem Text, der nun also nicht einmal mehr von einem bestimmten Subjekt vertreten werden muß, konsequent eine nicht auf ein Bedeuten rückführbare Wirksamkeit zugesprochen:

> „Das Gedicht spricht selbst dann noch, wenn keinerlei Bezug zu ihm erkennbar wäre, kein anderer als der Andere *(l'Autre)*, als jener, an den es sich richtet *(s'adresse)* und zu dem es spricht, indem es ihm sagt, daß es zu ihm spricht. Selbst wenn es den Anderen nicht erreicht, so ruft es ihn doch an. Die Anrede findet statt."[168]

Nach der Erschütterung des Subjekts in seinem Wunsch nach Selbstbestätigung im Interpretationsprozeß bleibt die im Ernstfall antwortlose *Anrede an den Anderen* als einzig irreduzibles Konstituens der Poesie.

Derrida ist sich an dieser Stelle der religiösen Konnotationen seiner Überlegungen bewußt und weist sie, wohl mit der Intention einer Vermeidung theologischer Vereinnahmung, zurück. Die Theologie steht immer in der Versuchung, die freigehaltene Leerstelle zu besetzen, das Geheimnis dingfest zu machen und an seiner Stelle die Tradition der instrumentalisierenden anthropomorphen Gottesrede (oder eine menschliche Elitetruppe) zu implantieren. Dennoch übernimmt Derrida von Celan die Rede von der „Segnung" und vom „Gebet" ebenso wie das „lautlose Lied" und den „singbaren Rest", Termini, die in „Schibboleth" als Synonyma für das Gedicht im oben beschriebenen Sinne gebraucht werden[169].

---

[167] Schibboleth, 72 / *61*.

[168] Ebd. An diese Krise der Repräsentation könnte sich die (theologische) Kritik eines reduzierten Symbolbegriff sanschließen. Vgl. dazu den Aufsatz des französischen Religionsphilosophen *J.-L. Marion* „Fragments sur l'idole et l'icône" (Paris, 1982), 15-38. Dt. In B. Casper (Hg.): Phänomenologie des Idols, 107-132. Auch zu einem theologischen Verständnis der zeitgenössischen Kunst könnte ein solcher idolatriekritischer Symbolbegriff einiges beitragen. Wahrscheinlich ist der Aussage Derridas, gerade Kunst und Literatur müsse eine „Vertrautheit mit dem unabwendbaren Verlust des Ursprungs" (Schibboleth, 114) zugesprochen werden, Recht zu geben. Vgl. zur Relation von „Bild und Ikonoklasmus" den gleichnamigen Artikel von *R. Hoeps* (in: Dohmen, Chr. / Sternberg, Th.: ... kein Bildnis machen. Kunst und Theologie im Gespräch, Würzburg 1987, 185-203), der, allerdings im Anschluß an die Würdigung des Bilderverbots bei Kant und Adorno, in der Abstraktionsbewegung der klassischen Moderne einen „bildimmanenten Ikonoklasmus" konstatiert, der keine „äußerliche und sekundäre Reglementierung der Kunst durch eine theologische Maxime" darstelle, und eine „bildtheologische Deutung des zweiten Gebots als Durchkreuzung bzw. Überschreitung der Form" empfiehlt. Ebd., 200f.

[169] „Ein Datum ist verrückt, das ist die Wahrheit!
Und wir sind verrückt nach / von Daten.
Nach diesen Aschen, welche die Daten sind. Und Celan wußte es, man kann Asche lobpreisen oder segnen. Dazu bedarf es nicht der Religion. Vielleicht weil eine Religion dort, vor aller Religion, mit der Segnung der Daten, der Namen und der Asche beginnt." Schibboleth, 81 / *68,* eigene Übersetzung.

Die Segnung, das Gebet werden hier demnach als nicht-intentionale Gesten verstanden, deren Sinn niemals ganz erschlossen werden kann und die dennoch als Markierungen für eine ganz spezifische Erfahrung unabdingbar sind. Offensichtlich geht es hier also nicht bloß um eine (abstrakte) „bestimmte Negation", sondern um den Verweis auf eine Praxis[170]. Was dabei tatsächlich geschieht, entzieht sich dem Verständnis und wird als solches gerade durch den Entzug der Möglichkeit begreifenden Verstehens konstituiert.

> „Das Datum beginnt mit einer segnenden Bewegung *(mouvement de bénédiction)* zur Asche hin. [...] Das Wesen der Segnung macht sich vielleicht vom poetischen Gebet her, vom Gesang eines Rests ohne Sein, von der Erfahrung der Asche bei der Einäscherung des Datums, von der Erfahrung des Datums *als* Einäscherung des Datums her bemerkbar. [...] Die Einäscherung, von der ich rede, findet vor jeder Verrichtung statt *(a lieu)*, sie glüht von innen heraus *(elle brûle du dedans)*."[171]

Der Titel, „Schibboleth", verweist auf einen zweiten Fixpunkt dieser elliptischen Arbeit, der ebenfalls im gesamten Text präsent ist: Die Unfähigkeit, das Schibboleth richtig auszusprechen[172] ist keine mentale, die unter der aktuellen Todesbedrohung durch Training oder Konzentration, also durch Willen oder Verstand überwunden werden könnte, sondern eine körperliche.
„Verkörperung" eines Unterschieds, einer (Nicht-) Zugehörigkeit, Verwundung des Körpers und der Sprache, und damit der Beschneidung strukturanalog. An der Beschneidung wie an der Schrift scheitert der Versuch einer Spiritualisierung. Die Beschneidung des Wortes ist ein Ereignis des Körpers. Belegen kann Derrida dies mit der metaphorischen Verwendung der Autoren des Ersten und Zweiten Testamentes:

> „Sie [die Beschneidung, Anm. d. Verf.] läßt sich auf den Körper schreiben und von ihm ablesen. Vielmehr: der Sinn der Sinne, der Körper läßt sich so von dieser Antwort auf die Frage 'was ist der eigene, sogenannte eigene Körper?' her als ein Ort der Beschneidung denken, bezeichnen und deuten. Vor dem heiligen Paulus war in der Bibel von der Beschneidung oder Nichtbeschneidung der Lip-

---

[170] „Dieses Selbe bleibt nicht übrig, wenn es nicht in der Segnung angerufen wird, es ruft die Segnung an, die es anruft *(il appelle la bénédiction qui l'appelle)*. Aber die Antwort ist niemals gewiß, sie wird *gegeben*, gerade dadurch unberechenbar *(incalculable)*." Schibboleth, 91 / *76*. Und weiter: „Was wäre eine Segnung, die sich ihrer selbst sicher wäre? Ein Urteil, eine Gewißheit, ein Dogma." Ebd.

[171] Schibboleth, 89f / *74f*, eigene Übersetzung.

[172] „Nun bemächtigte sich Gilead der Jordanübergänge Efrajims. Es geschah, wenn die Entrinnenden Efrajims sprachen: Ich möchte hinüber, sprachen die Männer von Gilead zu dem: Bist du ein Efratiter? Sprach er dann: Nein, sprachen sie zu ihm: Sprich doch Schibbolet, Strömung, er aber sprach: Ssibboleth, und brachte es nicht zurecht, richtig zu reden, sie faßten ihn und metzelten ihn an den Übergängen des Jordans. Zu jener Frist fielen von Efrajim zweiundvierzigtausend." Richter 12, 5f, Übersetzung: *Buber / Rosenzweig*.

pen zu lesen, was in dieser Sprache die Beschneidung der Zunge (Exodus 6,12), der Ohren (Jer, 6,10) und des Herzens (Lev 26,41) heißen soll." [173]

Auch Celan selbst spricht selten den „eigentlichen" Akt der Beschneidung an, wohl aber zitiert er die Tradition[174] eines übertragenen Gebrauchs. Beschneidung als Metapher, Metaphorisierung der Metapher[175]. Durch den Einschnitt wird ein Zeichen gemacht in die Natur, zwischen Natur und Kultur, eine Trennungslinie. Es wird artikuliert.

Das beschnittene Wort Celans ist in Derridas Lesart zunächst das lesbare Wort. Beschneiden heißt einen Unterschied machen, sich unterscheiden[176], sprechen und auch segnen. Dadurch wird der beschneidende Rabbiner, der Mohel, zum Dichter[177]. Er markiert mit Hilfe der (mit Schriftzeichen bedeckten) Beschneidungswerkzeuge den Beschnittenen als Individuum (durch die Namensgebung), als dem jüdischen Glauben zugehörig, also als jemanden, der den Namen Gottes nicht aussprechen darf, obwohl er ihn aussprechen kann (und zieht damit eine Grenzlinie zwischen - natürlichem - Vermögen und Gesetz). Dieses Gesetz beschneidet die natürlichen Fähigkeiten der Sprache[178]. Identität, wie sie die Beschneidung vermittelt, ist nicht Identität durch Eigenschaft oder Eigentum, sondern Identität durch das gemeinsame Stehen unter einem Gesetz, das beschneidet und unterscheidet. Im an den Gebirgsgang des Büchnerschen Lenz anschließenden Celanschen Prosatext „Gespräch im Gebirg", der neben der Büchnerpreisrede als entscheidendes poetologisches Bekenntnis Celans verstanden wird, heißt es: „denn der Jud, du weißts, was hat er schon, das ihm auch wirklich gehört, das nicht geborgt wär, ausgeliehen und nicht zurückgegeben"[179].

---

[173] Schibboleth, 126 / *105f.*

[174] Im metaphorischen Gebrauch erscheint die Beschneidung als Beschneidung des Herzens (Lev 26,41; Dtn 10,16; 30,6, Jer 4,4; 9,24f u.ö.) und mit Bezug auf die Lippen (Ex 6,12), Ohren (Jer 6,10) und Baumfrüchte (Lev 19,23ff). An diese Lesart knüpft das spiritualisierende Beschneidungsverständnis des Paulus an: „Das Entscheidende ist nun nicht mehr die Beschneidung des Fleisches, sondern die 'des Herzens im Geist, nicht im Buchstaben' [!] (Röm 2,29)." LThK^3, II, Sp. 310.

[175] Vgl. etwa die Gedichte Einem der vor der Tür stand (Werke I, 242): „Rabbi, knirschte ich, Rabbi Löw: Diesem beschneide das Wort" oder Mit wechselndem Schlüssel (Werke I, 112): „je nach dem Blut, das dir quillt aus Aug oder Mund oder Ohr wechselt dein Schlüssel" u.ö.

[176] Ein Motiv, das nach einhelliger Meinung der Religionswissenschaftler als Ziel einer Mehrzahl jüdischer Ritualgesetze angesehen werden kann.

[177] Derrida weist auf das dem Gedicht „Und mit dem Buch aus Tarussa" von Celan in kyrillischen Schriftzeichen vorangestellte Zitat der Symbolistin Marina Zwetajewa hin: „Alle Dichter sind Juden." (Schibboleth 106 / *91*).

[178] Schibboleth 107 / *92.*

[179] Werke III, 169. Leider wird das im Deutschen abfällig gebrauchte Jud (statt Jude) in der deutschen Rückübersetzung aus dem Französischen nicht wiedergegeben (Schibboleth, 76).

Das Schibboleth widersetzt sich der Übersetzung durch das, was in ihm die Kerbe eines nicht bedeutungstragenden Unterschieds hinterläßt. Es wird dem Verwundeten zum Verhängnis. Weil er nicht übersetzen kann, wird er zum Opfer. Insofern das Schibboleth eine Zugehörigkeit markiert, denjenigen, der es auspricht auf der einen Seite einer (künstlichen) Grenze situiert, kann es jederzeit umkippen aus der Bedingung für Verbündung und Gedicht in diskriminierende Einschränkung, „polizeistaatliche Methoden, Bespitzelung...“[180]. Jede Zugehörigkeit kann sich als Nichtzugehörigkeit manifestieren. Es reicht also nicht aus, sich angesichts eines identifizierenden und in dieser Identifizierung tötenden Machtapparates auf die „andere Seite“, auf die Seite der Opfer zu schlagen. Wie schnell die Zugehörigkeit der Opfer zu einer ausschließenden Täterschaft werden kann, zeigen die Taten der „antifaschistischen Widerstandskämpfer“ in der Frühzeit der DDR. Das Modell einer Nicht-Zugehörigkeit, das Derrida hier in enger Nachbarschaft zum Levinasschen Gedanken der Passivität und mit Blick auf die konkreten historischen Fakten der Judenvernichtung entwickelt, geht konsequent einen Schritt weiter: „Dieses jüdische Wesen jedoch verheißt sich nur durch die Desidentifizierung, durch die Entäußerung des Nicht-wesens im Nichts“.[181]

[180] „Die Beschnittenen sehen sich also an der Grenze geächtet *(proscrits)* oder verhaftet, aus der Gemeinschaft verstoßen, zu Tode gebracht oder zu Asche gemacht. Auf den bloßen Blick, auf den bloßen Namen hin *(au seul nom)*, unmittelbar nach der Lesung einer Narbe.“ Schibboleth 134 / *111, eigene Übersetzung*. Celans Familie in der Bukowina wurde daran als jüdisch erkannt, daß sie *deutsch* sprach, deutsch sprechen *mußte*, die Sprache ihrer Mörder.

[181] Schibboleth 132f / *111*.

VI. Schriftbegriff Derridas und Thorainterpretation

> „Schreiben heißt, die Leidenschaft nach dem Ursprung besitzen."

> „Sein heißt, im Buch sein, auch wenn das Sein nicht jene Natur ist, die das Mittelalter oft das Buch Gottes genannt hat. Gott selbst entspringt im Buch, das somit den Menschen an Gott und das Sein an sich bindet. *Wenn Gott ist, dann weil er im Buche ist.*"

> „Es gibt aber vielleicht keine Selbstidentität des Juden. Jude wäre ein anderer Name für diese Unmöglichkeit ein Selbst zu sein. Der Jude ist gebrochen, er ist es zunächst zwischen diesen beiden Dimensionen des Schriftzeichens: der Allegorie und der Literalität." [182]

In den vorangegangenen Abschnitten ist gezeigt worden, wie sich Derrida ausführlich mit Autoren beschäftigt hat, die jüdischer Herkunft sind und deren Werk als Versuche verstanden werden müssen, in einer Situation der Säkularisierung die traumatischen Erfahrung der industriellen Vernichtung von jüdischen Menschen in literarischen und philosophischen Texten zu thematisieren, ohne sich durch die sprachliche Form ihrer Texte erneut zu Komplizen der Täter zu machen.

Judentum wurde benannt als Tradition eines Humanismus der beschnittenen Identität, als Denken der endlichen/unendlichen Andersheit, die sich in der (Schrift-)Spur verliert und auf eine radikal verschiedene Zeitlichkeit verweist, auf eine 'Vergangenheit, die niemals gegenwärtig war' und schließlich im Kontext der Datierbarkeit einer Begegnung mit dem Anderen. Gleichzeitig wurde immer wieder versucht, auf den in den vorgestellten Konzeptionen verborgenen Gottesbegriff zu verweisen. Im Kontext der Derridaschen Bearbeitung von Texten Emmanuel Levinas' wurde außerdem deutlich, inwieweit dessen *formales* textuelles Verfahren mit den *Inhalten* seines Denkens einer unendlichen Andersheit sowie mit einem höchst luziden Gottesbegriff verwoben ist, ein Gewebe, das die dualistische Trennung von Form und Inhalt außer

---

[182] Zitate aus Schrift, 446, 117 u. 116.

Kraft setzt und damit eine Alternative zu Tendenzen des Totalitären in der philosopischen Tradition aufzeigt.

Im folgenden soll nun deutlich werden, daß das bisher Dargestellte auch als immanenter Dialog mit dem Denken der jüdischen Talmudgelehrten verstanden werden kann. Dies geschieht, indem die Derridasche Technik der Dekonstruktion mit talmudischen Techniken der Schriftinterpretation konfrontiert wird, ohne die Perspektive auf das im Rahmen dieser tragenden Säule des Judentums entwickelten Gottesbild außer Acht zu lassen.

Es soll hier nicht behauptet werden, Derrida habe die jüdischen Techniken kopiert. Vielmehr geht es um die Vermutung einer eher „unbewußt-jüdischen" Existenz, die sich nicht vermittels einer gezielten Schulung oder Prägung oder als bewußte Traditionsbildung, sondern eher als Gestus des Denkens und Schreibens, eventuell aus dem Gefühl einer heimlich/unheimlichen Fremdheit im europäisch/christlichen Kontext heraus als deren Negativ entwickelt haben könnte. Von dort her ließen sich die Konvergenzen dieses Denkens mit dem ausgeschlossenen Andern dieser Kultur, dem Judentum, erklären.

VILLÉM FLUSSER, der in seinen späten Arbeiten an sich selbst „jüdische Eigenschaften [...] ganz spezifische 'Techniken (s)eines Denkens und Handelns' entdeckt, schreibt zu diesem Phänomen:

> „daß meine wissenschaftliche und philosophische Argumentation ganz ähnlichen Regeln folgt wie denjenigen des talmudischen Denkens, ohne daß ich je Kontakt mit dem Talmud gehabt hätte. Und ich stellte ebenso überrascht fest, daß viele jüdische Denker, von denen ich weiß oder annehme, daß sie den Talmud ebensowenig kennen wie ich, den gleichen Denkregeln folgen. [...] Ich erkenne in einer fremden Literatur meine eigene Denktechnik wieder. [...] Ich lese die *Midraschim* wie ich den *Popol Vuh* oder das *Tibetanische Totenbuch* lese. Und doch kann ich nicht leugnen, daß die 'Logik' der *Midraschim* meine eigene ist, obwohl ich doch eine andere Logik, nämlich die griechische, glaube erworben zu haben. *Diese überraschende Entdeckung ist peinlich.*"[183]

Mir scheint nichts dagegen zu sprechen, angesichts der erörterten biographischen Prägung Derridas von einem ähnlichen Sachverhalt auszugehen. Dieser soll im folgenden als Phänomen dargestellt, nicht jedoch kausal begründet oder sytematisch als „Option für jüdisches Denken" gerechtfertigt werden.

Für die christliche Theologie erscheint damit die Auseinandersetzung mit der Dekonstruktion, die hier als ein möglicher Ausdruck zeitgenössischen, „spätmodernen" Denkens verstanden wird, gleichzeitig als eine Auseinandersetzung mit einem verdrängten Teil ihrer eigenen Vergangenheit, mit einem

---

[183] Pilpul. Die Lage des westlich assimilierten Juden - Ein autobiographisches Beispiel. Beitrag in „Zeit und Bild". Wochenendbeilage der Frankfurter Rundschau vom 18. 3.1995. Erscheint in „Jude sein", einem Band der 14-bändigen Ausgabe der Schriften *V. Flussers* (Bollmann). (Hervorh. v. Verf.).

bereits früh aus dem Bereich der Rechtgläubigkeit ausgeschlossenen Umgang mit der Schrift[184]. Dieser ist vor allem von der Zuweisung einer quasi-ontologischen Bedeutung an die Schrift, durch die Hochschätzung ihrer Materialität und die endlosen Bemühungen gekennzeichnet, innerhalb des Textes einen Ort für das ethische Handeln, für den anderen Menschen und für Gott, kurz für das Nichtidentifizierbare, freizuhalten.
Stellvertretend für das gesamte Werk werden die meiner Ansicht nach für Derridas Bedenken des Judentums wesentlichen Aspekte anhand seiner frühen Arbeiten zu E. Jabès am Beginn des Kapitels grob umrissen.

1. Aus dem Buch hervorgegangene Rasse. J. Derrida liest Edmond Jabès

In den Essays „Edmond Jabès und die Frage nach dem Buch“[185] sowie „Ellipse“[186] widmet sich Derrida kommentierend den an den Talmud erinnernden Poesien, die Jabès in seinem dreibändigen Werk „Le Livre des Questions“[187] in der Form einer unsystematisch-narrativen Philosophie entfaltet. Imaginäre Rabbiner antworten auf Fragen nach dem Wort, nach der Freiheit, nach der Wahl, nach dem Tod, nach Gott, und Derrida fragt mit dem gleichen Gestus weiter. Die beiden Aufsätze gehören zu den frühesten Veröffentlichungen Derridas. Dennoch enthalten sie in nuce bereits seine gesamte Theorie der Schrift. Sie übernehmen die Form eines (talmudischen) Kommentars, einer weiterführenden Zuspitzung des in langen Passagen zitierten Textes. Tatsächlich finden sich in den Essays zu Jabès auch zum ersten Male der Gedanke von der Abwesenheit des Autors, die fundamentale Unterscheidung zwischen Buch und Text, sowie früheste Äußerungen Derridas zum Judentum.

---

[184] Bereits bei *Paulus* findet sich die bekanntlich antijüdische Abgrenzung „denn der Buchstabe tötet, der Geist aber macht lebendig“ (2 Kor 3, 6). Zu ähnlich negativen Aussagen über den Buchstaben vgl. Röm 2,28; 7,6 und 2 Kor 3,7. - In der Novelle 146 des justinianischen Gestzeswerkes aus dem Jahre 553 heißt es dann rechtskräftig für das gesamte damalige römische Reich - und mit den einschlägigen Folgen im Mittelalter - von den Juden: „hebrei [...] insensatis semetipsos interpretationibus tradentes [...]“.

[185] Geb. Kairo 1912, Emigration aus Ägypten 1957, gest. Paris 1991. - Schrift, 102-120. Edmond Jabès et la Question du Livre. *Écriture, 99-116.* Erstveröffentlichung in: Critique, Paris 1964, 201.

[186] Schrift, 443-450 / *Écriture, 429-436.* - Daß Derrida beide Artikel zu Jabès mit dem homoiophonetischen „Reb Rida“ bzw. „Rabbi Derissa“ (Reb - jiddisch für Rabbi, Derissa bzw. Rida als Verweis auf lat. *ridere* - lachen) signiert, wird man nach den folgenden Ausführungen nicht mehr für eine bloße Spielerei halten.

[187] *E. Jabès*, Le Livre des questions. Paris 1963; Livre de Yukel. Paris 1964; Le retour au livre. Paris 1965.

Jabès nennt das jüdische Volk die „aus dem Buch hervorgegangene Rasse“[188]. Tatsächlich ist der nicht historisch, wohl aber begründungslogisch gedachte Vorrang der Thora nicht nur vor dem Volke Israel, sondern auch vor der ganzen Schöpfung kennzeichnend für jüdisch-talmudisches Denken. Diese frühe Vorstellung eines Primates der Schrift vor jeder Form der Anwesenheit, die sich auch und vor allem im Schöpfungsgedanken niederschlägt, findet ihren vielleicht treffendsten Ausdruck in der literarischen Form des talmudischen Textes.

In enger Verbindung dazu stehen Überlegungen zu einem Gott, der in der jüdisch/kabbalistischen Tradition von der Thora, dem heiligen Buch bzw. der heiligen Schrift her gedacht wird[189]. Sie bilden den Schwerpunkt der Derridaschen Darstellung.

Außerdem finden sich hier bereits - freilich in einer weniger elaborierten Form - Überlegungen zu den Folgen, die eine Privilegierung der Schrift, des Buches vor der mündlichen Rede für das (Autor-) Subjekt haben. Derrida entwickelt diese Gedanken vor dem Hintergrund des heimatlos im Exil lebenden Juden bzw. Rabbiners, wie er bei Jabès auftaucht. An diesen drei unterschiedlichen Zugängen orientiert sich die nachfolgende Interpretation

(1) Wenn Derrida die Abgeschlossenheit der Epoche der Metaphysik *(clôture)* als „(Ab)Geschlossenheit des Buches“[190] faßt, gibt er sich erneut als Schüler M. Foucaults zu erkennen. *Das* Projekt der Neuzeit, die Welt, den Menschen und Gott als endgültige Totalität in einem Buch oder einer geschlossenen Reihe von Büchern darzustellen, also in einer Enzyklopädie oder dem „perfekten System“, muß als gescheitert gelten. Diesen Versuch ordnet Derrida dem Modell der Repräsentation und dem „vulgären Schriftbegriff“ zu. Er ist notwendig verknüpft mit einem bestimmten Gottesbild: Die Welt ist von einem Zentrum, nämlich dem souveränen Schöpfergott, her entworfen und läßt sich nur deshalb auch „in einem Wurf“, in einem Buch darstellen, das nach der Schöpfung entstanden ist und diese re-präsentiert. Mit seiner partiellen Wiederholbarkeit im Zitat hat die Selbstauflösung des Buches als Selbstidentisches je-

---

[188] Schrift, 102 / *Écriture, 99*.

[189] Eine Zugehensweise, die angesichts der Schwerpunktsetzung Derridas bei einer neuen Privilegierung der Schrift nicht verwundert. Es muß aber zu Mißverständnissen führen, wird die gesamte Philosophie Derridas aus dieser Perspektive gelesen, wie es *J. Habermas* (Ph.D.M., a.a.O.) tut. Trotzdem ist Habermas Recht zu geben, wo er dem „Ursprungsdenken“ Derridas an anderer Stelle gegen Heidegger positive Seiten abgewinnt: „Die Erinnerung an den Messianismus der jüdischen Mystik und an jenen verlassenen, aber wohlumschriebenen Ort, den der alttestamentarische Gott einst eingenommen hat, bewahrt Derrida gleichermaßen vor der politisch-moralischen Unempfindlichkeit wie vor der ästhetischen Geschmacklosigkeit eines mit Hölderlin angereicherten Neuen Heidentums.“ Ebd., 197.

[190] Schrift, 443 / *Écriture, 429* „la clôture du livre“.

doch schon begonnen: Ein Buch *neu* zu lesen bedeutet, es *anders* zu lesen. Der erste Eindruck wird verwischt und von neuen Eindrücken überlagert. Damit wird die inkontingente Identität des Buches fragwürdig. „Die Rückkehr *(le retour)* zum Buch ist also das Aufgeben *(l'abandon)* des Buches."[191]
Derrida schlägt deshalb vor, die Geschlossenheit des Buches durch eine „Öffnung des Textes" abzulösen. Danach ist die heilige Schrift, das Buch der Bücher, das das unverfälschte göttliche Wort oder das umfassende Wissen über den Kosmos enthält, nicht eindeutig als ewig mit sich selbst identisches auszumachen. Wie für jeden anderen Text gilt „diese gemeinsame Unmöglichkeit, in die Mitte des heiligen Textes wieder einzutreten". Die als „heilig" apostrophierte Schrift gerät so zur Interpretation der „Bruchstücke der zerbrochenen Tafeln" eines unwiederbringlich verlorenen Ursprungs, zwischen denen „das Abenteuer des Textes als vogelfreies Unkraut" der Poesie anhebt und „das Recht zur Rede Wurzel faßt *(s'enracine)* [...] weit von der 'Heimat der Juden' entfernt, die 'ein heiliger Text inmitten der Kommentare' ist"[192].
Dabei stehen Dichter und Juden in diesem frühen Text keineswegs in Opposition zueinander[193]. Derrida schlägt sich auch nicht auf die Seite der Poesie, verteidigt sie allerdings gegen ihre Abwertung bei Jabès. Schon hier wie später im Celan-Essay werden die Bezeichnungen „Dichter" und „Jude" synonym gebraucht. Der eine erklärt den andern, sie arbeiten Hand in Hand. Damit gerät das jüdische Schriftverständnis zum Prototyp der Literatur der Moderne.
„Der Bruch der Tafeln", mit dem die menschliche Geschichte beginnt, bezeichnet dabei den Ursprung der Widersprüchlichkeiten und der ständig wechselnden Konstellationen unter den als Schrift gefaßten Äußerungen menschlicher Existenz, den Texten, die sich im Gespräch miteinander befinden. Sie bilden eine neue, jedoch nicht mehr abgeschlossene Größe. Diese nennt Derrida später auch *„le texte général"*[194]. Hinter dieser häufig mißver-

---

[191] Schrift, 444 / *Écriture, 430.* Das frz. 'abandon' ließe sich auch mit „Verwahrlosung", „Herrenlosigkeit", „Vernachlässigung" wiedergeben.

[192] Schrift, 105 / *Écriture, 102.*

[193] *S. Handelman* vertritt diese Ansicht (Dies., Fragments of Redemption. Jewish Thought..., Indiana 1991, 264). Im ersten Jabès-Aufsatz ist jedoch *nirgends* von „the poet's freedom versus the rabbi's subjection to the law" die Rede, geht es doch Derrida gerade um das Sprengen des alten (griechisch / christlichen) Klischees von der Unterwerfung des Juden unter den Buchstaben des Gesetzes. (Wohl zuerst bei Protagoras, dann bei Paulus, 2 Kor 3,6). S. Handelman sitzt hier den Einseitigkeiten einer dezidiert antireligiösen nordamerikanischen Derridarezeption auf.

[194] „Das, was ich also Text nenne, ist alles, ist praktisch alles, das heißt, es gibt einen Text, sobald es eine Spur gibt [...]. Die Rede ist ein Text, die Geste ist ein Text, die Realität ist ein Text in diesem neuen Sinne [...]. Der Text ist kein Zentrum. Der Text ist diese Offenheit ohne Grenzen." *J. Derrida* in: P. Engelmann, Derridas Randgänge der Philosophie. In: J. Bernhard (Hg.), Semiotica Austriaca, Wien 1987, 107f.

standenen Denkfigur steht jedoch nicht die Vorstellung einer Welt als eines endlosen Meeres aus Texten, sondern die nach Akzeptanz des „linguistic turn“ konsequente Einsicht, daß jede Aussage sich nur wieder auf andere sprachliche Aussagen und nicht auf einen auch nichtsprachlich faßbaren Referenten außerhalb dieses Verweisungszusammenhangs beziehen kann. Diese Denkfigur wiederum leugnet keineswegs, daß es ein Außerhalb des Textes gäbe, sondern definiert lediglich den Raum des Sagbaren. Derrida vollzieht hier in der Sprache des Poststrukturalismus die umstrittene Kantische Einsicht von der Unerkennbarkeit des „Dings an sich“. Die in Teil zwei und drei dieser Arbeit interpretierten Texte zu Judentum und negativer Theologie werden vor allem in *diesem* Kontext, also als Ringen um die sprachliche Fassung des Außersprachlichen, gelesen.

(2) Bereits in diesem Text wird ein Konzept des exilierten Juden als Exempel eines zukünftigen Menschseins entworfen. Das Bild, das hier entsteht, ist primär von etwas gekennzeichnet, was man in Anlehnung an Levinas' Begriff der „Illeität“ als „Illicität“, als räumliche und zeitliche Dortigkeit, bezeichnen könnte. Als Ergebnis einer auch territorial gedachten Enteignung des jüdischen Volkes, jedes einzelnen Juden, jeder Jüdin, ist der „Ort“ bei Jabès „nicht das empirische und nationale Hier eines Territoriums. Als unvordenklich, ist er auch eine Zukunft. Besser: die Überlieferung als Geschick.“[195] Der idealtypisch gedachte exilierte Jude ist abwesend in den Zentren der Macht wie der Autor im Text. Er überläßt die Rede sich selbst, in einer Geste des Rückzugs von seinem Werk, die diesem selbst Platz macht.

> „Im Hinblick auf das Werk ist der Schriftsteller alles und nichts zugleich. Wie Gott auch.“[196]

Die Absonderung der Pharisäer wird dabei metaphorisch als historisches Plädoyer für die Wüste gelesen, ebenso die Wüstenwanderung des Exodus. Die Wüste aber, in ihrer anorganisch-dauernden Materialität wird als Metapher der Schrift gelesen: „In jedem Sandkorn ein Zeichen“. Ebenso der Garten, mit schnell wachsenden und vergehenden Pflanzen, als Metapher der gesprochenen Sprache. Die Juden sind das Volk der Wüste und der Schrift. Gleichzeitig steht die Wüste für die Weglosigkeit des poetischen Textes und damit für die Singularität einer Begegnung „unterwegs“ - eine Technik des Experimentierens, die nicht aus einem Punkt entwickelt werden kann.

---

[195] Schrift, 104 / *Écriture, 101.*

[196] Schrift 109 / *Écriture, 106.*

(3) Von dieser Weltsicht her ist es unmöglich, Gott als das Zentrum und Strukturprinzip des unbegrenzten Spiels neu in einem Punkt zu „orten". Wo Welt als Intertextualität verstanden wird, scheint der Gedanke an *ein* Zentrum unsinnig zu werden:

> „Rabbi Naman sagte: 'Gott ist das Zentrum *(Centre)*; deswegen haben große Geister behauptet, Er existiere nicht, denn wenn das Zentrum *(centre)* eines Apfels oder des Sterns das Herz des Gestirns oder der Frucht ist, welches ist dann die wahre Mitte *(milieu)* des Obstgartens und der Nacht?'"[197]

Wenn der metaphysische Gott als Urheber eines Textes verstanden wird, unterliegt er dem Zwang zur Wiederholung und zum Aufschub. Ein Aufschub, der einliniges Handeln, eine eindeutige Präsenz Gottes in seinen Taten, unmöglich macht und der aus einer kreisförmig um den einen Mittelpunkt angeordneten Welt eine Ellipse mit mehreren Zentren formt.
Keine der Interpretationen trifft ins „Herz" der ursprünglichen Offenbarung, aber in der Freiheit ihres Spieles zeigt sich als Spur etwas von der Freiheit, die „am Anfang zehnfach in die Gesetzestafeln eingegraben *(gravée)*" wurde[198]. Die Gespaltenheit der Perspektiven, Meinungen, Interpretationen verweisen für Jabès wie für Derrida auf eine ursprüngliche Gespaltenheit[199]. Und mit dem Verlust der Univozität, der einen und unwidersprochenen Wahrheit stellt sich Gott selbst in Frage: „Wenn Gott [...] Öffnung der Frage selbst ist, dann gibt es keine *Einfachheit (simplicité)* Gottes."[200] Was hier verschwinden soll, ist nicht Gott, sondern ein Bild, das andere Bilder verbietet. Die scholastische Vorstellung, er existiere als selbstidentisches, überzeitliches und nichträumliches Kontinuum unabhängig von Seiendem und Geschichte, verschwindet gleichzeitig mit dem Glauben an die eine widerspruchsfreie heilige Schrift: das Buch. Deutlich widerspricht Derrida folglich dem Jabèsschen Diktum „Wenn Gott ist, dann weil er im Buche ist"[201], das seine hegelianische Her-

---

[197] *E. Jabès*, Le retour au Livre, a.a.O. zit. nach: Schrift, 446 / *Écriture, 432.* Die Abkehr vom Denken eines unveränderlichen Zentrums wird - auch im Deutschen verständlich - durch die Ablösung des frz. Terminus für Zentrum, 'centre', durch 'milieu' wiedergegeben.

[198] *E. Jabès*, Le Livre des questions, a.a.O., zit. nach: Schrift, 105 / *Écriture, 102.*

[199] „Der Bruch der Tafeln bezeichnet zunächst den Bruch in Gott als dem Ursprung der Geschichte", Schrift, 106 / *Écriture, 103.*

[200] Schrift, 106 / *Écriture, 103.*

[201] *E. Jabès*, Le Livre des questions. Zit. nach: Schrift 117 / *Écriture 113 f.* - Es scheint hier tatsächlich ein problematischer - und von Derrida an anderer Stelle verurteilter - Analogieschluß von der Schöpfung auf den Schöpfer vorzuliegen. Wie sie ist er - nach Derrida - einer ursprünglichen Differenz, der différance sekundär zu denken, „läßt nur das Geschriebene mich existieren, indem es mich benennt" (Schrift, 110 / *Écriture, 107).* Besonders deutlich wird diese versteckte Argumentation, wenn Derrida an anderer Stelle Meister Eckhart zitiert: „'Gott entsteht erst da, wo alle Kreaturen ihn aussprechen'. Diese Hilfe, die die Schrift des Menschen Gott erteilt, widerspricht nicht ihrer Unmöglichkeit, sich 'selbst zu helfen'

kunft kaum verleugnen kann, indem er die Öffnung des Buches auf den Text hin fordert. Eine solche Öffnung, die mit dem Akt der Lektüre immer wieder neu beginnt, verweist darauf, daß jeder Text, auch wenn er für sich Geschlossenheit reklamiert, sich fundamental und nicht nur in einer abkünftigen Form aus Differenzen generiert. Er erlaubt es also nur noch, von *Spuren* Gottes, von seinen vielfältigen und nicht zentralisierbaren Wirkungen zu sprechen.

Die Überlegungen gipfeln in der Frage nach der Zahl, die diesem gegen sich selbst aufstehenden Gott zugeordnet werden kann. Er wird weder als Einheit gedacht, noch als Duplizität, die als Dualismus schnell ihren Weg in die abendländische Oppositionalität zurückgefunden hätte, sondern als *Dreiheit*, Unabgeschlossenheit und Ungleichgewichtigkeit. Diese Dreiheit darf auf keinen Fall dialektisch verstanden werden. Das Dritte wird nicht als neue Identität zwischen Selbst und Anderem, Synthese von These und Antithese im Sinne einer Hegelschen Dialektik gedacht. Die Anwesenheit des Anderen im Selben, das im Gegensatz zum Identischen die Wiederholung strukturell impliziert, als Dreiheit zu denken, darf als Vorsichtsmaßnahme gegen eine solche dualistische oder dialektische Wiedervereinnahmung verstanden werden. Ähnlich dem „Dritten" im Werk Levinas'[202] und Lacans[203] stört er immer wieder jede traute Zweisamkeit, ermöglicht der Dritte den Austausch, die Kommunikation: erst in der Dreiheit erscheint die Dimension der Sprache und der Theorie, erst im Namen des Dritten, des Vaters, läßt eine Mutter ein Kind selbständig werden und liefert damit die „ursprünglich" ungestörte Beziehung ihrem Tod, der Trennung aus.

(Phaidros). Kündigt sich das Göttliche - das Verschwinden des Menschen - nicht in dieser höchsten Not der Schrift an?" (Schrift, 111 / *Écriture, 107*).

[202] *E. Levinas* behandelt den Dritten *(le tiers)* sowohl in Totalität (bes. 307-310) als auch in Jenseits des Seins (165,191, v.a. 200ff). Eine für unseren Zusammenhang besonders treffende Fassung des Phänomens findet sich in Jenseits des Seins, 200. Levinas schreibt hier über den Dritten: „Der Dritte führt den *Widerspruch* in das Sagen ein, dessen Bedeutung angesichts des Anderen bis dahin nur in eine einzige Richtung ging." Der Dritte taucht im Werk Levinas' mit der Funktion auf, Gerechtigkeit und Gleichheit zu insinuieren, als Anwalt der Verantwortung, der Verständigung zwischen Ich und Anderem: „Von selbst findet nun die Verantwortung eine Grenze, entsteht die Frage: 'Was habe ich gerechterweise zu tun?'". *T. Habbel* hat gezeigt wie die scheinbar klare ethische Anweisung, die sich aus den angeführten Levinasschen Aussagen ergeben, angesichts des Dritten in einer *Aporie* endet, wenn im Rahmen der Dreierkonstellation zwei in sich widersprüchliche Ansprüche an das Ich gestellt werden. (a.a.O., 126 ff). Indem der *Dritte*, der ja auch *Anderer*ist, in die ethische Relation eingeführt wird - und er ist immer schon in sie eingeführt -, hält die Unentscheidbarkeit Einzug. Damit gewinnt jedoch der Levinassche Begriff der Verantwortung auf irritierende Weise an dezentrierender Kraft. Das Subjekt ist von nun an zwar nicht von seiner Entscheidung absolviert, es kommt jedoch jede Theorie der Ethik an ihr Ende und muß die Unvertretbarkeit der singulären ethischen Entscheidung (zwischen verschiedenen konkurrierenden Ansprüchen) zugestehen.

[203] Vgl., dazu v.a. *J. Lacan*, Das Spiegelstadium als Bildner der Ich-Funktion. In: Ders., Schriften I, 61-70.

Der Zahl „Drei“ wohnt offensichtlich für führende Vertreter des aktuellen französischen Denkens eine fundamentale totalitäskritische und ethische Macht inne. Während Levinas und Lacan den Dritten jedoch interpersonal denken, handelt es sich bei den Jabès/Derridaschen Überlegungen um Reflexionen mit ontologischen Dimensionen.

> „Drei: nicht weil das Zweideutige, die Duplizität des Alles und Nichts der abwesenden Präsenz, der schwarzen Sonne, des Offenen Mundes, des entwendeten Zentrums *(centre dérobé)*, der elliptischen Wiederkehr endlich in irgendeiner Dialektik zusammengefaßt, in irgendeinem versöhnlichen Endpunkt befriedet würde. [...] Vom Augenblick an, da das Zentrum oder der Ursprung anfingen, sich zu verdoppeln, fügte sich das Doppelte nicht bloß zum Einfachen hinzu. Es zerteilte und ergänzte es. Von Anfang an gab es einen doppelten Ursprung und dazu noch seine Wiederholung. Drei ist die erste Zahl der Wiederholung. Ihre letzte ebenfalls [...] Das Unendliche ist zweifellos weder eins, noch keins, noch unzählbar. Es ist von ternärem Wesen *(d'essence ternaire)*.“[204]

Die Inspirationen, die von dieser fundamentalen und vorkonfessionellen Reflexion für die christliche Theologie ausgehen, können an dieser Stelle nicht erörtert werden. Das soll im letzten Hauptteil dieser Arbeit geschehen. Es dürfte jedoch deutlich geworden sein, daß es sich - zumindest für die christliche Theologie - hier nicht um eine bloße Zahlenmystik handeln kann. Es geht hier vielmehr um die Frage nach Möglichkeit und Grenzen einer propositionalen Beschreibung des absoluten Ursprungs *nach* der Dekonstruktion, die in dieser Arbeit vor allem als radikale Totalitätskritik gelesen wird.

---

[204] Schrift, 449f / *Écriture 435, eigene Übersetzung*. Vorher werden folgende Worte von E. Jabès zitiert: „Drei Fragen haben das Buch verführt und drei Fragen werden es vollenden. Was endet, beginnt dreifach. Das Buch ist drei. Die Welt ist drei. Und Gott für den Menschen die drei Antworten.“

2. *Die endlose und 'verrückte' Interpretation der Rabbinen*

> „In den Tagen König Davids konnten unschuldige Kinder die Torah auf neunundvierzig Arten positiv und auf neunundvierzig Arten negativ auslegen."[205]

Um zur Derridaschen Dekonstruktion in bezug gesetzt werden zu können, müssen die zentralen talmudischen Interpretationsregeln hier wenigstens kurz skizziert werden. Eine umfassende Einführung in Gestalt und Methodik kann dabei aus Raum und Zeitgründen nicht erwartet werden. Aufgabe des folgenden Kapitels ist es nur, jene Aspekte des Talmud darzustellen und zu kommentieren, die in ein Verhältnis zur Arbeitsweise und zu den Thesen von J. Derrida gesetzt werden können.[206]

a) Selbstbeschneidung und Differenz. Die kosmologische Stellung der Thora und die Gleichursprünglichkeit des Kommentars

Im jüdischen Verständnis geht die Thora der Erschaffung der Welt voraus. Demnach ist sie nicht nur Ursprung der Schöpfung, sondern auch Leitlinie des Schöpfers[207]. Gleichzeitig muß festgestellt werden, daß in dem Moment, von dem an ein in sich notwendig inkohärenter, geschichtlich gewordener Text als Muster der gesamten Schöpfung gedacht wird, die Welt nicht mehr in einer in sich schlüssigen (etwa platonischen) Theorie auf einen Ursprung, ein Entstehungsprinzip zurückgeführt werden kann. Wer sich mit der Welt, den in ihr wirkenden Kausalzusammenhängen, ihrem Ursprung und den in ihr waltenden

---

[205] *Midrash, Lev. Rabba* (Talmudkommentar zum Buch Levitikus), 26.

[206] Was einen christlichen Zugang und die Aufarbeitung der historischen Entwicklung des Talmud angeht, stütze ich mich auf die Arbeiten von *G. Stemberger* (Der Talmud. München 1987, und Midrasch. Vom Umgang der Rabbinen mit der Bibel. München 1989). *M.-A. Ouaknin* kommt das Verdienst zu, mit seiner Arbeit, die selbst in unmittelbarer Nähe zu den Werken von Levinas und Derrida vor wenigen Jahren in Paris entstanden ist, einen faszinierenden Einblick in Theologie und Philosophie des Talmud vermittelt zu haben (Le Livre brûlé. Lire le talmud. Paris 1986. Dt. Das verbrannte Buch. Den Talmud lesen. Weinheim / Berlin 1986. Im folgenden zitiert als „Das verbrannte Buch"). Bezüglich des *kabbalistischen* Gottesbegriffs und seines Bezugs zu einer impliziten Sprachtheorie der Kabbala, der in diesem Zusammenhang als Alternative zur christlichen Rezeption der alttestamentlichen Grundlagen nicht unerwähnt bleiben darf, greifen die folgenden Ausführungen auf Ergebnisse der einschlägigen und nach wie vor weder ausgeschöpften noch übertroffenen Arbeiten *G. Scholems* zurück (v.a. „Der Name Gottes und die Sprachtheorie der Kabbala." In: Judaica III, Frankfurt a.M. 1987, 7-70 - im folgenden zitiert als „Sprachtheorie"- und Offenbarung und Tradition als religiöse Kategorien im Judentum, in: Einige Grundbegriffe des Judentums. Frankfurt a.M. 1970 ff., 90-120. - Im folgenden zitiert als „Tradition").

[207] „Die Tora sagt. Ich war das Werkzeug der Kunstfertigkeit des Heiligen, er sei gepriesen. [...] der Heilige, er sei gepriesen, [blickte] in die Tora und erschuf die Welt [...]." *Bereschit Rabba*, 1.1. (Talmudkomentar zum Buch Genesis); zit. nach P. Schäfer, Studien zur Geschichte und Theologie des rabbinischen Judentums, Leiden 1978, 34.

Gesetzen beschäftigen will, wird im Judentum unweigerlich auf einen nicht einlinigen, nicht auf ein System reduzierbaren Text verwiesen. Diese Vorstellung geht soweit, daß Levinas schreiben kann: „Das Sichtbare, das wären die Schrift gewordenen Stimmen". Nur insofern sie in einem historischen Prozeß Sprache/Schrift geworden ist, zeigt sich also die Welt als vollendete dem Betrachter, der damit in einer ursprünglichen Weise zuerst als Leser und Interpret gedacht werden muß.

In einer solchen Theorie der Schrift ist nicht der *Text selbst*, sondern die geschichtlich situierte, das heißt von sozioökonomischer Kontingenz untrennbare, *Lektüre* der Ort des Geschehens, die zeitgenössische Interpretation, die sich einer ununterbrochenen Kette von Schriftkommentaren verdankt. In der Geschichte des Judentums leistet der Talmud, also die auf einige Generationen von Rabbinern festgelegte und gemeinschaftlich vorgenommene Kommentierung, die vorläufige Vermittlung zwischen - offenbartem - Text und den Anforderungen der Gegenwart[208]. Es gibt keine Theorie des überzeitlichen Sinns der heiligen Schriften, es heißt vielmehr: „Wende sie [die Thora, Anm. d. Verf.] um und um, denn alles ist in ihr."[209] Die Mulitiformität von Schöpfung und geschichtlicher Verortung, die Unausschöpflichkeit von Welt und Text fordern eine unendliche Interpretation, ein lebenslanges Lernen im Dialog mit dem Text, das innerhalb der Gesichte niemals an ein Ende, an eine umfassende Wahrheit gelangen kann.

Den begründungslogischen Hintergrund dieses Vorgehens bildet die Unterscheidung zwischen *mündlicher* (d.h. nicht in der Thora niedergeschriebener[210]) und *schriftlicher* Offenbarung, die gleichzeitig auf dem Sinai erfolgt sein sollen und gleiche Hochachtung genießen.

---

[208] „So ist die *Tradition als ein besonderer Aspekt der Offenbarung* historisch ein Produkt des Prozesses, in dem sich das rabbinische Judentum zwischen dem vierten oder dritten vorchristlichen Jahrhundert und dem zweiten nachchristlichen Jahrhundert gebildet hat. [...] So ist die Leistung der Schriftgelehrten in der Aufstellung einer Tradition, die doch in der Thora selber gründet und aus ihr hervorwächst, ein Musterfall der Spontaneität in der Rezeptivität. Weil sie sich als Geführte wissen, sind sie Führer. Sie sind es, die aus der religiösen Tradition etwas ganz Neues schaffen, das selber religiöse Dignität beansprucht, nämlich den Kommentar." *G. Scholem*, Tradition, 92 u. 96f.

[209] Traktat Abbot V, 22. *G. Stemberger* gibt als Ziel der Interpretation der Midraschim (in Absetzung gegen einen ursprünglichen Wortsinn) etwas mißverständlich den „zeitlosen Gehalt" des Textes an (Midrasch, a.a.O., 25). Er schreibt jedoch weiter: „Daher bedarf die Bibel einer ständigen Aktualisierung, in der der Ausleger die Gegenwartsbedeutung des Textes [...] stets von neuem zu erheben hat. Aktualisierung[...] findet einfach aus der dem Text innewohnenden Bedeutungsfülle die für die Gegenwart besonders relevanten Gesichtspunkte heraus." Ebd., 25f.

[210] Die mündliche Tradition findet sich im Talmud, der in einer Jerusalemer (Jeruschalmi, entstanden ca. 425 n.Chr.) und einer historisch ungleich bedeutenderen babylonischen (Bawli, abgeschlossen bis 427 n.Chr.) Version vorliegt. Beide Versionen umfassen *Mischna* (erste

Es handelt sich hier also um das Phänomen eines als heilig verehrten und als Ursprung der jüdischen Religion geglaubten Textes, der, zunächst mündlich überliefert, die Notwendigkeit seiner Tradier- und Kommentierbarkeit, und das heißt seiner Neu- und Umdeutung bereits substantiell in sich trägt. Eine solche Gleichursprünglichkeit des Kommentars könnte auch Hintergrund jener von Habermas in bezug auf Derrida zitierte Theorie des Rabbi Mendel zu Rymanów (gest. 1814) zur Verbalinspiration der Thora sein. Nach diesem Konzept ist nur das anhauchende Aleph, der unhörbare Beginn des hebräischen Alphabeths, am Sinai direkt von Gott geoffenbart worden[211]. Die bereits im Talmud vertretenen Vorstellung, das Volk Israel hätte nur die ersten beiden Gebote (Ex. 20, 2f) unmittelbar aus Gottes Mund vernommen, dann aber hätten sie der göttliche Stimme nicht standhalten können und seien von nun an auf die Vermittlung des Moses angewiesen gewesen, wird dabei von Rabbi Mendel weitergeführt.

> „Mit seinem kühnen Satz über die eigentliche Offenbarung an Israel als die des *Aleph* reduzierte also Rabbi Mendel diese Offenbarung zu einer mystischen, das heißt zu einer Offenbarung, die in sich zwar unendlich sinnerfüllt, aber doch ohne spezifischen Sinn war. Sie stellte etwas dar, das, um religiöse Autorität zu begründen, in menschliche Sprache übersetzt werden mußte, und das ist es, was im Sinne dieses Ausspruchs Moses tat. Jede Aussage, die Autorität begründet, wäre also demzufolge nur eine wenn auch noch so gültige und hochrangige, aber immer noch menschliche Deutung von etwas, das sie transzendiert."[212]

In dieser Passage tritt der Zusammenhang zwischen Textverständnis, Gottes- bzw. Offenbarungsbegriff und einer in diesem Fall als Totalitätskritik benennbaren Ethik offen zutage: Die Absage an die Vorstellung einer vollständigen Verbalinspiration der Wahrheit durch ein göttliches Subjekt löst den Text von seinem (göttlichen) Autor und entzieht ihn gleichzeitig dem Mißbrauch, der darin besteht, als textuelle Begründung ungerechter menschlicher Herrschaft über Menschen herhalten zu müssen.

Es handelt sich freilich nur um die Aussage eines einzelnen Rabbis, doch sprechen einige Indizien dafür, daß die Auffasssung Rabbi Mendels sich durchaus auf der Linie des allgemeinen jüdischen Textverständnisses bewegt. So paßt sich diese Offenbarungskonzeption in das jüdische Bilderverbot ebenso ein wie in die kabbalistische Vorstellung des Zimzum, auf die weiter unten ausführlicher eingegeangen wird.

Sammlung des mündlichen Gesetzes, in 6 Ordnungen und 63 Traktaten ca. 200 n. Chr.) und *Gemara* (Kommentar).

[211] Ph.D.M., 215ff.

[212] *G. Scholem*, Zur Kabbala und ihrer Symbolik, 47f.

Der Umstand, daß der Leser zur Feststellung irgendeines Textsinnes des Kommentars bedarf, findet seine Strukturanalogie im Derridaschen Gedanken des „gleichursprünglichen Supplements", einer gleichursprünglich gedachten „Ergänzung", die gleichzeitig zum Wesenskern des als „ursprünglich" apostrophierten Textes gehört und diese Ursprünglichkeit damit relativiert. Das ab-solute Original der Thora ist nicht lesbar, nicht verstehbar. Es entzieht sich. Interpretieren zielt damit grundsätzlich nicht auf die identische Rekonstruktion dieses „verlorenen Textes", auch nicht auf das Eruieren eines „ursprünglichen Sinns", einer Intention des Autors, sondern begreift sich selbst als gleichwertigen Teil des Textes. M.A. Ouaknin liest den Kommentar darüber hinaus als nichtidentische *Wiederholung* des kommentierten Textes. Die angenommene Gleichurspтünglichkeit des Kommentars offenbarte dann die *Ursprünglichkeit einer Differenz*. Der Kommentar steht am Ursprung und zersplittert ihn damit.

> „Die Notwendigkeit des Kommentars ist wie die poetische Notwendigkeit, die eigentliche Form der Rede im Exil. Am Anfang steht die Hermeneutik. Diese gemeinsame Unmöglichkeit, in die Mitte des heiligen Textes einzutreten, wie auch diese gemeinsame Notwendigkeit der Exegese, dieser Imperativ der Interpretation, wird vom Dichter und vom Rabbiner unterschiedlich interpretiert"[213]

Im selben Text findet sich auch der Verweis auf den notwendigen und für das jüdische Denken so bezeichnenden Bezug zwischen (Schöpfer)Gott und Schrift. Aus der Gleichursprünglichkeit des Kommentars im jüdischen Denken wird gefolgert:

> „Gott hat sich von sich selbst getrennt, um uns sprechen, staunen und fragen zu lassen. Er tat das nicht, indem er sprach, sondern schwieg, indem er dem Schweigen die Möglichkeit gab, seine Stimme und seine Zeichen zu unterbrechen, indem er die Tafeln brechen ließ. [...]"[214]

Im Kontext von Ursprünglichkeit und Sprache begegnen sich - auch in der Arbeit M.-A. Ouaknins - die Sprachtheorie Derridas und Levinas'. Mit Hilfe des ethischen Denkens des letztgenannten beschreibt Ouaknin[215] den Akt des Interpretierens als „Liebkosung", die in einer ethischen Bewegung den Text selbst als den Anderen unberührt läßt. Insgeheim findet dabei noch einmal jene Ausweitung des engeren Begriffs des Anderen bei Levinas auf das textuelle Verständnis des Anderen bei Derrida statt. die in *Totalität und Unendlichkeit* durch einen Verweis auf die Schrift als „Sprache des Ungesagten"[216] lediglich angedeutet wurde. Während der Rückzug für Derrida eine notwendi-

---

[213] Schrift, 105 (Übersetzung geändert).

[214] Schrift, 106.

[215] Das verbrannte Buch, 100ff.

[216] Ebd., 10 (Vorwort zur deutschen Auflage), sowie 235f.

ge Eigenschaft des Textes/des Anderen ist, wird er für Levinas erst durch die ethische Haltung des Subjekts ermöglicht. Der Ansatz einer Totalitätskritik beim abendländischen Schrift- und Textverständnis, den wir bei Derrida vorfinden, verbunden mit dem Anspruch, ein ethisches Denken vorzustellen, führt uns an dieser Stelle zu der Vermutung einer heimlichen Interdependenz zwischen *Umgang mit dem Text, dem andern Menschen* und *Gott*. Ein Zusammenhang, der an der jüdischen Tradition explizierbar, auch eine christliche Theologie nicht unberührt lassen kann, insofern sie sich als Buchreligion versteht und insofern sie der Tradition einen der Hl. Schrift entsprechenden Stellenwert einräumt.

b) Zimzum

Die vermutete Strukturanalogie von Schriftbegriff, Theologie und Ethik findet ihren gesammelten Ausdruck im jüdischen Gedanken des ZIMZUM, „eine[r] der erstaunlichsten und weitest reichenden Ideen, die in der Kabbala je gedacht worden sind“[217]. Er stammt ursprünglich aus der lurianisch/kabbalistischen Schöpfungstheologie und versucht dort, die Frage nach der Möglichkeit einer Welterschaffung angesichts eines vollkommenen, allmächtigen Gottes zu beantworten. Das hebräische „Zimzum“ heißt ursprünglich etwa „Konzentration“ oder „Kontraktion“, beschreibt aber genauer die Rückzugsbewegung des Schöpfers, der seine eigene Vollkommenheit, die sich als Allmacht, Allgegenwart und Allwissendheit ausdrückt, zurücknimmt, um Raum für Anderes, in diesem Fall für die Schöpfung, zu schaffen. Scholem nennt diesen ursprünglichen Vorgang „Selbstverschränkung Gottes ‘aus sich selbst in sich selbst’“. Gemäß seinen Ausführungen scheint es aber durchaus berechtigt, von Selbstenteignung und Exilierung Gottes aus seiner Allgegenwart und damit aus seiner Allmacht zu sprechen. „Der erste aller Akte ist also kein Akt der Offenbarung, sondern ein Akt der Verhüllung und Einschränkung“[218]. Erste Eigenschaft Gottes ist demnach nicht seine Gegenwart in der

---

[217] Vgl. dazu v.a. *G. Scholem*, Die jüdische Mystik in ihren Hauptströmungen. Frankfurt a.M. 1967 ff., 285-291. Hier 285. Daß G. Scholem, dessen Einfluß auf die Derridasche Sprachphilosohie hier nur behauptet werden kann, mit seiner Arbeit am kabbalistischen Begriff des „Zimzum“ nicht nur einen wesentlichen Beitrag zur Erforschung eines zentralen Motivs der Kabbala, sondern auch zur sprachlichen Fassung eines „erwachsenen“ jüdischen Gottesbegriffs geleistet hat, der den radikalen Anfragen der Moderne „haarscharf an der Grenze zwischen Religion und Nihilismus“ standhält, hat in letzter Zeit *I. Wohlfahrt* in seinem gleichlautenden Artikel mit besonderer Beachtung des Verhältnisses zwischen W. Benjamin und G. Scholem gezeigt. In: P. Schäfer / G. Smith (Hg.), Gershom Scholem. Zwischen den Disziplinen, Frankfurt a.M. 1989f, 176-256.

[218] *G. Scholem*, Die jüdische Mystik, a.a.O., 287.

Schöpfung, sondern sein Rückzug, seine Abwesenheit. Diese muß folglich als notwendige Voraussetzung des zweiten und jedes weiteren Aktes der Schöpfung wie der Offenbarung verstanden werden: Als Ermöglichung des Endlichen durch ein Unendliches steht Zimzum an der Schwelle zwischen beidem. Schon bei Isaak Luria findet sich die Ausweitung dieses Gedankens auf alle Handlungen Gottes, womit, so Scholem, „der Weltprozeß [...] nun zweigleisig geworden" ist: „Alles Endliche trägt die Spur des Unendlichen. Die Spur ist keine Neuschöpfung; sie existiert inmitten des Unendlichen"[219]. Genau jene Zweigleisigkeit der Welt, jenes spannungsvolle Gleichgewicht zwischen Abwesenheit und Anwesenheit, zwischen Aktion und Passion, zwischen Pantheismus und Entzug Gottes, jene fundamentale Differenz ist es, was hier stark an das Derridasche Denken der Spur und der *différance* erinnert. Sie ist unablöslich an den Text, an die textuelle Verfaßtheit der Welt gebunden und wird in der kabbalistischen Aussage: „Die Thora ist der Name Gottes" direkt ausgesprochen[220].

Dem Rückzug des Schöpfers im Prozeß der Schöpfung - und aus der von ihm ersterschaffenen Thora - entspricht allein eine Lektüre, die diese Abwesenheit Gottes im anwesenden Text auch ernst nimmt, und das nicht nur als systematische Konsequenz einer schöpfungstheologischen Prämisse, sondern als notwendige Voraussetzung zur Vermeidung jeder Idolatrie. Dies bedeutet für die rabbinische Lektüre zunächst, den Text nicht zu vervollständigen, wo er unvollständig erscheint, und Paradoxien nicht aufzulösen. Außerdem korrespondiert einer solchen Wahrung der Distanz zum Unendlichen im Text die Weigerung der Rabbiner, in einem Dialog Antworten zu geben. Selbst die oftmals in die Form von Antworten gekleideten Aussagen des Talmud gleichen nach einer semantischen Analyse eher einer Weiterführung der Frage, so daß die Abwesenheit eines abschließenden Sinns im schriftlich fixierten Dialog zwischen zwei Lehrmeistern dem abwesenden Gott die Ehre erweist. Der endlose Dialog mit dem anderen (Lehrmeister) allein ist also in der Lage, den unendlich Andern zu evozieren, ohne die Rede über ihn zum Idol verkommen zu lassen[221]:

---

[219] Das verbrannte Buch, 288.

[220] „Die Rede von der Tora als Namen Gottes besagt, daß Gott sein transzendentes Sein in ihr zum Ausdruck gebracht hat [...]. Damit wird [...] eine noch weitreichendere These statuiert, in deren Verfolg dann alle konkreten Sinnesschichten der Tora als der Sprache des Namens nur Relativierungen jenes einen Absolutum darstellen, das im Bereich der Sprache der Name Gottes ist." *G. Scholem*, Sprachtheorie, 30.

[221] Der naheliegenden Parallele zu P. Celans Vermeidung einer „verständlichen" Poesie um der Singularität des Anderen willen korrespondiert eine Bezugnahme Celans auf das Prinzip des Zimzum im Frühwerk, auf die *W. Hamacher* hinweist: „In einer an die kabbalisitische

„Dadurch, daß es die Abwesenheit Gottes bestreitet, stellt das Idol das Göttliche zur Disposition, macht es sicher und denaturiert es schließlich. Seine Vollendung macht ihm den Garaus. [...] Weil er den Atheismus fürchtet, hält der Bewunderer seine Hand über das Göttliche in Form eines Gottes; aber dieses In-die-Hand-Nehmen verliert, was es erfaßt: Es bleibt ihm nichts als ein allzu bekanntes Amulett, zu handhabbar, zu sicher [...]. Dem Idol fehlt die Distanz, die das Göttliche als solches identifiziert und authentisch macht - wie das, was uns nicht gehört, uns aber geschieht.“[222]

In diesem Sinne bewegt sich also jede Heranführung an den Text auf der Grenze zwischen Theismus und Atheismus. Dem Rückzug des Schöpfers entspricht der ehrfürchtige Rückzug des Lesers (und Theologen), eine Bewegung, die Levinas als *„caresse“*, als Liebkosung beschreibt.

Die Vorstellung einer Ursprünglichkeit und Unbedingtheit wird jedoch noch auf eine andere, formale und materiale Weise gestört:

„Der moderne Gelehrte, an Ordnung und Methode gewöhnt, wird sich hier ziemlich verloren vorkommen. Die Gemara erscheint uns fast immer wie ein unendliches Meer von Diskussionen, Abschweifungen, Erzählungen und Legenden, worin die Mischna, eine Erklärung heischend, ertrinkt. Man glaubt, wenn man diese Seiten liest, der Entfesselung einer ungeheuren Träumerei beizuwohnen, die nur das *Gesetz der Assoziation der Ideen* kennt, wo die disparatesten Objekte sich scheinbar natürlich die Hand geben, wo sich in der Großartigkeit einer wilden Unordnung alles mischt und alles aufeianderknallt. Diese Unordnung macht auch vor den am besten geschriebenen Diskussionen nicht halt. Aber nichts ist zufällig geschrieben, alles ist berechnet, genau.“[223]

Ein Beschreibung M.-A. Ouaknins, die mancher Leser und manche Leserin Derridas für eine Beschreibung seiner Arbeitsweise halten könnte. Dieser Eindruck entsteht aus der Wertschätzung des Marginalen, aus der Technik des Aufpfropfens und aus der Entwicklung von literarischen Argumentationen aus Wortähnlichkeiten, Techniken, die Derrida mit dem Talmud verbinden und die aus der Wertschätzung des materialen Anteils des Zeichens herrühren[224].

Theorie des Zimzum, der Selbstverschränkung des Nichts, gemahnenden Überlegung schreibt Celan: ‘Täusche dich nicht, nicht diese letzte Lampe spendet mehr Licht - das Dunkel rings hat sich in sich selbst vertieft’ [...] Wie der Ort der Sprache, so ist ihre Gegenwart, selbst die apokalyptische ihres letzten Augenblicks, kein primärtes Faktum der Vernunft, sondern der sekundäre Effekt einer Selbstkontraktion der Abwesenheit.“ (Die Sekunde der Inversion. Bewegungen einer Figur durch Celans Gedichte, in: ders. / W. Menninghaus (Hg.), Paul Celan, Frankfurt a.M. 1988, 81-126, hier 88). Die Bewegung der Selbstverschränkung bleibt die gleiche, nur daß sich hier das Nichts verschränkt, eine Abwesenheit, um der Sprache einen Ort zu lassen.

[222] *J.-L. Marion*, L'idole et la distance. Paris 1977, 24. Zit. nach: Das verbrannte Buch, 104.

[223] Das verbrannte Buch, 58.

[224] „Der Skandal von Derridas Schreiben wäre demnach der Versuch, ‘zufälligen’ Ähnlichkeiten oder Verbindungen einen philosophischen Status zu verleihen. Die Tatsache, daß ‘Pharmakon’ sowohl Gift wie auch Heilmittel ist, daß ‘Hymen’ Membran bedeutet und gleichzeitig die Penetration dieser Membran; [...] all dies sind kontingente Fakten der Sprache, die für die Dichtung relevant sein mögen, für den universalen Diskurs der Philosophie

Wie Derrida interessiert die Väter des Talmud weniger die vollständige Erhellung der Wirklichkeit als ein beständiges Hinweisen auf die Unmöglichkeit eines Lichtes ohne Schatten, einer Wahrheit ohne Lüge, eines Verstehens ohne Mißverstehen. Diese Tatsachen, die einer Hochachtung der Rhetorik neben der Logik entsprechen, führen eine Theologie die sie ernstnimmt freilich aus dem Bereich der Philosophie als Statthalterin des reinen Denkens in den der literarischen Texte.

c) Schrift und Materialität

In der absoluten Vorgängigkeit der (heiligen) Schrift liegt bereits der Keim für die Unmöglichkeit, hinter den Buchstaben einen endgültigen Sinn zu finden. In der Kabbala wie bei Derrida verweisen die Schriftzeichen, schon insofern der Schöpfungsplan irreduzibel an sie gebunden ist, auf die Materialität der Welt.

> „Das Geheimnis, das dem 'Heer' [aller Dinge] zugrundeliegt, ist der Buchstabe, und jeder Buchstabe ist ein Zeichen [Symbol] und Hinweis auf die Schöpfung. [...] darum sind die Buchstaben als Zeichen und Hinweise gesetzt worden, um mit ihnen die Materien der Wirklichkeit, ihre Formen, [...] ihre Geister und Seelen zur Form zu bringen, und deshalb ist die Weisheit in den Buchstaben und den Sefiroth und den Namen enthalten und gesammelt und all diese sind wechselseitig auseinander zusammengesetzt."[225]

Der Gedanke der Ursprünglichkeit des Thoratextes ergibt sich aus dem Bilderverbot des Dekalogs. Die Schrift zu privilegieren heißt die Bilder und die mündliche Rede gering zu achten und umgekehrt. Die Intention des Sprechers wird angesichts einer so verstandenen „Heiligkeit" der Schrift, das heißt in der Anerkennung ihrer Unabhängigkeit von Leser und Autor, ihrer zentralen Stellung innerhalb der Hermeneutik beraubt. Die Schrift beginnt, mit Hilfe ihrer kontingenten materialen Gegebenheiten, selbst neue Deutungsmöglichkeiten zu produzieren.
Die strukturalistische Variante des „linguistic turn", auf der auch das Denken Derridas aufruht, die Verabschiedung einer Vorstellung des subjektiven Bewußtseins als intentionalen Sprachschöpfers und die Annahme einer arbiträren, dem menschlichen Willen entzogenen Bedeutungskonstitution wird im talmudischen Judentum auf erstaunliche Weise vorweggenommen.
Der Kabbalist Abulafia versteht die Buchstaben also nicht als Repräsentanten einer geistigen Wirklichkeit und damit als der mündlichen Rede gegenüber sekundär, wie Platon, sondern - zumindest partiell - als vom Bewußtsein un-

---

jedoch keinerlei Konsequenzen haben." *J. Culler*, Dekonstruktion, a.a.O., 160.

[225] *Abulafia*, Ner Elohim, Hs. München 10, Bl. 164b. (um 1280). Zit. nach: G. Scholem, Sprachtheorie, 58f.

abhängige Einschreibung von Materialität, Körperlichkeit und Zeitlichkeit. Eine Verbindung verschiedener Ebenen der auf dem Terrain der heiligen Schrift, der die Unterteilung der 613 Gesetze der Hallacha[226] in 365 Verbote, die wiederum den Tagen des Jahres (Zeit) und 248 Gebote entspricht, die den Gliedern des menschlichen Körpers (Leiblichkeit) äquivalent gedacht werden. Weiterhin ist auf dieTatsache zu verweisen, daß in den Talmudinterpretationen die Länge der einem Abschnitt vorhergehenden Leerstelle im Text als wesentlicher Hinweis auf die Qualität des nachfolgenden Abschnitts verstanden wird. Damit entscheidet die *räumliche Ausdehnung* eines selbst ausdrücklich nicht-bedeutenden Abschnittes, einer Leerstelle der Schrift über die Bewertung des nachfolgenden Textteiles. Die Differenz zwischen bedeutenden und äquivalent nicht-bedeutenden Schriftzeichen wird selbst bedeutungskonstituierend. Außerdem lassen solche Leerstellen dem Leser den nötigen Freiraum für *seine* Interpretation des Textes. Die Unterbrechung, das Nichtgesagte verweist auf die Notwendigkeit der Ergänzung und mobilisiert die Kreativität des Lesers, erinnert ihn an seine ureigene Inspiration. „Wichtig an einem Text ist nicht allein das Gesagte oder Geschriebene, sondern nicht minder das Ungesagte und Ungeschriebene, die Leerstellen zwischen den Wörtern und Zeilen."[227] Eine solche „rezeptionsästhetische Wende" in der Bibelauslegung darf freilich nicht als Freibrief für die Deutungs- und Machtgier der Interpreten herhalten. Mit Derrida wäre dem hermeneutischen Versuch, jede Mißdeutung durch Beharren auf einer eindeutig zu eruierenden Autorenintention von vornherein zu vermeiden, die potentielle Vaterlosigkeit der Schrift entgegenzuhalten. Anders gesagt: Keine exegetische Methode kann jede metaphysische Aneigung der Texte eo ipso verhindern. Sie kann lediglich gewährleisten, daß in einem zweiten Anlauf bereits vorliegende Interpetationen erneut auf ihre eigene Ausschlußmechanismen überprüft werden bzw. daß Texte gegen ihre Rezeptionsgeschichte gelesen werden. - Kriterien, welche die Dekonstruktion erwiesenermaßen ebenso erfüllt wie die rabbibische Talmudinterpretation[228].

Auch die Interpretationsregeln des Talmud, die im folgenden Abschnitt einzeln vorgestellt werden insofern sie für unsere Fragestellung interessant sind, und die in der christlichen Polemik immer wieder als bloße Sprach*spiele* abge-

[226] Auf die Gesetzesauslegung zielende Partien des Talmud.

[227] *U. H. Körtner*, Der inspirierte Leser. Zentrale Aspekte biblischer Hermeneutik, Göttingen 1994, 108.

[228] Bezüglich der breiten und langen Tradition der Talmudinterpretation sei nur darauf hingewiesen, daß sie - als Ganze betrachtet - zu einer höchst lebendigen Pluralität und nicht wie andere Traditionen zu einer Verengung der Pluriformität heiliger Schriften auf nur eine Grundbotschaft geführt hat.

tan wurden, greifen immer wieder auf die zunächst nicht-intentional gesicherte und den Lektürevorgang dennoch bereichernde, ja erst ermöglichende Materialität der Schriftzeichen zurück.

d) Hermeneutik und Interpretationsregeln im einzelnen

Die Annahme einer Notwendigkeit des Interpretierens qua Vorgängigkeit der schriftlichen Offenbarung stellt ebensowenig eine rein theoretische Spekulation über die Bedeutung der Thora als Schöpfungsplan dar wie die Betonung der Materialität der Schriftzeichen. Vielmehr lassen sich Hermeneutik und Interpretationsregeln des Talmud als konkrete Umsetzung dieser Prämissen lesen.

(I) Allein fünf verschiedene Ordnungen der Gegenstände der mündlichen Thora können unterschieden werden[229], die fünf qualitativ unterschiedenen Ordnungen der Interpretationsmöglichkeiten gleichkommen. Sie induzieren die Notwendigkeit, den Text stets mit seinen Kommentaren zu tradieren, weil er alleine nicht verständlich wäre:

(1.) Die *phonetische Ordnung*, die sich aus der Uneindeutigkeit der unpunktierten hebräischen Konsonantenschrift ergibt und jedem Wort eine Vielzahl völlig unterschiedlicher, teilweise kontradiktorischer Wortbedeutungen zuzuweisen in der Lage, ist (2.) Die *orthographische Ordnung*, die evtl. fehlende „matres lectionis“[230] ergänzt, (3.) die *syntaktische Ordnung*, welche die im Originaltext ebenfalls völlig fehlende Interpunktion substituiert und auf der Ebene des Satzbaus zu unterschiedlichen Ergebnissen führen kann, (4.) die *methodologische Ordnung*, welche darauf verweist, daß Moses auf dem Sinai bereits die Interpretationsregeln für den Text der Thora erhielt: „Einladung zur Untersuchung und zur Entzifferung, zum Midrasch, die bereits eine Teilhabe des Lesers an der Offenbarung der Schrift ist“[231] und (5.) die *Interpretation von Details, welche im biblischen Text überhaupt nicht auftauchen*, deren ursprüngliche Offenbarung an Moses jedoch nichtsdestoweniger angenommen wird.

Bei dieser Auflistung ist eine Bewegung vom konkret vorfindlichen, substantiell unvollständigen Text*material* und dessen immer wieder neuer Generierung im Prozeß der Lektüre hin zu *spekulativer Ergänzung* wahrzunehmen. Erwähnenswert im Blick auf Derrida scheint mir hier, daß die Produktion von kommentierendem Text zunächst auf einen *Mangel,* nämlich auf den Mangel

---

[229] Das verbrannte Buch, 25ff.

[230] Fünf die Vokalisation unterstützende Konsonanten.

[231] *E. Levinas*, L'Au-delà du verset. Paris 1982, 163. Zit. nach:Das verbrannte Buch, 28.

an Eindeutigkeit im Text zurückgeführt wird, ja daß selbst dort, wo kein Anhalt für eine Ergänzung im Textmaterial vermutet werden kann, ein *Mangel,* eine Leerstelle im Textfluß, angenommen wird, die die Ergänzung provoziert. (II) Zu den fünf Ordnungen der mündlichen Thora kommen vier Bedeutungsstufen des Textes, die nach Ouaknin jedoch nicht im Sinne von Interpretations*prinzipien*, sondern eher im Sinne aufgefächerter Bedeutungsebenen des Textes, die den Status der entsprechenden Deutung markieren, verstanden werden sollten. Es wird unterschieden zwischen PESCHAT (wörtlichem Sinn, der sich explizit im Text findet), REMES (anspielendem Sinn, der den Austritt aus der Logik ermöglicht), DERASCHA (erbetenem Sinn, der Fragen an den Text heranträgt, auf die dieser evtl. gar keine Antwort geben kann) und SOD (verstecktem Sinn, vorwiegend in der kabbalistischen Literatur auftauchend, der die Tatsache eines absolut gewahrten Geheimnisses bezeichnet). Zusammengesetzt und vokalisiert ergeben die vier Bedeutungsebenen das Wort „PARDES", was etwa „Obstgarten" oder „Paradies" bedeutet - eine Metapher, die uns bereits bei Edmond Jabès begegnet ist, im Talmud jedoch keine ausdrückliche metaphorische Ausdeutung erfahren hat, sondern höchstens noch einmal den Status eines offenen Raumes unterstreicht, in welchem die Interpretation stattfindet. Evident jedoch ist dabei erneut das Voranschreiten vom offensichtlichen Textsinn zum im Text Abwesenden[232]. Wir haben hier also eine jüdische Lehre vom vierfachen Schriftsinn vor uns, die, wenn auch nicht auf ein Lektüreprinzip (die Person Jesu von Nazareth und ihre universale Heilsmittlerschaft) festgelegt, dennoch mit der christlichen Allegorese[233] verglichen werden kann. Der polemische Vorwurf des Origenes, die Juden verstünden die Schrift nur nach dem Literalsinn, muß also entschieden widersprochen werden.

(III) Zu nennen ist für unseren Zusammenhang außerdem die Methode der *Gematria*, welche darin besteht, die Worte nicht nach ihrer sprachlichen Bedeutung, sondern mit Hilfe der numerischen Buchstabenwerte als mathemati-

---

[232] Derrida schreibt zu dieser verwegenen Lektüretechnik: „[...] im Zusammenhang mit der einzigartigen Partition oder Partitur dieser vier Epitome, die irrational genug bleibt, um widerrufen oder kompliziert ineinandergeschlungen zu werden, entdecke ich das vierfältige <u>noch genauer zu bestimmende Modell eines paradiesischen Diskurses der jüdischen Rationalität</u>. 1. Peschat, die Buchstäblichkeit, enbtblößt wie eine Vorhaut, 2. Remes, Krypta, Allegorie, Geheimnis, unwegige Rede, 3. Derascha, Moralität, Homiletik, Eloquenz der Persuasion und der Predigt, 4. Sod, tiefgründig, kabbalistisch [...]." Circonfession 21.

[233] An dieser Stelle wie im folgenden Text wird mit den Begriffen „Allegorese" oder „allegorische Schriftauslegung" das Phänomen der kreativen Rezeption v.a. ersttestamentlicher Texte aus der Sicht des Christentums seit der Antike bezeichnet. Die Allegorie als allgemeines Phänomen der Literatur oder der bildenden Kunst muß in den folgenden Überlegungen dagegen ausgespart bleiben.

sche Summe zu verstehen und auf dieser alternativen Bedeutungsebene auch neue Relationen und damit - literarisch - eine größere Bedeutungsfülle herzustellen, die wiederum zu neuen Denkbewegungen anregt. Diese können durchaus aus dem sprachlichen Sinn dieser Perikope hinausführen. (Neben anderen Gründen ist es die Gematria, welche den Text des Talmud unübersetzbar macht, denn der numerische Sinn der Wörter läßt sich unmittelbar nur in einem Text aus hebräischen Buchstaben erkennen).

(IV) Der *Notarikon* sprengt die Wörter in Silben oder gar einzelne Buchstaben auf, und ermöglicht durch Rekombination die Bildung neuer Wörter. Auch hier liegt eine Steigerung der Bedeutungsfülle mit Hilfe einer Ablösung des Buchstabens aus dem Gesamtsinn des geschrieben Wortes vor, die eine Neudeutung der Schriftstelle in verändertem historischen Kontext ermöglicht.

(V) Die *Anagrammatische Lektüre*, welche keineswegs nur auf den Talmud, sondern schon auf die *Hoscheme*, ein mit Schriftzeichen bedecktes Brustschild des Hohenpriesters, zurückgeführt werden kann, geht noch einen Schritt weiter und faßt einzelne Buchstaben als Anfangs- bzw. Endbuchstaben neuer Wörter auf. Sie werden zu Initialen ganzer Sätze. So kann *Divre Eloquim Hayin* („Sätze des lebendigen Gottes") als der „Eine" (Aleph-Het-Dalet) gelesen werden. Doch nicht nur die Sätze und Wörter können zerprengt werden, auch das graphische Bild einzelner Buchstaben wird zerlegt, so daß ein He als Kombination aus Dalet und Waw gelesen werden kann.

(VI) Die Methode des *At-Basch* schließlich verfährt, indem der erste Buchstabe des Alphabets durch den letzten, der zweite durch den vorletzten usw. ersetzt wird. Hier ist es die Verortung der Buchstaben im Alphabet, welche in die Lage versetzt, ihre Verortung im jeweiligen Wort hinter sich zu lassen.

Niemals kann bei den so entstandenen neuen Bedeutungen stehengeblieben werden, sondern „immer [muß] darüber hinausgegangen werden"[234]. Es handelt sich hier also nicht einfach um ein schriftgelehrtes Spiel mit Buchstaben, das den Bezug zur sozialen und politischen Wirklichkeit der Menschen, die den Text lesen, aus den Augen verliert, sondern um Methoden zur Schaffung eines Bedeutungs*reservoirs*, das den begrenzten Horizont des Textmaterials zu transzendieren in der Lage ist und Material für neue Textdeutungen zur Verfügung stellt. „Das Materiale gibt zu denken"[235], zu spielen und zu träumen. Der „abendländisch gebildete" Leser wird dabei nur deshalb irritert und verliert die fundamentale textuell verankerte ethische Dimension der Talmudlektüre aus den Augen, weil der Text in einer erstaunlichen Vorwegnahme

[234] Das verbrannte Buch, 121. Vgl. Für die vorangegangene Vorstellung der Interpretationstechniken: *G. Stemberger*, Midrasch, 21-31 bzw. Das verbrannte Buch, 104-126.

[235] Das verbrannte Buch, 120.

Derridascher Metaphysikkritik eben nicht einfach als Repräsentation *einer* wie auch immer gearteten zwischenmenschlichen oder innergöttlichen Realität gelesen werden muß, sondern eine ethische Haltung bereits unabhängig vom Aussagesinn auf der Ebene des vorhandenen Buchstabenmaterials transportiert. So geht der Achtung der individuellen Menschenrechte, die sich in besonderer Weise dem jüdischen Denken verdankt, die Achtung der Bedeutungsvielfalt *jedes einzelnen Buchstabens* und der Dignität *jeder möglichen Interpretation* des Textes voraus[236]. Eine Denkfigur, die wir aus der jüdischen Anthropologie kennen: die unvertretbare Würde jedes einzelnen Menschen aufgrund seiner Gottebenbildlichkeit, wird hier als „Heiligkeit" der Schrift nicht nur postuliert, sondern praktiziert.

Im jüdischen Lehrhaus, dem Entstehungsort der genannten Techniken, ist der *Dialog (Mahloquet)* unter den Interpretierenden unaufgebbarer Bestandteil der Interpretation und Lehre. Jeder spricht dabei für sich, niemals kann er die Autorität der ganzen Gruppe oder gar des Talmuds selbst für sich in Anspruch nehmen. Das „Ergebnis" eines solchen Dialogs, als der auch der zentrumslose Text des Talmud selbst betrachtet werden kann, ist nicht eine Synthese oder der abschließende Lehrspruch des Rabbi, sondern die spannungsgeladenende Anerkennung gleichwertiger Stimmen und Meinungen gemäß dem Talmudsatz „Die Sätze der einen und die Sätze der anderen sind Sätze des lebendigen Gottes."[237]

> „Die *Mahloquet* zeigt ihrerseits gerade, daß sich nichts im Gleichen auflösen kann; nichts kann sich der Synchronie und der Synthese andienen; sie zeigt, daß die Wahrnehmung nicht nur ein 'Be-greifen', ein 'Erfaßbares' ist. Die *Mahloquet* bringt die immanente Struktur des synthetischen und rückführbaren Denkens zum Bersten; sie erschüttert die Ruhe einer inneren Wahrheit, Wahrheit, die einschläft, die sich vergißt, um schließlich nicht mehr gedacht zu werden. [...] Die logische Struktur des *Mahloquet* ist die des Buches. Schrift und Auslöschung (Spur) sagen und los-sagen."[238]

M.-A. Ouaknin setzt diese Form des Dialogs als „transzendentale Dialektik", die den anderen Menschen nicht auf einen Effekt des Stils reduziert, mit Levinas explizit von der „immanenten Dialektik" der platonischen Dialoge ab[239].

---

236 Es sei hier noch einmal auf den Derridaschen Gedanken der Singularität jeder Begegnung mit dem Anderen (expliziert an der Poetologie Celans) verwiesen!

237 Zit. nach: Das verbrannte Buch, 129.

238 Das verbrannte Buch, 129f.

239 „Alles geschieht im Innern ein und desselben Bewußtseins: innerer Diskurs, wo das Denken sich künstlich trennt, indem es sich zu fragen und zu antworten scheint, wo sich schließlich jedoch alles wieder anbindet." In der immanenten Dialektik „bleibt das Denken dasselbe, „es [...] ist kein Dialog, oder zumindest ist es der Dialog der Seele mit sich selbst, der mit Fragen und Antworten vorgeht, innerer Diskurs, in dem der Geist denkend, nicht weniger ein und einzig bleibt, trotz seiner Schritte und seines Kommens und Gehens, mit denen er sich

Die erstgenannte Form des Dialogs entspricht Derridaschen Arbeiten wie der „Postkarte (1. Lieferung), „Post-Scriptum" oder „En ce Moment", die ebenfalls die Form eines nicht eine Wahrheit, ja nicht einmal ein Thema verfolgenden potentiell endlosen „Dialogs" angenommen haben. Auch die parallele Montage im einzelnen beziehungsloser Texte wie in „Glas", „Feuer und Asche" oder „Jacques Derrida" erinnern an ein dieses scheinbare Aneinander-Vorbeireden der Talmudgelehrten im Sich-Aneinander-Richten.
Ouaknin zieht darüber hinaus eine Parallele zwischen dieser Art des Dialoges zwischen zwei Lehrmeistern und dem Gedanken des Zimzum: Die unbeantwortete Frage entspricht dabei der Abwesenheit des sich zurückziehenden Gottes, der im Sich-Richten der Frage dennoch anwesend ist. „Das gleiche Nichts, in dem die Welt entstehen konnte, entsteht zwischen zwei Lehrmeistern im Dialog. Nicht die Erörterung ist die Hauptsache, sondern das Handeln, für das ein Leerraum geschaffen werden muß."[240] Eine Antwort bzw. die Synthese schlösse den so entstandenen Raum wieder ab. Die Offenheit hingegen, welche die unbeantwortete Frage erreicht, ermöglicht sowohl die Handlung, die Konfrontation mit der Singularität eines begegnenden und strukturell unbekannten Andern, als auch das Erstaunen, die frag- und sprachlose Begegnung mit der Realität. Sie richtet sich nicht primär auf Wahrheiten eines wie auch immer gearteten Jenseits, sondern zerreißt den Schleier des Gewöhnlichen und der (Vor)Kenntnisse, der das Einmalige verhüllt. Die Nähe dieser Überlegungen zum oben skizzierten Denken des Anderen bei Emmanuel Levinas sind offenkundig, aber eher noch läßt sich die Derridasche Dekonstruktion in ihrem insistierenden, die Logik verweigernden Fragen, das potentiell ohne Antwort bleibt, in diesem Sinne als transzendentale Dialektik begreifen[241].
Die Derridasche Technik des *Aufpfropfens*, des „In-Beziehung-Setzens" von Texten unterschiedlichster Provenienz, findet ihre Entsprechung im zweiten Talmudischen „Eröffnungsprinzip" nach der *Mahloquet*, der *Gezerah schawa*.

---

selbst gegenübertreten kann." *E. Levinas*, Gott und die Philosophie, In: Casper, B.: (Hg.), Gott nennen Phänomenologische Zugänge. Freiburg / München 1981, 215f. Diese Kritik des Sich-selbst-sprechend-Vernehmens erinnert stark an Derridas Kritik der Husserlschen Unterscheidung zwischen Anzeichen und Ausdruck in *Die Stimme und das Phänomen* sowie an seine Hegelkritik in *Randgänge der Philosophie*.

[240] Das verbrannte Buch, 133f.

[241] *M. Heidegger* fragt dagegen nach „dem Sinn der Existenzialität selbst, d.h. vorgängig dem Sinn des Seins überhaupt" (SuZ, 20), eine Frage , welche dann, wenn sie tatsächlich eine Antwort in der Theorie erwartete, einem Talmudgelehrten ebensowenig in den Sinn käme wie J. Derrida, über dessen Dekonstruktion *G. Bennington* bemerkt: „Die Dekonstruktion metaphysischer Oppositionen führt [...] zu einer Situation, die dem Ereignis vollkommen singulärer Konstellationen seine Chance gibt." Jacques Derrida, a.a.O., 63.

Der Begriff, der nach Ouaknin am besten mit „Intertextualität" übersetzt wird, bezeichnet die Tatsache, daß es „keine Aussage ohne Beziehungen zu anderen Aussagen gibt". Der Sinn dieser Texte findet sich weder ausschließlich in dem einen noch in dem anderen, sondern in den Beziehungen zwischen ihnen. Mit Blick auf die nachfolgende Erörterung der allegorischen Schriftauslegung sei darauf hingewiesen, daß die Gezerah schawa ebenfalls nach dem Prinzip der (phonetischen und inhaltlichen) *Ähnlichkeit* operiert.

3. Vom Talmud zum Christentum

Im Zusammenhang der zeitgenössischen Diskussion um die Ablösung einer *nur* historisch-kritischen Exegese durch einen Strauß unterschiedlicher Interpretionsansätze[242] und die damit verbundene Wiederentdeckung des mehrfachen Schriftsinns wurde bereits auf die Übereinstimmungen zwischen Allegorese und Pardes hingewiesen[243]. Die Übereinstimmung zwischen beiden ist wohl vor allem in der gemeinsamen Wahrnehmung der Problematik zu sehen, Texte, die mit dem Anspruch auftreten, überzeitliche göttliche Offenbarung zu sein, für den aktuellen Kontext zu kommentieren. Gerade *weil* die bearbeiteten Schriften als *heilig* gelten, muß nach ihrer *Bedeutung für die Gegenwart* gefragt werden. Die historisch-kritische Exegese ist, nach Aufgeben der Unterscheidung zwischen heiligen und profanen Texten, primär an der *Autorenintention* und der *Bedeutung der Aussagen im zeitgeschichtlichen Kontext* interessiert, läßt also die Vermittlungsproblematik zumindest dort, wo sie in ihrer Reinform auftritt, ebenso wie die Frage nach der Heiligkeit des Textes außen vor.

Derrida hingegen akzeptiert den fundamentalen Bezug zwischen Gott und Schrift und hält an der „Heiligkeit" der Schrift fest. Allerdings verweist in seinem Konzept die Schrift nicht auf eine „höhere", jenseitige Präsenz, sondern bezieht ihren Status der Heiligkeit - wie oben ausgeführt - aus der Abwesenheit einer Anwesenheit, aus einem Geheimnis, das sich als in der Interpretation angezielter letzter Sinn immer wieder entzieht. Damit wird die Unterscheidung zwischen Profanem und Heiligem ebenfalls aufgegeben, jedoch nicht, um die Schriften der Bibel zu profanieren, sondern um *alle* Texte zu heiligen. Die Bedeutsamkeit der Materialität wird auf alle Texte der Welt, auf

---

[242] Stellvertretend für eine Vielzahl alternativer Interpretationsansätze sei hier nur die Aufsatzsammlung von *Chr. Sternberg,* (Hg.), Neue Formen der Schriftauslegung? (QD 140, 1992) genannt und auf die dort ausführlich angegebene Literatur hingewiesen.

[243] *Chr. Dohmen*, Vom vielfachen Schriftsinn - Möglichkeiten und Grenzen neuerer Zugänge zu biblischen Texten, Ebd., 13-74, hier 22-24.

die Welt als Text ausgedehnt. Den im klassischen Sinne heiligen Texten wäre damit lediglich der Status eines *Exempels* geblieben: Orte der Offenbarung einer transzendentalen Struktur der Textualität, die freilich ohne Text nur schwer denkbar wäre.[244]

Dem Mißverständnis, Derrida verbanne in einer überzogenen Totalitarismuskritik den Menschen in ein Gefängnis aus Texten, wurde von ihm selbst allerdings mehrfach widersprochen. Am deutlichsten geschieht dies in einem Interview. Hier wendet sich Derrida zunächst gegen eine Interpretation seiner Arbeit, die ihm unterstellt, er vertrete die Ansicht: „Daß es nichts jenseits der Sprache gäbe, daß wir von Worten überschwemmt würden und andere Einfältigkeiten dieser Art. [...]. Es ist vollkommen falsch zu behaupten, Dekonstruktion sei die Aufhebung jeder Referenz [...]. Die Kritik am Logozentrismus besteht vor allem anderen in einer Suche nach dem 'Anderen der Sprache' [...] Dekonstruktion bedeutet kein Eingeschlossensein in Nichtigkeit, sondern eine Offenheit gegenüber dem Anderen. [...] Mein Werk zerstört das Subjekt nicht, sondern versucht einfach, es wiederherzustellen."[245]

Angesichts der ausführlichen Beschäftigung mit den weitgehend vorkritischen Lektüre- und Interpretationstechniken des Talmud liegt es nahe, sie ebenso in bezug zur christlich allegorischen Schriftauslegung zu setzen wie die Derridasche Dekonstruktion. Dies soll im folgenden erneut mit Blick auf die schon zitierten Werke geschehen, die sich bezeichnenderweise zur Charakterisierung der talmudischen Schriftinterpretation immer wieder der Antifolie der Allegorese bedienen.

M.-A. Ouaknin qualifiziert die Allegorese zunächst einmal als dem Talmud nahestehend, verläßt sich anschließend allerdings ganz auf Umberto Eco, welcher an der allegorischen Schriftauslegung ihre „Beschränkung des Sinns" auf die Person Jesu Christi[246] kritisiert:

> „Einem derart [allegorisch, Anm. d. Verf.] verstandenen Werk eignet zweifellos eine gewisse Offenheit; der Leser des Textes weiß, daß jeder Satz, jede Figur offen ist auf eine Vielfalt von Bedeutungen hin, die er entdecken soll; das geht so weit, daß er je nach Stimmungslage sich des Leseschlüssels bedient, der ihm am entsprechendsten erscheint, und das Werk in dem gewollten Sinn benutzt (und es

---

[244] So wie Derrida vom apokalyptischen Text schreibt: „Ist das Apokalyptische nicht eine transzendentale Bedingung eines jeden Diskurses, selbst jeder Erfahrung, jeder Markierung oder jeder Spur? Und die Gattung der im strengen Sinne apokalyptisch genannten Schriften wäre also nur ein Beispiel, eine exemplarische Offenbarung dieser transzendentalen Struktur." Apokalypse, a.a.O., 72.

[245] *R. Kearney*, Dialogs with Contemporary Continental Thinkers. The Phenomenological Heritage, Manchester 1984, 123f. Eigene Übersetzung.

[246] Das verbrannte Buch, 225 ff.

damit in gewisser Weise anders zum Leben erweckt, als es ihm bei einer früheren Lektüre erscheinen konnte). [...] Es ist klar, daß es weitere Lesarten nicht gibt: der Leser kann sich im Bereich dieses vierschichtigen Satzes mehr dem einen als dem anderen Sinne zuwenden, aber immer nur nach Regeln notwendiger und vorbestimmter Eindeutigkeit."[247]

Auch Susan Handelman entwickelt ihre Interpretation der Dekonstruktion im Kontext des Dualismus Judentum - Christentum. Immer wieder beharrt sie auf ihrer simplifizierende Position, im Judentum werde das Wort mit dem bezeichneten Ding identifiziert, während „die Griechen" das Wort quasi nominalistisch als „Namen" behandelten. Damit sei die mündliche und mehr noch die schriftlich verfaßte Sprache von vornherein in den Geruch der Lüge gekommen und im ebenfalls griechischen Dualismus zwischen Wahr und Falsch inferiorisiert worden. Dem Judentum komme also das *Hören* auf einen sprechenden Gott, dem Griechentum aber die wortlose *Vision* zu. Die Inkarnation Jesu Christi schlußendlich überbrücke den Graben zwischen auditiver und visionärer Orientierung, zwischen Sensiblem und Intelligiblem[248]. Handelman sieht in der Inkarnation also primär eine *metaphorische* Realität, der sie in Derridas Namen die „metonymische"[249] Praxis des Talmud, ja des Judentums überhaupt entgegensetzt.

Hintergrund ihrer Argumentation bildet Derridas Dekonstruktion des Metaphernbegriffs in dem frühen Aufsatz „Mythologie blanche"[250]. Kritisiert wird in diesem Text jedoch vor allem eine „allgemeine Taxonomie der Metapher"[251]. Gemeint ist damit die *Beschränkung der möglichen Bedeutungen* einer Metapher und die unlösbare Verbindung zwischen Name und Gattung bei Aristoteles[252], eine Beschränkung, welche die literarische Form der Meta-

---

[247] Das offene Kunstwerk, Frankfurt a.M. ^{6}1993, 33.

[248] *S. Handelman*, The Slayers of Moses, a.a.O., 4 - 21. In ihrer Derrida vereinnahmenden apologetischen Sprache [nirgendwo erklärt Derrida irgendetwas als *„one of the most deadly sins" (17)*, genausowenig *„condemns Derrida Aristoteles" (19)]* gibt sie jedoch schon hier die für Derrida fundamentale Unterscheidung zwischen geschriebener und gesprochener Sprache auf. Gleichzeitig mit dem Aufgeben dieser Unterscheidung führt Handelman in ihrer Konfrontation von jüdischem und griechischem Denken die komplette Liste oppositionaler Zuweisungen mit umgekehrtem Vorzeichen wieder ein, nur mit dem Unterschied, daß sie diesmal das Judentum und nicht das griechische Denken privilegiert. Es stehen sich also erneut Metonymie und Metapher, Audition und Vision, zeitliches und räumliches Denken usw. unversöhnt gegenüber.

[249] Vgl. zur Unterscheidung zwischen „Metonymie" und „Metapher" den Aufsatz von *R. Jakobson*, welcher der in der (französischen) Linguistik vielfältig verwendeten Opposition zugrundeliegt: Zwei Seiten der Sprache und zwei Typen aphatischer Störungen, in: Ders., Aufsätze zur Linguistik und Poetik. München 1974, 117-141.

[250] In: Randgänge, 205-258.

[251] Ebd., 221.

[252] Poetik 1457 a, b und 1458 b.

pher nicht *notwendig* transportiert, wie Derrida bereits in seinem frühen Aufsatz andeutet, in seiner späteren Antwort auf Ricœur aber expliziert[253]. Derrida spricht hier von einem „wesentlichen Entzug des Seins“: „Das Sein kann sich nicht zeigen, ohne sich zu verhüllen [in eine Metapher, Anm. d. Verf.]. Das heißt: der metaphorische Diskurs ist selber im Hinblick auf das Sein quasi metaphorisch.“[254] Die Entlarvung der aristotelischen Bedeutungsvereinheitlichung als sekundären Akt ermöglicht eine neue Lektüre metaphorischen Denkens, also etwa auch der Werke der figurativen Schriftauslegung der Väter. Demnach müßte es grundsätzlich möglich sein, eine allegorische Lektüre zu denken und zu praktizieren, die den alleinigen Bezug der *gesamten* Schrift auf *eine bestimmte* Interpretation der Person Jesu Christi aufgibt - nicht nur um der Polysemie des biblischen Textes selbst willen, sondern auch im Namen jener *caresse*, jener Ehrfurcht vor dem Text, die mit der Suche nach dem *einen* Gesamtsinn des Textes nicht zu vereinbaren ist. Den Beweis, daß dies im Kontext christlichen Denkens nicht nur möglich ist, sondern auch literarisch vorliegt, hat jüngst Chr. Jacob erbracht.[255]
Die Arbeit Handelmans offenbart m. E. also trotz der vielfältigen Bezüge, die sie zwischen dem Derridaschem Denken und der rabbinischen bzw. aristotelischen Hermeneutik herstellt ein fundamentales Mißverständnis, indem sie - erneut polarisierend - die alten Oppositionen einfach umkehrt. Während es früher hieß: „Die Juden interpretieren verrückt“, heißt der neue Schlachtruf: „Die Christen interpretieren metaphysisch“. Beides sind Aussagen, die schon formal mit der Einsicht der Dekonstruktion unvereinbar sind, daß es keine scharfe Grenze zwischen Metaphysischem und Nichtmetaphysischem gibt, daß vielmehr „die Grenze durch immer unterschiedliche Risse, durch Spaltungen, geprägt [ist], deren Zeichen oder Narben *alle* philosophischen Texte tragen.“[256] Es wäre also notwendig, die Grundstruktur einer dekonstruktiven Lektüre herauszuarbeiten und nicht nur in der jüdischen, sondern auch in der

---

[253] *J. Derrida*, Der Entzug der Metapher, in: V. Bohn (Hg.), Romantik, Literatur und Philosophie, Frankfurt a.M. 1987, 317-355. Hier deutet Derrida im Rekurs auf eine verkürzende Darstellung der Dekonstruktion durch *P. Ricœur* in La metaphor vive, Paris 1975 (dt.: Die lebendige Metapher, München 1986) der S. Handelman offensichtlich aufgesessen ist, das Metaphorische ausgehend von der Grundbedeutung des griechischen „μεταφέρειν“ als das Entgleitende, sich Entziehende (*frz.: flotter, derapage, retrait* ...) als Grundbewegung der Metaphysik (und setzt damit bereits eine Aufsprengung der Metapher als einheitlich bedeutend voraus).

[254] Ebd. 338.

[255] *Chr. Jacob*, Allegorese: Rhetorik, Ästhetik, Theologie, in: Chr. Dohmen u.a., Neue Formen der Schriftauslegung, a.a.O., 131-163.

[256] Positionen, 114.

christlichen Tradition der Schriftauslegung nach Spuren solchen „verrückten Interpretierens“ zu suchen[257].

Es darf an dieser Stelle nicht verschwiegen werden, daß das Fehlen einer bestimmten Auffassung vom Lehramt im jüdischen Kontext, aufgrund einer spezifischen sozialen und ökonomischen Organisation des Lehrbetriebs, bestimmte metaphysische Verformungen und zentralistische Vereinheitlichungen der Lesarten der heiligen Schriften tatsächlich verhindert hat. Dennoch kann nicht von einem strukturell *notwendigen* Zwang des christlichen Denkens zu einem „Stillstellen der Signifikanten“, d.h. zu einer Beendung der endlosen Kette der Interpretationen, gesprochen werden, wie dies in den Texten Handelmans, Ouaknins und Ecos in einer Art Philosemitismus leider durchweg geschieht.

Vielmehr hängt die Virulenz jedes totalitären Umgangs mit der Schrift zuerst an einer speziellen Identifikation, in unserem Fall an der Identifikation zwischen Inkarnation und Institution. Erst die Anmaßung, die Stelle des inkarnierten Gottes Jesu Christi nicht freizulassen, sie nicht im Sinne einer negativen Theologie vor dem anthropomorphistischen Zugriff zu verteidigen, sondern sie in einem Akt der *Stellvertretung* mit einer geistlichen bzw. weltlichen Autorität zu besetzen[258], läßt aus dem Gedanken der Inkarnation ein totalitäres System entstehen.

> „Da die Juden weder einen Kaiser noch einen Papst haben, der ihnen die Wahrheit garantiert, stellt sich bei ihnen die Frage nach dem Signifikanten, mit dem ein Subjekt ein bestimmtes Spiel zu seiner Lust spielt, insofern grundlegend anders, als sie in einem Text enthalten ist. Im System der jüdischen Interpretationen ist das Spiel der Signifikanten als solches autonomer, radikaler.“[259]

Die - im Lacanschen Sinne - phantasmatische Besetzung einer Position jenseits des Spiels der Signifikanten muß in diesem Kontext als Akt der gewaltsamen Unterbrechung erscheinen, der der Freiheit des Spiels der Signifikanten angetan werden muß, wenn ein unbewegter Punkt im Zentrum (oder außerhalb) der Struktur gerettet werden soll. Ein Akt, der immer wieder zum Ursprung neuer Gewalt wird. Als gewalttätig erscheint dabei nicht nur der ursprüngliche Akt selbst, sondern auch seine Verschleierung, weil sie im Namen der Wahrheit die Andersheit des Anderen beschneidet, die Singularität der

---

[257] Eine Aufgabe, die diese Arbeit in Anknüpfung an Derridas Arbeiten zur negativen Theologie, im dritten und vierten Kapitel angeht.

[258] *Pierre Legendre*, ein französischer Psychoanalytiker, spricht in seiner Untersuchung eines Textes aus dem justinianischen Gesetz von 553 n. Chr in Lacanscher Terminologie von einer „Gleichsetzung des Realen und des Symbolischen“. Vgl. ders., Die Juden interpretieren verrückt. (Vortrag beim *Colloque de Montpellier* Mai 1980) In: PSYCHE. Zeitschrift für Psychoanalyse und ihre Anwedungen. 43 (1989), 20-39.

[259] Ebd., 34.

Begegnung mit dem Text und damit die ethische Grundlegung von Individualität überhaupt stillstellt. Gerade das „pfäffische" (Ouaknin) Gerede von Harmonie, Frieden und Einheit kann im Namen der *différance* als gewaltsam und Reales und Symbolisches identifizierend beschrieben werden.

> „Um eine sehr einfache, einhellige Kommunikation handelt es sich dabei, ja, um eine Kommunikation ohne Scheitern, ohne Mangel, da in ihr der Platz dessen, was mangelt, verriegelt, zugeschüttet, ausgefüllt ist mit atemberaubenden Glücksidolen. Deshalb fühlt sich im übrigen das römische Christentum mit der Handhabung der ultramodernen Medien so wohl, deshalb ist es so effektiv bei der Modernisierung des politischen Götzendienstes und so schnell bei der Anpassung an die entsprechenden Doktrinen. Das Christentum ist von Grund auf adaptiv, adaptiv im Sinn der Management-Terminologie."[260]

Wenn man der Formulierung „von Grund auf adaptiv" aus oben bereits dargelegten Gründen auch nur bei Strafe neuer Unschärfen und Einseitigkeiten akzeptieren kann, so berührt der hier aufgezeigte Zusammenhang von Textbegriff und Theologie doch die Frage, ob und auf welche Weise das Bilderverbot, das sich - obwohl ungenannt - wie ein roter Faden durch die bisherigen Überlegungen zieht, mit dem christlichen Glauben an die Inkarnation verbinden läßt. Zunächst ist jedenfalls offensichtlich, daß sich in einem so verstanden „jüdischen" Denken nicht nur eine Kritik des (christlichen) Religionsbegriffes, sondern auch eine Kritik des Politischen verbirgt: Gott, über den unter Strafe der Idolatrie, das heißt des Realitätsverlustes, keine propositionalen Aussagen gemacht werden können (auch nicht jene, er sei „Herrscher" der Welt), wird durch das Aufgeben jedes menschlich gesetzten Zentrums die „Herrschaft" über die Sinnproduktion zurückgegeben. Wie in den frühen ersttestamentlichen Vorstellungen eines führungslosen Stämmebundes (Amphyktionie) müßte die Spitze der Pyramide menschlicher Herrschaft in dem Wissen unbesetzt bleiben, daß sie Gott gebührt und von keinem Menschen, von keinem anthropomorphen Gottesbild und auch nicht von einem institutionell mit quasi-göttlicher Vollmacht ausgestatteten Menschen eingenommen werden kann, es sei denn um den Preis des Stillstandes der Bedeutungsveränderungen, um den Preis *des Todes* also.

Im Anschluß an unsere Überlegungen zum jüdischen Schrift- und Gottesverständnis stellt sich an dieser Stelle also die Frage, *ob*, und wenn ja, *wie* Inkarnation, Trinität und Eschatologie, aber auch Stellvertretung noch gedacht werden können, ohne der skizzierten Kritik zu verfallen. Zunächst scheint damit nicht nur die hierarchische Verfaßtheit der Kirche, insofern sie für sich in Anspruch nimmt, unwidersprochen objektive Wahrheit zu verkünden, sondern auch der Kern des christlichen Glaubens, die Identifizierung des göttli-

---

[260] Ebd., 38.

chen Wortes mit einem historischen Menschen, mit einem nicht weiter interpretierbaren Präsenz, Identität und Eindeutigkeit suggerierenden Leib, mit Jesus Christus, der Metaphysikkritik verfallen:

> „Ein Körper, ein einziger, zum einsamen Gott entfremdeter Mensch, haftet für alle übrigen, verantwortet allen alles, garantiert alles Wissen, haftet für alle Wahrheit [...] diese Identifizierung eines Menschenleibs mit dem absoluten Andern, mit dem großen, einzigen, allzurechnungsfähigen Anderen, diese Ernennung eines Menschenkörpers zum Träger der göttlichen Signifikanten, zu Gott: das sind Daten, aus denen der Gebrauch des Textes und der Idee, die man sich vom Text, von seinen Texten macht, modifiziert hervorgehen."[261]

An dieser Stelle soll auf die problematische Alternative „Jesus Christus / Christentum / Metaphysik" einerseits und „Text / Judentum / Dekonstruktion" andererseits nur hingewiesen werden. Aus den vorangegangenen Überlegungen ergibt sich allerdings bereits, daß eine solche Alternative erneut der Metaphysikkritik anheimfallen muß. Im letzten Teil der Arbeit muß folglich gezeigt werden, wie die Gegenwart Jesu Christi in der Welt heute angesichts der endlosen Textproduktion, die seine vergangene Gegenwart bereits hervorgebracht hat, gedacht werden könnte. Vor dem Hintergrund unserer bisherigen Überlegungen legt sich folgendes Konzept nahe: eine Theologie, die angesichts des in der Anwesenheit der schriftlichen Zeugnisse und der je singulären Begegnung mit dem anderen Menschen Abwesenden sich ihrer Verwurzelung in der Metaphysik dennoch bewußt ist.

---

[261] Ebd., 26.

Negative Theologie als Dekonstruktion

> „[Die Dekonstruktion] wurde - überstürzt - für eine Form der negativen Theologie gehalten (das war weder richtig noch falsch) [...].“[1]

> „Ich denke, das eigentlich neue Moment an der ganz modernen Philosophie ist, daß das Menschliche nicht das *Wissen* über Gott ist, sondern der Ort, wo das Göttliche *wirkt*, wo ‘Gott lebt’. Also eine immanente Transzendenz. [...] Der Mensch *ist* das Sein des Seienden, oder *gehört* jedenfalls zum Sein des Seienden; nicht als Schauplatz, aber als Aktionsplatz. In dem Sinne, daß die Schöpfung nicht auf einmal dem lieben Gott in den Kopf kommen kann - das ist das 'Leben Gottes'. So wie bei Meister Eckehart, das ist gar nicht so neu.“[2]

I. Negative Theologie oder Mystik?

Spätestens seit der Religionskritik Ludwig Feuerbachs und ihrer Verschärfung bei Karl Marx und Sigmund Freud ist die positiv von Wundern, Unsterblichkeit und einem allmächtigen Gott sprechende Theologie in den Verdacht geraten, zur Verblendung und Entmündigung der breiten Massen beizutragen. Der Verdacht stützt sich auf den Vorwurf, daß sie heimliche Wunschträume des Menschen, Menschheitsutopien von Glück, Macht und Stärke auf die Autorität von Offenbarung gestützt als verwirklicht oder doch verwirklichbar propagiert. Der Gott *dieser* Theologie wurde zu Recht als selbstgemacht, also keineswegs transzendent, und der Verstellung des Antlitzes Gottes als eines *Anderen* durch geschickt getarnte Projektionen eines selbstsüchtigen Ich entlarvt.

Leider hat diese Religionskritik gleichzeitig zu einer Verächtlichmachung der Theologie *im Ganzen* sowie dazu geführt, daß sie aus dem wissenschaftlichen Diskurs ebenso weitgehend ausgeschlossen wurde wie der Gottesgedanke aus den neuzeitlichen Welterklärungstheorien.

> „Einer inhaltslos gewordenen leeren Transzendenz steht eine gehaltlose, eindimensionale, leere Immanenz gegenüber; einem weltlosen Gott entspricht eine

---

[1] *J. Derrida*, Letter to a Japanese Friend, 3.

[2] *E. Levinas* in: Intention, Ereignis und der Andere (Gespräch zwischen E. Levinas und Ch. v. Wolzogen), in: Humanismus des anderen Menschen, Hamburg 1989, 131-150, hier 139f.

gottlose Welt. Mystik und Rationalismus bzw. Positivismus sind [...] zwei Seiten einer Medaille.“[3]

Ein Anliegen gegenwärtiger Theologie müßte es demnach sein, diesen Dualismus aufzusprengen, also mystisches Denken als notwendiges Ferment einer umfassenden Aufklärung und Rationalität als probates Mittel zur Beschreibung und Kritik von Mystik und Mystizismus zu verstehen.

Der breite Strom christlicher Texte und Traditionen beherbergt mit dem *Bilderverbot*[4], einem bereits aufklärerisch zu nennenden weil götzenkritischen Gesetz, und der seit (Pseudo-) Dionysios ausdrücklich so benannten *Negativen Theologie* wirksame ‘Gegengifte’ gegen das Auseinanderdriften von haltloser Jenseitsspekualtion und leerem Rationalismus. Mit seinem Nachdenken über Negative Theologie am Kreuzungspunkt von kataphatischer und apopohatischer Theologie, von Mystik und Aufklärung hat J. Derrida in seinen jüngsten Arbeiten, die eine konsequente Fortführung dekonstruktivistischer Grundeinsichten, nun aber in nächster Nachbarschaft der Theologie, darstellen, den dritten und wichtigsten Berührungspunkt zum theologischen Diskurs geliefert, der weiter unten ausführlich dargestellt und diskutiert werden soll.

Fragt man nach der inneren Logik, nach einer “Theorie Negativer Theologie“, so muß zunächst ein kurzer Blick auf die Entwicklung des historischen Phänomens sowie auf die vorliegende aktuelle Literatur zum Thema geworfen werden. Dies fällt nicht schwer, da in den letzten fünfundzwanzig Jahren nur wenige Arbeiten - alle im deutschsprachigen Raum - erschienen sind, die sich auf der Basis ausführlicher Literaturinterpretation einer systematisierenden Bearbeitung von Phänomenen des Bilderverbotes und der Negativen Theologie widmen. Gemeint sind hier vor allem die Untersuchungen von Josef Hochstaffl[5], Christoph Dohmen[6] und René Buchholz[7]. Auf sie werde ich mich

---

[3] *W. Kasper*, Art. „Atheismus und Gottes Verborgenheit in theologischer Sicht“, CGG, XXII, 32-57, hier 43.

[4] Das Bilderverbot gehört zu den zehn Geboten und ist zunächst und vor allem dem jüdischen Volk immer wieder vorgehalten worden. Es hat zwischen dem sechsten Jahrhundert n. Chr. und heute in der Geschichte der christlichen Theologie eine geringere Rolle gespielt als im Judentum. Wenn sich christliche Tradition und Theologie jedoch ausdrücklich zu den zehn Geboten bekennen, so muß dieses Bekenntnis auch in bezug auf das Bilderverbot ernstgenommen werden.

[5] *J. Hochstaffl*, Negative Theologie. Ein Versuch zur Vermittlung des patristischen Begriffs, Diss. Münster, München 1976 im folgenden: „Hochstaffl“.

[6] *Chr. Dohmen*, Das Bilderverbot. Seine Entstehung und seine Entwicklung im Alten Testament, Diss. Bonn, Bonner Biblische Beiträge, Bd. 62. Königstein, Ts / Bonn 1985. Chr.

im folgenden hauptsächlich beziehen. Für die Fragestellung dieser Arbeit werden sie wichtig entweder wegen ihrer ausführlichen Darstellung und Diskussion der entsprechenden Texte biblischer und theologischer Tradition (Dohmen, Hochstaffl) oder wegen des Entwurfs einer „Typologie" Negativer Theologie im Kontext der frühen Frankfurter Schule (Hochstaffl, Buchholz).

Notwendig scheint mir ein solcher Blick auf das *historische Phänomen* Negative Theologie vor den entsprechenden Ausführungen bei Derrida vor allem aus zwei Gründen: Zum einen bedürfen die wenig umfangreichen und ohne Anspruch auf Vollständigkeit auftretenden Arbeiten Derridas, die sich explizit mit theologischen Texten beschäftigen, der literaturgeschichtlichen Unterfütterung. Daher soll hier an fünf ausgewählten Beispielen kurz gezeigt werden, wie sehr auch über diese Texte hinaus das Phänomen „Negative Theologie" in der Geschichte der jüdischen und der auf dieser fußenden christlich-abendländischen Tradition präsent war und ist. Dies gilt zumindest, wenn man den Hochstafflschen Strukturprinzipien[8] folgt. Außerdem wird die Diskussion nicht-dekonstruktivistischer Ansätze zum Thema den Frage- und Problemhorizont eröffnen, vor dem der Derridasche Begriff Negativer Theologie und seiner Spezifika diskutiert und kritisch beleuchtet werden kann. Kriterien der Auswahl aus der Rezeptionsgeschichte von Bilderverbot und Negativer Theologie sind die ideengeschichtliche Bedeutung und ihre Nähe zum Gedankengang J. Derridas. Bei der ausführlichen Interpretation lassen sich einige Aussagen zu einem nachmetaphysischen Gottesbegriff vertiefen und erhärten.

In meiner *Darstellung* des Phänomens Negative Theologie wird die in ihrem Anliegen überzeugende Arbeit J. Hochstaffls eine ebenso wichtige Rolle spielen wie in seiner strukturanalytischen *Systematisierung*. Am Ende des Kapitels werde ich jedoch zeigen, daß dieser Ansatz dort seine Grenzen hat, wo Hochstaffl eine Interpretation seines *Begriffs* Negativer Theologie im Kontext eines zeitgenössischen Verstehenshorizontes (Negative Dialektik) versucht. Mit Derrida läßt sich Hochstaffls Ansatz nämlich dahingehend kritisieren, daß er den Aspekt der Affirmation vorschnell zum primären Kernbe-

---

Dohmen ist seinem Dissertationsthema auch in späteren Veröffentlichungen treu geblieben. Vgl. ders. / Th Sternberg (Hg.): ...kein Bildnis machen. Kunst und Theologie im Gespräch. Würzburg 1987, und ders., Art. „Bild" (Bilderverehrung, Bilderverbot, Bilderstreit) Abt. II. Biblisch, in: LThK³, Sp. 441-444.

[7] *R. Buchholz*, Zwischen Mythos und Bilderverbot. Die Philosophie Adornos als Anstoß zu einer kritischen Fundamentaltheologie im Kontext der späten Moderne. Diss. Bonn, Europäische Hochschulschriften R 23 Theologie, Bd. 415. Frankfurt a.M. u.a., 1991.

[8] Hochstaffl, 12 u. ö.

stand Negativer Theologie zählt und diese damit eines eminent kritischen Potentials beraubt.

Kann in der ausführlichen Darstellung und Diskussion des Derridaschen Begriffs von Negativer Theologie gezeigt werden, daß sich in seinem Werk eine „Erneuerung des abgebrochenen Diskurses mit Gott unter nachmetaphysischen Bedingungen"[9] ausmachen läßt, so steht er auch in diesem Sinne in der Tradition Hegels, die Entzweiung zwischen Mystik und Aufklärung, zwischen Religion und Empirie noch einmal zu versöhnen. Mit dem Unterschied allerdings, daß sein Denken jenseits eines jeden natürlichen Theismus', nach der Religionskritik Nietzsches und der Destruktion der Theologie bei Heidegger, in einer letzten Offenheit der Sprache und in einer theoretisch nicht mehr einholbaren *différance* endet, dem gemeinsamen und paradoxen Ursprung von Logos und Mythos, Aufklärung und Mystik, „affirmativer" und Negativer Theologie. Es geht hier also nicht darum, das Derridasche Denken als Abart der Gattung „Negative Theologie" zu enttarnen, sondern darum zu zeigen, daß mit Hilfe seiner Lektüren die „Negative" als Dekonstruktion der „affirmativen Theologie" verstanden werden kann. Damit wird Negative Theologie als Voraussetzung und beständige Sprengung jedes systematischen Abschlusses der Rede von Gott (und vom anderen Menschen) verstanden, insofern sie fortwährend auf ethische Praxis und Gebet verweist.

Ausdrücklich ist hier von *Negativer Theologie* und nicht von *Mystik* oder *mystischer Theologie* die Rede. Dieser Ausschluß findet seine Begründung darin, daß der Begriff „Negative" oder „apophatischeTheologie" einen klar abgrenzbaren Bezirk in der Geschichte der auf den Gottesbegriff reflektierenden Theologie benennt, während der Begriff „Mystik" zur Bezeichnung sehr verschiedenartiger religiöser Phänomene und ihrer Reflexion dient. Auffällig bleibt dennoch, daß Negative Theologie häufig im Kontext tiefgehender religiöser Erfahrungen, etwa in der deutschen Mystik, auftaucht und folglich als eine mögliche Form der (orthodoxen) Verarbeitung von - zunächst unspezifischen - Visionen oder Auditionen, vereinzelt auch als Durchkreuzung orthodoxer Theologie mit Hilfe der Energie und der visionären Kraft individueller mystischer Erfahrung verstanden werden kann. Eine *Verarbeitung*, die dennoch den Wesenskern mystischer Erfahrung im vernunftmäßigen Diskurs bewahrt: Mystische Erfahrung führt den Menschen an die Grenze des sprachlich

---

[9] Ph.d.M. 218.

Möglichen, weil sie Erfahrung des fundamental Anderen, des alle Kategorien sprengenden Ermöglichungsgrundes menschlicher Sprache und menschlichen Bewußtseins ist[10]. Insofern als sie die Unzulänglichkeit propositionalen Sprechens markiert, jede angebotene endgültige Erklärung zurückweist, thematisiert erst Negative Theologie die Grenzen des Sprechens von Gott, ja sprachlicher Möglichkeit überhaupt und verweist damit über sie hinaus auf das Andere der Sprache.

Als *Negative* akzeptiert die Theologie die Einsicht der Mystik, daß der Grund der Erfahrung sich im Text gerade durch seine *Abwesenheit* auszeichnet. Diese Einsicht endet gerade in der christlichen Mystik nicht im hochmütigen oder isolierenden Schweigen, sondern in der schier endlosen Produktion von Texten des Gebets und der Unterweisung in die Praxis der Nächstenliebe.

Christliche Mystik ist also Mystik der Solidarität, die den Anspruch des Anderen, der dem Menschen am Rande der Sprache, ja in der Sprachlosigkeit begegnet, wahr- und ernstnimmt[11]. Die Unio Mystica, verstanden als Einheit des Einen mit dem Anderen, findet in Texten statt, die eine Erfahrung von Abwesenheit nicht nur nachträglich materialisieren, sondern in ihrer Struktur des Aufschubs und der Wiederholung die Abwesenheit des Signifikats und die irreduzible Notwendigkeit zu sprechen[12] *gleichzeitig* darstellen. Diese grundsätzliche Eigenschaft der Schrift wird in Texten der Negativen Theologie besonders deutlich, was den besonderen Wert dieser Texte über den Bereich der christlichen Theologie hinaus ausmacht: „Das Implikat solcher Rede ist doch wohl Erfahrung, Erfahrung von der Gottheit, die man, wenn man über sie nicht reden kann, doch als Grenze des Sprechens erfahren muß.“[13] *Innerhalb* des theologischen Diskurses ist eine Reflexion auf die Struktur negativtheologischer Texte unweigerlich mit einer Kritik philosophisch-theologischer

---

[10] „Die mystische Erfahrung hat in ihrer Geschichte mit der Sprache ganz spezifische *modi loquendi* angewendet: vornehmlich Paradox, Oxymoron, Negation usw., alles Sprachformen einer gewissen Ohnmacht, die die Übermacht der Erfahrung auszudrücken haben, die Unsagbarkeit des Erfahrenen. So wird die mystische Aussage selber zum Paradox, das sie so unnachahmlich anwendet: Indem sie affirmativ bestätigt, was sie als jenseits des Sagbaren diagnostiziert, braucht sie die Negation als ihr eigenes sprachliches Medium.“ *A.M. Haas*, Erfahrung und Sprache, in: Ders., Sermo Mysticus. Studien zu Theologie und Sprache der Deutschen Mystik, Fribourg i.Ue 1979, 19-37, hier 28 ff.

[11] *R.C. Zaehner*, Concordant Discord. Oxford 1970, zit. nach ebd. 25.

[12] „In derselben Bewegung weiß die Erfahrung, daß sie nicht gesagt werden kann und daß sie doch berichtet werden muß; sie weiß, daß sie gezwungen ist, sich selber auszusagen, ja die Unmöglichkeit, sich selber auszusagen, vermelden muß. Eckhart: *Wêre hie nieman gewesen, ich müeste sie* (die Predigt) *diesem stocke geprediet hân.*“ *A.M. Haas*, Erfahrung und Sprache, a.a.O., 29 (Hervorh.: Haas).

[13] Ebd. 150.

Rede verbunden, die für sich ein propositionales Wissen über ihren Gegenstand - sei dies nun der andere Mensch oder Gott - beansprucht. Von der Grenze des menschlich Wißbaren her wird auf die Unwißbarkeit der Bedingung der Möglichkeit von Wirken, Wissen und Wollen hingewiesen.

> „So auch fürwahr vermag aller *Kreaturen* Wissen noch *deine eigene* Weisheit noch dein gesamtes Wissen dich nicht dahin zu bringen, daß du Gott auf *göttliche* Weise zu wissen vermöchtest. Willst du Gott auf *göttliche* Weise wissen, so muß dein Wissen zu einem reinen Unwissen und einem Vergessen deiner selbst und aller Kreaturen werden.“ [14]

---

[14] Textgrundlage auch der noch folgenden Ausführungen über *Meister Eckhart* ist die von *Josef Quint* besorgte Ausgabe seiner deutschen Werke, Deutsche Predigten und Traktate, München ^{6}1985. Im folgenden: „DPT“, hier Predigt 59, 433.

II. Das Bilderverbot: Biblischer Ursprung und philosophische Aneignung

Schwieriger ist es, einen kohärenten Begriff des *Bilderverbots* zu entwickeln, denn seine Rezeptionsgeschichte ist in sich wesentlich zerklüfteter: Entstanden im alten ISRAEL als *Kultbild*verbot, entbehrte es ursprünglich wohl jeder systematisch-götzenkritischen Reflexion, sondern diente zunächst nur der Abgrenzung gegen die (kultbildverehrenden) Nachbarreligionen Israels. Eine Aufladung des Verbotes mit philosophischer Reflexion im Sinne einer grundsätzlichen Undarstellbarkeit Gottes läßt sich erst nach den ersten Kontakten zwischen Griechentum und Judentum, also in der Zeit des Hellenismus konstatieren. Die Frage, für wie stark umgekehrt der Einfluß des Bilderverbotes auf die platonistische Philosophie und die sich daraus entwickelnde Negative Theologie einzuschätzen ist, läßt sich angesichts fehlender Quellen wohl kaum endgültig beantworten.

Nachdem das Bilderverbot von der mittelalterlichen (auch der Negativen) Theologie wenig beachtet wurde, erkannte KANT seine anthropomorphismuskritische Kraft und seine fruchtbare Wirkung auf ein Denken, das sich stets der Unangemessenheit seiner Begriffe in bezug auf eine unabhängig von der menschlichen Anschauung vorhandene Welt bewußt bleiben muß.

Gerade ihre Zuspitzung auf eine *Ästhetik,* welche die für die *Ethik* gewonnene Einsicht Kants bei ADORNO erfuhr, macht das Bilderverbot für den Gedankengang unserer Arbeit wichtig: Als Mahnung an das „Nichtidentische“[15] führt er im Gedanken der bestimmten Negation (des Abbildes und seiner schieren Möglichkeit) Ethik und Ästhetik zusammen. Dabei kommt es der Ästhetik zu, zu retten, was der philosophische Diskurs nur annäherungsweise beschreiben kann: Die Unversehrtheit des Anderen, des Opfers, des Verdrängten. Mit Adornos Ausdehnung des Bilderverbots auf die Sprache nähern wir uns schließlich am deutlichsten dem Denken J. Derridas, dessen gesamte Arbeit hier auch als „Sagen durch Nichts-Sagen“, also als Praxis des Bilderverbots in der Sprache, des fortwährenden Entzugs der „eigentlichen“ Bedeutung um der Undarstellbarkeit des Ereignisses und der Unentscheidbarkeit einer originär ethischen Begegnung mit dem Anderen willen verstanden wird.

[15] Ein Begriff, der bei Adorno eine kaum ohne theologische Implikationen zu denkende, sich dem begrifflichen Zugriff immer wieder entziehende Größe vertritt.

1. Zur Geschichte des Bilderverbots im Ersten Testament

Mit Hochstaffl ist zu konstatieren, daß das *alttestamentliche Bilderverbot* neben mystagogischen Artikulationen der spätantiken Gnosis sowie einem Denken der nur negativ umschreibbaren Idee des Einen bei Platon[16] zu den wesentlichen geistesgeschichtlichen Wurzeln Negativer Theologie zu rechnen ist[17]. Das Verbot zielt als zentrales Theologumenon der israelitischen Religion auf einen absolut bildlosen Kult und stellt damit im altorientalischen Kontext, für den die große religiös-kultische Bedeutung des Bildes nachgewiesen ist[18], ein Element kultischer Novität, ja eine ausgeprägte Konfrontation mit anderen Religionen dar. In der Geschichte aller großen monotheistischen Religionen lieferte es immer wieder den Ausgangspunkt für ikonoklastische Bewegungen jeder Art. Die Frage, ob es sich beim Bilderverbot selbst um ein Verbot von Kunst *als solcher* oder etwa auch sprachlicher Äußerungen über das Wesen JHWHs gehandelt habe, beantwortet Dohmen negativ[19]. Trotzdem sei darauf hingewiesen, daß die Formulierungen im Rahmen der älteren der beiden (priesterschriftlichen) Dekalogformeln eine solche Interpretation zumindest nicht ausschließt[20] und eine radikalisierende Rezeptionsgeschichte sich auf sie berufen konnte. Tatsächlich anzutreffen ist eine solche Radikalisierung allerdings erst, wo das kultursoziologische Phänomen des altisraelischen Bilderverbotes mit der griechisch-philosophischen Kritik an anthropomorphen Götterbildern zusammentrifft, wie sie zuerst bei Xenophanes[21] vorkommt - nämlich in der Epoche des *Hellenismus*.

---

[16] Z.B. Parmenides 142a, 4 ff. Daß eine Minderheit der Platonforscher einen sogearteten Zugang zum Einen bei Platon inzwischen leugnet, kann hier unberücksichtigt bleiben.

[17] *J. Hochstaffl*, Art. „Apophatische Theologie" in: LThK^3, Bd. I, Sp. 848.

[18] Vgl. *C.H. Ratschow*: RGG 3I, 1268-1271 und G. Lanczkowski: TRE VI, 515-517.

[19] „Niemals ist das Bilderverbot als Kunst- od. Vorstellungsverbot verstanden worden, sondern immer als praktische Seite der theoretischen Forderung nach Alleinvertretung des Gottes JHWH." *Chr. Dohmen*: Art. „Bild.", a.a.O., 441. Vgl. zur archäologischen und bibelwissenschaftlichen Stützung dieser These: *O. Keel / Ch. Uehlinger*: Altorientalische Miniaturkunst. Mainz 1990. Sowie *S. Schroer*: In Israel gab es Bilder. Nachrichten von darstellender Kunst im Alten Testament. Fribourg / Göttingen 1987.

[20] Ex 20,4: „Du sollst dir kein Gottesbild machen und keine Darstellung von irgend etwas am Himmel droben, auf der Erde unten oder im Wasser unter der Erde." - Dtn 5,8 (jüngere Fassung): „Du sollst dir kein Gottesbildnis machen, das irgend etwas darstellt am Himmel droben, auf der Erde unten oder im Wasser unter der Erde."

[21] „Hätten die Rinder und Rosse und Löwen Hände wie Menschen, könnten sie malen wie diese und Werke der Kunst sich erschaffen, alsdann malten die Rosse gleich Rossen, gleich Rindern die Rinder, auch die Bilder der Götter, und je nach dem eigenen Aussehn würden sie auch die leibliche Form ihrer Götter gestalten." (Fragment B. 17).

Vorbild für die loci classici des Verbotes Ex 20,4f und Dtn 5,8f bildete seine wohl älteste Formulierung im sog. Bundesbuch (Ex 20,23b, 24a), als deren Motivation Dohmen - wie für das alttestamentliche Bilderverbot überhaupt - nicht philosophische Reflexion, sondern zunächst ein *konservatives Element,* also den Versuch ausmacht, nomadische Traditionen der (Kult-)Bildlosigkeit, die sich aus dieser Lebensform ergab, auch nach der Seßhaftwerdung aufrechtzuerhalten[22]. Endgültiger Auslöser sei dann jedoch im siebten Jahrhundert unter der Regentschaft Hiskijas eine Radikalisierung des Fremdgötterverbotes im Zuge aufkommender intoleranter Monolatrie gewesen. Der zunehmend in den Vordergrund tretende Alleinvertretungsanspruch JHWHs führte zwangsläufig zu einer Konkurrenz der Religionen[23]. Wegen ihrer *Verwechselbarkeit* mit anderen zeitgenössischen Kultbildern (Baal, Ischtar) seien erst zu *diesem* - vergleichsweise späten - Zeitpunkt *alle* Kultbilder, selbst die auf Mose selbst zurückgeführte „Nechuschtan", ein Schlangenbildnis, das in Jerusalem verehrt wurde, entfernt worden[24]. Nach Dohmen handelt es sich bei den Motiven für die - relativ inkohärente und späte - Entwicklung des Bilderverbotes also fast ausschließlich um Effekte in einem vielfältigen, auch Phänomene wie die Beschneidung und die Speisegebote umfassenden Differenzierungs- und Ausschließungs*prozeß,* der konsequent zur Ausbildung der im Kontext des alten Orients einmaligen jüdischen Religion in ihrer Unverwechselbarkeit (eben auch was ihren Umgang mit Kultbildern angeht) geführt hat. Gerade die *Verweigerung* eines symbolhaft / kultbildlich identifizierbaren Gottesbildes ermöglichte also nach Dohmen einen ethnisch / kultischen Selbstentwurf, die Beschreibung eines eigenen Raumes im mit Kultsymbolen vollständig besetzten altorientalischen Pantheon.

Gegen eine Verbindung des Bilderverbotes mit der Gottebenbildlichkeit des Menschen etwa in einer naiven Imago-Dei-Lehre nach Gen 1,26 ist sein - auch in den Schriften des AT zunehmend explizierter - *theologisch-spekulativer* Gehalt festzuhalten: „Das Bilderverbot wahrt auf seine Weise die Transzendenz dieses Gottes, der in seinem absoluten 'Allein Gott-Sein' alles Menschliche übersteigt"[25]. Die Vermeidung sämtlicher im Bereich des Menschlichen

---

[22] *Chr. Dohmen,* Bilderverbot, a.a.O., 236f u. 273f.

[23] Ebd. 286.

[24] Ebd. 262 ff.

[25] Ebd. 284. Vgl. auch: *W. Pannenberg*: Anthropologie in theologischer Perspektive. Göttingen 1983. Besonders die Ss. 312-328 und Hochstaffl, 21 u.ö. Gerade aktuelle Neuansätze in der Theologie, die, wie die tiefenpsychologische Schriftauslegung Drewermanns, zu einer erneuten Identifizierung von Anthropologie und Theologie neigen und das Bilderverbot nur als „Abwehr von Kastrationstendenzen" (Ders., Strukturen des Bösen. Die jahwistische Urge-

liegender Ausdrucksmöglichkeiten zugunsten der absoluten Transzendenz Gottes verweist hier jedoch (noch) nicht auf ein *a se* unerkennbares, attributiv nicht beschreibbares Eines, sondern auf einen konkret *geschichtlich* als Befreier aus dem Sklavenhaus Ägypten und Retter am Schilfmeer erfahrbaren Gott, also auf ein dem Volk Israel in seiner gesamten Geschichte höchst präsentes, geschichtliches und narrativ-rituell, d.h. *positiv* vermittelbares Stiftungsereignis, in dem JHWH sich in seiner Machtfülle - wenn auch niemals in einer Gestalt - geoffenbart hat[26].

Genau diese Spannung zwischen *Negation* anthropomorpher und damit unzulänglicher Ab-bildung und *Affirmation*, hymnischer Preisung auf der Basis einer *gründenden Erfahrung* des geschichtlich als Retter erfahrenen Gottes ist es, die Hochstaffl als *differentia specifica* Negativer Theologie auf jeder Stufe ihrer Entwicklung auch für das alttestamentliche Bilderverbot ausfindig macht:

> „ [...] aufgrund der Passaherinnerung an die heilsgeschichtlichen Erfahrungen Israels mit Jahwe weiß sich Israel befähigt und verpflichtet, vermittels einer umfassend kritischen Verneinung aller naturwüchsigen Religiosität zu verweisen auf die übergreifende und endgültige Bejahung eines Gottes, der sich heilsgeschichtlich offenbart als derjenige, der die Welt als gute schafft."[27]

Mit Hochstaffl müßte also von einer Negation gesprochen werden, die sich einer Position, eben einer spezifischen geschichtlichen Erfahrung, *verdankt* und ohne diese überhaupt nicht, es sei denn unter Strafe der Gottesleugnung zu denken wäre. Obwohl es Hochstaffl hier primär darum gehen dürfte, daß sich die Negation einer (naturgemäß affirmativ beschreibbaren) bestimmten geschichtlichen Erfahrung verdankt, bleibt doch der Eindruck, er denke die Negation als der Position oder Affirmation prinzipiell *nachgeordnet*. Position meint hier jedoch keine überzeitlich, spekulativ gewonnene Wesensaussage, sondern nur die deskriptive Beschreibung und narrative Weitergabe eines (heilserfüllten) historischen Ereignisses. Genau hier wird am Ende dieses Teils meiner Arbeit die Kritik an Hochstaffls Strukturmodell Negativer Theologie ansetzen.

Im Anschluß daran werden zwei prägnante philosophisch-kritische Adaptationen des alttestamentlichen Bilderverbotes kurz dargestellt. Es soll dabei deut-

---

schichte in exegetischer, psychoanalytischer und philosophischer Sicht, Paderborn 1979 / 80, Bd. II, 457) begreifen können, machen ein Beharren auf der Undarstellbarkeit, dem Alleinvertretungsanspruch und der Transzendenz des christlichen Gottes nötig.

[26] Vgl. u.a. *E. Zenger*, Der Gott des Exodus in der Botschaft der Propheten - am Beispiel des Jesajabuches, in: Concilium 23 (1987), 15-22.

[27] Hochstaffl, 24.

lich werden, in welcher Weise das ersttestamentliche Motiv, dem in seinem Ursprung jede weitergehende reflexive Intention abgesprochen werden muß, philosophisch zugespitzt wurde. Besonderes Augenmerk wird dabei - wie auch bei den anschließenden Ausführungen zur Negativen Theologie selbst - auf den Aspekt der *Affirmation* gelegt werden. Dieser dünnt sich - ursprünglich fest in einer konkreten Praxis von Ritus, Ethik und Gebet, das heißt einer gemeinschaftlich tradierten geschichtlichen Gotteserfahrung verwurzelt, im Raum der Philosophie zunehmend aus. In der mystischen Theologie noch durch unvermittelbare persönliche Glaubenserfahrung (Unio Mystica) und (bei Kant) durch regulative Ideen der reinen Vernunft[28] substituiert, fällt er bei Adorno schließlich gänzlich aus. Dieser *Ausfall des affirmativen Elements* in der philosophischen Theoriebildung kennzeichnet geradezu die nachmetaphysische Situation des Denkens und muß in einer kritischen Theologie der späten Moderne berücksichtigt werden.

2. Das Bilderverbot im Lichte der Kantischen Kritik

Implizit bedeutet schon Kants Verbannung der Theologie aus dem Bereich der reinen spekulativen Vernunft, insofern sie die Existenz Gottes, einer unsterblichen Seele und der Welt voraussetzt, eine Beschränkung des wissenwollenden Zugriffs menschlicher Vernunft auf das ihr legitim Erreichbare und *Wahrung der Sphäre des Göttlichen.* Die Gegenstände der Metaphysik können nicht Gegenstände einer Erfahrung und daher auch nicht Gegenstand einer wissenschaftlichen Erörterung sein, will man nicht zu falschen Urteilen kommen oder ins „Vernünfteln" geraten (oberster Grundsatz aller synthetischen Urteile a priori) . Kant schreibt selbst über die Grundintention der Kritik der reinen Vernunft:

> „Ich mußte also das Wissen aufheben, um zum Glauben Platz zu bekommen, und der Dogmatismus der Metaphysik, d.i. das Vorurteil, in ihr ohne Kritik der reinen Vernunft fortzukommen, ist die wahre Quelle alles der Moralität widerstreitenden Unglaubens, der jederzeit gar sehr dogmatisch ist."[29]

Genau diese *Negation* des vermeintlichen Wissens über metaphysische Gegenstände im Namen einer *Bejahung* derselben Gegenstände als moralische Notwendigkeit (Postulate der reinen praktischen Vernunft) einer neuen „Ethikotheologie"[30] ist es, die Hochstaffl das Denken Kants als Erscheinungs-

[28] *I. Kant*, KrV, B 669.

[29] *Ebd.* 28.

[30] *I. Kant*, KpV, 142-151.

form Negativer Theologie bezeichnen läßt[31]. Bei Hochstaffl, der eher an einem - wie er letztlich selbst zugestehen muß - widersinnigen „a priori transzendentalen Begriff Negativer Theologie“[32] interessiert ist, bleibt allerdings unerwähnt, daß sich neben dieser implizit negativ-theologischen Vorgehensweise Kants eine explizite Hochschätzung des Bilderverbotes findet.

In der Kritik der praktischen Vernunft wird zwar die theoretische Vernunft um die „transzendenten Gedanken“ Gott, Unsterblichkeit und Freiheit erweitert. Deren *Funktion* kennzeichnet Kant jedoch als „immanent und konstitutiv“ in bezug auf die praktische Vernunft und als „bloß regulative Prinzipien der spekulativen Vernunft“[33]. Kant erhofft sich aus dieser Reinigung des Gottesbegriffs von näheren (inhaltlichen) Bestimmungen unter anderem seine Befreiung vom „Anthropomorphismus als [...] Quell der Superstition“. Der Anthropomorphismus nämlich ist es, der den Blick verstellt auf die konsequent praktisch / moralisch gedachte Relevanz der Ideen, nämlich als Bedingungen der Möglichkeit eines moralisch bestimmten Willens[34].

In der letzten der drei Kritiken wird die Parallelität dieses anthropomorphismuskritischen Zuges in Kants Denken schließlich explizit. Im Rahmen der Entwicklung eines Gefühls der Erhabenheit im Kunsterleben, das Kant hier als „wackeren Affekt“ gegen jede „Empfindelei“, gegen den „Affekt von der schmelzenden Art“ abgrenzt, wird die Notwendigkeit einer *„bloß negativen Darstellung der Sittlichkeit“*[35] evident. Sie allein, die der Einbildungskraft (und dem moralischen Gesetz in uns) freien Raum läßt und so „die Seele erweitert“, ist die adäquate Darstellungsform des Unendlichen und entspricht damit gleichzeitig der *Unerforschlichkeit der Idee der Freiheit*. Kant weist zur Exemplifizierung seiner Argumentation auf das ersttestamentliche Bilderverbot hin. Er schreibt:

> „Vielleicht gibt es im Gesetzbuche der Juden keine erhabenere Stelle als das Gebot: Du sollst dir kein Bildnis machen noch irgendein Gleichnis, weder dessen, was im Himmel noch auf der Erden noch unter der Erden ist usw. Dieses Gebot allein kann den Enthusiasm erklären, den das jüdische Volk in seiner gesittetsten Periode für seine Religion fühlte, wenn es sich mit anderen Völkern verglich [...]. Ebendasselbe gilt auch von der Vorstellung des moralischen Gesetzes und der Anlage zur Moralität in uns.[36]

---

[31] Hochstaffl, 167ff.

[32] Vgl. ebd. 176ff.

[33] *I. Kant*, KpV, 155f.

[34] Ebd. 158f.

[35] I. Kant. KdU, 119ff

[36] Ebd. 122.

Aus der Perspektive der Theologie muß bemerkt werden, daß religiöser Enthusiasmus hier reduktionistisch als *Begeisterung für die Idee des Guten* verstanden wird, zu deren Erreichung die Religion für Kant im idealen Fall *einen* probaten Weg darstellt. Während er also den Wert einer *Vermeidung,* der *Negation* aller Anthropomorphismen im Gottesbild, für eine auf der Autonomie des Subjekts fußenden Ethik erkennt, vermag es Kant nicht mehr, in positiven und dennoch nicht metaphysischen religiösen Äußerungen - etwa im Gebet oder in der Hervorbringung religiöser Texte - eine spezifische Technik des konkreten Sich-Verhaltens zu Gott zu sehen, welches das sprechende Subjekt konstituiert, oder im religiösen Kult die Erschließung eines der Ökonomie entzogenen zeitlich und räumlich begrenzten Ortes. Er muß den gesamten Bereich des Gebetes und des Kults als „Afterreligion" brandmarken.
Es dürfte deutlich geworden sein, daß wir mit diesem philosophisch gewendeten Motiv des Bilderverbots eine entscheidende Denkbewegung Kants vor uns haben. Sein *methodenkritischer Wert*, den Kant am deutlichsten am Ende der Kritik der Urteilskraft ausspricht, soll uns am Ende unserer Überlegungen in diesem Teil der Arbeit zur Kritik des Derridaschen Begriffs Negativer Theologie dienen.

3. Philosophische Radikalisierung bei Adorno

Auf die ins Auge springende Parallelität der Fragerichtung wie der angebotenen Lösungswege zwischen der Negativen Dialektik Th. W. Adornos und der Dekonstruktion J. Derridas ist in der Literatur bereits mehrfach hingewiesen worden[37].

---

[37] Vgl.: *H. Gripp*, Exkurs: Adorno und Derrida, in: Dies., Th. W. Adorno. Erkenntnisdimensionen negativer Dialektik. Paderborn / München u.a. 1986, 132-144 und *J. Habermas*, Exkurs zur Einebnung des Gattungsunterschieds zwischen Philosophie und Literatur. In Ph.D.M., 219-247, v.a. 219 ff sowie neuerdings *St. Munker*, Ästhetische Perspektiven philosophischer Praxis: Adorno, Derrida, Wittgenstein, Berlin 1994 und M. Briel, Adorno und Derrida oder wo liegt das Ende der Moderne? New York 1993. - Ich verweise an dieser Stelle auf folgende Bemerkung J. Habermas' im zweiten der beiden Artikel zu Derrida, Exkurs zur Einebnung des Gattungsunterschiedes zwischen Philosophie und Literatur (Ph.D.M. 219-247): „Adorno und Derrida sind in gleicher Weise sensibilisiert gegen abschlußhafte, totalisierende, sich alles einverleibende Modelle, insbesondere gegen das Organische im Kunstwerk. So betonen beide den Vorrang des Allegorischen vor dem Symbolischen, der Metonymie vor der Metapher, des Romantischen vor dem Klassischen. Beide benutzen das Fragment als Form der Darstellung, stellen jedes System unter Verdacht. Beide entschlüsseln einfallsreich den Normalfall von seinen Grenzfällen her; sie treffen sich in einem negativen Extremismus, entdecken das Wesentliche im Marginalen, das Recht auf Seiten des Subversiven und Verstoßenen, die Wahrheit an der Peripherie und im Uneigentlichen [...] was sich als materialistisches Motiv durch Adornos Werk hindurchzieht, die Entlarvung idealistischer Setzungen, die Um-

Ein Blick auf seine *Radikalisierung* im philosophischen Denken Th.W. Adornos soll an dieser Stelle noch einmal das in der Theologiegeschichte zwar nur latent vorhandene, deshalb aber nicht weniger bedeutende *kritische Potential* des Bilderverbotes unterstreichen. Ebenso wichtig wie das Anliegen, in philosophischen Systemen oder „Antisystemen"[38] die Spur originär jüdischen oder christlichen Denkens offenzulegen, müßte es nämlich sein, dieses von seinen philosophischen Adaptationen her weiterzudenken. Gerade Adornos Aufnahme des Bilderverbotes bietet dabei expliziter Theologie zunächst ebenso ein von ihrem Diskurs weitgehend unabhängiges Korrektiv wie die Aufnahme des Begriffs „Negative Theologie" bei J. Derrida[39].

Die bereits festgestellte Verdünnung des Affirmativen, dessen Objekte, die transzendentalen Ideen, sich bereits bei Kant mit dem Status einer regulativen Idee zufriedengeben mußten, schreitet in der Negativen Dialektik bereits bis zu ihrer möglichen Grenze fort. Und zwar in einer doppelten Weise: *Formal* wird die bare *Möglichkeit* jeder Bejahung der Negation ausgeliefert. *Material* handelt es sich bei demjenigen Bereich, der vor begrifflicher oder bildnerischer Okkupation geschützt werden soll, nicht mehr um das Wesen eines geschichtsmächtigen unerkennbaren Gottes (Erstes Testament) oder um eine regulative Idee (Kant), sondern um das *Nichtidentische*, eine dem begrifflich-systematischen Denken zwar transzendente, weil entzogene, letztlich jedoch gerade deshalb höchst konkrete, materielle Größe. Im Namen einer begrifflich irreduziblen Materialität des Konkreten, die sich zuerst im *Leiden*, dem zutiefst Heterogenen, physisch Erlebten manifestiert[40] und die es vor der identifizierenden Macht des Begriffs zu schützen gilt, wird „Philosophieren" von Adorno - explizit antiidealistisch - radikal neu gefaßt. Philosophie will

> „[...] buchstäblich in das ihr Heterogene sich versenken, ohne es auf vorgefertigte Kategorien zu bringen. [...] sie zielt auf ungeschmälerte Entäußerung. Einzig dort ist der philosophische Gehalt zu ergreifen, wo Philosophie ihn nicht oktroyiert"[41].

---

kehrung falscher Konstitutionszusammenhänge, die These vom Vorrang des Objekts - auch dazu findet sich eine Parallele in Derridas Logik der Supplementarität." Ph.D.M., 220f.

[38] So charakterisiert Th.W. Adorno sein Werk *Negative Dialektik.* (Ges. Schriften Bd. VI. Frankfurt a.M. 1973ff, hier 10.).

[39] In diesem Sinne ist *E. Nordhofen* recht zu geben: „Diese Theorie, die sich um ihr Jenseits, das Unsagbare also, kümmert, steht substantiell in der Tradition der Negativen Theologie. Negative Dialektik *ist* Negative Theologie". Ders., Flüchtige Materie. Über den verdeckten Zusammenhang von Ästhetik und Negativer Theologie, in: Merkur 46 / 1 (1992) 28-38, hier 28. (Wiederabgedruckt in ders., Der Engel der Bestreitung. Über das Verhältnis von Kunst und Negativer Theologie. Würzburg 1993, 88-101).

[40] Negative Dialektik, 29.

[41] Ebd. 24.

Erst die rückhaltlose Zuwendung zum einzelnen Gegenstand führt zu einer Theorie des Ganzen zurück[42], die Adorno in ihrer metaphysischen Ausprägung, also als Versuch, die Welt in ihrer Totalität und eben auch in ihrer wesensmäßigen Verfassung zu begreifen, zunächst hinter sich lassen will. Was dem Begriff - auf dessen Rettung Adorno ebenso insistiert wie auf die einer kohärent gedachten Vernunft - seine vergewaltigende Unschärfe nimmt, ist dann jedoch die *bestimmte Negation* Hegels, die - mit herrschaftskritischem Potential aufgeladen - das Wahrheitsmoment der Sprache zu bewahren in der Lage sei[43]. Die Distanz des abbildenden Subjektes zum abgebildeten Objekt ist die Distanz des Herrschenden zum Beherrschten, welche durch die so entstehende „Bilderwand" (Buchholz) petrifiziert wird. Kritik des Bildes ist damit stets auch Kritik der Herrschaft[44]. Dies gilt auch, weil der Begriff die Macht hat, den - bei Adorno wie bei Heidegger und Derrida - ursprünglichen Riß zwischen Bewußtsein, Geschichte und Tod, eine unauslöschliche Unversöhntheit, vordergründig-ideologisch zu verschleiern. Die Negation dieser „erschlichenen" Identität zielt nicht auf eine neue Positivität, etwa eine konkrete Utopie oder Anthropologie, sondern wird in eine Denkbewegung aufgenommen, die sich durch radikale Offenheit und Kontingenz auf zukünftige Veränderungen hin auszeichnet. Gesellschaftstheorie und Anthropologie stehen bei Adorno also unter dem strikten Verdikt eines auf Sprachlichkeit ausgedehnten und ethisch motivierten Bilderverbotes zum Schutz des nichtidentifizierbaren Anderen. Anders als an seinem ersttestamentlichen Ursprung erstreckt es sich jedoch auch auf den Bereich der Kunst. Dabei wird der Kunst nicht etwa eine theologisch-philosophische Kategorie von außen aufgezwungen, vielmehr kommen „innerästhetische Konstitutionsmomente dem Bilderverbot entgegen"[45] . Dabei wandelt sich die Negation jedes Abbildens zu dessen *faktischer* Unmöglichkeit. Bilder *können* das Objekt, auf das sie zielen, gar nicht abbilden, darauf weisen die Techniken der modernen Kunst - Abstraktion, Verfremdung, Thematisierung des Materials usw. - zur Genüge hin[46].

---

[42] „Objektiv jedoch [...] ist das Ganze, das von der Theorie ausgedrückt wird, in dem zu analysierenden Einzelnen enthalten." Ebd. 57.

[43] Vgl. *R. Buchholz*, Zwischen Mythos und Bilderverbot. a.a.O., 152f.

[44] Vgl. Ebd.

[45] *R. Buchholz*, Zwischen Mythos und Bilderverbot, a.a.O., 252.

[46] *R. Hoeps* spricht von „bildimmanentem Ikonoklasmus" in: ders., „Bild und Ikonoklasmus", in Dohmen / Sternberg, ... kein Bildnis machen, a.a.O., 185-203, hier 201.

Die theologischen Wurzeln seines Denkens hat Adorno keineswegs verleugnet:

„Bewußtsein, das zwischen sich und das, was es denkt, ein Drittes, Bilder schöbe, reproduzierte unvermerkt den Idealismus [...]. Die materialistische Sehnsucht, die Sache zu begreifen, will das Gegenteil: nur bilderlos wäre das volle Objekt zu denken. Solche Bilderlosigkeit konvergiert mit dem theologischen Bilderverbot.“[47]

Diese und andere Bezugnahmen auf die jüdischen Wurzeln sowie das grundsätzliche Hochschätzen der Tradition bei Adorno überhaupt[48] zugestanden, stellt sich doch die Frage, ob ein nahezu totaler Ausfall affirmativen Denkens redlich oder dem Phänomen adäquat sei. War das Bilderverbot auch eng mit dem Kult verbunden, so spricht doch wenig gegen seine Fruchtbarmachung für die Denkpraxis. Ebensowenig übrigens, wie gegen seine radikalisierende Ausweitung auf die Sprache bei Kant und Adorno (sowie späterhin bei Derrida). Eine so offensichtliche anthropomorphismuskritische Spur aus dem eigenen Traditionszusammenhang kann von der Theologie nicht einfachhin als zu radikal verworfen werden.

Glaubt man sich allerdings vor der Alternative, die ästhetische wie theologische Reflexion über „das Absolute“ entweder als totale Affirmation oder als totale Negation denken zu müssen, so erscheinen beide Extreme als nicht akzeptabel. Es fällt dabei genauso schwer, reine Negation, also das völlige Verstummen der Gottesrede zu denken, wie zu behaupten, daß Adorno selbst von einer unausgesprochenen Affirmation des jüdischen Gottesbegriffs vollkommen absehen konnte. Vielmehr werden Begriffe wie „Erlösung“ oder „Absolutes“ in seinem Werk - allerdings ohne inhaltliche Klärung - aus diesem Kontext übernommen, die Akzeptanz ihres Entstehungshintergrundes also scheinbar implizit vorausgesetzt. R. Buchholz hat diesen „blinden Fleck“ Adornoscher Theorie detailliert herausgearbeitet. Er kommt zu folgendem Schluß:

„Das von Adorno stets betonte *Bilderverbot* kehrt sich gegen seine Intention und *präsentiert am Ende unerhellte Begriffe*; nicht nur den des Absoluten selbst, sondern ebenso die von der Tradition empfangenen verbleiben in einem abstrakt-allgemeinen Umfeld. Unter dem verabsolutierten Bilderverbot erstarren sie schließlich und *verlieren ihre kritische* Kraft. [...] Fragwürdig bleibt [...] der Versuch, die Spur der offenbarungsgeschichtlichen Herkunft zu verwischen und

---

[47] Negative Dialektik, 206f.

[48] „Die Kritik an Autorität hatte allen Grund. Aber sie verkennt, daß Tradition der Erkenntnis selbst immanent ist als das vermittelnde Moment ihrer Gegenstände. Erkenntnis [...] hat an sich, noch in ihrer dem Gehalt gegenüber verselbständigten Form, teil an Tradition als unbewußte Erinnerung.“ Ebd. 63.

damit eine geschichtliche Norm in eine mehr oder weniger geschichtslose erkenntniskritische Kategorie zu verwandeln."[49]

Nicht ohne Sinn für diese Problematik wies bereits J. Habermas darauf hin, daß das Potential an leitenden Ideen, das die großen Religionen in das europäische Denken eingebracht haben, auch unter „nachmetaphysischen" Bedingungen weiterwirken müßte, um jene Kritik zu fundamentieren, die gleichzeitig genau an diesem Potential nagt.

> „So glaube ich nicht, daß wir als Europäer Begriffe wie Moralität und Sittlichkeit, Person und Individualität, Freiheit und Emanzipation - [...] - ernstlich verstehen können, ohne uns die Substanz des heilsgeschichtlichen Denkens jüdisch-christlicher Herkunft anzueignen. [...] ohne eine sozialisatorische Vermittlung und ohne eine philosophische Transformation *irgendeiner* der großen Weltreligionen könnte eines Tages dieses semantische Potential unzugänglich werden; dieses muß sich jede Generation von neuem erschließen, wenn nicht noch der Rest des intersubjektiv geteilten Selbstverständnisses, welches einen humanen Umgang miteinander ermöglicht, zerfallen soll." [50]

Es ist zentrales Anliegen unserer Überlegungen zu zeigen, daß eine solche - zugegebenermaßen verfremdete und radikal gebrochene - Vergewisserung im Innern moderner und postmoderner Theoriebildung am Werke ist. Überraschen kann dies nur die Vertreter einer dezidiert atheistischen philosophisch-literaturwissenschaftlichen Rezeption, die diesen Prozeß einer dekonstruktiven Aufarbeitung der Tradition als zumindest *auch* konstruktive bisher einigermaßen konsequent ignoriert.

---

[49] *R. Buchholz*, Zwischen Mythos und Bilderverbot, a.a.O., 190 und 193 (Hervorh. v. Verf.).

[50] Nachmetaphysisches Denken, Frankfurt a.M. 1988, 23.

III. Negative Theologie

1. Ihr Ursprung bei (Pseudo-) Dionysios Areopagita

(PSEUDO-) DIONYSIOS AREOPAGITA[51] ist in unserem Zusammenhang aus zwei Gründen interessant: Erstens geht auf ihn der Terminus „theologia negativa" zurück, dessen Entfaltung in seinem Werk „theologia mystica" (von Johannes Scotus Eriugena am karolingischen Hof um 860 n.Chr. ins Lateinische übersetzt) größten Einfluß auf die Entwicklung der abendländischen - vor allem der Negativen - Theologie (Johannes Tauler, Meister Eckhart und Nikolaus von Kues) hatte[52]. Zweitens widmet sich Derrida ihm ausführlich im ersten seiner beiden Texte zur Negativen Theologie. Sein Denken soll hier deshalb kurz charakterisiert werden. Inwiefern es Übereinstimmungen bzw. Unterschiede mit der Derridaschen Dekonstruktion aufweist, wird im weiteren Verlauf der Arbeit klar werden.

Bereits GREGOR VON NYSSA († 394) hatte in einer Überschreitung der platonischen Lehre von der Gestaltlosigkeit Gottes[53] seine Unerkennbarkeit betont und von der unbeendbaren Aufgabe menschlicher Selbstüberschreitung auf einen unendlichen Gott hin gesprochen[54]. Als wahrhaft Unendlicher ist er nur durch *endlose Negation* theologisch zu affirmieren. Bei Dionysios kleidet sich diese Einsicht in die Bezeichnung „Symbolische Theologie" (ein Werk dieses Namens, auf das er mehrfach verweist, hat allerdings wahrscheinlich niemals existiert). Dabei soll mit dem Ziele der Gotteserkenntnis in einer hierarchischen Aufstiegsbewegung beim Bildhaften angefangen und über das Gestalthafte hinaus auf das Göttliche verwiesen werden, das selbst aber als für die Sinne unerkennbar gedacht wird *(via purgativa, via illuminativa, via unitiva).*

---

[51] * um 500 an unbekanntem Ort.

[52] Was Wirkungsgeschichte, aber auch aktuelle Datierungs- und Zuschreibungsversuche der Werke des Dionysios Areopagita angeht, kann hier nur auf die umfassende Zusammenstellung und Auswertung in der neueren Arbeit von *A.M. Ritter* verwiesen werden, der die „Mystische Theologie" und die „Briefe" neu übersetzt sowie mit einem ausführlichen Kommentar und Anmerkungen versehen hat (Stuttgart 1994). Aus der Fülle des dort gebotenen Materials sei hier nur auf die bemerkenswerte Zwiespältigkeit der Wirkungsgeschichte in der orthodoxen Kirche hingewiesen: Während nämlich einerseits die sog. „Nowgoroder Freidenker" im 15. Jahrhundert „deutliche[n] Tendenzen zum strengen Monotheismus in Differenz zum Trinitätsdogma, kritische Haltung zur Verehrung von Kreuz und Ikonen und Ablehnung unwürdiger Hierarchen", also individualistische und hierarchiekritische Frömmigkeit aus dem Corpus Dionysianum herleiten, zieht Iwan der Schreckliche daraus Argumente für eine neu erstarkende Autokratie des Zaren in einem streng auf die Person des Herrschers zentrierten Staat. Ebd. 34.

[53] Phaidros, 247c.

[54] Vgl. Hochstaffl, 110ff.

Zur Differenzierung dieser zunächst wenig evidenten und zudem widersprüchlichen Beschreibung einer Erkenntnisweise - denn wie kann bei den Sinnen begonnen werden, wenn die Sinne doch selbst unfähig zur Erkenntnis der Wahrheiten sind? - wählt Dionysios den Ausweg einer doppelten Erkenntnis- bzw. Redeweise. Die eine Art

> „nimmt - wie es sich geziemt - ihren Weg durch die ähnlichen, heilig geformten Bilder, die andere Art durch die unähnlichen Gestaltungen und formt diese in einer Weise, daß sie ganz ungeziemend und unpassend scheinen."[55]

Gott kann also bejahend, kataphatisch, auf dem affirmativen Weg von Bibel und Liturgie (und nicht etwa einer theoretisch verfahrenden Theologie!), und apophatisch, also mit Prädikaten negativer Art, als Unsichtbarer, Unermeßlicher oder Unbegrenzter gefeiert werden.[56] Die Kataphase sei auch der unverständigen Menge zugänglich, und die Verschleierung des Göttlichen durch die Texte der Bibel und (sakramentalen) Symbole erlaube zwar nur eine vorläufige und unzureichende Erkenntnis, verhindere aber wenigstens die - anthropomorphistische - Blasphemie. Im Unterschied zu diesen „niederen" Erkenntnisweisen sei jedoch eine geistige Elite, deren Seelen von sich aus den Drang hätten, sich über das Sinnliche zu erheben, fähig, gerade vermittels *unähnlicher* Symbole, ja der Negation aller Proposition, über den *Bereich der Bilder* in den des *Gestaltlosen* und schließlich in den des *Göttlichen* einzutreten.[57] In beiden Fällen handelt es sich um einen dreistufigen Aufstieg, der ein jeweils intensiveres Erkennen des Göttlichen ermöglicht. Apophatische Theologie setzt dabei zwar positive Glaubenssätze - etwa die trinitarische Gestalt der Gottheit, Vater- und Sohnschaft oder ihre unteilbare Gutheit betreffend - voraus. Sie muß diese wegen der apriorischen Unerkennbarkeit Gottes jedoch noch einmal verneinen und auf eine fundamentale Bejahung Gottes in einer absoluten Transzendenz hin übersteigen, die jede Erkenntnis, ja selbst die Möglichkeit, zwischen Kataphase und Apophase zu unterscheiden, übersteigt:

> „Denn all die göttlichen Dinge, auch jene, welche uns geoffenbart sind, werden nur aus Mitteilungen (der Gottheit) erkannt. Das Göttliche selbst aber, wie es in seinem eigenen Ursprung und Stand beschaffen ist, liegt über jedem Verstand und jeder Wesenheit und Erkenntnis [...]; an die Gottheit selber tasten wir uns nur *nach Aufhebung aller Denktätigkeit* heran."[58]

Doppelte Technik der Erkenntnis, paradoxe Konstellation von Bejahung und Verneinung, Aufhebung aller Denktätigkeit. J. Hochstaffl weist richtig darauf

---

[55] De Caelesti Hierarchia 2, 3: 140 C.

[56] Theologia Mystica 3, 140.

[57] Ebd. 3, 145 A-B.

[58] De Divinis Nominibus 2, 7: M 3, 645 A. (Hervorh. v.Verf.).

hin, daß diese, wie er es nennt, „prinzipientheoretische“ Negation aller Grundlagen der Theologie (Erkenntnis, Logik, Denken) eigentlich konsequent zu deren Aufhebung führen müßte[59]. Das Feld der - mit der Vernunft operierenden - Theologie wäre dann der mystischen Erfahrung zu überlassen, die allein weder sprachliche Vermittelbarkeit noch geregelten Bezug auf Quellen und (logische) Normen des Sprechens von Gott garantieren kann. Auch die (schwache, ja nachträglich konstruierte) „*Differenzeinheit*“, die nach Hochstaffl zwischen (logischer) apophatischer Theologie und (sprachloser) mystischer Schau bestehe, ein angeblich „voraussetzend-reflektierend-*mystischer Bezug*“, die *Abhängigkeit* mystischer Erfahrung, ihre *Inferiorität* gegenüber ihrer Umschreibung und De-finition durch apophatische Theologie, reichen Dionysios (und J. Hochstaffl) nicht aus, um die beängstigende Gewalt der individuellen Gottesbegegnung zu zähmen. Das Ende aller Logik, zu dem die konsequente Negation propositionaler Aussagen geführt hatte, bedroht nun auch die Theo-logik.

Die Lösung des Areopagiten für diese unannehmbare Deregulation besteht in einer doppelten *Hierarchologie,* welche die Authentizität der gefährlichen individuellen Erfahrung gewährleisten soll: Einerseits spricht er von einer dreistufigen Heilsstufenordnung auf dem (aufsteigenden) Wege zur Erkenntnis Gottes, in der jede Stufe etwas beinhaltet, was niederen Stufen vorenthalten bleibt. Dabei entsprechen die Heilsstufen der Ordnung des Alls, das neuplatonisch als göttliche Emanation gedacht wird[60]. Eine als „lesbar“ gedachte Welt führt schrittweise über sich selbst hinaus in eine Sprach- und Schriftlosigkeit, die hier den Bereich eines „jenseits von allem“ qualifiziert.

> „Ist es nicht richtig zu sagen, daß wir Gott überhaupt nicht aus eigener Natur erkennen - denn sie ist unerkennbar, über jedes Verstehen und Denken erhaben -, sondern daß wir nur von der Ordnung des Alls, die aus ihm hervorgeht und Abbilder und Gleichnisse der göttlichen Urbilder in sich enthält, nach bestem Vermögen schrittweise zu dem emporsteigen, was jenseits von allem ist, dadurch, daß wir der Ursache alles Seienden alles absprechen und über alles uns erheben?“[61]

Bemerkenswert und widersprüchlich, daß Dionysios sich dennoch an Metaphern versucht, welche diesen Prozeß der Erschaffung eines Raumes, der von

---

[59] Vgl. Hochstaffl, 135ff.

[60] Der massive Einfluß des Neuplatonikers Proklos auf die Werke des Pseudoareopagiten wurde erst spät, im neunzehnten Jahrhundert, gleichzeitig von J. Stiglmayr und H. Koch erkannt. Dionysios war damit als Denker am Ende des fünften Jahrhunderts identifiziert.

[61] De Divinibus Nominibus 7, 3: M 3, 869 CD.

Metaphern unbesetzt bleiben soll, dieses Jenseits der Sprache, zu umschreiben.

Andererseits besteht das *ekklesiologische* Erbe des Dionysios in der *ontologischen* Begründung der *historisch* (also zunächst kontingent) entstandenen dreistufigen hierarchologischen Ordnung der Ämter in der Kirche. Die ursprünglich *spekulativ-metaphysisch* konzipierte Heilsstufenordnug wird in seinem Werk „De Ecclesiastica Hierarchia“ unmittelbar mit den Stufungen der bereits existierenden Ämterhierarchie der frühen Kirche identifiziert.

> „So haben die Männer, welche zunächst Gott schauen, die Aufgabe, die Mitglieder des zweiten Rangs in demselben entsprechenden Maße neidlos die heilig von ihnen selbst geschauten Betrachtungsbilder sehen zu lassen. Ihnen, die in alle Geheimnisse ihrer Hierarchie mit vollkommener Wissenschaft bestens eingeweiht sind, steht es zu, andere in die hierarchischen Dinge einzuweihen, da sie dazu auch die vollendete Gewalt der mystischen Einführung besitzen. Und nur denen, welche mit tieferem Erkennen und in vollem Umfange der Hochstufe des Priestertums teilhaft geworden sind, kommt es zu, das Heilige auch andern mitzuteilen.“[62]

Das ehemals theoretische Problem einer Eingrenzung der logisch nicht kontrollierbaren Gotteserfahrung des einzelnen Gläubigen, das erst durch die von Dionysios entwickelte *theologia negativa* entstanden war und teilweise sogar offenbarungskritische Züge trägt, wird hier nicht nur theoretisch, sondern auch kirchenpolitisch-praktisch „gelöst“. Das Geheimwissen aus der mystischen Schau stellt nicht ein Element der Verunsicherung, einen Einbruch des der reinen Lehre Fremden dar, sondern vermittelt *Macht*, wenn sein Subjekt „die vollendete Gewalt der mystische Einführung“ besitzt. Die mystische Schau der außerhalb der Hierarchie Stehenden dagegen wird durch Nichterwähnung eliminiert und negativ sanktioniert. Die kirchlich-gesellschaftliche Ordnung dominiert die Bewertung der spirituellen Kompetenz[63].

Die *Christologie* des Dionysios schließlich beinhaltet Vor- und Nachteile einer mystischen Christologie *von oben*: Inkarnation wird als Spezialfall der göttlichen Emanation angesehen. Dadurch kann einerseits der *Mensch* Jesus als der ganz Andere, nie auf eine Lehre oder Anthropologie Reduzierbare wahrgenommen werden. Die so geschaffene Distanz, dieses Apriori der Nicht-Wißbarkeit, schafft Raum für eine Akzeptanz des Unerwarteten. Eine Akzeptanz, die heute sowohl empiristischen wie biblizistischen, sowie allen

---

[62] De Ecclesiastica Hierarchia 5, 1, 4: M 3, 504 D - 505 A.

[63] Jeder muß achtgeben, daß er nicht zu Hohes und zu Tiefes im Sinne trage und nur das erwäge, was ihm nach Gebühr zugeordnet wird.“ Epistula 8, 1: M 3, 1089 D - 1092 A (Übersetzung Stiglmay). Vgl. Zur Kritik dieser Position das nachfolgende Kapitel „Hierarchie versus Anarchie der Gabe“.

Jesusbildern entgegengehalten werden muß, die dazu dienen, das Mysterium kirchenpolitisch zu instrumentalisieren.

> „Denn das Mysterium Jesu bleibt verborgen und ist keinem Begriff und keinem Geist in seinem Ansichsein verfügbar; *selbst wenn man es ausspricht, bleibt es unsagbar, und wenn man es in Gedanken faßt, bleibt es unwißbar.*“ [64]

Andererseits bleibt das Menschsein Jesu Christi merkwürdig unterbelichtet, wenn seine gesamte irdische Existenz nur im Hinblick auf das Mysterium der Inkarnation betrachtet wird. Auf jeden Fall ist zu bemerken, wie beiläufig Dionysios in all seinen Werken das Thema der Christologie einführt und wie schnell er es wieder verläßt.

2. Die Negative Theologie Meister Eckharts

Der kaum zu überschätzenden Einfluß des Areopagiten auf die mitelalterliche Theologie wurde bereits erwähnt. Manifest wird dieser Einfluß vor allem in der Tendenz aller Ansätze, die sich auf den neuplatonischen Monismus des Proklos berufen, den christlichen Gott *monophysitisch* zu denken und jede Aussage zur Trinität auf *Einheit* hin zu übersteigen.

Zu den von der Grundstruktur apophatischer Theologie am nachhaltigsten beeinflußten Denkern gehört MEISTER ECKHART[65]. Bei ihm findet sich mit der Lehre des *Seelenfünkleins* oder *Seelengrundes* eine die Frömmigkeit der „Devotio Moderna“ antizipierende Hochschätzung des *individuellen* Gotterlebens, wenn auch eine der wesentlichen Intentionen des deutschen (Spät)werkes gerade in der *Einschränkung* der Erlebnismystik liegt, wie sie in den Dominikanischen Frauenklöstern des frühen 14. Jahrhunderts zu entstehen begann[66]. Trotzdem ist Meister Eckhart von diesen Strömungen insofern beeinflußt, als er Instrumente der *Regulation* individueller mystischer Erfahrungen, wie etwa eine Hierarchologie im Sinne des Dionysios Areopagita, nicht mehr gelten lassen kann, sondern den Dionysschen Hierarchiebegriff umdeutet und ihn aus dem Zentrum des Denkens herausrückt.

Für unseren Gedankengang hat das Denken Meister Eckharts aus folgenden Gründen Bedeutung: Neben der Tatsache, daß Derrida Eckhart gelesen hat

---

[64] Epistula 3: M 3, 1069 B (Übers. u. Hervorh. Hochstaffl) zit. nach ebd. 148.

[65] * Hochheim bei Gotha um 1260, † Avignon vor dem 30. April 1328.

[66] So wendet er sich beispielsweise ausdrücklich gegen den in diesem Milieu üblichen Rückschluß von religiöser Erfahrung auf die Präsenz Gottes und zieht das gute Werk allemal dem „Jubilus“, der geistlichen Verzückung vor: „Wäre der Mensch so in Verzückung, wie es Sankt Paulus war, und wüßte einen kranken Menschen, der eines Süppleins von ihm bedürfte, ich erachtete es für weit besser, du ließest aus Liebe von der Verzückung ab und dientest dem Bedürftigen in größerer Liebe.“ Reden der Unterweisung, 10 (DPT, 67).

und ihn kurz als Vertreter eines Denkens an der Grenzen der Metaphysik zu einem Bereich, der ihr äußerlich ist, würdigt[67], scheint mir angesichts Meister Eckharts Kritik an propositionalen Aussagen über Gott, der Identifikation von Gott und Sein sowie am neuplatonischen Aufstiegsmodell, eine Kritik, die in engster Verbindung mit einer bestimmten Vorstellung von spiritueller Praxis gelesen werden kann, die von Derrida geäußerte Sympathie durch eine Strukturanalogie des Denkens gerechtfertigt werden zu können: Das Denken Meister Eckharts stellt als hierarchiekritische Ausprägung der Negativen Theologie eine hochmittelalterliche Form der Dekonstruktion[68] herrschaftlich mißbrauchbarer Theologien dar. Dies mit Blick auf den Eckhartschen Gottesbegriff und seine Präferenz für eine praktische Ethik der Selbstvergessenheit zu zeigen ist Aufgabe dieses Kapitels.

Der Gottesbegriff Meister Eckharts stellt sich äußerst zwiespältig dar. Einerseits Scholastiker in aristotelischer Tradition verläßt er andererseits im Bemühen, das Sprechen über individuelle Gotteserfahrung zu ermöglichen, die „Gegend der Metaphysik", nicht ohne in gewisser Weise weiterhin metaphysisch zu argumentieren[69]. Genau hierin liegt die Strukturanalogie zur Dekonstruktion, die zu Recht von Derrida immer wieder als *parasitärer Diskurs* beschrieben wurde. Sie bedarf der fremden Texte und Diskurse und ist für sich selber genommen nichts. Die Diskurse wiederum bedürfen der Dekonstruktion, um sich ihrer Endlichkeit und Unvollkommenheit zu erinnern.
So findet sich beispielsweise in der Predigt Nr. 10[70] folgender Gedankengang:

---

[67] „Wir rühren hier an die Grenzen und die äußersten Kühnheiten des Diskurses im okzidentalen Denken. Wir können zeigen, daß die Entfernungen und die Verwandtschaften [zwischen negativer Theologie und Ontologie, d. Verf.] sich voneinander nicht unterscheiden." Schrift, 412.

[68] *J.D. Caputo* will selbst die Derridasche Technik, Argumentation durch Rhetorik zu ersetzen, im Werk Meister Eckharts wiedergefunden haben. Vgl. Ders., Mysticism and Transgression: Derrida and Meister Eckhart, in: Hugh J. Silverman (Ed.), Derrida and Deconstruction, New York 1989, 24-39, hier 37f.

[69] Vgl. *B. Welte*, Meister Eckhart: Gedanken zu seinen Gedanken, Freiburg i. Br. 1979. Die Intention Weltes, Meister Eckhart als Platonisten zu lesen, die noch „der Größe der Erfahrung" Eckharts bedarf, um die Eckhartsche Ablehnung irdischer Denkkategorien zu verteidigen, ist in diesem Werk unübersehbar. Doch auch Welte muß in seiner sensiblen Studie konstatieren, „daß der Meister Eckhart [...] die alten metaphysischen Bestimmungen bisweilen mit Heftigkeit von sich tut". (88f) Anstatt jedoch den Dualismus von Sein und Nichts hinter sich zu lassen, wendet Welte sich dem Nichts als neuer ontologischer Kategorie zu, eine bahnbrechende denkerische Leistung, deren Ertrag für einen Dialog zwischen Theologie und Philosophie der späten Modere mir bei weitem nicht endgültig ausgelotet zu sein scheint.

[70] DPT, 195-200.

Zunächst wird betont, Gott müsse über dem Sein sein, denn was in vielen Dingen Eins sei[71], das müsse notwendig über den Dingen sein. Hier klingt die neuplatonische Emanationslehre an.

> „Gott ist weder Sein noch Gutheit. Gutheit haftet am Sein und reicht nicht weiter als das Sein [...] Gott ist nicht gut noch besser noch allerbest. Wer das sagte, Gott sei gut, der täte ihm ebenso unrecht, wie wenn er die Sonne schwarz nennen würde."[72]

Es gelingt Meister Eckhart hier, die metaphysische Identifikation von christlichem Gott und neuplatonischem Seinsbegriff zu verlassen, indem er ihn - neuplatonisch - als Vernunft, als „intelligere" denkt[73]. Ihn „im Sein zu nehmen" erfaßt Gott zwar in einer gewissen Vorläufigkeit, wird ihm jedoch letztlich genauso wenig gerecht wie eine Belegung mit Eigenschaften wie Gutheit, Schönheit usw. Bei dieser Reduktion sprachlicher Möglichkeiten handelt es sich nicht um die spekulative Zuspitzung eines Vollkommenheitsideals, das dem unendlich inferior gedachten Menschen den sprachlichen Gottesbezug verweigert. Sie geschieht vielmehr um der Absage an eine *Ökonomie* willen, die „Gott melkt wie eine Kuh", ihn auf höchst subtile Weise zum Mittel der *eigenen* Heils- und Vollkommenheitssehnsucht macht und ihn in den Grenzen eines von Dualismen beherrschten Feldes gefangen hält. Die Rede von der Nacktheit Gottes, seine Entkleidung von sämtlichen Anthropomorphismen, die sich hier der Vernunft darbietet, stellt also vor allem eine ethische Leistung des Sprechenden und ein Sich-bewußt-Werden über die Konstitutionsbedingungen des eigenen Diskurses über Gott dar. Mit Berufung auf die Vernunft „die edler sei als der Wille"[74] benennt Eckhart den Willen, das Etwas-Sagen-*Wollen* (bei Derrida das *vouloir dire*), als Urheber jener Bekleidung, die zugleich eine Verdeckung, ein Vergessen darstellt. Damit entkleidet er gleichzeitig seine Sprache der Dualismen, die Gott verbergen. Indem er Gott nicht mehr mit dem Sein identifiziert, führt er den Gottesbegriff aus dem Dualismus von Sein und Nichts heraus. Gott ist nicht mehr Funktion des Seinsbegriffs, sondern das Sein wird zur Funktion eines Gottesbegriffs, den selbst wiederum inhaltlich zu füllen sich Meister Eckhart ebenso weigert wie

---

[71] Eine Einsicht, die sich mit der Rezeption des neuplatonischen Denkers Proklos im 13. Jahrhundert erneut durchgesetzt hatte.

[72] Predigt 10 (DPT, 197).

[73] „*Die Vernunft* nimmt Gott bloß, wie er entkleidet ist von Gutheit und von Sein. Gutheit ist ein Kleid, darunter Gott verborgen ist, und *der Wille* nimmt Gott unter diesem Kleide der Gutheit." Predigt 10 (DPT 198). (Hervorh. v. Verf.).

[74] Ebd.

Derrida[75]. Bezeichnenderweise hat der „locus classicus" dieser Eckhartschen Negativen Theologie nicht die Form einer Predigt oder einer theoretischen Abhandlung, sondern die des *Gebets*[76]*:*

> „Darum bitten wir Gott, daß wir Gottes ledig werden und daß wir die Wahrheit dort erfassen und ewiglich genießen, wo die obersten Engel und die Fliege und die Seele gleich sind, dort, wo ich stand und wollte, was ich war, und war, was ich wollte. Denn so sagen wir: Soll der Mensch arm sein an Willen, so muß er so wenig wollen und begehren, wie er wollte und begehrte, als er (noch) nicht war. Und in dieser Weise ist der Mensch arm, der nichts will."[77]

Tatsächlich bedarf es auch für Derrida des 'immerwährenden Gebets', der immerwährenden Wachsamkeit und Aktualisierung unseres Bildes vom Anderen, um einem Abschluß des Systems, einer Idolisierung des Gottesbilds zuvorzukommen, um den Diskurs offen zu halten. Nicht der Vollständigkeit halber, sondern weil sich dabei eine weitere Analogie zum Derridaschen Denken auftut sei hier deshalb kurz auf die sich hier andeutende „Ethik des Lassens" Meister Eckharts hingewiesen.

Meister Eckhart nimmt eine Einheit und Gleichheit zwischen Gott und Mensch an. Diese Gleichheit ist jedoch nicht (häretisch) im Sinne einer *aequitas*, sondern nach Gen. 1, 27 als *similitudo* gedacht. Was weiterhin den Menschen und den menschgewordenen Gott verbindet, ist nicht die Gemeinsamkeit des Personseins, sondern die menschliche *Natur*. Alles Personhafte abzulegen und damit seinen gemeinsamen Grund mit Gott in der menschlichen Natur zu finden, die Eckhart auch den „innersten Grund" nennt, stellt damit

---

[75] Hier scheint es so, als sei es (in einem gewissen Gegensatz zu den vorherigen Ausführunge) gerade der henologische Gottesbegriff, der Meister Eckhart die Kühnheit seiner Gottesrede erlaubt. „Wenn ich aber gesagt habe, Gott sei kein Sein und sei über dem Sein, so habe ich ihm damit nicht das Sein abgesprochen, vielmehr habe ich es in ihm erhöht. Nehme ich Kupfer im Golde, so ist es dort (vorhanden) und ist da in einer höheren Weise, als es in sich selbst ist. Sankt Augustin sagt. Gott ist weise ohne Weisheit, gut ohne Gutheit, gewaltig ohne Gewalt." Predigt 10 (DPT 196). An der impliziten Beibehaltung des neuplatonischen Gottesbegriffs bei Eckhart entzündet sich auch Derridas Kritik an seiner negativen Theologie. Gleichzeitig erkennt er darin aber eine Bewegung, die aus der Metaphysik, hinausführt: „Diese negative Theologie ist immer noch, *in ihrer Buchstäblichkeit wenigstens*, eine Theologie, geht es ihr doch darum, die unaussprechliche Transzendenz eines unendlichen Seienden, 'eines Seins über dem Sein und einer überwesentlichen Negation' freizusetzen und zu erkennen. *In ihrer Buchstäblichkeit wenigstens*: Die Differenz der Onto-theologie einerseits und des Denkens des Seins (der Differenz) andererseits bezeichnet aber die wesentliche Bedeutung des *Buchstabens*. Da alles in Bewegungen der Auslegung vonstattengeht, ist die literale Differenz fast das Ganze des Denkunterschieds. *Deshalb ist das Denken des Seins hier, wenn es über die ontischen Bestimmungen hinausgeht, weder eine negative Theologie noch eine negative Ontologie*. Schrift, 224 (Letzte Hervorh. v. Verf.).

[76] Vgl. zu Derridas Ansatz das Kapitel „Jenseits der Ontologie. Eine Poetologie des Gebets.

[77] Predigt 32 (DPT 305).

oberstes Ziel seiner Lebenslehre dar[78]. Bezeichnenderweise wird hier nicht menschlicher Hybris oder dem Konzept eines göttlichen Übermenschen das Wort geredet, sondern dem Aufgeben eitler Selbstentwürfe. Sie können die Natur des Menschen in ihrem Kern ebensowenig beschreiben, wie kategoriale Aussagen das Wesen Gottes angemessen darstellen. Einem solchen (psychologistischen) Mißverständnis hält A.M. Haas die „ontologische Intentionalität" des Eckhartschen Denkens entgegen. Das sprachliche Bilderverbot wird auf den Menschen und seine Erfahrungen, seinen Willen ausgedehnt, es zielt also auf nichts weniger als auf die Kultivierung einer ichzentrierten Erlebnismystik. Zur Gleichheit mit Gott gehört vielmehr das Ablegen aller Eigenschaft, das Sich-Selbst Lassen, das Lassen Gottes. Aus dem mystischen *Aufstieg* eines Dionysios Areopagita wird der *Abstieg* zum Mann oder zur Frau „ohne Eigenschaften". Das solchermaßen „dezentrierte Subjekt", das nicht mehr um seinen eigenen Personkern kreist, ist fähig, sich ohne Hindernis der Welt und dem Anderen zu öffnen, „Gott in allen Dingen zu finden". Auf den ersten Blick könnte der Eindruck entstehen, daß dabei unreflektiert auf die neuplatonische Ideenlehre zurückgegriffen wird. Der entscheidende Unterschied zum Denkmodell des Falls der defizienten, endlichen Existenz aus der Vollkommenheit einer Ideenwelt ist jedoch der, daß die „Idee" des Menschen in Gott inhaltlich nicht mehr weiter qualifiziert wird. Im Aufgeben aller Eigenschaften wird das Ich auf Jesus Christus hin „enteignet".[79]

Schlug sich in den kosmologischen und ekklesiologischen Reflexionen der Negativen Theologie des frühen Mittelalters (Dionysios Areopagita) noch die unumstrittene Stabilität und Autorität der kirchlichen Hierarchie nieder, mußte mit der Krise des Papsttums, die schließlich im großen abendländischen Schisma (1378-1417) gipfelte, die *Verneinung* als theologischer Weg neu gedacht werden. Im Werk Meister Eckharts kündigt sich diese theologische Krise überall dort an, wo die *Unmittelbarkeit* des „guten und gerechten Menschen" zu Gott hervorgehoben wird. Der Mystiker, der hier nicht durch seine Gotteserfahrung, sondern durch sein ethisch richtiges Handeln charakterisiert wird, bedarf damit im Grunde nicht mehr der Vermittlung durch die

---

[78] „Wer unmittelbar in der Bloßheit dieser Natur [des menschgewordenen Gottes, d. Verf.] stehen will, der muß allem Personhaften entgangen sein, so daß er dem Menschen, der jenseits des Meeres ist, den er mit Augen nie gesehn hat, ebensowohl Gutes gönnen, wie dem Menschen, der bei ihm ist und sein vertrauter Freund ist." Predigt 6 (DPT 179).

[79] Vgl. zur „mystischen vernichtigkeit und verworffenheit sein selbs im Geiste Meister Eckharts" den Artikel „...Das Persönliche und Eigene verleugnen" von *A.M. Haas*. In: M. Frank / A. Haverkamp (Hg.), Individualität, München 1988, 106-122.

hierarchisch gegliederte Kirche. Seine Seele, in der Gott geboren werden soll und *kann*, seine unvermittelte Gotteskindschaft verbindet den mystischen Beter unmittelbar mit Jesus Christus selbst. Jede Charakterisierung, die über die Aussage hinausgeht, Gott sei das schlechthin Eine, das alle Vielheit bereits in sich enthalte, muß auch Eckhart ablehnen. Die mystische Einheit, die er zu umschreiben nicht müde wird, ist also eine Einheit von Gott und Mensch, welche unvermittelt (und nicht als interpersonale Erfahrung) gedacht wird. Die als Potenz gedachte *Gotteskindschaft*, wie er den Grund dieser Einheit häufig nennt, wird bei Eckhart dort konkret, wo der Mensch fähig ist, das Singuläre einer jeden Situation wahr- und anzunehmen und die Bindung an vorgefaßte Mein-ungen und Lebenskonzepte auf das Ereignis des „Nu" hin aufzugeben. Der Gedanke an die singuläre Begegnung mit dem Anderen, wie sie von Derrida im Anschluß an die Poetologie Celans gedacht wird, liegt hier sicher sehr nahe.

Eine so deutliche Abkehr von der herrschaftslegitimierenden, hierarchologischen Seite der Negativen Theologie dürfte ein Grund für die Verurteilung Meister Eckharts in der Bulle „In agro dominico" Johannes XXII. vom 27. März 1329 gewesen sein. Meister Eckhart hatte, vor allem im deutschen Werk, in einigen Sätzen implizit die kirchliche Hierarchie als einziges legitimes und mögliches Mittel der Glaubensweitergabe in Frage gestellt und die Gottesunmittelbarkeit und -ähnlichkeit jedes guten und gerechten Menschen überaus stark betont. Hier die für uns interessanten verurteilten Sätze:

> (11) „Alles, was Gott Vater seinem eingeborenen Sohne in der menschlichen Natur gegeben hat, das hat er alles auch mir gegeben. Hiervon nehme ich nichts aus, weder die Einigung, noch die Heiligkeit, sondern er hat mir alles ebenso gegeben wie ihm."[80]
>
> (13) „Alles, was der göttlichen Natur eigen ist, das alles ist auch dem gerechten und göttlichen Menschen eigen; darum wirkt solch ein Mensch auch alles, was Gott wirkt, und er hat zusammen mit Gott Himmel und Erde geschaffen, und er ist Zeuger des ewigen Wortes, und Gott wüßte ohne einen solchen Menschen nichts zu tun."
>
> (20) „Der gute Mensch ist der eingeborene Sohn Gottes."

Noch konkreter hierarchiekritisch ist der verurteilte Satz Nr. 25, der allerdings nur als „überaus übel klingend und sehr kühn und der Häresie verdächtig erfunden" wird:

> (25) „Wenn es heißt:' Simon, liebst du mich mehr als diese?' so ist der Sinn dieser: will sagen, mehr als dieses, und zwar auf gute, nicht aber auf vollkommene Weise.' Wo nämlich ein 'Erstes' und ein 'Zweites ist' ist, da ist ein 'Mehr' oder 'Weniger', ist Gradunterschied und Rangordnung; *im Einen aber gibt es weder*

[80] DPT 451 / DS 511.

> *Grad noch Rang*. Wer demnach Gott mehr liebt als den Nächsten, liebt ihn zwar auf gute, nicht aber auf vollkommene Weise."[81]

Jede Art von Rangordnung und gestufter Vermittlung wird hier abgelehnt, wenn auch die eigentliche Sinnspitze des Textes auf eine Ablehnung der Unterscheidung in der Liebe und auf eine Aufwertung der immanenten Begegnung mit dem anderen Menschen abzielt. Vollkommenheit kommt nur dem „Ohne Mehr oder Weniger", dem „Ohne Gradunterschied und Rangordnung" zu. Gerade im Namen des neuplatonisch in sich ununterschiedenen Einen wird die vermeintlich höhere Liebe zu Gott ins zweite Glied gestellt, erst eine ebenso unvoreingenommene Liebe zum konkreten Anderen, zum Nächsten, welchen Rang auch immer er habe, bedeutet Vollkommenheit im Sinne Meister Eckharts.

[81] DPT 453 / DS (1950) 525.

IV. Derridas Arbeiten zu Negativer Theologie und Mystik

1. Der Text „Comment ne pas parler. Dénégations"

a) Negative Theologie und Metaphysik

J. Derrida fordert aus taktischen Gründen, die Privilegierung des Positiven und der Identität durch Dekonstruktion zu übersteigen und damit das in der abendländischen Geistesgeschichte Marginalisierte zu bevorzugen. Von dem Begriff „différance", in dem sein Denken kulminiert, spricht er vorwiegend in verneinenden Prädikaten[82]. Diese Forderungen haben seinem Denken deshalb eher in tadelnder als in lobender Absicht das Etikett „Negative Theologie" eingetragen.

Derrida hat solche Vorwürfe immer als inadäquat und zu pauschal zurückgewiesen und dagegen die *Spannung* zwischen Sein und Seiendem als den Ort bezeichnet, an dem sich die différance zeige[83]. 1987 erschien unter dem Titel „Comment ne pas parler. Dénégations" [84] ein im selben Jahr in Jerusalem gehaltener, autobiographisch geprägter Vortrag, der eine dekonstruierende Lektüre von Texten des (Pseudo-) Dionysios Areopagita, Meister Eckharts und Heideggers enthält und sich unter anderem explizit mit den Unterschieden und Übereinstimmungen zwischen Negativer Theologie und Dekonstruktion beschäftigt.

Zum rechten Verständnis der nachfolgenden Überlegungen Derridas ist es wichtig, den *Status* seiner Distanzierung von der Negativen Theologie richtig einzuschätzen, was teilweise erst vor dem Hintergrund des später (1992) erschienenen Textes zum gleichen Sujet möglich wurde[85]: Derrida grenzt seinen eigenen Ansatz keineswegs prinzipiell von jeder möglichen Variante dessen

---

[82] Vgl. unsere Ausführungen über die *différance* im ersten Teil dieser Arbeit.

[83] Das folgende Zitat verweist auf die Ursache für ein solches Mißverstehen, kann aber auch als die schon frühe Warnung Derridas vor einer Theologisierung seines Ansatzes verstanden werden: „Wir müssen vermerken, daß sie [die *différance,* Anm. d. Verf.] nichts ist, das heißt alles [...]. Sie gehört in keine Kategorie des Seienden, sei es anwesend oder abwesend. Und doch ist, was derart mit *différance* bezeichnet wird, nicht theologisch, nicht einmal im negativsten Sinn der negativen Theologie. [...] Nicht nur läßt sich die différance auf keine ontologische oder theologisch-ontotheologische Wiederaneignung zurückführen, sondern indem sie selbst den Raum eröffnet, in dem die Onto-Theologie - die Philosophie - ihr System und ihre Geschichte produziert, umfaßt sie diese, schreibt sich in sie ein und übersteigt sie unwiederbringlich." Randgänge, 32.

[84] *J. Derrida*: Comment ne pas parler. Dénégations. in: Psyché. Invention de l'autre. Paris 1987, 535-596. Deutsche Erstausgabe: Wie nicht sprechen. Verneinungen. Übersetzt von H.D. Gondek. Wien 1989, 9ff (Im folgenden WNS bzw. - für die frz. Ausgabe CNPP).

[85] Vgl. das nachfolgende Kapitel.

ab, was man Negative Theologie nennt. Er fragt ausführlich, ob es sich dabei um ein Genre, eine Sprache oder eine Topik handele, versucht so etwas wie eine Bestimmung ihrer irreduziblen Eigenschaften und kommt schließlich zu einem *allgemeinen Begriff von „Negativer Theologie"*, der selbst von der Dekonstruktion kaum mehr unterschieden werden kann und die *faktisch vorhandenen historischen* Texte dieser Gattung theologischen Sprechens als einzelne mögliche Varianten eines wesentlich umfassenderen Phänomens - eben der Dekonstruktion - erscheinen läßt.

Derrida weist in diesem Text zunächst auf mögliche „Familienähnlichkeiten" *(l'air de familie)*[86] zwischen „Negativer Theologie" und seinem eigenen Ansatz hin, den er als „Rhetorik der negativen Bestimmung" kennzeichnet. Es handelt sich genauer um eine Rhetorik, die „endlos / zwecklos (sans fin) die apophatischen Warnungen und Mahnungen vervielfältigt" und damit radikalisiert. Im Verlauf der Lektüre treten diese *Übereinstimmungen* zwischen *einer* Negativen Theologie und dem Derridaschen Denken deutlich zutage. Die Nähe, die sich aus der Gemeinsamkeit des negativen Sprechens, des „wechselnden Vorzeichens" ergibt, wurde allerdings schon zu Beginn des Vortrages angedeutet, wo sich der Versuch einer Umgrenzung dessen, was man gemeinhin Negative Theologie nennt, findet:

> „dies, was sich X nennt *(s'appelle)* (zum Beispiel der Text, die Schrift, die Spur, die *différance*, das Hymen, das Supplement, das Pharmakon, und so weiter), dies 'ist nicht' dieses noch jenes, nicht sinnlich noch intelligibel, nicht positiv noch negativ, nicht drinnen noch draußen, nicht übergeordnet noch untergeordnet, nicht aktiv noch passiv, nicht anwesend noch abwesend, nicht einmal neutral, nicht einmal dialektisierbar in einem Dritten, ohne mögliche Aufhebung[87] *(relève)* und so weiter. Dieses ist also nicht ein Begriff *(concept)* noch gar ein Name, entgegen *(malgré)* dem Anschein. Dieses X *eignet sich (se prête)* gewiß für eine ganze Reihe von Namen, aber es ruft eine andere Syntax auf *(appelle)*, es geht gar noch über die Ordnung und die Struktur des prädikativen Diskurses hinaus. Es 'ist' nicht und sagt nicht dies, was 'ist'. Es schreibt sich ganz anders *(tout autrement)*."[88]

Damit hat Derrida jedoch bereits die allzu einfache Definfition hinter sich gelassen, die in der Negation der Negativen Theologie eine bloße

---

[86] Dies ist nicht die einzige Anspielung auf das Denken L. Wittgensteins. Auf der Seite 23 / *544 ff* ruft Derrida die Sätze 6.522 und 7 des Tractatus logico-philosophicus in Erinnerung: "Es gibt allerdings Unaussprechliches. Dies *zeigt* sich, es ist das Mystische". „Wovon man nicht sprechen kann, darüber muß man schweigen". Die Notwendigkeit, die sich in jenem „man muß" *(il faut)* des Schweigens ausdrückt, ist es, die Derridas Überlegungen zur Frage *Comment ne pas parler?* in Gang setzte.

[87] Im Original deutsch

[88] WNS 11 / *CNPP 536* (Übersetzung geändert).

(oppositionale) Entgegensetzung durch privative Verneinung sieht. Die Negation der Negativen Theologie spricht Gott nicht einfach die Eigenschaften ab, die ihm die affirmative oder kataphatische Theologie zuspricht. Sie eröffnet vielmehr zunächst aufgrund der potentiellen Endlosigkeit ihres Fortschreitens, dessen sie sich durchaus bewußt ist, einen vollkommen neuen Modus des Sprechens.

Doch noch in einer anderen Weise sprengt die Negative Theologie metaphysische Dualismen: insofern sie auf ihr Jenseits verweist.

> „Jedes Mal, wenn ich sage: X ist nicht dieses noch jenes, noch das Gegenteil von diesem oder jenem, mit denen es nichts gemeinsam hat, denen gegenüber es absolut heterogen oder inkommensurabel ist, würde ich schließlich anfangen, von Gott zu sprechen - unter diesem Namen oder unter einem anderen [...]. Man bekäme so Zugang zu einer Art Gottesbeweis [...], ein Beweis dessen, was man Gott nennt, des Namens Gottes durch Wirkungen ohne Ursache, durch das ohne Ursache *(sans cause)*."[89]

Gott in dieser Weise als hyperbolischen Effekt in jeder Negation zu finden, böte die Möglichkeit, über den „Gottesbeweis der religiösen Symptomatik"[90] hinaus (den Derrida hier scheinbar als Beweis anerkennt) Gott als die Wahrheit jeder Negativität[91] und die Dekonstruktion als ihre äußerste Radikalisierung zu betrachten.

Zunächst sollte es hier jedoch um eine Markierung der metaphysischen Anteile Negativer Theologie gehen:

Zu Beginn wird der wesentliche *Unterschied* deutlich gemacht: Der Negativen Theologie geht es um die Vermeidung inadäquater Beschreibung des nichtsdestoweniger als existent gesetzten höchsten Seienden. Derrida dagegen bezweifelt die Existenz jedes als außerhalb der offenen Totalität des *„texte général"* angenommenen „höchsten Seins".[92]

In seinen Augen sprengt nämlich die *différance* jede Möglichkeit einer Rede von Sein und Seiendem, die sich zwangsläufig zwischen den Polen von An-

---

[89] WNS 14.

[90] WNS 15f

[91] Es sei an dieser Stelle darauf verwiesen, daß „dénégation" auch als Übersetzung für den psychoanalytischen Terminus „Verneinung" dient.

[92] „Nein, ich würde davor zurückschrecken, das, was ich vorzubringen habe, unter dem geläufigen Titel der negativen Theologie einzuschreiben, genau aufgrund dieser ontologischen Überbietung (*surenchère*) durch die Hyper-Essentialität, die man genauso bei Dionysos am Werk finden kann wie zum Beispiel bei Meister Eckhart, wenn dieser schreibt: 'Gott wirkt oberhalb des Seins [...]. Ehe es noch Sein gab, wirkte Gott [...]. Wenn ich aber gesagt habe, Gott sei kein Sein und sei über dem Sein, so habe ich ihm damit nicht das Sein abgesprochen, vielmehr habe ich es in ihm erhöht.'" WNS 17f / *CNPP 541.* Das Eckhart-Zitat stammt aus der Predigt 'Quasi stella matutina'. (DPT, 196).

wesenheit und Abwesenheit bewegen muß, und führt gerade nicht, wie die Erfahrung des Göttlichen, zu einer *Erhöhung* des Seins. Hier nimmt er einen Gedanken auf, der bereits im Levinas-Essay von 1964 in Grundzügen angelegt war. Es heißt dort, das Denken Meister Eckharts scheine „in der ontischen Transzendenz gefangen zu bleiben“[93].

Bezeichnend für die doppelte Strategie der dekonstruktiven Lektüre, die niemals zu einer eindeutigen Einordnung eines Textes diesseits oder jenseits der Abgeschlossenheit *(clôture)*[94] der (Epoche der) Metaphysik führen kann, scheinen die Ausführungen Derridas wenige Zeilen später diese Kritik zu widerrufen, oder sie doch zu modifizieren: Wo Meister Eckhart in derselben Predigt Augustinus zitiert[95], weist Derrida auf die semantische Funktion des „ohne“ *(sans)* hin, mit der er sich bereits vor einiger Zeit beschäftigt hatte[96]. Gott die Gutheit abzusprechen, also die Beschreibbarkeit durch eine wesentliche Allgemeinheit, entzieht ihn der Eingrenzung und Anthropologisierung durch Abstraktion. Zugleich wird auf die Tradition hingewiesen, ihm das Attribut „gut“ als innerhalb menschlicher Denkkategorien naheliegendstes Attribut zuzusprechen, es wird also also keineswegs „nichts“ über ihn ausgesagt. Diese *Gleichzeitigkeit* von Apophase und Kataphase, die in ihrer paradoxalen Grundstruktur die Gesetze der binären Logik benutzt, um sie hinter sich zu lassen, wurde in der Literatur bisher als Phänomen hingenommen bzw. als reine Theologie „ohne jedes philosophische Gepräge“ qualifiziert[97]. Bei Derrida erhält sie eine totalitätskritische Wendung, sie „dekonstruiert den grammatikalischen Anthropomorphismus.“[98]

Das Gleichgewicht zwischen Kataphase und Apophase, das Raum schafft für einen Ort jenseits der Sprache,

> „etwas das nichts wäre, das nicht mehr vom Sein, der Anwesenheit oder der Gegenwärtigkeit des Gegenwärtigen, nicht einmal mehr von der Abwesenheit und noch weniger von irgendeiner Hyperessentialität abhinge“[99],

---

[93] Schrift, 223f.

[94] Vgl. das Kap. „Metaphysikkritik bei J. Derrida“ im ersten Teil dieser Arbeit.

[95] „Sankt Augustin sagt: Gott ist weise ohne Weisheit (wîse âne wîsheit), gut ohne Gutheit (guot âne güete), gewaltig ohne Gewalt (gewaltic âne gewalt).“ DPT 196.

[96] „Pas“, zuerst erschienen in Gramma 3/4, 1976 wiederveröffentlicht in: Parages. Paris 1986.

[97] Vgl. *W. Weischedel*: Der Gott der Philosophen, Darmstadt 1983, 94. Weischedel nimmt hier die Gleichzeitigkeit von Apophase und Kataphase bei Dionysios Areopagita v.a. als Ergebnis der „Verlegenheit“ wahr, „das überseinde Sein selbst“ nicht „erfassen“ zu können.

[98] WNS 19.

[99] „ [...] ce serait 'avant' le concept, le nom. Le mot, 'quelque chose' qui ne serait rien, qui ne relèverait plus de l'être, de la présence ou de la présence du présent, pas même de l'absence, encore moins de quelque hyperessentialité.“ WNS 19 / *CNPP 542* (Übersetzung geändert).

ist ungemein verletzlich und kann jederzeit durch Privilegierung einer der beiden Seiten zerstört und der Metaphysik einverleibt werden. Es bleibt immer möglich, das, was sich hinter den Schleiern der Paradoxie verbirgt, was nicht benannt werden kann, weil es *vor* allen Namen ist, zu identifizieren und zum Zielpunkt eines philosophischen Systems zu machen. Derridas dekonstruierende Textarbeit als „letztes Zeugnis, um nicht zu sagen, den letzten Märtyrer des Glaubens in diesem fin de siecle zu sehen" wird nach seiner eigenen Aussage immer möglich sein - darauf besteht er auch in jenem neueren Text[100] und setzt sich damit gleichzeitig gegen die hybriden Versuche etwa von Nietzsche oder Heidegger ab, der Metaphysik entgültig zu entkommen.
Ähnlich wie im Kontext des Begriffs *différance* muß man hier andererseits natürlich erneut die Frage nach der Ernsthaftigkeit von Derridas Verabschiedung der Metaphysik stellen. Sollte die Frage nach der Existenz eines „Jenseits des Seins" nicht klar verneint, sollte nicht wenigstens - mit Kant - dessen postulatorischer Charakter explizit erwähnt werden? Handelt es sich also um einen performativen Selbstwiderspruch, wenn Derrida es ablehnt, eine metaphysische Lesart seiner explizit metaphysikkritischen Arbeiten auszuschließen? Ich meine: nein. Vielmehr entscheidet er sich hier sehenden Auges dafür, die konsequente Sprachkritik auch und gerade in der Gottesrede durchzuhalten. Die theoretisch-propositionale Rede, welche sich bemüht, wahre Aussagen zu machen, kommt an ihr Ende. Damit geraten jedoch andere Formen des Ausdrucks in den Blick, wie die (biblische) Narration, das Gebet, die liturgische Sprache, die einen lokalen, stärker subjektiven oder literarischen Wert haben und von einem theoretischen Diskurs als Phänomen menschlicher (religiöser) Existenz untersucht werden können. Der Schritt zur metaphysischen Vereinnahmung solcherart *literarischer* Texte ist also keiner, der andere *Inhalte* forcierte, sondern ein Wechsel des *Anspruchs*, mit dem diese Inhalte vertreten würden.

---

[100] Vgl. die im nächsten Kapitel vorgestellte Interpretation des Textes „Post-Scriptum: Aporias, Ways and Voices". Das Zitat findet sich in diesem Text S. 299. - Bereits im Kontext talmudischer Schriftinterpretation wurde auf die Gefahr hingewiesen, die entsteht, wenn mit Derrida von einer Gleichursprünglichkeit des Kommentars resp. der Interpretation mit dem zugrundeliegenden Text ausgegangen wird. Sie resultiert aus der unleugbaren strukturellen Ohnmacht eines jeden Autors bzw. Textes bezüglich seiner Rezeptionsgeschichte. Selbstverständlich kann (und will?) Derrida auch seine eigenen Texte vor dieser „Gefahr" nicht schützen. Der *strukturellen* Unmöglichkeit, metaphysische Aneignungen zu verhindern, steht jedoch die Möglichkeit der je neuen *singulären* Dekonstruktion solcher Aneignungen entgegen.

b) Atopik Gottes

Die Zielrichtung seines Lektüreprozesses findet ihren Ort in der für den arabischen Juden J. Derrida „vielleicht am stärksten autobiographische[n]" Frage von gleichzeitig historisch-politischem Inhalt. Er stellt sie in Jerusalem, der Stadt, die historisch das Versprechen der Erlösung, des Friedens (Schalom) aber auch die unhintergehbare Differenz der drei Weltreligionen und neben dem griechischen Athen den zweiten (jüdisch / orientalischen) Pol der abendländischen Geistesgeschichte verkörpert[101].

> „was (gibt es) an negativer Theologie und ihren Phantomen in einer Überlieferung von Denken, das weder griechisch noch christlich wäre? Anders gesagt: was gibt es an jüdischem und arabischem Denken in dieser Hinsicht?"[102]

Gefragt wird damit nach Spuren des Fremden in der klassischen Negativen Theologie, das immer wieder in aggressiven *politisch-kriegerischen* (Reconquista, Judenpogrome, aktuelle Ausländerfeindlichkeit) bzw. *sprachlich-systematisierenden* Aktionen aus der europäischen (Geistes-) Geschichte exterminiert bzw. in ihr verborgen werden sollte. Dieser Versuch, den Derrida gemäß früherer Überlegungen als Topologie faßt, findet drei Anknüpfungspunkte in den gelesenen Texten:

(A) Mystische Erkenntnis setzt eine doppelte Abtrennung, ein Sich-Zurückziehen von der Masse der Profanen, aber auch ein Verschweigen des geschauten „Geheimnisses" vor den „Philosophen" oder den „Experten in Ontologie" voraus. Denn „das 'Geheimnis' dieser Offenbarung gibt Zugang zur Erkenntnis jenseits der Erkenntnis"[103]. Diese Bewegung gibt sich einerseits

---

[101] *E. Wyschogrod* weist darauf hin, daß im Derridaschen Text gerade der „klassisch jüdische Diskurs über Jerusalem" unerwähnt bleibe. (How to say No in French, in: R. C. Scharlemann (Ed.), Negation and Theology, Charlottsville & London 1992, 39-55, hier 47). Der Diskurs selbst wird nicht ausdrücklich erwähnt, das ist richtig, und doch ist das präsenzvermeidende „Schon und Noch-nicht" der jüdischen Zionserwartung in Derridas Rede präsent. Etwa wenn er fragt: „Bin ich in Jerusalem? Nun das ist eine Frage, auf die man niemals in der Gegenwart, auf die man allein im Futur oder *passé antérieur*, 'der Vorvergangenheit', wird antworten können." WNS 26 / *CNNP 545.*

[102] WNS 58. Weiter heißt es hier: „in allem , was ich sagen werde, wird eine gewisse Leere, der Ort einer inneren Wüste, vielleicht widerhallen *(résonner)* lassen."

[103] WNS 38. Derrida zitiert einen Passus des Dionysios, in dem es über die Philosophen heißt: „ [...] was soll man erst von den wahren Profanen sagen, von denen, die, um die transzendente Ursache aller Dinge zu definieren, sich auf die niedersten Realitäten stützen und die diese Ursache mitnichten für höher halten als die frevelhaften Götzenbilder, denen sie in vielfältigen Formen Gestalt geben, während es, wenn es darauf ankommt, ihr alles das zu attribuieren und an ihr zu *bejahen*, was von ihrem Wesen gesagt wird, in Wahrheit eher noch darauf ankommt, an ihr alle diese Attribute zu *verneinen*, weil sie jedes Wesen transzendiert, ohne gleichwohl zu glauben, daß die *Verneinungen* den *Bejahungen* widersprechen, sondern vielmehr, daß an

als Umschreibung einer bestimmten Lebensform, andererseits aber enthält sie auch theoretische Implikationen. Stellt Negative Theologie also einfach *„the opposite"*, „das Andere" der scholastischen, philosophisch geprägten Theologie dar? Bildet sie ein negatives Double?
Das nicht Aussprechbare muß - so Derrida - von einem mystischen Theologen trotz seines Geheimnischarakters mitgeteilt werden und zwar als „doppelte Einschreibung seines Wissens" in einer „doppelten Überlieferung", einerseits unsagbar und geheim, andererseits philosophisch und beweisführend. Auch die Spur ist zugleich sichtbar und unsichtbar, die Schrift verbreitet ein Geheimnis, das sie doch gleichzeitig absolut zu wahren in der Lage ist. So erscheint die mystische Hermeneutik der Via Negativa als Dekonstruktion *der positiv setzenden Philosophie*, indem sie diese zitiert. Die Negative Theologie liest also die eigenen Texte neben den offenkundigen Inhalten auf das in ihnen Verneinte, Verdrängte, die Differenz und das Widersprüchliche, kurz, auf ihr Geheimnis hin, das sie, kataphatisches und apophatisches Sprechen ineinander verschlingend, unausgesprochen, als Spur, bewahrt.

> „Das 'Unausdrückbare' *(arreton)* verschlingt *(entrelace)* sich oder '(durch)kreuzt' sich *(sympeplektai)* mit dem 'Ausdrückbaren' *(tô retô)*."[104]

(B) Diese „Kreuzung selbst" *(συμπλοκῇ)*, so vermutet Derrida, stellt keine Verschmelzung zweier Redeweisen von Gott, der apophatischen und kataphatischen dar, sondern geht beiden Modi voraus. Dieses nur in der Verneinung, im Verschweigen tradierbare „Jenseits" der Negativen Theologen geht „über die Opposition zwischen Bejahung und Verneinung", ja selbst über jede (Fest)Setzung hinaus. Keine der Oppositionen alleine erreicht wirklich das Wesen Gottes. Nur eine *coincidentia oppositorum* aller propositionalen Aussagen, geschaut in mystischem Licht, in einer nicht theorievermittelten (Gebets-) Erfahrung, käme ihm gleich. Im „ὑπέρ" des Überwesentlichen *(ὑπερούσιος)* schwingt neben der metaphysischen Bedeutung „jenseits allen Seins", die Bedeutung „mehr als das Sein", „Ermöglichung allen Seins" mit. ὑπέρ drückt eine unausdrückbare Andersheit und Unendlichkeit[105] aus, die in den gängigen metaphysischen Denkschemata nicht zu fassen ist. Sie ermöglicht erst das metaphysisch-anthropomorphe Denken der Präsenz, der Linearität oder der logischen Deduktion und entzieht sich selbst jeder positiven Be-

---

sich sie aller Privation vollständig transzendent bleibt, da sie *sich jenseits situiert* von aller Setzung / Position, ob verneinend oder bejahend." Dionysios Areopagita: Mystische Theologie und andere Schriften. Kapitel I, 162-163 (1000 ab) (Hervorh. v. Verf.).

[104] WNS 46.

[105] Ganz im Sinne von E. Levinas'.

schreibung. Damit läßt aber bereits die Negative Theologie des Dionysios den platten Dualismus der privativ gedachten Negation hinter sich. Sie verneint nicht einfach etwas, was in der kataphatischen Theologie positiv gesetzt würde. Vielmehr erscheint der Vorgang der absprechenden Verneinung, verstanden als niemals vervollständigbarer Prozeß, als endloser Verweis auf einen fundamentalen Mangel, der im Raum des Sprachlichen niemals gestillt werden kann.

(C) Im Zuge einer Infragestellung jeder 'reinen' Geistigkeit, Verräumlichung des nichträumlichen Gedankens, fragt hier Derrida erneut nach dem Ort, nach dieser Kreuzung zwischen Sagbarem und Unsagbarem: „Was ist der Ort Gottes?" Innerhalb, oberhalb, außerhalb des Seins? Daß Gott und heiliger Ort nicht identisch sind, daß es keinen Ort Gottes „gibt", hat er den Schriften des Dionysios bereits entnommen:

> „Gott [ist] nicht einfach sein Ort, nicht einmal in seinen heiligsten Stätten. Er ist nicht und er findet nicht Statt *(il n'est pas et il n'a pas lieu)* [...]. Was [kann] das für ein Ereignis sein, welches Statt-findet [...] in dieser Atopik Gottes [...]. Atopos ist das Sinnlose *(l'insensé)*, das Absurde, das Extravagante, das Verrückte *(le fou)*. Dionysios spricht häufig vom Wahnsinn Gottes. [...] 'Die Verrücktheit Gottes ist weiser als die Weisheit der Menschen'"[106]

Daß die Suche nach dem Göttlichen für Dionysios mit räumlicher Absonderung, mit einer Verschiebung, einem Ortswechsel untrennbar verbunden ist, weist auf den Bereich der ursprünglichen Differenz, der Schrift, der Spur, der *différance* hin. Jede Artikulation, auch die Verneinung, schafft Bedeutung und ist in bezug auf die Möglichkeit der Bedeutungskonstitution durch Differenz und Materialität der Sprache sekundär. Jede Verneinung findet innerhalb eines

---

[106] WNS 48f / *CNPP 558*. Der hier zitierte Text findet sich 1 Kor 1,25. Wenn auch im Ersten Testament Torheit *(Ioälät)* vor allem im Zusammenhang mit der Leugnung Gottes (Ps 13,1) und nicht gelungenem Leben verwendet wird (Ps 48,11, Spr 12,11, u.ö.) , so findet in der paulinischen Theologie eine Bedeutungsverschiebung statt: Das sündenvergebende Sterben Jesu am Kreuz, ein göttliches Handeln, erscheint der Welt als Torheit *(μωρία)* (1 Kor 1,18 u.ö.), Weisheit der Welt erscheint als Torheit bei Gott. In 2 Kor 11 spricht Paulus häufiger von sich selbst als 'wie in Torheit (*ἀφροσῦνε*) redend'. Offensichtlich findet sich hier eine Wurzel späterer negativer Theologie, insofern die Inkommensurabilität menschlicher Vollkommenheits- und Weisheitsvorstellungen mit dem Geheimnis göttlichen Heilshandelns - freilich nicht ohne antijudaistische bzw. antigriechische Tendenz - pointiert wird. (Vgl. auch Hochstaffl, 38 ff). W. Schrage weist im ersten Band seines Kommentars zum Ersten Korintherbrief (EKK VII / 1, Neukirchen-Vluyn1991, 189) darauf hin, daß *„ τὸ μωρὸν"* dabei keineswegs nur vom Standpunkt der Juden und Heiden her formuliert (ist). [...] Unter *τῶν ἀνθρώπων* sind darum auch die Christen zu subsumieren. Auch ihnen ist der Ausbruch aus der Paradoxie verwehrt." Hier ausdrücklich von der Verrücktheit Gottes zu sprechen, hat also durchaus auch seinen theologischen Sinn.

Textes, im Raum von Sprache, statt[107]. Ähnlich wie Levinas versteht Derrida diesen Raum als nicht dem Willen des autonom sprechenden Subjektes unterworfen, sondern als immer schon vom „Ruf des anderen" *(appel de l'autre)* konstituiert. Der Ort, an dem das Geheimnis des Theologen Dionysios ausgesprochen oder verschwiegen wird, an dem es sich zeigt, der Ort Gottes, ist die Sprache, die auf den Ruf des Anderen folgt. Nur innerhalb von Sprache kann zwischen endlichen und unendlichen Wahrnehmungen, zwischen Erkennen und Nichterkennen unterschieden werden[108]. Der Raum der Sprachlichkeit ist durch die Sprache selbst nicht transzendierbar. Er verweist jedoch auf etwas, das mehr ist als Sein und vor allem Sein, insofern er in seiner strukturellen Differentialität die eigene Unvollkommenheit und Nichtursprünglichkeit fortwährend offenlegt.[109]

> „Die Sprache hat begonnen ohne uns, in uns, vor uns. Das ist dies, was die Theologie Gott nennt und es ist geboten, es wird geboten gewesen sein zu sprechen *(il faut, il aura fallu parler)*. Dieses „il faut" ist *zugleich* die Spur einer unabsprechbaren *(indeniable)* Notwendigkeit [...] und eines vergangenen Geheißes *(injonction)*. Stets bereits vergangen, also ohne vergangene Gegenwart." [110]

Es stellt einen unhintergehbaren Zwang dar, innerhalb der Sprache zu sein. Auf ein Außerhalb der „Geschichte des Diskurses"[111], auf eine „Anordnung" *(ordre)* oder ein „Versprechen" *(promesse)* verweist nur die Tatsache, daß Sprache aus einer zwar rekonstruierten, aber nicht ursprünglich gekannten Vergangenheit kommt. Diese „Anordnung" ist in einer Weise vergangen, die sie als gegenwärtige zwar denken läßt, die jedoch als solche nicht mehr eigentlich vergegenwärtigt werden kann. Der Name Gottes wäre dann als einzig einsichtiger Ursprung von Sprache in jeder Sprachhandlung angesprochen und durchkreuzt, jede *Rede* von Gott jedoch im Raum der Sprachlichkeit „gefangen". Dies gilt, seitdem „die Tafeln zerbrochen sind", sobald mehr als

---

[107] „Noch die eventuelle Abwesenheit des Referenten macht Zeichen / gibt einen Wink *(fait signe)*, und wenn schon nicht auf die Sache zielend, von der man spricht (so Gott, der nichts ist, weil er ohne Statt, jenseits des Seins, Statt findet), so zumindest auf den anderen zielend (anders als das Sein), der ruft oder dem dieses Sprechen bestimmt ist / sich schickt (*qui se destine cette parole*), selbst wenn es zu ihm spricht, um zu sprechen oder um nichts zu sagen." 52f / *559f* (Übersetzung geändert).

[108] WNS 55 / *CNPP 562.*

[109] In der Sprache des Dionysios hieße das: „Daß das Vermögen zu sprechen und gut zu sprechen von Gott bereits von Gott herrührt, [...] selbst wenn man vermeiden muß, überhaupt zu sprechen." WNS 53.

[110] WNS 55f / *CNPP 562.* Im französischen Text ist es möglich, auch jenes „il faut" theologisch als Gebotenes zu verstehen. (Vgl auch WNS Anm. 27)

[111] Ebd.

Eines ist, also seit Erschaffung der Welt, seitdem (und solange) der Mensch sich innerhalb von Sprache bewegt[112].

c) Hierarchie versus Anarchie der Gabe

Ein zentrales Thema der Negativen Theologie des Dionysios, das von großer totalitätskritischer und politischer Relevanz wäre, wird von Derrida nur am Rande behandelt: die analogische Verknüpfung zwischen der notwendigen Hierarchie philosophischer Begriffe, des mystischen Aufstiegs und der konkreten irdischen Hierarchie der Ämter in der Kirche, der Homologie zwischen der

> „Topologie dessen, was sich jenseits des Seins hält [...], und der nur durch Initiation zugänglichen Politopologie[113], die zugleich die mystische Gemeinschaft organisiert."[114]

Während an dieser Stelle eigentlich nach dem Ort des Sprechenden und seines Gegenübers gefragt wird, geht Derrida in einer Fußnote[115] auf die hier ebenfalls berührte - und in seinen Augen problematische - Logik der klassisch-theologischen Analogie zwischen Hierarchie „als solcher" und konkreter sozio-politischer Ordnung ein. Er bezieht sich dabei auf eine Arbeit J.-L. Marions zu Dionysios[116]: Einerseits stimmt er diesem zu, wenn er den Analogieschluß ablehnt, mit dem der „vulgäre" Hierarchiebegriff in der Kirchengeschichte immer wieder legitimiert wurde, ja diesem Schluß sogar eine *„perversion du regard"* unterstellt[117]. Andererseits wirft er Marion vor, gerade *diese* Entwicklung, dieses „Durchqueren *(parcourir)* der Distanz" zwischen beiden Hierarchien mittels des Analogieschlusses nicht eingehend genug zu

---

[112] Wenn sich dieses Konzept der Sprache auch in großer Nähe zu M. Heidegger zu bewegen scheint, der in „Der Weg zur Sprache" schreibt: „Haus des Seins ist die Sprache, weil sie als die Sage die Weise des Ereignisses ist." (Unterwegs zur Sprache, 255) so zielt doch Derrida auch an dieser Stelle nicht auf eine *Nähe zum Sein*, die sich dort einstellt, wo „die Sprache als Sprechen in ihr Eigenes eingeholt wird" (Ebd.), sondern auf ein sprachlich nicht (auch nicht als „Sein") identifizierbares Anderes, das dennoch als Inkohärenz und Gewalt überall in der Sprache angetroffen werden kann.

[113] Kunstwort aus den Begriffen „Politologie" und „Topologie", die die enge Verknüpfung zwischen dem Politischen, der Frage nach der Macht und der Besetzung und Benennung von Räumen andeutet. Ein insofern bemerkenswertes Phänomen, als das Thema „Macht" - anders als von M. Foucault - von Derrida nur höchst selten thematisiert wird.

[114] WNS 40.

[115] WNS, 120, Anm. 21 / *CNNP 553f,* Anm. 1. Hier finden sich alle im folgenden zitierten Textpassagen.

[116] *J.-L. Marion*: L'idole et la distance. Paris 1977.

[117] Ebd, 217.

beleuchten, keine Kritik der Analogie selbst als paternales Schema der Abkünftigkeit und Repräsentation vorzunehmen, die „dieses ganze Gebäude zu unterhalten scheint". Ja, er vermißt eine Kritik der „ursprünglichen" Hierarchie selbst, wenn er fragt, wie denn eine nicht „vulgäre", entsprechende, richtige Transformation der himmlischen Hierarchie überhaupt aussehen solle. Derrida zufolge ließe sich eine irdische Hierarchie als „richtige" Transformation der himmlischen, also eine ontologische Begründung irdischer Sozialstrukturen nicht begründen. Jede *Identifizierung* des Unausprechlichen verließe die Gleichzeitigkeit von Kataphase und Apophase und leugnete die Unmöglichkeit, ein ursprüngliches Signifikat zu denken, das sich nicht gleichzeitig in einer Spur dem denkenden Zugriff, der Einordnung und Funktionalisierung mit Hilfe einer Ökonomie entzieht.

Als Alternative klingt am Ende der Fußnote Derridas frühe Kritik an der Ökonomie des neuplatonischen Repräsentationsmodells[118] an sowie - als Alternative zur Vermittlung zwischen Außen und Innen, zwischen Heiligkeit und Sozio-Politik - sein Gedanke einer An-Archie und An-Ökonomie der Gabe und des Ereignisses, der weiter unter genauer betrachtet werden soll.

d) Jenseits der Ontologie: Eine Poetologie des Gebetes

Unter den Bedingungen der Moderne scheint das Gebet als Kommunikation mit Gott unmöglich geworden zu sein. Der aufklärerischen *Kritik*, das Gebet entschuldige den Menschen für seinen Mangel an Initiative[119], bestärke ihn in feiger Schicksalsergebenheit und schwäche so seinen Einsatz für die andern[120], folgte die oft beklagte *Unfähigkeit* der „modernen Menschen" zum Beten.

Niklas Luhmann hat gezeigt, wie sich die Problematik einer Kommunikation mit Gott aus religionssoziologischer Perspektive darstellt[121]: Nachdem das theologische Axiom der endgültigen Offenbarung Gottes in Jesus Christus die Behauptung, Gott äußere sich unmittelbar zu aktuellen Fragen und die damit verbundene Machtausübung durch kirchliche und politische Führungsschichten unmöglich gemacht habe, stelle sich das Phänomen der Kommunikation mit Gott nur noch als Möglichkeit des Sprechens *zu* Gott dar. Hier taucht je-

---

[118] Vgl. dazu v.a. Grammatologie, 17-49.

[119] Vgl. *I. Kant*: Religion innerhalb der Grenzen der bloßen Vernunft. Werkausgabe, hg. v. E. Cassirer, Berlin 1912, Bd. V, 352.

[120] *D. Sölle* in einer Besprechung von Brechts Mutter Courage. In: Dies., Atheistisch an Gott glauben. Olten 1968, 111.

[121] Läßt unsere Gesellschaft Kommunikation mit Gott zu? in: Soziologische Aufklärung 4, Opladen 1987, 227-235.

doch die Frage auf, wie man sich denn die Kommunikation mit einem unerreichbaren Adressaten vorzustellen habe. Luhmann bemerkt hierzu lakonisch:

> „Ich verkenne nicht, daß es für viele von uns, besonders in Notlagen, das Bedürfnis geben kann, mit Gott zu kommunizieren. Aber wozu? - wenn man ihn weder über etwas informieren kann, was er noch nicht weiß, noch erwarten kann, daß die Kommunikation ihn zu etwas motivieren könnte, was er andernfalls nicht tun würde.“[122]

Im Verlauf seiner Überlegungen kommt Luhmann zu dem Ergebnis, daß das „gesellschaftlich unangepaßte“ Festhalten der christlichen Kirchen an der Möglichkeit des Gebets aus der Notwendigkeit (Luhmann spricht nicht bloß von einem Bedürfnis!) der Schaffung eines kontingenzfreien Raumes erwachse. Der *„speech-act“* des Gebetes kompensiere also den Legitimtätsverlust der religiösen Antwort auf die Sinnfrage im Gegensatz zu Praktiken der Vergangenheit *auf nicht restriktive Weise.*

> „Die Kommunikation mit Gott kompensiert in diesem Sinne das Überholtsein der Rituale. Sie vollzieht, wenn man so sagen darf, ihre Gewißheit, und wenn es Zweifel gibt, trägt die Handlung darüber hinweg. Kein Thema, keine Aussage über Gott könnte je diese Art von Gewißheit erreichen.“[123]

In Derridas literarisch geprägter Reflexion über das Gebet als Phänomen der Negativen Theologie, die in ihrer Konsequenz überraschende Parallelen zu den soziologischen Untersuchungen Luhmanns aufweist, wird zusätzlich der in der Theologie durchgängig vertretene Zusammenhang zwischen Gebet und ethischem Handeln auf neue Weise deutlich.

Derrida situiert das die Texte einleitende Gebet an der Schnittstelle zwischen kataphatischer und apophatischer Bewegung der Negativen Theologie. Das reine Sich-An-Gott-Richten *(l' adresse / s'adresser)* setzt eine Einmaligkeit des Beters, der Anrufung *(invocation)* und des Gegenübers zumindest als Fiktion voraus, die postulatorisch jeder Wiederholung, also der möglicherweise verfälschenden Nachahmung, entzogen sein müßte[124].

Auch Dionysios kennt die Gefahr der Iteration, die dem Einheitsdenken der Metaphysik droht, er weiß, daß es „Wahnsinn“ wäre, „dieselben Wahrheiten zweimal zu wiederholen“[125]. Mit der Iteration, die die Materialität jeder sprachlichen Aussage repräsentiert, kommt die Möglichkeit einer sinnverfälschenden Wiederholung nämlich ebenso ins Spiel wie der Tod des Autors, der

---

[122] Ebd. 231.

[123] Ebd. 232.

[124] Gleichzeitig bietet sich bekanntlich gerade das Gebet dazu an, zur Formel verfestigt, das Phantasma einer nicht sinnverfälschten Wiederholung aufrechtzuerhalten.

[125] Zit. in WNS Anm. 38 (S. 127).

das Weiterleben seines Textes schon während dessen Entstehung niemals vollständig kontrollieren kann. Damit durchkreuzt *jedes* Gebet, ausdrücklich aber jene Gebete, die in vielen theologischen Traktaten den Anfang oder die Rahmung des theologischen Textes darstellen, den Anspruch propositionalen Sprechens und vertritt das Nicht-Objektive, Kontingente, Literarische, kurz: die in einer rein systematisch-logischen Lesart notwendig auszuschließenden Elemente eines (theologischen) Textes. Es steht am Anfang des Textes und verweist auf die Unmöglichkeit einer endgültigen Aussage über den Anfang. Schon Aristoteles bemerkte, daß sich auf das Gebet die Kategorisierungen „wahr“ oder „falsch“ nicht anwenden[126] lassen. Das Gebet ist als solches weder theologisch, noch theoretisch, weder prädikativ noch propositional, es ist eine *Praxis* des Umgangs mit dem Anderen, genauer eine Praxis der Selbstüberschreitung durch Auslieferung an den Anderen[127].

> „[...] Das reine Gebet bittet den anderen um nichts anderes als das Es-Anhören *(l'entendre)*, das Es-Annehmen *(la recevoir)*, darum, für es gegenwärtig zu sein, der andere als solcher zu sein, Gabe, Ruf *(appel)* und sogar Ursache des Gebets zu sein.“[128]

Im Gebet wird also eine „wahrhafte Erkenntnis“[129] angestrebt, die *jenseits jeder Empirie* „noch die Nichterkenntnis in ihrer Wahrheit“ erkennt, die nicht „Wahrheit durch *adaequatio* ist, sondern durch gleichzeitige Ver- und Entschleierung“ *(ἀλήθεια)* [130]. Nur eine solche Erkenntnis als „Offenbarung [...] durch Erhebung“ entspricht der postulierten Jenseitigkeit des Erkenntnisobjektes.

---

[126] Vgl. *Aristoteles*: Peri hermeneias, 17a.

[127] *E. Wyschogrod* weist zu Recht darauf hin, daß dieser Anlauf, theoretische Objektivität und mystische Kommunikation zusammen zu denken und damit zu übersteigen, den Bogen zurück zum Nachvollzug des Levinaschen Denkweges in „Violence et Metaphysique“ schlägt. (How to say No in French, in: R. C. Scharlemann, Virginia 1992, 39-55, hier 52). Sie schreibt: „Die Vermeidung jeden Sprechens *(avoidance of speech)* der negativen Theologie besetzt schon dasselbe diskursive Terrain, wie das 'wahre Ziel' von Levinas' Untersuchung, den Nichtort des Andern, der nicht in vollkommener Präsenz erlebt werden kann *(can not be brought into plenary presence)*.“

[128] WNS 76 / *CNPP 572* (Übersetzung geändert).

[129] WNS 20 ff.

[130] Vgl. *M. Heideggers* Neudeutung des griechischen Terminus' *ἀλήθεια'* als privativen Ausdruck, als „*Erschlossenheit*“ des *verschlossenen* Daseins. (SuZ, § 44, 212 - 230) „Sie umgreift das Ganze der Seinsstruktur, die durch das Phänomen der Sorge explizit geworden ist, zu der die Entdecktheit des innerweltlichen Seienden gehört.“ (221) Mit diesem Begriff will er den traditionellen „metaphysischen“ Wahrheitsbegriff, der „Wahrheit als Übereinstimmung zwischen innerweltlich Vorhandenem geworden“ sei (225), ablösen, oder genauer: durch ein paradoxes Konzept von Wahrheit noch einmal ontisch unterfangen. Im so geweiteten Horizont erscheint „das Dasein [...](als) gleichursprünglich in der Wahrheit und Unwahrheit.“(223).

Das Gebet will keine Aussage über Gott machen, hat nicht die Absicht, das überwesentliche Wesen als Überwesentliches ans Licht zu bringen - wie etwa die Lobpreisung, die Derrida (in Abgrenzung zur schon zitierten Arbeit J.-L. Marions[131]), streng vom Gebet unterscheidet. Das Gebet spricht *„nicht von, sondern zu"*. Es geht der theologischen Reflexion nicht nur in einem zeitlich-räumlichen, sondern auch in einem „logischen" Sinne voraus. Die Anrede an ein Du antwortet auf einen Ruf, eine Spur und diese gehen der Sprache voraus und stellen sie fortwährend in Frage.

All das heißt auch, daß die Vorstellung einer wie auch immer gearteten ursprünglichen Präsenz Gottes oder gar einer Einheit zwischen ihm und dem Beter (Unio Mystica[132]) aufgegeben werden muß. Wir haben es hier nicht mit einer Theorie der („authentischen") Gotteserfahrung zu tun, die sich letztlich immer selbst genügen würde, sondern mit der Umschreibung eines Ursprungs, der immer schon die Verpflichtung durch einen ethischen Anspruch impliziert. Dies wird besonders dort deutlich, wo Derrida selbst den Bezug zwischen dem Levinasschen Gedanken und dem autonom gedachten Subjekt in der „Kritik der praktischen Vernunft" Kants herstellt. Dabei wird der in der Anerkenntnis des absoluten Sollens unabhängig vom konkreten Anderen wurzelnden Freiheit ihre Ursprünglichkeit, ihr apriorischer Charakter abgesprochen. In einer Bewegung der Überbietung wird die Notwendigkeit von Verantwortung nicht *grundsätzlich* geleugnet, sondern nur fundamentaler in einem *ordre* (Levinas) verwurzelt:

> „Es gäbe keine Verantwortung ohne dieses *Zuvorkommen (prévenance)* der Spur, und wäre die Autonomie eine primäre oder absolute. Die Autonomie selbst wäre nicht möglich noch die Achtung *(respect)* vor dem Gesetz (die alleinige 'Ursache' dieser Achtung) im strikt Kantischen Sinne dieser Worte."[133]

---

[131] WNS, 77, Anm. 35 / *CNPP, 572,* Anm. 1.

[132] Darauf, daß diese Kritik der mystischen Einheit als letzter Evidenz mystischer Theologie von ihrem *ethischen Gehalt* her den Texten z.B. Meister Eckharts bereits inhärent ist, wurde oben hingewiesen. Mit diesem Hinweis wird aber auch der fiktive oder tatsächlich erhobene „Mystizismus-Vorwurf" gegen Derrida, der sich hinter dem Hinweis auf seine Nähe zu Negativer Theologie und jüdischer Mystik immer verborgen hatte, entkräftet.

[133] WNS 56 / *CNPP 561*. Bedauernswerterweise läßt sich Derrida hier nicht auf eine ausführliche Diskussion der Kantschen Argumente in KpV und KrV ein. Derridas ästhetische Theorie, „La vérité en peinture", die in unserer Arbeit keine Beachtung finden kann, enthält allerdings eine ausführliche Diskussion der Kritik der Urteilskraft.
Diese Nichtbeachtung spricht nicht gegen eine tiefgehende Aufnahme zentraler Gedanken Kants, wie sie in dieser Arbeit behauptet wird. Sie macht sie vielmehr wahrscheinlich. Nicht immer nämlich gibt sich Derrida über die Wurzeln seines Denkens Rechenschaft. Ein ähnlicher Fall liegt bei J. Lacan vor, dessen Denken Derrida heftig als „phallogozentrisch" kritisiert, dem er jedoch auch Wesentliches verdankt, so sämtliche Bezüge zur Freudschen Psy-

Das Gebet am Anfang jeder theologischen (und letztlich jeder) Rede[134] wird unter dieser Perspektive zur notwendigen und einzig möglichen *Erinnerung* an den „unterstellten Ursprung jeglichen Sprechens“[135]: an den radikal Anderen. Es hat den Charakter eines immer wieder zu erneuernden Postulates des angesprochenen Gegenübers: In einem unvertretbaren Sprechakt, der gleichzeitig das Gegenüber, das Du, setzt und verschwinden läßt, versteht der Beter „den Anderen als Referenten eines *legein*, welches nichts anderes ist als seine Ursache“[136].

> „Sich an jemanden richten heißt nicht exakt sich an niemanden richten. Bedeutet zu jemandem sprechen - mit dem Risiko, jedesmal auf einzigartige Weise, daß es da niemanden gibt, den es zu segnen gälte - nicht die einzige Möglichkeit für eine Segnung? Für einen Akt des Glaubens? Was wäre eine Segnung, die sich ihrer selbst sicher wäre? Ein Urteil, eine Gewißheit, ein Dogma?“[137]

Damit wird eine große Nähe zwischen den literarischen Gattungen Gebet und Gedicht[138] (im Sinne P. Celans) hergestellt, ja beide werden in ihrer Inkommensurabilität mit jeder auf rückhaltloses Verstehen ausgerichteten Hermeneutik oder Theologie identifiziert. Gemeinsam wäre ihnen außerdem die Struktur des *„il faut“*, das fundamentale „Muß“ einer sprachlichen Existenz, die sich doch über ihren Ursprung niemals endgültig Rechenschaft geben kann, sowie die Singularität und die Unmöglichkeit einer Systematisierung.

2. Der Text „Post-Scriptum. Aporias, Ways and Voices“

a) Charakterisierung des Textes und erste Interpretation

In dem erst kürzlich erschienenen Text *Post-Scriptum. Aporias, Ways and Voices* beschäftigt sich Derrida wiederum mit dem „Genre“ Negative Theo-

---

choanalyse, und hier vor allem den Gedanken einer Ich-Konstitution aus einem Mangel heraus.

[134] Die Form und Funktion des theologische Traktate einleitenden Gebetes wären eine eigene Untersuchung wert. Erinnert werden soll hier zumindest an die Gebete am Beginn der „Confessiones“ des Augustinus und des „Proslogion“ des Anselm v. Canterbury. Ersteres leistet dabei die poetisch gefaßte und ohne theoretischen Anspruch antretende Reflexion auf die Möglichkeit einer Kommunikation zwischen Schöpfer und Geschöpf, und richtet sich an den göttlichen Anderen, aber, insofern es sich um einen Text handelt, auch an den Leser. Zwischen zehntem und elftem Buch der Confessiones findet sich erneut die Form des Gebetes. Hier wird die Erfahrung der Zuwendung zwischen Gott und Beter ausführlich thematisiert. Das Gebet im „Proslogion“ enthält den sogenannten „ontologischen Gottesbeweis“, kann aber vor dem Hintergrund der Derridaschen Überlegungen auch als bewußt nicht-systematischer Verweis auf die Grenzen des menschlichen Denkens vestanden werden.

[135] WNS 54 / *CNPP 561.*

[136] Ebd.

[137] Schibboleth, 91 / *76*, eigene Übersetzung.

[138] Vgl. die Überlegungen zur Poesie P. Celans im zweiten Teil dieser Arbeit.

logie. Es handelt sich um seinen Beitrag zu einer 1992 erschienenen Aufsatzsammlung[139], die die entscheidenden Texte von J. Derrida zum Thema mit Beiträgen von Mark C.Taylor, Michel Despland und anderen vereint und den ersten Versuch einer Sammlung, Sichtung und Bearbeitung der Derridaschen Arbeiten zur Negativen Theologie darstellt. Der Titel „Post-Scriptum" erklärt sich zunächst einfach daraus, daß Derrida selbst nicht am Kolloquium teilnehmen konnte und diesen Text als Nachtrag zu den Diskussionen der Tagung einem der Herausgeber quasi als deren „Nachschrift", als nachträglichen Beitrag zu einem abgeschlossenen Dialog, zusandte.

Ähnlich wie in früheren Texten („Glas", „Postkarte", „Wahrheit in der Malerei") setzt Derrida hier die Vielstimmigkeit eines Diskurses, die schon im Titel *(„Voices")* und in den ersten Zeilen des Textes thematisiert wird[140], auch formal um. Solche für den theoretisch-philosophischen Diskurs ungewöhnlichen Techniken deuten zunächst auf die Unmöglichkeit hin, den jeweiligen Text eindeutig einem Genre und damit den ihm eigenen Argumentations- und Systematisierungsgepflogenheiten zuzuweisen. Der Text weist sich selbst als „literarisch" aus, d.h. als völlig frei von Forderungen der Logik oder Teleologie.

Hier liegt ein Dia- oder vielmehr Polylog vor. Verschiedene Stimmen sprechen, be-sprechen immer wieder sich gegenseitig verschiebende und aufeinander - teilweise ohne direkt erkennbaren Sinnzusammenhang - aufgepfropfte Themen wie Freundschaft / Gemeinschaft, Opposition, Poesie, Schöpfung, Nachträglichkeit, die letztlich auf seltsame Weise in die Topik der Negativen Theologie münden.

---

[139] *H. Coward / T. Foshay* (Ed.): Derrida and Negative Theology", New York 1992. Derridas eigener aktueller Beitrag zu diesem Kolloquium findet sich auf den Seiten 283-323 und wird im folgenden mit dem Sigel PSC, zitiert. Das französische „Orginal" erschien *nach* seiner Übersetzung ins Englische 1993 unter dem Titel *„Sauf le nom"*. Dieser Titel spielt mit der Mehrdeutigkeit des frz. *sauf* und dem phonetisch gleichklingenden *sauve*. Liest man „sauf", so muß der Titel- „Abgesehen vom Namen" oder „Den Namen ausgenommen" übersetzt werden. Hört man jedoch „sauve", könnte auch „Rette(t) den Namen" verstanden werden. Das frz. Original wird nur im Falle abweichender Übersetzung bzw. bei abweichender Bedeutung im Deutschen angeführt). Um einer besseren Lesbarkeit willen erscheinen nur die Seitenangaben der englischen Ausgabe.
Ausgelöst hatt die Diskussion um Dekonstruktion und negative Theologie in den USA jedoch bereits das Erscheinen des Textes *Comment ne pas parler. Dénégations* in englischer Sprache 1989. (Übersetzt von Ken Friedan in: Language of the Unsayable: The Play of Negativity in Literatur and Litarary Theory, ed. Sanford Budick / Wolfgang Iser, New York, 3-70.). Im vierten Kapitel unserer Arbeit findet sich ein Überblick über diese noch andauernde Diskussion.

[140] „More than one, it is neccesary to be more than one to speak, several voices are necessary for that (...)." Ebd. 283.

Sich an die platonischen Dialoge erinnert zu fühlen, ist zwar naheliegend, doch wenn überhaupt, so haben wir hier deren Antifolie vor uns. Die klare Zuordnung der Stimmen zu Personen und die bei Platon häufige Lehrer-Schüler-Hierarchie fehlen nämlich. Es bleibt auch offen, ja ist unerheblich, ob es sich um innere Stimmen eines Subjekts oder verschiedene Gesprächspartner handelt. Diese Unterscheidung, die auf der Unterscheidung zwischen verschiedenen sprechend-handelnden Personen beruht, ist aufgehoben, selbst eine fiktionale Präsenz sprechender Personen wird vermieden. Die Vielfalt der Stimmen bleibt formal wie inhaltlich konstitutiv für den Text, für jeden Text und vor allem, so Derrida, für Texte, die sich um Gott drehen[141]. Ihr formaler Einsatz transportiert aber dennoch eine Proposition: Ohne An-rede *(to address)*, ohne ein Sich-Richten der Rede kein Sprechen. Ohne Anderen, ohne ein gegenüberliegendes Antlitz - und seien es die verschiedenen Instanzen eines inkonsistent gedachten Ich - keine Sprache. Der Dualismus Innen-Außen spielt keine Rolle mehr, was nicht heißt, daß keine Rollen mehr gespielt werden. Dem Anderen, der immer schon zugegen war, wo gesprochen wird, kommt eine Vor-läufigkeit gegenüber jedem Sprechen, jeder Artikulation zu[142].

Ein derart vielstimmiger Text spricht und argumentiert allerdings nicht einlinig-systematisch. Aporizität ist seine Begleiterin, denn aus den Stimmen spricht kein „einfältiges“ Bewußtsein, am Ende steht kein Ergebnis in Form einer These oder eines Bekenntnisses. Es ist auch hinter den Stimmen dieses Textes (wieviele es sind, bleibt offen) keine Weltanschauung, kein wie auch immer geartetes System auszumachen. Kurz: das „Ende des Monologismus“[143] wird eingeläutet.

---

[141] Yes, and par excellence, let us say exemplarily, when it's a matter of god. Ebd.

[142] Damit bewegt sich Derrida im Fahrwasser der schon zitierten Kritik Levinas' an den platonischen Dialogen, die hier noch einmal in Erinnerung gerufen werden soll: „Alles geschieht im Innern ein und desselben Bewußtseins: innerer Diskurs, wo das Denken sich künstlich trennt, indem es sich zu fragen und zu antworten scheint, wo sich schließlich jedoch alles wieder anbindet.“ In der 'immanenten Dialektik' Platons „bleibt das Denken dasselbe, es[...] ist kein Dialog, oder zumindest ist es der Dialog der Seele mit sich selbst, der mit Fragen und Antworten vorgeht, innerer Diskurs, in dem der Geist denkend nicht weniger ein und einzig bleibt, trotz seiner Schritte und seines Kommens und Gehens, mit denen er sich selbst gegenübertreten kann.“ *E. Levinas*, Gott und die Philosophie, in: B. Casper, Gott nennen, a.a.O., 215f.

[143] PSC, 283. Hier wird an die „heterologische“ Deutung des Begriffs bei Novalis und Heidegger angeknüpft (vgl. Ebd. 299). Gleichzeitig nimmt Derrida den Begriff Monologismus aus der Rezeptionsgeschichte seiner eigenen Texte auf. Er findet sich in diesem Zusammenhang zum ersten Mal bei *M.C. Taylor* (ERRING, a.a.O., 173,175).

Ähnliches gilt - so Derrida - für die Negative Theologie in den verstreuten Äußerungen ihrer Autoren und Autorinnen[144] gerade dort, wo auf den ersten Blick eine Charakterisierung der Negativen Theologie, die Festlegung auf *eine* Fragerichtung möglich zu sein schien:

> „Die Stimme multipliziert sich selbst, indem sie sich in sich selbst teilt: sie sagt das eine und sein Gegenteil, Gott ist ohne Sein oder Gott ist jenseits des Seins. Die Apophase ist eine Deklaration, eine Explikation, eine Antwort, die, indem sie bezüglich des Subjektes Gott eine negative oder interrogative Form verwendet (auch das heißt „apophasis"), zeitweise so sehr einem Bekenntnis zum Atheismus ähnelt, daß sie damit verwechselt werden könnte."[145]

Der Bezug zum Atheismus-Vorwurf von G.W. Leibniz'[146], den Derrida hier herstellt, bleibt in der Schwebe zwischen Zustimmung und Verurteilung[147]. Schon in früheren Arbeiten Derridas findet sich der Gedanke, eine klare Trennung zwischen Theismus und Atheismus sei nicht möglich, vielmehr sei dort, wo - wie bei E. Levinas - die Andersheit des Anderen, Gottes, die ja zum Kern des jüdischen wie des christlichen Glaubens gehört, zu Ende gedacht wird, der Atheismus ihr ständiger Begleiter[148]. Hier spricht er von *„affinity between the atheism suspected by Leibniz and a certain apophatic boldness"*, einer Kühnheit, die im *„going further than is reasonably permitted"*[149] besteht. Wir haben es hier keineswegs mit einem „unschuldigen Atheismus" zu tun, einer Anerkennung Gottes in irgendeiner Form der konkreten Praxis bei theoretischer Leugnung seiner Existenz, wie sie nach Meinung zeitgenössischer Theologie als „hinreichende Voraussetzung für die Erlangung von Gnade und

---

[144] Konkret taucht über Derridas Texte verstreut eine bewußt subjektive Auswahl auf: (Pseudo-) Dionysios Areopagita, Meister Eckhart, Angelus Silesius, Margarete Porete und als deren Lehrmeister Platon und Augustinus.

[145] „This voice mulitiplies itself, dividing within itself: it says one thing and its contrary, God that is without being or God that (is) beyond being *(au-delà de l'être)*. The apophatic is a declaration, an explanation (*frz.:explication*), a response that, taking on the subject *(sujet)* of God a negative or interrogative form (that is also what apophasis means), at times resembles a profession of atheism as to be mistaken for it." PSC, 183.

[146] „Bei jenen Mystikern gibt es einige Stellen, die außerordentlich kühn sind, voll von schwierigen Metaphern und beinahe zur Gottlosigkeit hinneigend, so wie ich Gleiches bisweilen in den deutschen - im übrigen schönen - Gedichten eines gewissen Mannes bemerkt habe, der sich Johannes Angelus Silesius nennt." G.W. Leibniz, Brief an Paccius, 28. Januar 1765, in Leibnitii opera, ed. L. Durens: 6:56. zit. nach M. Heidegger, Der Satz vom Grund. Pfullingen 1957, 68. zit. nach PSC, 284.

[147] „Nothing seems at once more merited and more insignificant, more displaced, more blind than such a trial. Ebd. 284.

[148] „Wir befinden uns 'in der Spur Gottes' ; diese Aussage [...] (ist) nahe daran in einen Atheismus umzuschlagen: wenn Gott zum Beispiel ein Effekt der Spur wäre?" Schrift, 165.

[149] PSC, 284.

Heil anzusehen ist"[150]. Vielmehr schließt die konsequente Anerkennung des Anspruches, der sich im Antlitz des Anderen zeigt, jede Überhöhung des konkreten Ereignisses auf ein notwendig anthropomorph zu denkendes Jenseits hin, jede Möglichkeit propositionaler Aussagen über Gott aus, die letztlich auf die allmächtigen Fähigkeiten eines HERRschergotttes hinauslaufen.
Fraglich bleibt, ob eine solche Radikalisierung des ethischen Anspruchs tatsächlich nur unter Aufgabe konsequenter vernunftmäßiger Argumentation, konkret bei eher unreflektiertem (Levinas, Hauptströmungen der zeitgenössischen Theologie) oder bewußtem (Derrida) Verzicht auf den erstphilosphischen Erweis des Ermöglichungsgrundes eines solchen Anspruchs des Anderen möglich ist.[151]

b) Hymnus und Didaktik: Augustinus' Confessiones

Derrida macht die genannte Vielstimmigkeit auch in der Tradition der Negativen Theologie ausfindig, der er sich in diesem Text zum zweiten Mal ausführlich zuwendet. Eine Vielstimmigkeit, die in diesem Kontext zunächst aus der mehrfachen Adressierung der Texte resultiert: *Adressiert* sind Texte der Negativen Theologie nämlich einerseits *an Gott*, insofern an ihrem Anfang das Gebet steht, andererseits aber *an Schüler*, insofern es sich gleichzeitig um Texte der Unterweisung handelt, die in einer Bewegung der Abtrennung und Distanzierung eine Elite heranbilden, in eine Geheimlehre einführen wollen[152]. Negative Theologie entsteht also in einem doppelten Kontext, sie ist 'Hymnus' und 'Didaktik'.
Wenn aber der Hymnus der Tatsache einer absoluten Vorgängigkeit des Rufes des Andern geschuldet ist, hat dies auch Konsequenzen für jede sich anschließende Belehrung: Ihr Ziel kann nicht mehr die theoretische Vermittlung eines eindeutigen Wissens, einer endgültigen Information über das innere Wesen Gottes sein. Die Augustinischen Confessiones, auf die sich Derrida hier beruft, richten sich konsequent an „aures fraternae ac piae" (X, 34.51) an einen „fraternus animus" (X, 4.5). Ihr Ziel ist das „veritatem *facere*" (X, 1.1), ein *Handeln im Nachhinein*, als Wirkung der Spur, die er selbst, Augustinus, in

---

[150] So *M. Seckler* im Art. „Atheismus", Theologisch, in: LthK 1993 Bd I, Sp. 1135-1139, hier 1138.

[151] Vgl. zur Notwendigkeit einer *'Ersten Philosophie'*: *H. Verweyen*: „Gottes letztes Wort" Kap. 3 (77-103), zur Möglichkeit eines Begriffs letztgültigen Sinns vor dem Hintergrund wechselseitiger Anerkennung und des Bildbegriffs aus Fichtes später Wissenschaftslehre: Ebd. Kap. 8 (233-255).

[152] Vgl. das Kapitel „Atopik Gottes", oben.

seiner Autobiographie bewußt schriftlich hinterläßt und die auf die Spur Gottes in den an ihn adressierten Texte verweist. Nur ein Handeln das Sohn- bzw. Freundschaft anzielt, entspricht der Zerstreuung *(la dissémination)* des einen Sinns im Akt der Schöpfung. Die Nachträglichkeit des Schreibens konstituiert eine „andere", eine nachträgliche „community", eine Freundschaft *(φιλία)*. Diese folgt der ursprünglichen Erfahrung eines Mangels (an Präsenz, an Zugänglichkeit des Ursprungs) und entspringt einer fortwährenden Enteignung des aktuellen Entwurfs der eigenen Person, die aus jenem konsequenten Sich-Austauschen, Sich-An-Den-Anderen-Richten folgen muß[153].

„Freundschaft" (*friendship,* jetzt auch mit Bezug auf das kurz vorausgegangene Kolloquium) findet ihre Form im Polylog, wie er im Schreiben und Lesen zur Topik der Negativen Theologie entsteht, in jeder „Versammlung" *(gathering)*, in der Menschen nach Art der Synagoge zusammenkommen, ohne sich gemeinsam einer beherrschenden Position zu unterwerfen. Thema, Ort, und Diskursregeln einer solchen freundschaftlichen Zusammenkunft sind dem Austausch - geschehe er mündlich oder schriftlich - als sein anderes immer schon vorgegeben.

Derrida liest hier den Augustinus der „Confessiones" als Vorläufer der Vermeidung propositionaler Ausdrücke, einer eindeutigen Lehre und damit gleichzeitig vor dem Hintergrund der „Spur", seines Modells einer dauerhaften Vermittlung, in deren Weitergabe jedoch eine Verschiebung des Sinns ständig für möglich gehalten werden muß.

c) Negative Theologie als Dekonstruktion

Eine deutliche Zustimmung zum Phänomen „Negative Theologie", die sich sonst vor allem bei der Bearbeitung literarischer Texte (Celan, Jabes, Genet) findet, war auch schon in „Wie nicht sprechen" auszumachen gewesen. Die häufig vermutete Nähe oder „Familienähnlichkeit" *(familiarity)* der Dekonstruktion zu einer bestimmten Deutung des „Genres" Negative Theologie, die Derrida in „Wie nicht sprechen" noch in unzähligen Differenzierung und

---

[153] Derrida wiederholt hier in einem Nebensatz seine sattsam bekannte Kritik am 'community'-Begriff der Speech-Act-Theory (Austin / Searle) und den auf ihr fußenden Konsensmodellen von Universal- und Transzendentalpragmatik: „[...] 'community' *(communauté)* (a word I never much liked, because of it's connotation of participation, indeed fusion, identification *(fusion identificatoire)*: I see in it as many threats as promises), ..." PSC, 292. Vgl. dazu ausführlich „Signatur, Ereignis, Kontext." In: Randgänge, 291-314 und „Antwort an Apel" in: Zeitmitschrift 3 / 1987, 76-85.

Windungen teils zurückweisend, teils zustimmend umkreisen mußte, wird in „Post-Scriptum" lapidar festgestellt und begründet:

1. Beide dringen zur Grenze des Diskurses vor, überschreiten dann eine Front (zum Fremden, zum Außen), einschließlich denen einer soziopolitischen, institutionellen, kirchlichen Vernunft, bzw. *raison d'être*.[154]
2. Beide lassen sich weder als Methode oder Vorgehensweise, noch als Genre formalisieren und damit eingrenzen, beide wenden keine Regeln an und folgen keinem Programm, was nicht heißt, daß keine Aussage über sie gemacht werden könnte[155].
3. Beide könnten definiert werden als die ursprüngliche *(very)* Phänomene der „(unmöglichen) Möglichkeit des Unmöglichen", eine Eigenschaft, die beide mit der Gabe, dem „Ja", dem „Komm", der Entscheidung usw. gemeinsam haben.[156]
4. Beide versuchen nicht das Gegenteil des bearbeiteten Textes, der weitergeführten Tradition entstehen zu lassen, sondern verwinden die Metaphysik, verschlingen sich mit ihr.[157]

In den nun folgenden Passagen entwirft Derrida eine äußerst eigenwillige Theorie der Negativen Theologie, die sich vom historischen Phänomen bis zu einem gewissen Grade löst. Er bemüht sich dabei, jede mögliche Abhängigkeit von der die europäische Geistesgeschichte beherrschenden griechisch-christlichen Terminologie der Vereinnahmung, Versöhnung oder Zähmung zu vermeiden. Ob das allerdings möglich ist, bleibt angesichts der Verwobenheit des Themas „Negative Theologie" mit europäisch-christlichen Elementen fraglich[158].
So wird es im Text ausdrücklich vermieden, die Negative Theologie im Namen eines *„consensus"* oder *„ekumenism"* als eine - abgeleitete - Form der *Übersetzung* oder der *Sprache* zu bezeichnen[159]. Vielmehr stelle sie etwas

---

[154] Ebd. 284. Schon in früheren Arbeiten hatte Derrida das Denkens Meister Eckharts als „Rühren an die Grenzen und an die äußersten Kühnheiten des Diskurses im okzidentalen Denken" bezeichnet (Schrift, 411).

[155] Ebd. 290.

[156] Ebd.

[157] Vgl. *M. Despland*, On Not Solvin Riddles Alone. In: H. Coward / T. Foshay: (Ed.) Derrida and Negative Theology, a.a.O., 147.

[158] PSC, 293.

[159] „How does negative theology always run the risk of resembling an exercise of translation?" Ebd. 293.

höchst Eigenständiges, etwas mit den Mitteln der abendländischen Idiome nur bedingt Darstellbares vor, etwas, das sich selbst (mittels der absprechenden Verneinung) in einen *Raum außerhalb der Sprache* befördere. Es handelt sich dabei um den Versuch, die Sprachregelung der Negativen Theologie „verneine propositionale Aussagen der Form S ist P" (und stelle damit eine Antwoirt auf die Frage τί ἔστι dar) auf sie selbst anzuwenden und folglich jede Identifikation, die diese Form hätte („Negative Theologie ist eine Sprache, ist eine Form von Übersetzung bzw. Übersetzbarkeit" usw.), zu vermeiden. Diese Überlegungen führen dazu, die aus ihnen resultierende Erschöpfung *(exhaustion / épuisement)* der Aussagemöglichkeiten des Diskurses als formales Prinzip der Negativen Theologie zu erkennen. Sie führt in die „Trockenheit einer Wüste" *(aridity of a desert),* wo nur noch aporetisch, negierend oder in Paradoxien gesprochen werden kann.[160].

> „Wir bewegen uns in absoluter Beispielhaftigkeit (exempl*aridité*) wie in der Trockenheit *(aridité)* einer Wüste, weil die essentielle Tendenz (der Negativen Theologie, Anm. d. Verf.) auf eine gestaltende Verknappung *(raréfaction formalisatrice)* geht. Verarmung / Auslaugung / Verkümmerung ist unerläßlich *(l' appauvrissement est de rigueur).* "
> „Negative Theologie meint, sehr wenig (zu sagen), beinahe nichts, vielleicht etwas anderes als etwas *(autre chose que quelque chose).* Von seiner unerschöpflichen Erschöpfung *(inepuisable epuisement)* ..."[161]

Doch Derrida denkt das Bild der Aporie als „Wüste" des Diskurses noch einmal weiter, knüpft mit diesen Gedanken der Negativen Theologie als streng formalisiertem Diskurs an frühere Überlegungen zur Aporie im ethischen Sinne, im Fall der Notwendigkeit eines Handelns nach zwei sich widersprechenden Gesetzen an.

Er faßt die Rede des Angelus Silesius von einer „wüsten Zeit"[162] als grundlegende Beschreibung der menschlichen Existenz, insofern sie nicht als ganze in einem Wurf, von einem Punkt aus zu konzipieren ist, insofern Entscheidungen von ethischer Relevanz *grundsätzlich* der Aporie ausgeliefert sind. Die bereits

---

„Isn't it what, in essence, exceeds language, so that the 'essence' of negative theology would carry itself outside of language?" PSC, 294.

[160] Gleichzeitig ist dic „Wüste" eine der beliebtesten Metaphern der mystischen Theologie So formuliert Angelus Silesius als Ziel und Notwendigkeit oder „nach der verneinenden beschawung / von welcher suche bei den *Mijsticis*: Wo ist mein Aufenthalt [...] Wo sol ich dann nun hin? / Jch muß noch ueber Gott in eine wueste ziehn." (I:7)
An anderer Stelle heißt es: „Die Einsamkeit ist noth / doch sey nur nicht gemein: So kannstu ueberall in einer Wuesten seyn." (Cherubinischer Wandersmann. Kritische Ausgabe. Stuttgart 1984ff, II:117).

[161] PSC, 295.

[162] Ders., Cherubinischer Wandersmann, a.a.O., III:184.

an anderer Stelle[163] geäußerte These, von Verantwortlichkeit könne nur gesprochen werden, wo jede Form des ökonomischen Denkens ausgeschlossen sei, wo also jedes moralische Regelsystem an seine Grenzen, an seine eigene Unmöglichkeit stoße, findet hier im Bild eines immer wieder zugewehten, wenn überhaupt, dann „nur" aus Spuren der Vor-gänger bestehenden Weg in der Wüste ihr angemessenes Bild:

> „Keine ausgezeichnete *(pas de tracé)* oder gesicherte Passage, keine irgendwie geartete Route, aber (auch) die allermeisten Spuren sind keine zuverlässigen Wege, die Pfade sind noch nicht gefegt *(frayés)* und wenn, dann hat Sand sie sofort wieder bedeckt. Aber ist nicht der ungebahnte Weg *(la voie non frayée)* genauso die Bedingung von *Entscheidung* und *Ereignis,* welches darin besteht, den Weg zu eröffnen, darin, *zu übersteigen / zu passieren (passer),* also *jenseits, darüberhinaus* zu gehen?"[164]

Ein reines Ausschöpfen nur des Möglichen verbliebe dabei in den Augen Derridas noch im Rahmen einer abschätzbaren Ökonomie, verfehlte immer noch die absolute Nicht-Antizipierbarkeit der Begegnung mit dem Anderen

> „Zu gehen, wo es möglich ist, wäre kein Aus-dem-Gleis-Geraten *(displacement)* oder keine Entscheidung, es wäre die unverantwortliche Abwicklung eines Programms."[165]

Von diesem Jenseits der Wüste kann nur *nichts* gesagt werden. Der reine Ort *(pure place)*, den eine solche (Ver-)Wüstung *(desertification)* der Sprache hinterläßt oder besser freigibt, ist der Ort des unerkennbaren Gottes der Negativen Theologie, ist - und hier trifft sich Derrida erneut auf unerwartete Weise

---

[163] In einem in zeitlicher Nähe zu Post-Scriptum entstandenen Text (L'autre cap, Vortrag gehalten 1990 in Turin. Dt.: Das andere Kap. Die vertagte Demokratie, Frankfurt a.M, 1992.) wird das grundlegende Problem europäischer Politik als Wiedergeburt der alten Frage nach dem Verhältnis von Vielheit und Einheit, als „Strategie der zwei Hände" (Ein Terminus, mit dem Derrida auch die Dekonstruktion kennzeichnet) behandelt: „Muß man wachsam darauf achten, daß nicht wieder einer vereinheitlichende Hegemonie [...] entsteht, so darf man doch auch umgekehrt die Grenzen, das heißt die Ränder und die Randgebiete, nicht vervielfachen. Dann dürfen die Unterschiede zwischen den Minderheiten [...] nicht um ihrer selbst willen kultiviert werden. Die Verantwortung scheint heute darauf hinauszulaufen, daß man auf keinen der beiden widersprüchlichen Imperative verzichtet. Man muß demnach versuchen, politisch institutionelle Gesten, Diskurse und Praktiken zu *erfinden,* die das Bündnis zwischen diesen beiden Imperativen [...] markieren." Ebd. 35 (Übersetzung geändert). Weiter unten heißt es hier „(Es gibt) keine Verantwortung, die nicht eine Erfahrung des Unmöglichen ist. [...] Eine solche Verantwortung [, die sich im Bereich des *Möglichen* bewährt, Anm. d. Verf.] verwandelt die Handlung in die Folge eines angewandten Wissens, in die bloße Anwendung eines Wissens oder einer Technik; sie verwandelt Moral und Politik in Technologien. Sie hängt nicht mehr von der praktischen Vernunft ab. Sie hat nichts mehr mit einer Entscheidung zu tun; sie beginnt, unverantwortlich zu sein." Ebd. 36.

[164] PSC, 299.

[165] Ebd. 302.

mit Gedanken des Angelus Silesius - *das Wort*[166]. Nur in der Sprache kann der immer noch nachwirkende Gründungsakt des Selbst wie der Welt, der Sprache Statt haben. Nachwirkend im *Ereignis*, an der Oberfläche des Menschen, im Antlitz, auf der Zungenspitze *(tip of a tongue)*, was in Derridas Lesart immer Teil einer Bewegung auf Gott hin, ein Gott-Nennen, ein Nennen des Unnennbaren darstellt[167]. Unmittelbare Folge eines Prozesses so fundamentaler Negation wäre nicht Indifferentismus, Handlungsunfähigkeit, sondern die Notwendigkeit, diesen reinen Ort in seiner Leere und Undarstellbarkeit zu belassen. Ihn als Ereignis, das in der Sprache Spuren hinterläßt, mit jener Überfülle von Bildern mystischer Sprache zu umschreiben, die ihre Abkünftigkeit, ihre Nichtursprünglichkeit nun nicht mehr verleugnen können. Diese Notwendigkeit schafft Freiheit für das Nichterwartete, den schöpferischen Akt aus einem ursprünglichen Mangel heraus. Ein Schöpfertum, das sich zum Beispiel in der Überfülle der Gottesprädikationen der die Negative Theologie begleitenden Hymnen und Gebete, aber auch in der vielfältigen Narration des biblischen Kanons oder volksreligiöser Frömmigkeit niedergeschlagen hat.
Diese literarischen Formen - als solche werden sie von Derrida bearbeitet - bewahren in ihrer poetischen Schönheit vor der Gefahr eines Rückfalls in die (letztlich metaphysische) Oppositionalität. Indem man sich nun selbst der Begriffe der Logik - allerdings sozusagen ironisch gebrochen - wieder bedient, werden die Grenzen zwischen den Diskursen überschritten, wird die gegenüberstellende Trennung *(disjonction)* von Logik und Rhetorik, Form und Inhalt, Begriff und Metapher stellt, aufgehoben. Sie stellt in den Augen Derridas lediglich ein philosophisches Vorurteil *(pré-jugement philosophique)* dar. In einer verschlungenen Version des „double bind" sind in den so verstandenen Sprachformen die traditionellen Unterscheidungen aufgehoben. Sie stellen in ihrer „Essenz" eine Form der positiven Theologie *und* eine Kritik von Ontologie, Theologie und metaphysischer Sprache dar.
Derrida bringt diese Beobachtungen mit dem Husserlschen Begriff der „Krisis" in Verbindung[168]. Er impliziert den Verlust der vollen und originären Intuition (einer sich ihrer Abkünftigkeit *nicht* bewußten sprachlichen Setzung)

---

[166] I:205: *Der Ort ist das Wort.*
Der ort und's Wort ist Eins, und wäre nicht der ort / (bei Ewger Ewigkeit!) es waere nicht das Wort.

[167] [...] lips passed over *(dépassées)* by words that *carry* themselves toward God. They are *carried (à la fois* exportés *et* deportés*)* by a movement of ference (transference, reference, *différance*) toward God. PSC, 302.

[168] Ebd., 308. Derrida nennt hier die transzendentale Phänomenologie eine „mögliche Propädeutik zur negativen Theologie".

im leeren Funktionieren einer symbolischen Sprachlichkeit, einer reinen Form ohne Intention,[169]. Aus der Wüste einer radikal formalisierten Rede, gesprochen von einem als intentionslos imaginierten Subjekt, entsteht die überbordende Poesie der Mystik, der gerade in ihrer nicht auf ein System reduzierbaren paradoxalen Rede eine singuläre Anrede Gottes gelingt:

„Geh hin, wo du nicht kanst, sih, wo du sihest nicht:
Hör wo nichts schallt und klingt, so bistu wo Gott spricht."[170]

Das Gebet, der Hymnus erscheint in diesem Zusammenhang als der Essenz absprechend verneinender Rede zwar strukturell äußerlich, bildet jedoch gleichzeitig ein im Innern wirkendes, bewahrendes Korrektiv[171]. Seine Fülle der Anreden und Preisungen schützt den Beter vor dem Abgrund des Nichts, dem totalen Verstummen, und ist gleichzeitig Ergebnis der Begegnung mit ihm, erinnert den Beter an das Gebotensein *(il faut)* des Sprechens, an die unwiderrufliche Unterfangenheit seiner Rede durch den Anspruch des Anderen.

Dieser unauflösbare innere Zwiespalt, diese fundamentale Relation zwischen Logik und Rhetorik, Negation und Gebet wäre es also, die Wert, Qualität und Intensität des Sprechens der Negativen Theologie hervorbringt und garantiert. Sie ermöglicht es,

„*jene Leere* in der Fülle eines Gebets oder einer Zuschreibung zu artikulieren (theo-logisch, theio-logisch oder onto-logisch), die negiert, oder sagen wir absprechend negiert wird. Kriterium ist das Maß einer *Relation*, und diese Relation ist ausgespannt zwischen zwei Polen, von denen einer der der absprechend negierten Positivität sein muß."[172]

Erneut macht Derrida also am Phänomen der Negativen Theologie die Wahrnehmung einer in sich verschlungenen Zweiheit, die in einer gewissen Balance verharrt. Der abendländische Dualismus, der von klar distinguierten, für sich existierenden gegensätzlichen Positionen ausgeht, wird unterbrochen, nicht durch Flucht in begriffslose Ununterscheidbarkeit, sondern durch ein Umkreisen der nur gewaltsam aufzutrennenden Verwobenheit der Phänomene, ihrer Unbeschreibbarkeit in der Sprache der Metaphysik, einem Denken

---

169 Ebd. 296.

170 Cherubinischer Wandersmann. Kritische Ausgabe. Stuttgart 1984ff, I:199.

171 PSC, 296.

172 A *relation (rapport)* „that articulates *this void (vide)* on the plenitude of a prayer or an attribution (theo-logical, theio-logical, or onto-logical) negated *(niée)* let's say denagated *(deniée)*. The criterion is the measure of a *relation*, and this relation is streched *(s'etend)* between two poles, one of which must be that of positivity de-negated." Ebd.

also, das dabei gleichzeitig in seinen Konturen, aber auch in seiner verborgen aporetischen Struktur sichtbar wird.

Derrida gebraucht für dieses Phänomen der strukturellen Inkohärenz, das er in der Tradition Meister Eckharts und Martin Heideggers auch „Ereignis" nennt[173], für den Ort, an dem das Unmögliche im Möglichen stattfindet, nach Begriffen wie Riß (im Sinne Heideggers), *brisur* oder *différance*, in diesem Text die Termini „Wunde" *(plaie)* oder „Narbe" *(stigmate)*[174]. Sie weisen - in deutlicher Nähe zum Motiv der Beschneidung - auf die körperlich-materielle Verortung dieser Ursprünglichkeit hin. Sie sind Signatur und Siegel der absoluten Andersheit, die jede für vollkommen gehaltene Identität verletzt, an sich unlesbar, Beginn jeder Lesbarkeit, jedes Schreibens. Gegenüber diesem - propositionaler Rede unerreichbaren - Ereignis stellt Sprache (Schrift) etwas Nachträgliches dar, sie ist immer *Post-Scriptum*, im Nachhinein Gesprochenes oder Geschriebenes. Dieses Auftauchen konkreter Körperlichkeit in Derridas Texten kann als weiteres Indiz für einen Prozeß der „De-Abstrahierung" und ethischen Konbkretion innerhalb des Derridaschen Denkens gedeutet werden.

Der Wahrheitswert der Negativen Theologie besteht nun in den Augen Derridas darin, die Unaussprechlichkeit dieser fundamentalen Signatur, ihre Spur in *jedem* Diskurs, insofern er negierenden, paradoxen und aporetischen Charakter trägt, besonders kenntlich zu machen. Gerade dieser maßlose Wahrheitsbegriff ist es, der, indem er die Vermeidung unangemessener Aussagen über Gott und über alles Seiende überhaupt anzielt, *jede* propsoitionale Aussage

---

[173] Dennoch bemüht sich Derrida, den Aspekt des „Eigenen", der „Eigentlichkeit", ebenso wie das Begriffsfeld der „(Ver-) Sammlung" bei der begrifflichen Fassung des Phänomens zu *vermeiden:* „Jener Abstand [zu Heidegger, Anm. d. Verf.] tritt auch korrelativ zu dem Begriff des Eigentlichen auf (... die ganze Familie von Eigentlichkeit, eigen, Ereignis), der vielleicht den durchgehendsten und schwierigsten Strang im Heideggerschen Denken bildet." (Positionen, 109). Damit geht Derrida auch auf Distanz zur Hoffnung Heideggers, es möge sich im Ereignis so etwas wie ein Wesen offenbaren, ein Prozeß, in dem ein jedes Dasein *seinen* Platz findt: „Das Ereignis verleiht den Sterblichen den Aufenthalt in ihrem Wesen, daß sie vermögen, die Sprechenden zu sein. Verstehen wir unter dem Gesetz die Versammlung dessen, was jegliches in seinem Eigenen Anwesen in sein Gehöriges gehören läßt, dann ist das Ereignis das sanfteste aller Gesetze." UzS, 259.

Bezüglich Meister Eckhart, dessen großer Einfluß auf Heidegger unumstritten ist, wäre hier auf den Begriff des „Nu" zu verweisen, wie er ihn z.B. in der Predigt 2 (Intravit Jesus in quoddam castellum) im Kontext der Jungfräulichkeit als Empfänglichkeit behandelt. Die Heideggersche Terminologie der Eigentlichkeit scheint von der hier beschriebenen ethisch-religiösen Praxis der Selbstvergessenheit allerdings weit entfernt. Eckhart warnt nämlich gerade vor: „jegliche(r) Ichgebundenheit an irgendwelches Werk, das dir die Freiheit benimmt, in diesem gegenwärtigen Nun Gottes zu Gebote zu stehen und ihm allein zu folgen in dem Lichte, mit dem er dich anweisen würde zu neuem Tun und Lassen, frei und neu in jedem Nun, als ob du anders nicht hättest noch wolltest noch könntest." DPT, 160.

[174] PSC, 303.

sprengt. Als Ausdehnung des Bilderverbotes auf den Bereich der Sprache (Adorno) schafft er Raum im Meer des ununterbrochenen Ausgeliefertseins an das Sich-verbal-äußern-Müssen, Raum für das Hören, jenen im Abendland unter dem Eindruck platonischer Lichtmetaphorik verschütteten Sinn. Ziel der Negativen Theologie ist es damit

> „Gott so auszusagen wie er ist, jenseits seiner Abbilder, jenseits dieses Idols, das auch „Sein" noch darstellen kann, jenseits dessen, was von ihm gesagt, gesehen oder gewußt wird; um auf den wahren Namen zu antworten, [...] den Namen, unter dem wir ihn kennen oder hören. Es ist dieses Ziel, um dessentwillen die negative Theologie all die unangemessenen Attribute zurückweist, verneint, ablehnt. Sie verfährt so im Namen eines Weges der Wahrheit und um den Namen einer wahren / gerechten / angemessenen Stimme zu hören."[175]

Dieser Aspekt der Negativen Theologie, der einer radikalen Kritik, einem kenotischen Skeptizismus entspricht, impliziert notwendig die kategorische Hinterfragung aller dogmatisierbaren Glaubensinhalte, wie jeder die Vermittlung universalen Heils beanspruchenden (biblischen oder hagiographischen) Narration. Derrida spricht von einer absoluten (sozialen wie dogmatischen) Unabhängigkeit und Entwurzelung[176], von der her sich der Mut und die Leidensfähigkeit der oftmals als Häretiker verfolgten „Meister" erklären ließen. Das auch sprachlich uneinholbare Ereignis *(événement)* der Konfrontation mit dem Anderen verbietet eine endgültige attributive Belegung und erfordert das Ausschneiden eines Raumes im Bereich des Sprachlichen, in dem das poetische Experimentieren mit sprachlichen Versatzstücken der Tradition im Sinne von Levi-Strauss' „bricolage" möglich wird.

d) Angelus Silesius

Das „theozentrisches Schreiben[177]" des Angelus Silesius stellt den Fixpunkt der hier thematisierten Derridaschen Reflexionen innerhalb des empirischen

---

[175] Ebd. 310

[176] „perhaps absolved from the idea of sin [...], perhaps redeemed from the idea of redemption." Ebd 311.

[177] Zur Charakterisierung der beiden Hauptwerke des Johannes Scheffler (=Angelus Silesius, 1624-1677), „Cherubinischer Wandersmann" und „Heilige Seelen-Lust", vgl. *A.M. Haas*, Angelus Silesius. Die Welt - ein wunderschönes Nichts, in: Ders., Sermo Mysticus, a.a.O., 378-391 (Im folgenden „Haas, 1979") sowie ders., Christförmig sein. Die Christusmystik des Angelus Silesius, in: W. Böhme (Hg.), Zu Dir Hin. Über mystische Lebenserfahrung von Meister Eckhart bis Paul Celan, Frankfurt a.M. 1987, 178-206 (Im folgenden „Haas 1987"). Vgl. außerdem die Arbeiten *L. Gnädingers*, v.a. das Nachwort zu der von ihr besorgten Kritischen Ausgabe des „Cherubinischen Wandersmanns", Stuttgart 1984, ebd. 365-414, und das Nachwort von *H.U. v. Balthasar* zu: Angelus Silesius, Cherubinischer Wandersmann, (Christliche Meister 6) Einsiedeln 1980, 95ff.

Genres „Schriften mystischer und Negativer Theologie“ dar. Die *Nachträglichkeit* des Schreibens (Post-Scriptum), in seinen Werken besonders signifikant, liefert eine Begründung für die Strategie einer Wahl der Textgrundlage in dieser Arbeit Derridas: Johann Scheffler schreibt als Erbe (*héritier*) einer Tradition der Negativen Theologie, die von Namen wie Meister Eckhart (und mit ihm Pseudo- Dionysios Areopagita), Tauler, Boehme und Ruysbroek markiert wird, an deren Ende, als schon alles gesagt ist[178].

So zeichnet seine Texte neben einer für die Mystik relativ neuen Christusfrömmigkeit[179] und seinem katholischen Bekennermut, der aus der für die Mystik ebenfalls neuen Situation der konfessionellen Spaltung hervorgeht, vor allem seine wortstarke, antithetisch gefärbte und pointierte Dichtung aus. Sein weitgehend in der kunstvollen Form des paarweise gereimten Alexandriner-Epigramms gefaßtes Hauptwerk, der „Cherubinische Wandersmann“, aus dem Derrida zitiert, ist in einem vier Tage dauernden ekstatischen Überschwang entstanden. Silesius selbst verstand den Text, der 1674 in seiner endgültigen Version mit 1675 Versen in sechs Bücher zusammengefaßt erschien, als direkt inspiriert und wagte es zeitlebens nicht mehr, ihn noch einmal zu ändern[180].

Der schlesische Dichter bietet sich auch deshalb zur Stützung der These Derridas von der zentralen Relation zwischen zwei Diskursformen im mystischen Text an, weil auch er sich, an alte mystische Tradition[181] anknüpfend,

---

[178] „Angelus Silesius had his own peculiar genius *(génie propre)*, but already he was repeating,* continuing, importing, transporting. He would transfer or translate in all senses of this term because he already *was writing after (post-ècrivait)*. [...] He had read Tauler, Ruysbroeck, Boehme, and above all Eckhart.“ Ebd. 298. **Im frz. Text steht ein Doppelpunkt, der die Bedeutung des* répétait *hervorhebt. Derrida liest „répétait“ hier also wohl genauer. Etwa: „ [...] seine Suche* (lat. petere - nachgehen)*folgte bereits*(re-) *einer Spur“.*

[179] Vgl. Haas 1987, 178.

[180] “Diese Reimen / gleich wie sie dem Urheber meisten theils ohne Vorbedacht und muehsames Nachsinnen in kurtzer Zeit von dem Ursprung alles gutten einig und allein gegeben worden auffzusetzen; also daß er auch das erste Buch in vier Tagen verfertigt hat; sollen auch so bleiben / und dem Leser eine auffmunterung seyn / den in sich verborgenen Gott / und dessen heilige Weißheit selbst zusuchen / und sein Angesichte mit eigenen Augen zubeschauwen.“ Angelus Silesius, „Erinnerungs Vorrede an den Leser“, in: Cherubinischer Wandersmann. Kritische Ausgabe, a.a.O., 22f.

[181] „Der Mystiker nimmt in bildlicher Vorstellung an, er habe zwei Füße: den begreifenden Verstand und den liebenden Affekt. Es ist notwendig, auf beiden vorwärtszuschreiten, damit man die geheimen Wege der Beschauung glücklich bis ans Ende zu begehen vermag. Denn der Intellekt hinkt ohne den liebenden Affekt und käme nicht rüstig voran; die Liebesneigung ohne den Verstand aber ist blind; sie fände den Weg nicht und müßte sich verirren.“ Dionysios Areopagita, Th.M. I.3,c.9, zit. bei Maximilianus Sandaeus, (Theologia mystica Clavis, Köln 1640, 302 b), der großen Einfluß auf Angelus Silesius hatte (vgl. dazu: *L. Gnädinger*: Die Rosen-Sprüche des Cherubinischen Wandersmanns als Beispiel für J. Schefflers geistliche Epigrammatik. In: Deutsche Dichter des 17. Jahrhunderts. Hg. von H. Steinhagen u.a.,

„zwei(er) verschiedene(r) poetologische(r) Verfahren" bedient: des *cherubinischen*, das den Intellekt des Menschen ansprechen sollte und im gleichnamigen Wandersmann seinen Niederschlag fand, und des *seraphinischen*, das, in der „Heiligen Seelen-Lust" verwirklicht, Affekt und Liebe des Lesers anregen sollte. Beide Arbeiten erschienen gleichzeitig und sollten einander ergänzen. Sie haben allerdings eine vollkommen auseinanderlaufende Wirkungsgeschichte gehabt[182].

Trotz seines eher theoretischen Anspruches wäre es jedoch falsch, aus dem „Cherubinischen Wandersmann" eine Dogmatik, eine Lehre extrahieren zu wollen [183].

> „Sie sind in ihrem Kern *Gebet* und damit ein Stück geistlicher Erfahrung. [...] Das eigentliche Lebenselement dieser Sprüche ist die Paradoxie, die Antithese und der frappierende Widerspruch in sich selbst, in dem alltägliche Wahrheiten des Glaubens überraschend umgekehrt und damit in ein neues Licht gewendet werden."[184]

In ebendieser Weise nimmt auch Derrida die „geistreichen Sinn- und Schlußreime" des Silesius auf. Es werden - wie in allen Arbeiten über Silesius - einzelne, über das ganze Werk verstreute Verse zitiert, deren Widersprüchlichkeit und Interdependenz dabei ebenso hervortreten wie ihre Kühnheit[185] und poetische Brillanz.

Die Nähe der Negativen Theologie zur Dekonstruktion wurde bereits oben detailliert ausgewiesen. Methodisch hat diese Nähe, die sich aus dem offenen Bekenntnis zur Literalizität und der Absage an spekulative Ansprüche[186] bei Silesius selbst ergibt, einen wohlwollenden Umgang Derridas mit seinen Texten zur Folge. Weil sie sich selbst offensichtlich zu ihrer Widersprüchlichkeit bekennen, werden sie nicht gegen sich selbst gewendet, nicht „via

---

Berlin 1983), zit. bei Haas, 1987, 183 (Anm. 13). Was in der platonischen Tradition als Mittel zum „rüstigen Voranschreiten" dient, gerät Derrida zum Ort des Erscheinens der *différance* als Garant der Nichtfunktionalisierbarkeit des Anderen, des *au-delà* eines Textes.

[182] A.M. Haas nennt als Bewunderer des Cherubinischen Wandersmanns Leibniz, Baader, F. Schlegel, Schopenhauer, Hegel, Rückert, Droste Hülhsoff und Gottfried Keller, während die „Heilige Seelen-Lust" „kaum oder dann von ganz anderen Verehrern - etwa den evangelischen Kirchgängern - zur Kenntnis genommen worden sei. Ebd. 182.

[183] vgl. Haas 1979, 386.

[184] Ebd. 386f.

[185] *K. Barth* sprach von „frommen Unverschämtheiten" des Angelus Silesius. Kirchliche Dogmatik II / 1, Zürich ^{5}1975, 316.

[186] In seiner „Erinnerungs Vorrede an den Leser" schreibt Silesius, daß: „[...] folgende Reimen vil seltzame *paradoxa* oder widersinnische Reden / wie auch sehr hohe und nicht jederman bekandte schluesse / von der geheimen Gottheit / Jtem von Vereinigung mit GOtt [...] / in sich halten." Cherubinischer Wandersmann. Kritische Ausgabe. a.a.O., 13.

deconstructiva" ihrer impliziten Inkohärenz überführt, sondern zitiert, interpretiert, radikal weitergedacht und so in eine Konstellation gebracht, die eine Aussage eher *nahelegt* als argumentativ *belegt*.

Derrida beginnt mit dem letzten der Verse (VI:263)[187], der dort, wo in einer spekulativen Arbeit eventuell ein zusammenfassender oder logischer Schluß aus zusammenhängenden Sätzen erwartet werden könnte, eine Abwendung vom vorliegenden Buch (dem Cherubinischen Wandersmann) und eine Aussendung hin zum Text, zur „Schrift selbst" enthält[188]. Eine Aussage, die nach Derridas Auffassung auf einer Linie mit der multiplen Struktur des gesamten Silesischen Werkes liegt.

Freund es ist auch genug. Im fall du mehr wilt lesen /
So geh und werde selbst die Schrift und selbst das Wesen.

Hier wird zu selbständigem, den Weisungen des Cherubinischen Wandersmanns folgendem Gehen aufgefordert. Doch eine konkrete Praxis, die eigentlich vom Text zur konkreten Tat führen sollte, wird nicht angegeben. Vielmehr soll der Schüler *„die Schrift werden"* durch Abwendung vom Geschriebenen, um damit ein Mehr, ein Jenseits der sprachlich möglichen Aussagen über Gott und die Einigung mit ihm, ein Jenseits des Raumes von Sprache und Schrift *überhaupt* (Post-Scriptum) zu erreichen, das heißt eben „das Wesen werden". Beide - gleichermaßen paradoxe - Aussagen werden von Angelus Silesius syntaktisch parallel angeordnet.

Doch Derrida geht in seiner Deutung noch weiter und kommt so zu Thesen, die vom Text nur noch bedingt gedeckt sind, sich jedoch in Derridas Theorie der Schrift und der durch sie konstituierten Subjektivität und der Einmaligkeit eines Ereignisses einfügen. Er behauptet zum einen das Werden und die jenseitige Essenz, die vor Beginn des Werdens nicht existiere, seien hier dasselbe. Darüber hinaus verschwimmen im Laufe des weiteren Gesprächsganges die Grenzen zwischen dem Schreiben, der Schrift *selbst* (ein Zusammenfallen, das sich aus der Doppeldeutigkeit der französischen Terme *l'écrire / l'écriture* ergibt), der Aufforderung des Angelus Silesius, „selbst-die-Schrift-zu-werden" und einem „Sich-selbst-Schreiben" *(dans l'écriture, en s'écrivant, en s'écriturant)*. Damit wird durch Derridas Weiterführung eine von Silesius sicher nicht intendierte Identität des angesprochenen Gegenübers, des Freun-

---

[187] PSC, 288 ff.

[188] „The final *Beschluß* is not the conclusion of a demonstration, but an *envoi (frz.:l'adieu d'un envoi !).* [...] You cannot treat this peregrination of writing as a treatise of philosophy or theology, not even as a sermon or a hymn." Ebd. 289. Die Vieldeutigkeit des frz. Begriffs „envoi" (Versand, Sendung, Lieferung; *coup d'* - Anstoß) wird von Derrida ausführlich benutzt in: Postkarte.

des in seinem Wesen, das jenseits der Sprache liegt, mit der Schrift nahegelegt. Erst *nach* dieser Aufforderung sei das Wesen des Angesprochenen (bzw. das Wesen Gottes[189]), das vorher nichts war, als Werden faßbar. Es wird aus nichts, aus dem Nichts-werden des Selbst:

VI:130 Nichts werden ist GOTT werden
Nichts wird was zuvor ist: wirstu nicht vor zu nicht /
so wirstu nimmermehr gebohrn vom ewgen Licht.

Hier wird die Bewegung auf den Anderen, auf Gott hin dargestellt als nur durch Negation des und Bruch mit dem Wirklichen möglich. *Möglich* ist das Sein und das Ich des Angeredeten, *unmöglich* ein Geborenwerden aus dem Nichts ebenso wie der evolutive Übergang von Nichts zum Jenseits des ewigen Lichtes. Derrida weist auf die absolute Heterogenität dieser Unterbrechung in der Welt des Möglichen, der logischen Deduktion hin, von der Angelus Silesius spricht - offensichtlich vor dem Hintergrund einer tiefgreifenden mystischen Erfahrung. Die Unterbrechung der eigenen Existenz[190] führt nicht zu deren Ende, sondern zu jenem *Hyper,* für dessen Beschreibung Johannes Scheffler der Begriff des Unmöglichen nicht mehr ausreicht[191]. Der Schritt in eine Eschatologie, welche auch die verantwortungslose Aufgabe der eigenen Existenz zu rechtfertigen scheint, liegt hier sehr nahe. Derrida unternimmt jedoch den Versuch, diese Bewegung der Negation mit Heidegger als Klärung und Deutung der empirisch-immanenten Bedingungen, der essentiellen Endlichkeit menschlichen Daseins zu lesen[192]. Der Terminus „Überunmöglichkeit“ verweist damit nicht mehr allein auf eine individuelle mystische Erfahrung, die - zumindest als unreflektierte - leicht unter Eskapis-

---

[189] Genau dieser Mangel an Unterscheidungsfähigkeit zwischen Gott und Mensch ist es, der E. Jüngel angesichts der Texte des Angelus Silesius fragen läßt „ob er nicht einer ungeheuren Lieblosigkeit Lob gesungen hat, als er die christologische Identität von Gott und Mensch sich fortsetzen ließ in einer soteriologischen und anthropologischen Identität (‘aus Gnaden’) von Mensch und Gott. Denn nichts ist dem Menschen weniger bekömmlich, als aufzuhören, ein bloßer Mensch zu sein.“ *E. Jüngel*, Gott als Geheimnis der Welt, Tübingen [6]1992, 457.

[190] Eine Unterbrechung, die sich für A. Silesius vor allem als Unterbrechung der *Sinnlichkeit* manifestiert:

I:199 Gott ausser Creatur.
„Geh hin / wo du nicht kannst: sih / wo du sihest nicht:
Hoer wo nichts schallt und klingt / so bistu wo Gott spricht.

[191] VI:153 *Das überunmöglichste ist möglich.*
„Du kannst mit deinem Pfeil die Sonne nicht erreichen /
Jch kann mit meinem wol die ewge Sonn bestreichen.“

[192] Er zitiert hier (PSC291) aus Sein und Zeit § 50 ([16]1986, 250): “Der Tod ist die Möglichkeit der schlechthinnigen Daseinsunmöglichkeit.“ Hier heißt es weiter: „So enthüllt sich der *Tod* als die *eigenste, unbezügliche, unüberholbare Möglichkeit.* Als solche ist er ein *ausgezeichneter* Bevorstand.“

musverdacht geriete, sondern auch auf den empirisch nicht völlig auslotbaren Horizont faktischer Existenz.

Diese Bezugnahme auf Heideggers Begriff des Daseins und seiner fundamentalen Bedingungen wird später im Text von Derrida noch einmal aufgenommen[193]. Hier versucht Derrida eine rein formale Diskussion des Satzes „X 'ist' jenseits des Seins", jenes „wunderbare Übertreffen", das in Platons Politeia (509b)[194] der Idee des Guten zugesprochen wird. Er vertritt hier die These, die *ὑπερβολή* kündige in doppelter Weise an *(announce / annoncer)*. Einmal, indem sie eine „offene Möglichkeit" ankündige *(signal)*, andererseits indem sie gleichzeitig die „Eröffnung einer Möglichkeit" erst *hervorrufe (provoke)*; das, was jedem Diskurs, jeder Existenz vorausgehe, sein Jenseits, werde bei Platon gleichzeitig *benannt* und *erzeugt*[195]. Heidegger verstehe die das Dasein begrenzende Bewegung als *ἐπέκεινα τῆς οὐσίας*, wobei *τῆς οὐσίας* hier für die Gesamtheit des Seienden und nicht, wie in der Tradition des Neuplatonismus, für das *Sein selbst* stehe. Hier ist also kein Ort, keine Entität mehr auszumachen. Was bleibt, sei eine *Bewegung*, die jenseits *(au-delà)* des Seins, ja jenseits des Namens Gottes führt. Derrida sieht in diesem *„movement beyond"* das sich - sowohl mit Bezug auf Gott als Urgrund allen Wissens, als auch auf das denkende Subjekt als Ort seines Vollzuges - auch bei Angelus Silesius findet[196] einen Bruch des Cartesischen Cogito:

> „It is as it were a fracture of the *cogito* [...] as the *cogito* gives me to know not only *that*, but *what and who* I am. This fracture is as valid for me as for God and extends its crack into the analogy between God and me, creator and creature."[197]

Anders als Heidegger, mit dem er die Bezweiflung des Cartesischen Cogito als letzte Evidenz menschlichen Seins teilt, vermutet Derrida im Tode jedoch nicht die Selbstvergewisserung eines wie auch immer nachmetaphysisch ge-

---

[193] PSC, 306ff.

[194] „οὐκ οὐσίας ὄντοσ τοῦ ἀγαθοῦ ἀλλ' ἔτι *ἐπέκεινα τῆς οὐσίας* πρεσβείᾳ καὶ δυνάμει ὑπερέχοντος" - „das Gute selbst (ist)nicht das Sein, sondern (ragt) noch über das Sein an Würde und Kraft hinaus." (Übers.: F. Schleiermacher). J. Hochstaffl zählt Platons Ausführungen über höchste Einsicht und die Idee des Guten ebenfalls zu den „Ursprüngen negativer Theologie". (Hochstaffl, a.a.O., 28ff).

[195] Ein Hinweis auf die *Speech Act Theory* (Searle / Austin), deren Grundaussage Derrida hier offensichtlich akzeptiert.

[196] IV:21 Was Gott ist weiß man nicht. Er ist nicht Licht, nicht Geist / Nicht Wonnigkeit, Nicht Eins / nicht , was man Gottheit heist: / Nicht Weisheit, nicht Vestand, nicht Liebe, Wille, Gütte / Kein Ding, kein Unding auch, kein Wesen, kein Gemütte / Er ist was ich, und du und keine Creatur / Eh wir geworden sind was er ist, nie erfuhr.
I:5 Man weiß nicht, was man ist: Jch weiß nicht was ich bin / Jch bin nicht was ich weiß: ein ding und nit ein ding:ein stuepffchin und ein kreiß.

[197] PSC, 307.

dachten „Daseins“, sondern erkennt in ihm die Möglichkeit der unmöglichen Begegnung mit einem letztlich weder metaphysisch noch nachmetaphysisch gedachten Anderen.
Tod, (Er)schöpfung, Wüste, die Bedeutsamkeit dieser Termini im Kontext Negativer Theologie machen an dieser Stelle eine Darstellung der Rolle notwendig, die das Phänomen des menschlichen Todes im Werk J. Derridas spielt.

Exkurs: Zum Begriff des *Todes* bei Derrida

Entgegen einem in der Literatur anzutreffenden Vorurteil[198] spielt der Tod - verstanden als Unterbrechung, Abwesenheit, Kreuzungspunkt zwischen Drinnen und Draußen, Unmöglichem und Möglichem - im Derridaschen Denken eine wesentliche Rolle. Vor allem als Gegenspieler des zentralen metaphysischen Götzen, der Präsenz, durchziehen Reflexionen über das Phänomen der Abwesenheit im Tode das gesamte Werk Derridas.
In seinem Frühwerk denkt er den Tod als *Ermöglichung und Beginn* von bewußter Existenz und Leben nicht als deren *Ende*. Zunächst verstand er ihn als Hinweis auf die ursprüngliche Differentialität (der Zeichen), wie sie sich aus der linguistisch-strukturalistischen Sprachtheorie ergibt. Die Abstände zwischen den Zeichen, die Zäsuren, sind an der Hervorbringung des Sinns maßgeblich beteiligt:

> „Der Tod wandert zwischen den Schriftzeichen. Schreiben, was Schreiben heißt, setzt Zugang zum Geist durch den Mut voraus, das Leben zu verlieren und an der Natur zu sterben.“[199]

Auch noch in einem andern Sinne begegnet der Tod, der eigene Tod des Menschen, in der Schrift: Er weiß, daß diese auch in seiner Abwesenheit weiterexistiert. Ja, das Überdauern des Todes des Autors gehört geradezu zu ihren wichtigsten, auch intentional angezielten Eigenschaften. Unter dieser Bedingung begegnet der schreibende bzw. lesende Mensch bewußt oder unbewußt im Text seinem Tod. Er ist in der ihn überdauernden Materialität des Textes gegenwärtig.
Gleichzeitig sind es aber auch Texte, insofern sie an den materiellen Charakter der Sprache erinnern, die Selbstbewußtsein ursprünglich konstituieren und

---

[198] „Dekonstruktion hat über den Tod nichts zu sagen.“ *G. Steiner*, Von realer Gegenwart. Hat unser Sprechen Inhalt? Hamburg 1990 (Real Presences. London 1989), 197.

[199] Schrift, 111.

eine gewisse Kontinuität in der Zeit erst ermöglichen[200]. Bewußtes und Unbewußtes, Entstehen und Sterben, wurzeln am gleichen Ort.

> „Grabrede und Grabinschrift kommen nicht erst nach dem Tod; sie bearbeiten das Leben in dem, was man Autobiographie heißt. Und diese ereignet sich im Zwischen von Dichtung und Wahrheit.“[201]

Zwischen realer Identität, dem realen eigenen Leben, und dem immer möglichen enteignenden Tod, der sich in jeder Form der Schriftlichkeit materialisiert, scheint also jene unendliche, weil nicht reduzierbare *différance* auf, die jeder Subjektivität vorausgeht und sie bedingt.

Der Tod des Anderen dagegen bleibt das immer Unverstandene, etwas, an das man nicht glauben will, weil „er (der Andere, Anm d. Verf.) in uns lebt und weil wir dieses oder jenes zu seinem Gedächtnis, im Gedenken an ihn (er)leben.“[202] Die unauflösbare Spannung zwischen eigenem (Weiter-) Leben und dem gewaltsamen Tod oder Verlust des Anderen bringt (nach Freud[203]) die Trauerarbeit, die „Arbeit des Restes“[204] hervor, „die nicht nur einfach das auf immer Verschwundene beklagt, sondern konstruktiv etwas hervorbringt: das Gedächtnis“[205] des Toten. Daß die Bahnung der Erinnerungsspur, die am Ursprungsort des Gedächtnisses und damit des individuellen (Selbst-) Bewußtseins steht „eine gewisse Gewalt und einen gewissen Widerstand voraus(setzt)“, hatte Derrida bereits in seiner frühen Arbeit über Freud festgestellt[206]. Die (endgültige) Abwesenheit des Anderen fordert seine Substitution, die Gegenstand und Movens einer strukturell unabschließbaren Arbeit darstellt, und von Derrida als aufs Engste mit der Entstehung von individuellem Bewußtsein überhaupt verknüpft gedacht wird.

Darüber hinaus hat Derrida der ausgeglichenen Gewichtung von *Erneuerung* und *Vernichtung*, die sich besonders deutlich im Bild der Asche *(cendre)* niederschlägt, eine eigene Arbeit gewidmet: Feu la cendre[207]. In diesem Text be-

---

[200] Vgl. *M. Schneider*: Das Geschenk der Lebensgeschichte: die Norm. Der autobiographische Text / Test um Neunzehnhundert, in: Ethik der Gabe a.a.O., 249-268 und die einschlägigen Arbeiten über Autobiographie. V.a. *G. Niggl* (Hg.), Die Autobiographie: Zu Form und Gestalt einer literarischen Gattung. (Wege der Forschung, Bd. 565) Darmstadt 1989.

[201] *J. Derrida*, Memoires I, 42.

[202] Ebd., 41.

[203] *S. Freud*, Trauer und Melancholie, in: Studienausgabe, a.a.O., Bd. III, 183-212.

[204] vgl. *J. Derrida*, Apokalypse, 121.

[205] *M. Wetzel*: Lebewohl Asche. Nachwort zur deutschen Ausgabe von „Feuer und Asche“ (69-75), 74.

[206] Schrift, 304 im Anschluß an Freuds „Notiz über den Wunderblock“ (in: Studienausgabe, a.a.O., Bd.III, 363-371).

[207] In der deutschen Übersetzung: „Asche und Feuer“ (Paris 1987 bzw. Berlin 1988).

arbeitet er neben dem Phänomen des Todes jene fundamentale (auch im Christentum, jedoch nicht in der Bibel propagierte) Reinheit[208], angestrebt durch reinigendes Feuer bzw. um die gereinigte Asche / Schlacke. Es war der Wahn einer herstellbaren Reinheit (der Rasse), der die Feuer der Krematorien anheizte und der Leben millionenfach durch „reinigendes Feuer" in Asche verwandelte. Diese weist als - allerdings kaum lesbare - Spur auf vergangenes und zukünftiges Leben genauso wie auf die gewaltsamen Tode und das alles verbrennende Feuer *(όλος καύστος)*. Sieht man einmal von dem bei Derrida gewohnten Spiel mit Worten ab, das angesichts des ernsten Themas etwas deplaziert wirkt, so läßt sich aus dem Bild der furchtbar-fruchtbaren Aschenspur zumindest die Schlußfolgerung ziehen, daß die Anerkenntnis, das Verfolgen der Spur vergangener Schuld in Trauer und Reue für die Zukunft befruchtend wirken könnte[209].

In einer neueren Arbeit Derridas tritt das Verhältnis zwischen eigenem Tod, Tod des Andern und ethischer Verantwortung schließlich deutlicher zutage:

> „ [...] der Tod ist genau das, was niemand an meiner Stelle erleiden oder erdulden kann. Meine Unvertretbarkeit wird also vom Tod verliehen, gestiftet, man könnte sagen gegeben. Es ist dieselbe Gabe, dieselbe Quelle, man müßte sagen dieselbe Güte und dasselbe Gesetz. Vom Tod als Ort meiner Unvertretbarkeit, das heißt meiner Einzigartigkeit her fühle ich mich zu meiner Verantwortung aufgerufen. In diesem Sinne ist einzig ein Sterblicher verantwortlich."[210]

Der Tod stellt demnach für Derrida ein besonders hervorstechendes Phänomen innerhalb jener Anzeichen von *différance* dar, die - in sich selbst widersprüchlich - in der Sprache auf jenen Ort vor der Sprache, vor dem Bewußtsein verweisen, der sich der sprachlichen Repräsentation beharrlich entzieht. Aporetisch begründet der Tod - analog der Beschneidung - Identität also ebenso, wie er sie dem Zugriff des sich selbst vergewissernden Subjekt immer wieder entzieht. Die Reflexionen Derridas, die sich an dieser Stelle auf die Metapher des Abschiednehmens, des „Adieu-Sagens" richten, beinhalten einen versteckten Hinweis auf die unterirdische Verbindung zwischen dem abendländischen Gebrauch der Termini „Sein" und „Gott"[211] und dem Gedan-

---

[208] Derrida spielt hier mit der Homoiophonie „le pur du pur" - das Allerreinste und „le pire du pire" - das Allerschlimmste. Ebd. 28. Vgl. Zum Thema neuerdings: *B.-H- Levy*: Gefährliche Reinheit. Graz / Wien 1995.

[209] So *M. Wetzel*: Lebewohl Asche, 74f: „Es gibt da Asche" *(il y a là cendre)*, das läßt sich auch von der deutschen Vergangenheitsbewältigung sagen, die nicht begriffen hat, daß Abschied und Bewahrung sich berühren im Doppelsinn des einen Wortes 'Lebewohl Asche'."

[210] *J. Derrida*: Den Tod geben. In: A. Haverkamp (Hg.): Gewalt und Gerechtigkeit. Derrida - Benjamin. Frankfurt a.M. 1994, 331-445. Hier 369.

[211] Frz. *Adieu - für* bzw. *zu Gott.*

ken der Nichtursprünglichkeit, von Derrida unter dem Stichwort *différance* und zuletzt in seinem Bedenken des Todes zu Wort gebracht. Begrüßung und Verabschiedung *(A-dieu)* verweisen als Rahmen jeder Begegnung über das Gedächtnis der Sprache, welches nicht an ein einzelnes Bewußtsein gebunden ist, immer noch auf jenen Referenten, von dem nur noch seine Abwesenheit und seine ehemals zentrale Position ausgesagt werden kann: Gott (und) der Andere. Derrida faßt die Abwesenheit einer vergangenen Anwesenheit Gottes in jedem Adieu, das als potentieller Tod verstanden werden darf, folgendermaßen:

> „Ich setze voraus, daß *adieu* mindestens dreierlei bedeuten kann:
>
> 1. Der Gruß oder der erteilte Segen (vor jeder konstativen Sprache kann adieu genauso auch 'guten Tag', [...] 'ich spreche zu dir bevor ich überhaupt irgend etwas anderes zu dir sage' bedeuten - und im Französischen geschieht es mancherorts, daß man sich im Augenblick der Begegnung *adieu* sagt und nicht in dem der Trennung).
>
> 2. Der Gruß oder der erteilte Segen in dem Moment, da man sich trennt und sich verläßt, manchmal für immer (und ausschließen kann man das niemals): ohne Wiederkehr hier hernieden, im Moment des Todes.
>
> 3. Das à-dieu, das für Gott oder vor Gott vor jeder und in jeder Beziehung zum Anderen, in jedem anderen Adieu. Jede Beziehung zum Anderen wäre, vor und nach allem ein Adieu."[212]

---

[212] Ebd., 375.

V. Der Derridasche Begriff Negativer Theologie

1. Zusammenfassung

Abschließend läßt sich zum Verhältnis zwischen Derrida und Negativer Theologie sagen, daß seine frühe Distanzierung nunmehr als Distanzierung von nur *einer* möglichen Fassung des Begriffs verstanden werden muß, die mit der Formulierung eines radikalisierten Begriffs Negativer Theologie einhergeht.

Abgelehnt wird eine Negative Theologie, die Negation einzig als Instrument einer „Hyper-Affirmation" gebraucht, sie damit jedoch intentional der positiven Setzung eines Seins jenseits allen Seienden unterordnet und so den Dualismus von Negation und Affirmation aufrechterhält. Der sich bei J. Derrida abzeichnende neue Begriff Negativer Theologie läßt sich folgendermaßen charakterisieren: Deutlicher als andere Texte verweisen diejenigen der Negativen Theologie auf den nichtsprachlichen Ursprung der Sprache. Sie ermöglichen eine Begegnung mit dem *Anderen* des Autors und dessen Intentionalität. Dies gelingt in der Negativen Theologie, indem hier in einer gleichzeitig apophatischen und kataphatischen Rede der Gegensatz zwischen Negation und Affirmation aufgehoben wird.

Derrida unterscheidet ferner zwischen der prädikativen Gottlosigkeit der Negativen Theologie einerseits, die sich unter anderem in der Vermeidung propositionaler Aussagen über Gott um der Affirmation willen niederschlägt, und andererseits dem *Gebet* bzw. der überschwenglichen *poetologischen*, inhaltlich aber leeren Attribution, die eine reine *Adressierung* des Beters jenseits der Reflexion darstellt, eine unkontrollierte Ansammlung von teilweise paradoxen bzw. aporetischen Prädikationen auf Gott vereint und damit den reich verzierten Rahmen für die apophatischen Reflexionen abgibt. Aus der Perspektive der christlichen Autoren schützen diese vor einem Absturz in den Atheismus, der sich aus der Absolutsetzung der Apophase andernfalls notwendigerweise ergäbe. Derrida kann jedoch den Inhalt der attributiven Aussagen des Beters nicht als Beschreibung einer, und sei es auch nur psychischen „objektiven" Wirklichkeit hinter den Texten anerkennen. Genausowenig kann er den Topos der „Unio Mystica", der Einheit zwischen Beter und Gott, als Beschreibung einer tatsächlichen Wirklichkeit gelten lassen, wohl aber als Verweis auf den fundamentalen Anruf eines Andern, dessen Existenz mit der des Beters auf unentwirrbare Weise verbunden ist.

Dabei besteht ein asymmetrisches Begründungsverhältnis: Da der Andere, den der Beter anruft, ihm immer schon zuvorgekommen ist und seine bewußte

Existenz begründet, gründet auch jede frei gewählte und übernommene Verantwortung in dieser quasi geburtlichen Verpflichtung. Das Gebet (Gedicht, Segnung, Adressierung...) darf insofern nur als absolut einzigartig und irreduzibel, das heißt nicht universalisierbar gedacht werden, weil nur so eine Schematisierung, Verbildlichung des Anderen, kurz eine Verletzung des Bilderverbots vermieden werden kann.

Das „Geheimnis“ der Negativen Theologie müßte deshalb nicht im Sinne der *Offenbarung* eines an irgendeinem Ort verborgenen, der Vernunft nicht zugänglichen theologischen Gesamtsinnes verstanden werden, sondern als prozessuales sprachimmanentes Geschehen, das dennoch als subtiler Hinweis auf die mit Vernunftgründen nicht qualifizierbare Existenz Gottes gelesen werden kann. Im Gefolge Derridas wird neu deutlich, daß einer nachmetaphysischen Theologie ebenso wie bereits der nicht atheistischen Mystik in der Tradition einer konsequenten Beachtung des Bilderverbotes grundsätzlich die Möglichkeit genommen ist, ihren „Denk- und Seinsgrund“ theoretisch zu erweisen. Stattdessen muß sie fortwährend auf die konkrete Praxis selbstenteignender Liebe hinweisen und diese ermöglichen.

Das Gebet erschiene dann als *praktischer* Erweis der Existenz eines Gegenübers, das seine Legitimation aus dem ethischen Akt des Sich-Richtens - vorgängig zu jeder Gottes*erkenntnis* - bezöge. Für Derrida stehen Negative Theologie und Gebet nicht unverbunden nebeneinander. Sie sind verbunden durch einen Begriff von *Wahrheit*, verstanden als *ἀλήθεια* (verschleiernde Entschleierung) und den Gedanken der Schöpfung durch Selbstenteignung Gottes (Zimzum), ein dem anthropomorphen Verständnis intentionalen Schaffens zuwiderlaufendes Modell, das jedoch dem Levinasschen Gedanken der *Spur* ebenso entspricht wie der theologischen Einsicht von der Unerkennbarkeit Gottes in der Welt.

2. Zum Begriff Negativer Theologie bei J. Hochstaffl

Ziel des ersten Teils der Hochstafflschen Untersuchung ist es, sein quasi dialektisches Schema der Negativen Theologie *historisch* zu erweisen: *Die Negation endlicher oder aus ethisch-humanen Gründen abzulehnender Heilsvorstellungen* verweise auf *Affirmation / Bejahung des transzendenten, in seinem Wesen unerkennbaren christlich-jüdischen Gottes* und dieser Verweis geschehe vor dem Hintergrund eines *geschichtlichen Gründungsmomentes (Offenbarung)* „als Strukturprinzip jeder theologischen Vermittlung christlicher Glaubensüberzeugungen“[213]. Dabei kommt Hochstaffl das Verdienst zu, die breite, vor allem auf eine Rezeption des Neuplatonismus fußende Tradition, welche die Negation als strukturell notwendigen Bestandteil der Gottesrede verteidigte, neu in die Diskussion gebracht zu haben. Andererseits enthält ein so weiter Begriff Negativer Theologie, der kaum einmal nach innerer Struktur und Begründung der *Negation selbst* fragt, sondern diese als immer schon mit der Affirmation im Gleichgewicht und mit ihr gemeinsam auf ein gründendes Offenbarungsereignis verwiesen versteht, aber auch die Gefahr ihrer Verwässerung, ja Domestizierung. Das unhintergehbare kritische Potential einer Negation propositionaler Aussagen, die man schon von ihren alttestamentlichen Wurzeln her als ständig notwendige Kritik an den Ergebnissen allzumenschlicher Vereinnahmungen des Göttlichen (Götzendienst) und den daraus meist notwendig resultierenden Ungerechtigkeiten zu denken hat, wird dabei nur an wenigen marginalen Stellen der Arbeit sichtbar. Die bange Frage des Autors: „Hebt sich Theologie also in dem, was sie seit langem ‘negative Theologie’ nennt, nun etwa selbst auf?“[214] begleitet die Lektüre ebenso wie seine Absicht, einem solchen „Absturz in den Nihilismus“ sein Modell Negativer Theologie als „Ermöglichung von Freiheitsgeschichte“ entgegenzusetzen.

Schon in der Fassung des Begriffs Negativer Theologie als Negation von Scheitern und Leere (anstatt als angemessene Aussageform über den „Deus semper aliter“) zeigt sich eine wirklichkeitsverleugnende Grundhaltung in der Arbeit Hochstaffls. Die vom Autor durchaus angezielte Explikation des radikal sprach- und offenbarungskritischen Potentials Negativer Theologie[215] fällt bereits aus, wenn er versucht, die Strukturelemente „Negation“ und „Affirmation“ zu verknüpfen.

Ernst Blochs fundamentale Ausrichtung der gesamten Kulturanthropologie auf Hoffnung[216], die von Hochstaffl unhinterfragt übernommen wird, kann der Tatsächlichkeit von sinnloser Vernichtung und real existierender Verzweif-

---

[213] Hochstaffl, 12.

[214] Ebd.

[215] So mißfällt dem Autor an der Machtstrukturen legitimierenden (himmlischen) Hierarchologie des Dionysios Areopagita vor allem, „daß in einer hierarchischen Ordnung, wie der Areopagite sie versteht, [...] für Spontaneität oder Kritik wenig Raum“ sei. Weiterhin moniert er: „Apophatische Theologie, die in ihrer prinzipientheoretisch-mystagogischen Bedeutung sogar offenbarungskritisch zu sein schien, legitimiert in ihrem hierarchologisch-spekulativen Begriff im kirchlichen Leben kritiklose Bravheit.“ Ebd. 150f.

[216] *E. Bloch*: Gesamtausgabe in sechzehn Bänden. Bd. 5 „Das Prinzip Hoffnung“. Frankfurt a.M. 1959 ff.

lung nicht gerecht werden und befördert damit einen Verdrängungsprozeß von Versagens- und Leidenserfahrung durch ihre Negation bzw. die Antizipation eines wie auch immer gearteten erfreulichen Ausgangs[217].
Eine Theorie der Negativen Theologie *als solcher* , die die Möglichkeit von Offenbarung im Sinne von zutreffenden propositionalen Aussagen über Gott in Frage stellt, findet man in seiner Arbeit nur dort, wo hierarchologisches Denken (des Dionysios) vorsichtig kritisiert wird. Als bestimmendes Strukturmoment wird die Negation immer wieder von Affirmation (z.B. einer himmlischen und daraus deduzierten kirchlichen Hierarchie) und dem unhinterfragt bleibenden eschatologischen Eingreifen eines Herrschergottes, der doch höchstens *eine* Facette des christlichen Gottesbildes darstellt, domestiziert. Die Gründe hierfür vermute ich vor allem in der Beschränkung des Autors auf den patristischen Begriff Negativer Theologie. Die genannte offenbarungskritische Zuspitzung Negativer Theologie *ohne* hierarchologische Unterfangung findet sich, wie der Autor zu Recht feststellt, erst seit Meister Eckhart und wird dort sofort kirchenamtlich zensiert. Andererseits läßt sich bei Hochstaffl jedoch eine vollkommen unvermittelte Einführung des „vollen Gehalts christlicher Memoria“ feststellen, deren logischer Zusammenhang mit dem Zentralgedanken Negativer Dialektik („Geschichte scheitert unaufhörlich“) oder der Negativen Theologie („über den Urgrund des Seins können keine sprachlichen Aussagen gemacht werden“) ebenso uneingelöst bleibt wie der zwischen radikaler Negation und Affirmation. Diese Problematik scheint sich mir aus dem - zum Scheitern verurteilten - Versuch Hochstaffls zu ergeben, Negative Theologie als weithin unproblematisches Ferment positiver Theologie zu erweisen, anstatt hier die Problematik einer fundamentalen Uneinholbarkeit des Nichtidentischen durch systematische Reflexion wahrzunehmen. Gerade das begriffliche Instrumentarium Negativer Dialektik, dessen sich der Autor am Ende seiner Überlegungen bedient, hätte aber eine solche Sichtweise auf das Phänomen Negative Theologie bereits ermöglicht, ja geradezu gefordert. An J. Hochstaffl muß daher die Frage gestellt werden, ob er den Kerngedanken der Negativen Theologie im Kontext der späten Moderne und gerade im Dialog mit Adorno, tatsächlich radikal genug zuspitzt, um ihn für aktuelle Fragestellungen anschlußfähig zu halten, oder ob er nicht - vor allem in seinem Anliegen, einen Primat der Affirmation zu retten - ungewollt der Metaphysik im oben (Teil I) skizzierten Sinne verfällt.

---

[217] Vgl. Das Kapitel „Vom Talmud zum Christentum“ im zweiten Teil dieser Arbeit.

Kurz: Bis zum Schluß bleibt offen, wie die vom Autor behauptete axiomatische Notwendigkeit des Verweises von radikaler Negation auf Affirmation logisch konstruiert sein soll. Auch Derrida registriert die klaffende Wunde zwischen einer die Theologie als Lehre vom Wesen Gottes auflösenden (Sprach-) Kritik und hymnisch-affirmativem Sprechen von Gott. Der Ausfall einer logischen Verknüpfung zwischen beidem erscheint hier jedoch nicht als Grund, die Negative Theologie - etwa weil in ihrer Grundstruktur zu affirmativer Rede unfähig - zu verwerfen oder einen solchen Zusammenhang durch einen bloß in einer *ethischen Praxis* erweisbaren Bezug auf ein Gründungsgeschehen zu suchen. Vielmehr müßte das Phänomen der Überfülle der Rede bei gleichzeitiger radikaler Negation propositionaler Aussagen, wie es sich in den traditionellen Texten Negativer Theologie findet, in seiner systematisch nicht mehr auflösbaren Spannung als Verweis auf eine fundamentale *différance* ausgehalten werden. Dem *Gebet* als reiner Form des Sich-an-den-Anderen-Richtens wäre als „Technik“ der Konstitution von Selbst, Welt und Anderem zu vertrauen, als einer Technik, die jedoch über diese grobe Formalisierung hinaus nicht weiter systematisiert werden kann[218]. Das meint Derrida, wenn er auf die Einmaligkeit eines jeden Gebetes hinweist und formuliert:

> „Wenn es eine rein reine Erfahrung *(expérience purement pure)* des Gebetes gäbe, bräuchte man dann noch die Religion und die Theologien, die affirmativen oder negativen? Bräuchte man noch ein Supplement für das Gebet? Aber wenn es kein Supplement gäbe, wenn das Zitat nicht das Gebet faltete / beugte *(pliait[219])* [...], eine Theiologie, wäre sie möglich? Eine Theologie, wäre sie möglich?“[220]

---

[218] Hochstaffl kommt auf das Beten kurz zu sprechen, wenn er negative Theologie als Antwort auf das „Atheismusproblem“ behandelt: „Der Christ kann die Versuchung zur Gottlosigkeit heute so durchstehen, daß er seinen Glauben, der nur in unausgesetztem Buchstabieren der überkommenen und neu gefundenen christlichen Erinnerungsformeln zu bewahren ist, *im ringenden Gebet eines die Gottferne ertragenden Gottesdienstes ausdrückt.*“ Hochstaffl, 229. Eine Verknüpfung des sprachlichen Phänomens Gebet auf der Ebene der Strukturmomente negativer Theologie, wie sie von Derrida her entwickelt werden kann, ist jedoch nicht zu erkennen.

[219] Hier stellt sich die Frage, ob Derrida hier nicht mit dem zu Sup-plement gehörigen Verb spielt (lat.: pleo - füllen).

[220] WNS, 110 / *CNNP, 595*, eigene Übersetzung.

Zwischen Agnostizismus und Spuren des Verlorenen: Zur theologischen Rezeption J. Derridas

I. Einleitung

Aus den bisherigen Überlegungen zum Denken Derridas scheinen mir zwei Tatsachen eindeutig erwiesen zu sein: (1) Es gibt eine wenig beachtete Affinität Derridas zu explizit theologischen Fragestellungen und (2) Gott wird bei Derrida schonungslos nach dem Maß von Literatur und (metaphysikkritischer) Philosophie des zwanzigsten Jahrhunderts, das heißt als abwesender, schweigender, sich selbst enteignender Gott gedacht. Derridas Denken bietet deshalb Anschlußmöglichkeiten für eine Theologie der späten Moderne. Gleichzeitig liefert sein Verfahren der Dekonstruktion ein Instrumentarium, nicht wahrgenommene Aspekte des abendländischen Gottesbegriffs gegen seine Rezeptionsgeschichte ans Licht zu holen und in großer Nähe zur Kultur der späten Moderne zu reformulieren.

Auf die Gefahr der *Theosophie*, also des orientierungslosen Sich-Verlierens in (evtl. intuitionistisches) Vernünfteln und Spekulieren, in die eine an Derrida angelehnte Betrachtungsweise geraten könnte, weil diese parasitär, also zunächst kriterienlos und „von innen" an die bearbeiteten Texte herangeht, wurde im vorhergehenden Teil der Arbeit bereits im Zusammenhang mit Kants Religionsphilosophie hingewiesen. Ihr soll - dem bereits in Teil I formulierten Anliegen gemäß - mit einer auf Totalitätskritik zugespitzten - also sozusagen parteiischen - Lesart Derridas begegnet werden. Abgesehen davon bin ich jedoch auch der Ansicht, daß das vor allem in Teil II ausführlich dargestellte Anliegen Derridas, die Anerkennung des jeweils Anderen jenseits eines verengten Subjektbegriffs, auch in der Theologie als Kriteriologie für die Textarbeit ausreicht.

Bevor das bisher Erarbeitete auf eine „Theologie nach der Dekonstruktion" hin verdichtet und konkretisiert wird, muß jedoch zunächst ein Blick auf schon vorliegende theologische Rezeptionen geworfen werden. Die Kritik an ihnen orientiert sich einerseits an den Ansprüchen, die vernünftigerweise an Theologie zu stellen sind, andererseits an der Angemessenheit ihrer Bezugnahme auf das Werk Derridas.

II.Derrida in der angloamerikanischen Theologie

In der deutschen Theologie weitgehend unbemerkt, hat das Werk J. Derridas bei Theologen und Theologinnen des englischen Sprachraums bereits großes Interesse gefunden. Der wesentliche Grund dafür liegt sicher in der Tatsache, daß *Deconstruction* als Methode der Literaturkritik und Terminus der Philosophie vor allem in den USA bereits seit Beginn der siebziger Jahre bekannt war und in der Literaturwissenschaft eine beherrschende Rolle spielte. Die Vertreter der sog. *„Yale School"*[1] - Paul de Man[2], Geoffrey Hartman[3], J. Hillis Miller[4] und Harold Bloom[5] - und andere Autoren wie Jonathan Culler[6], Hugh J. Silverman[7], Rodolphe Gasché[8] - machten Derridas Denken in den USA bekannt und entwickelten es als eigenständige Texttheorie, losgelöst vom metaphysikkritisch-philosophischen Kontext des Derridaschen Denkens, weiter. „Theologie nach und mit Derrida" hieß in den USA zunächst "Theologie nach dem Tode Gottes": eine Vereinseitigung des Derridaschen Anliegens im Fahrwasser Nietzsches, die sich zunächst aus der Nietzscheanisch verzeichnenden literaturwissenschaftlichen Rezeption der Dekonstruktion im Rahmen der „Yale-School" und der etwa in den sechziger Jahren aktuellen „Tod-Gottes-Theologie" in den USA ergab.[9]

---

[1] Benannt nach dem gemeinsamen Wirkungsort der vier genanten Literaturwisenschaftler, der Yale -University, New Haven.

[2] V.a. *P. de Man*, Blindness and Insight, New York 1971. Ders., Allegories of Reading. Figural Language in Rousseau, Nietzsche, Rilke and Proust, New Haven u.a. 1979.

[3] *G. Hartman*, Saving the Text: Philosophy / Derrida / Literature, Baltimore 1981. Ders. / S. Budick (Ed.), Midrash and Literature, New-Haven / London 1986.

[4] *J. H. Miller*, The Ethics of Reading. Kant, de Man, Eliot, Trollope, James and Benjamin, New York 1987. Ders., Ariadne's Thread. Story Lines, New Haven / London 1992.

[5] V.a. *H. Bloom* u.a., The Anxiety of Influence. A Theory of Poetry, Oxford 1973. Ders., A Map of Misreading, Oxford - New York 1975. Ders., Kabbalah and Criticism, New York 1975. Ders., Die heiligen Wahrheiten stürzen. Dichtung und Glauben von der Bibel bis zur Gegenwart, Frankfurt a.M., 1991.

[6] *J. Culler*, On Deconstruction: Theory and criticism after structuralism, Ithaca 1981. Dt. Dekonstruktion, Reinbek b.Hamburg 1988.

[7] *H. J. Silverman* (Ed.), Deconstruction and Philosophy. The Texts of Jacques Derrida, Chicago & London 1987.

[8] *R. Gasché*, The Tain of the Mirror: Deconstruction and the Philosophy of Reflection, Cambridge / Mass. 1986.

[9] Da eine ausführliche Analyse der literaturwissenschaftlichen Rezeption der Derridaschen Dekonstruktion die Möglichkeiten dieser Arbeit ebenso übersteigt wie eine angemessene Darstellung des komplexen Phänomens „Tod-Gottes-Theologie" (vgl. dazu die folgenden Ausführungen über M.C. Taylor), kann an dieser Stelle nur auf einige Verwerfungslinien zwischen Derridascher „déconstruction" und US-amerikanischer „deconstruction" hingewiesen werden. Es handelt sich dabei um eine Darstellung, die mir bei aller Kürze und Unvoll-

1.Mark C. Taylor

Bei weitem weniger differenziert und kenntnisreich als Kevin Harts „The Trespass of the Sign“ (s.u.), das zweite große Werk, an dem sich jede neue theologische Aufnahme des Derridaschen Denkens messen muß, stellt die Arbeit des *Professor of Religion* am *Williams College*, Mark C. Taylor, *ERRING. A Postmodern A/Theology*[10], die früheste, kreativste und einflußreichste religionsphilosophische Arbeit dar, die von Derridas Denken bisher angeregt wurde.

Taylor will in der Entwicklung einer „A/Theologie[11]“, die er als nomadisches, irrendes Denken, das Umwege nicht scheut, kennzeichnet, Derridasche De-

---

kommenheit an dieser Stelle dennoch notwendig und vertretbar zu sein scheint. Bei meinem Fazit stütze ich mich vor allem auf die Arbeiten von *H.U. Gumbrecht*, Déconstruction Deconstructed. Transformationen französischer Logozentrismuskritik in der amerikanischen Literaturtheorie, in: Phil. Rundschau 36 (1989), 1-35, und *P. von Zima*, Die Dekonstruktion, Tübingen 1994 (UTB). Letztere zeichnet sich durch eine profunde Kenntnis des Dekonstruktivismus aus. Leider bleibt in dieser Arbeit aber das innere Verhältnis zwischen déconstruction und Deconstruction weitgehend ungeklärt, so daß von Zima glauben kann, mit einer Kritik der amerikanischen Literaturtheoretiker auch Derrida zu treffen, obwohl er eine überzeugende Kritik Derridaschen Denkens selbst - trotz dessen ausführlicher Darstellung - erst gar nicht versucht. Außerdem wurde die umfassende Darstellung „The Yale Critics. Deconstruction in America,“ herausgegeben von *J. Arac, W. Godzich* und *W. Martin*, Minneapolis 1983, konsultiert.

Aufgrund einer bestimmten historischen Konstellation (Kampf gegen die Vorherrschaft der hegelianisch operierenden Tradition des *New Criticism* in den USA) haben sich in der literaturwissenschaftlichen Rezeption Derridaschen Denkens im Rahmen der Yale School einige Grundannahmen eingeschlichen, die sich in seinen Arbeiten *so* nicht finden. Sie sind begründet vor allem durch das Ignorieren der „logozentrischen Versuchung“, der *jeder,* auch der eigene, Text unterliegt. Es handelt sich dabei um ein *axiomatisches Verständnis des Todes* Gottes als Bedingung moderner Literatur, um eine *einseitige Analyse der Texte auf ihre Ambivalenz hin*, um eine *Verleugnung des soziokulturellen Entstehungszusammenhangs eines jeden Textes* und - eng damit verbunden - eine *Verabsolutierung der eigenen Position als einzig mögliche Lektüre*, sowie um die *Anwendung letztlich „ontologisch“ gemeinter sprachphilosophischer Aussagen Derridas* im Sinne eines literaturwissenschaftlichen Instrumentariums.

Dem Literaturwissenschaftler und Philosophen Wlad Godzich ist deshalb grundsätzlich zuzustimmen, wenn er von einer *Domestication of Derrida* spricht. Nach einer ausführlichen Kritik am Rückfall Paul de Mans in metaphysische Denkstrukturen schreibt Godzich seine bisherigen Überlegungen zusammenfassend:

„Dies zeigt, daß die Struktur des Logozentrismus weiterhin am Werk ist, und das mehr als je in der Philosophie nach Rousseau; außerdem, daß die kursierenden Versuche, einschließlich derer der sogenannten Neuen Linken, in die gleiche Problematik verstrickt sind, nämlich die Problematik des Selben. Man kann nicht [der Metaphysik, Anm d. Verf.] eine *story* entgegensetzen, die die *story* des Logozentrismus aufhebt. [...]. [De Mans] *reading* schmuggelt aber im Rahmen der legitimen Operation einer Einrahmung *(boarding)* [der Texte], um sie zu untersuchen, einen solchen Gegenentwurf *(contraband)* ein. [...]. Derrida wird durch de Man's *reading* domestiziert, gezähmt und hat seine Virulenz verloren.“ The Yale Critics, a.a.O., 39.

[10] Chicago / London 1984. Von nun an zitiert als „Erring“.

[11] Taylor geht hier mit einem Terminus um, den Derrida selbst geprägt hat. In „Ellipse“, dem eher lyrischen Essay zu E. Jabès in „Schrift“, heißt es: „Wie es eine negative Theologie gibt,

konstruktion für *die* Menschen fruchtbar machen, die (wie er selbst) zwischen *Glauben* und *Unglauben* stehen - ein erster Dualismus, der dekonstruiert werden soll. Er geht dabei sehr assoziativ vor: Unkommentiert tauchen Aphorismen von Kierkegaard, Nietzsche, Altizer oder Derrida neben Gedichten und Textfragmenten anderer Autoren mitten im Text auf. Die Schriften der verschiedenen Autoren sind nicht mehr voneinander zu trennen. Aussagen höchst unterschiedlicher Herkunft werden, so miteinander vermischt, zu Zeugen der nicht immer klaren Intention des Autors, der seine *alleinige* Autorenschaft konsequent gleich zu Anfang in Frage stellt[12].

a) Wurzeln in der Tod-Gottes-Theologie Th. J.J. Altizers

Neben der oben kurz geschilderten spezifischen Rezeption des Derridaschen Denkens in der Literaturwissenschaft der USA dürfte eine zweite Seitenperspektive das Denken Taylors wesentlich beeinflußt haben: Die in den frühen sechziger Jahren entstandene „Tod-Gottes-Theologie", die Taylor in der Version seines Lehrers Thomas J.J. Altizer aufgenommen hat.

Thomas J.J. Altizer[13] hatte im Rahmen einer fundamentalen Kritik an, wie er sie nannte, „kirchlichen Theologen" wie Karl Barth oder Paul Tillich gefordert, Nietzsches religionskritische Behauptung „Gott ist tot! Gott bleibt tot! Und wir haben ihn getötet!"[14] auch in der Theologie ernstzunehmen, also nach den Gründen für diesen Tod Gottes zu forschen und eine Theologie zu entwickeln, die auch nach einer so radikalen Metaphysikkritik noch weiterbestehen könne. Altizer nannte seine Reflexion folgerichtig eine „apokalyptische" und behauptete, die Einheit, das Selbstbewußtsein und die Totalität der göttlichen Allmacht seien fortan nur noch in den mystischen oder revolutionären Begriffen einer negativen Theologie ausdrückbar[15].

In seinem frühen Hauptwerk *The Gospel of Christian Atheism*[16] entwickelt Altizer in der Tradition Nietzsches und vor allem des frühromantischen engli-

---

gibt es auch eine negative Atheologie. Da sie ihre Komplizin ist, sagt sie immer noch die Abweseneheit des Zentrums, wo sie schon das Spiel bejahen müßte." (447).

[12] „Wenn Autorschaft niemals ursprünglich *(original)* vorkommt aber immer aus einem Spiel besteht, dann habe natürlich nicht 'ich' diesen Text geschrieben. Oder 'ich' habe ihn wenigstens nicht allein geschrieben." Erring, I.

[13] *Th J.J. Altizer*, The New Apocalypse: The Radical Christian Version of William Blake, Michigan State University Press 1967, weiterführende Literaturangaben s.u.

[14] Vgl. *F. Nietzsche*, Fröhliche Wissenschaft, Kritische Studienausgabe, a.a.O., Bd. 3, 480ff.

[15] *Th.J. Altizer*, Foreword. in: M.C. Taylor, Deconstructing Theology. Chicago 1982, xi-xv. Hier ein Auszug: „Perhaps the primary vocation of theology is negative thinking of this order, a negative thinking and a negative theology which negates and deconstructs all that theological thinking which negates and dissolves an eschatological and total presence." Ebd. xv.

[16] Philadelphia 1966. Dt.: „... daß Gott tot sei. Versuch eines christlichen Atheismus". Zürich, 1968. Im folgenden wird aus der deutschen Augabe zitiert.

schen Künstlers und Schriftstellers William Blake (1757-1827) das Modell eines „radikalen Christentums". Die Radikalität dieses Christentums besteht in der Verwirklichung einer „Religionsverneinung"[17], zu der das Urchristentum trotz der deutlichen Hinweise auf eine endgültige Inkarnation (und das heißt für Altizer: Auflösung des Geistes Gottes ins Fleisch) und des „Todes Gottes am Kreuz" ebensowenig in der Lage gewesen sei wie Bonhoeffers Gedanke eines „religionslosen Christentums". Gerade die „geistige Leere unserer Zeit erkennt der radikale Christ als die geschichtliche Verwirklichung von Gottes Selbstvernichtung"[18]. Sein profangeschichtlich verlängertes Inkarnationsverständnis hindert Altizer allerdings nicht daran, in einer millenaristischen Vermengung von frühjüdische Apokalyptik und östlicher Mystik einen Glauben an den „geistigen Jesus des dritten und apokalyptischen Zeitalters" zu fordern[19] und auf eine neue Offenbarung zu warten. Die Formel vom „radikalen Christen", die jeden neuen Anlauf zu Altizers immergleichen Reflexionen einleitet, gebraucht er dabei zunehmend als rhetorische Brechstange, mit der das vollkommene Fehlen einer Auseinandersetzung mit Autoren der Tradition und der biblischen Texte wirkungsvoll kaschiert wird.

Neben der eher formelhaften Rezeption des Nietzscheanischen Tod-Gottes-Gedankens ist es vor allem Altizers Kritik eines bestimmten, gewissermaßen platonischen Geschichtsbegriffs, die Taylor schließlich aufgreifen wird: Altizer warnt davor, im Kontext eines „religiösen" Christentums den Sündenfall *(the fall)* für einen umkehrbaren Prozeß im Sinne einer eschatologischen Rückkehr ins Paradies zu halten und sich nach einem unbefleckten, ungeschichtlichen, ganz der Herrschaft eines überweltlichen Gottes überlassenen Jenseits zurückzusehnen[20]. Tatsächlich geriete ein solches Denken in eminente Spannung zur christlichen Eschatologie, die immer als ein *Nachher* von göttlichem Heilswerk und grundsätzlich bejahter menschlicher Geschichte gedacht wurde.

Altizer läßt es leider offen, welche Theologie er hier kritisieren will. Auf jeden Fall jedoch ergibt sich aus seiner Kritik an platonistischer Weltflucht und Geschichtsumkehrung nicht notwendig sein Gedanke einer rückhaltlosen Hinwendung zu einer „völlig profan gewordenen Welt"[21], muß doch die von

---

[17] Ebd. 122.

[18] Ebd. 127.

[19] Ebd. 23. Daß es sich hierbei um einen Stützpfeiler des gesamten Altizerschen Denkens handelt, enthüllt auch der Titel eines wesentlich späteren Werkes: „History as Apocalypse", Albany 1985.

[20] „... daß Gott tot sei." a.a.O., 50f.

[21] Ebd. 53.

Altizer zu Recht (in welchem Sinne aber?) vom „radikalen Christen" geforderte „volle Erfahrung der Qual und Finsternis menschlichen Sterbens, um zur Umwandlung und Wiedergeburt zu gelangen"[22] in irgendeiner Weise begründet werden - sei es durch die Erfahrung des Anspruchs eines konkreten andern Menschen, sei es durch die Einsicht in die ethische Notwendigkeit eines solchen Tuns.

b) Dekonstruktion der Theologie

Im ersten Teil seines Hauptwerkes *(„Deconstructing Theology")* ist es das Ziel Taylors, in Anlehnung an eine verkürzende Rezeption der frühen Arbeiten Derridas die zerstörerische Tendenz, die seiner Ansicht nach in der neuzeitlichen Füllung der Bedeutungsfelder „Gott" (1), „Selbst" (2) oder „Subjekt" (3), „Geschichte" und „Buch" (4) liegt, zu „dekonstruieren"[23]. Dies soll mittels einer „Psychologie der Herrschaft" *(psychology of mastery)* geschehen. Die prophetische Verve, mit der Taylor dabei den Paradigmenwechsel zur Dekonstruktion ankündigt, trägt deutliche Spuren von Altizers joachimitischem Millenarismus. Daß Altizer selbst in Taylors literarisch/theologischem Dekonstruktivismus eine angemessene Fortsetzung seines eigenen Werkes sieht, wird in seinem Vorwort zu Taylors früher Aufsatzsammlung *Deconstructing Theology* deutlich, wo er in gewohnt selbstbewußter Manier schreibt:

> „Das Projekt von *Deconstructing Theology* [...] strebt nach der Erneuerung oder Wiedergeburt der Theologie auf dem Wege einer Passage durch das Ende oder den Tod des Urgrundes *(primal ground)* westlicher theoretischer und theologischer Tradition."[24]

(1) Das Paradigma der neuzeitlichen Philosophie nennt Taylor *humanistischen Atheismus*. Dieser habe die Attribute des mittelalterlich-christlichen Gottes bruchlos auf das Subjekt, das moderne Selbst übertragen, das Andersheit immer nur insofern wahrnehmen könne, als sie sein eigenes Bild spiegele, das schon Bekannte neu zeige und das nicht in der Lage sei, die Absolutheit der eigenen Identität und Abgeschlossenheit zu durchbrechen.[25] Die radikale Wendung des Denkens zum menschlichen Individuum *(reductio ad hominem)* in der Neuzeit (Luther, Descartes, Bacon) besiegelt in den Augen Taylors be-

---

[22] Ebd. 54.

[23] Erring, 13. Die genaue Bedeutung dieses Begriffs für Taylor bleibt unscharf. Eine Unschärfe, die aus der zu dieser Zeit (1984) bereits jenseits aller fachwissenschaftlichen Grenzen ausgeuferten Diskussion um *„Deconstruction"* in den USA resultieren dürfte.

[24] *Th.J. J. Altizer*, Foreword, a.a.O., xi.

[25] Erring, 19f.

reits den Tod Gottes im Nietzscheanischen Sinne. Er zitiert bezüglich des Cartesischen Cogito-Modells John Hillis Miller:

> „Wenn alles nur existiert, insofern es im Ego reflektiert wird, dann hat der Mensch das Meer ausgetrunken. Wenn der Mensch als Subjekt definiert ist, wird alles andere zum Objekt. Dies schließt Gott mit ein, der nun zum höchsten Objekt menschlichen Wissens wird. [...] Wenn der Mensch das Meer austrinkt, so trinkt er gleichzeitig Gott aus, den Schöpfer des Meeres. Auf diese Weise wird der Mensch zum Gottesmörder."[26]

Doch der Kampf gegen die Herrschaft Gottes führt in den Augen Taylors zu neuer Beherrschung. Der getötete Gott, der als Symbol des verdrängten Todes im Übergang zur Neuzeit aus dem Bewußtsein verschwand, bleibt als Paradigma der absoluten Beherrschung von *Natur*, *Frau*, *Kindern* und dem *anderen Menschen* im nun *in sich selbst* gespaltenen Selbst bestimmend.

Politische, familiär-psychische und wirtschaftliche Beherrschung sind nach Taylor also Ausdruck *einer* Wirklichkeit: der Superiorität des Subjekts gegenüber dem Objekt. Am Ende seiner Analyse, die an dieser Stelle stark an Adornos „Dialektik der Aufklärung" erinnert, kommt er schließlich zu dem Ergebnis, daß das Selbst ohne das Andere nicht existieren könne, daß es sich erst durch diese Abgrenzung konstituiere. Diese Einsicht meint Taylor, wenn er vom „Ende", dem „Tod des autonomen Subjektes" spricht. In einer Reduktion der Derridaschen Modifikation eines metaphysischen Subjektbegriffs faßt Taylor - allerdings im Anschluß an die Meditationen Augustinus' über Zeit und Selbstbewußtsein - das Subjekt auf als im Raum der Sprachlichkeit gefangen und durch seine Zeitlichkeit gespalten. Identität verliere so unweigerlich ihre Kontinuität, erscheine nur noch als Spur: „Die Spur bezeichnet den Ort, wo Identität und Differenz, Anwesenheit und Abwesenheit sich ständig kreuzen [...]. Das Selbst ist an dieses Kreuz genagelt"[27] .

(2) Ebenso wie für Altizer beinhaltet *Geschichtliches Denken* für Taylor notwendig die Kategorie des *„falls"*, weil es von der - wie Taylor glaubt - ursprünglich christlichen Vorstellung eines Verlustes an Vollkommenheit im Diesseits gegenüber einem vollkommenen Zeitalter (*Paradies* bzw. *Reich Gottes*) geprägt ist. Er charakterisiert den *Logos* als das Zentrum eines solchen Systems, in dem Kausalität und Sinnhaftigkeit der gleichförmig ablaufenden Zeit eine Form geben, sie „humanisieren". Die unstrukturierte Zeit wird als solche durch das Erzählen von Geschichten strukturierend überformt oder, wie Taylor drastisch formuliert, „totgeschlagen".

---

[26] *J.H. Miller*, Poets of Reality, Six twentieth Century Writers, New York 1969, 3, zit. nach Erring, 22.

[27] Ebd. 50.

Wo Altizer noch zur Passage durch rückhaltlose Kontingenz, ja Verlorenheit und Qual um einer erhofften Umwandlung willen aufgerufen hatte, will Taylor die Melancholie, die in diesem Weltbild aus dem Verlust an Vollkommenheit entstehen muß, eudämonistisch überwinden und zwar durch *Bejahung* dessen „Was ist". Das hebräische „Amen" („So sei es"), das so verstanden die Kriterien für Werturteile ablöst, soll zu allem Existierenden gesprochen werden. Damit würde - so Taylor - die Geschichte die ihr gesetzten Anfangs- und Endpunkte verlieren und sich als *Fortschrittsgeschichte* auflösen. Der Blick auf die Realität, so wie sie jenseits der aufgesetzten Ideale „wirklich" ist, würde frei: .„Das 'Ja', das die Geschichte beendet, ist die Verleugnung der [neuzeitlichen] Todesverleugnung [...], es ist eine Weise, im Vorhandenen zu leben, aber auch eine Art zu sterben."[28]

(3) Die Idee einer *Abschließbarkeit des Wissens* hat nach Taylor ihren Ursprung im Glauben an die Allwissenheit Gottes und findet ihren neuzeitlichen Ausdruck in der enzyklopädischen Idee, in der Idee des allwissenden Buches[29] und im Systemgedanken Hegels. Von daher gestalte sich jede Lektüre, jede Interpretation als Versuch, die *ursprüngliche* und *wahre* Intention des Autors zu ermitteln, deren ursprüngliche *„Präsenz"* in den Schriftzeichen *repräsentiert* wird. Die „Orthodoxie" einer jeden Schriftauslegung wird in seinen Augen auch *nach* Kants Hinweis auf die Unmöglichkeit der Erkenntnis eines „Dings an sich" von einer imaginären und „jenseitigen" Kategorie her beurteilt. In ihrer Struktur gleiche das neuzeitlichen Wissenschaftsverständnis noch jenem Modell einer quasi-göttlichen Allwissenheit[30]. Das in den (heiligen) Büchern gesammelte Wissen stelle so eine *totalitäre Lebenshilfe* für das gespaltene Subjekt der Neuzeit dar: die unbeherrschbare Realität werde in Strukturen gezwängt, die ihr nicht entstammten und als von einem Punkt her erklärbar beschrieben, auf diesen hin geordnet und so „gezähmt": „Die Idee einer 'Tradition' mache es möglich, die historische Zerstreuung neu und zwar von der Gestalt des Selben her zu denken."[31]

c) Dekonstruktive A/Theologie

Im zweiten Teil seiner Arbeit *(Deconstructive A/Theology)* beabsichtigt Taylor, nach dieser Auflösung (Analyse) der abendländischen Tradition - und speziell der Theologie, die aus ihr hervorgegangen ist - ihre „Re-

---

[28] Ebd. 73.

[29] Ebd. 78 Vgl. zur Position Derridas, die hier den Hintergrund Taylors Überlegungen bildet, das Kapitel zu Talmudischer Schriftinterpretation in dieser Arbeit.

[30] Ebd., 81ff.

[31] *M. Foucault*, Archäologie des Wissens. Zit. ebd., 88.

materialisierung“ und „Entfesselung“ ins Werk zu setzen, ihr also einen Entwurf positiv entgegenzusetzen. Gott soll sich nun als „Schrift“, das Selbst als „Spur“, Geschichte als „Irrtum“ bzw. „Umherirren“ und das Buch als „Text“ darstellen lassen.

Im Mittelpunkt steht hier der Gedanke einer *„radikalen Christologie"*, einer Materiewerdung des ursprünglich transzendenten Logos nach dem Tode Gottes in der Vielfalt der Schriften. Gott - so Taylor - ist als höchstes und erstes „Signifikat“ in der Schrift, im *„texte général"*, gestorben, der kein Außen der Bezeichnung kennt. Sein Tod hat jedoch die Welt nicht entgöttert, sondern die Schrift vergöttlicht. Fraglich bleibt an dieser Stelle, warum Taylor das Phänomen der Heiligkeit aller Texte, insofern sie auf ein vorsprachliches und sprachlich *nicht* ausdrückbares Gründungsgeschehen verweisen, ein Phänomen, das Derrida sprachkritisch erarbeitet, in dieser Weise mythologisch verbrämen muß. Die solchermaßen von Taylor metaphysisch, weil unhistorisch gedachte „Inkarnation des Logos“ hat mit dem Ende des selbstgegenwärtigen Vatergottes keinen isolierbaren zeitlichen Ort oder Zeitpunkt mehr, sie ist allgegenwärtig und unabgeschlossen. Der in der Schrift überall *anwesende* Sohn verweise damit - so Taylor - als Symbol genauso auf den *abwesenden* Vater wie das Zeichen auf den Autor[32].

d) Kritik

Bei aller Faszination, die Taylors gewagte und mit großer Überzeugungskraft vorgetragenen Neuentwürfe auszeichnet, bleiben doch einige sehr grundsätzliche Anfragen an seine Verarbeitung des Denkens von Derrida (1) und seine Relevanz für die Theologie (2).

(1) Sicher ist der Kritik Kevin Harts zuzustimmen, Taylor verfälsche den Derridaschen Dekonstruktionsbegriff, indem er ihn eng mit der Nietzscheanischen Vorstellung einer Grundlosigkeit der Welt verknüpft und damit die Spannung zwischen Begründung und Grundlosigkeit, Identität und Differenz einseitig auflöst, was Derrida ausdrücklich vermeidet. Hier scheint Taylors Derrida-Lektüre den Umweg über die Literaturtheorie der Yale-School, vor allem John Hillis Millers, genommen zu haben - ein Verdacht, der sich durch die auffällig häufige Bezugnahme Taylors auf Miller bestätigt. Nur vor *diesem* Hintergrund kann Taylor letztlich „Dekonstruktion“ in Zusammenhang mit der „Tod-Gottes-Theologie“ Altizers bringen. Dabei handelt es sich jedoch um eine Formel, die bei Taylor kaum gefüllt wird. Nach Auskunft Kevin

---

[32] „Verkörperung [Gottes, Anm. d. Verf.] bedeutet eine Anwesenheit, aber eine Anwesenheit, die sich in tatsächlicher Abwesenheit befindet, in wirklicher Abwesenheit einer totalen Identität.“ *Th.J. J. Altizer*, The Self-Embodiment of God. New York 1977, 47, zit. nach Erring Ebd. 110.

Harts wurde sie von Derrida selbst als inadäquate theologische Rezeption seines Ansatzes zurückgewiesen. Wo Derrida vom Tode Gottes spricht, ist die Rede von einem *Gottesbild*, das totalisierend wirkt. Überhaupt erwähnt Derrida das Verhältnis zwischen Tod und Leben vor allem, um in gewisser Nähe zu M. Heidegger die Marginalisierung des Todes als verfehlt zu überführen.[33] Genausowenig kann Taylor sich auf Derrida berufen, wenn er behauptet, mit der Dekonstruktion sei die Theologie *an ihr Ende gekommen*: Gerade die neuplatonisch verwendete Terminologie der *arché* und des *telos*, des Aufstiegs und des Abstiegs sind es ja, die dieser in Frage stellen will. Ähnliches gilt auch für Formeln wie „dionysisch", „Karneval" und „Komödie", mit denen Taylor seine neue Weltanschauung zu umschreiben versucht: Letztlich handelt es sich hierbei um neue einseitige Totalisierungen, die die Oppositionalität der Begriffe wiederherstellen, welche Derrida gerade zu vermeiden suchte.

Die Analysen der neuzeitlichen Subjekt-Objekt Problematik Taylors wären von bleibender Bedeutung, wenn sie sich nicht schon differenzierter u.a. bei Adorno, bei Levinas und verschieden Zweigen der feministischen Vernunftkritik fänden.

(2) Aus theologischer Perspektive ist zu bemerken, daß sich Taylors A/Theologie kaum christlich nennen kann[34]. Die Personalität Gottes, die Annahme seiner Transzendenz, die auch vom inkarnierten Logos, dem historischen Jesus, letztlich nicht abgetrennt werden kann, werden im Denken Taylors geleugnet. Originär christliche Positionen gibt er in der Konfrontation mit der (mißverstandenen) Dekonstruktion gänzlich auf. Die Standpunktlosigkeit Taylors (in der er sich nicht auf Derrida berufen kann) verhindert so einen Dialog zwischen der philosophisch/literatur-kritischen und der religionsphilosophischen Position und führt statt dessen zur voreiligen Sakralisierung und Mystifizierung einer einseitig irrationalistisch verstandenen „Dekonstruktion", die doch als sprachkritisch motivierte Revision der Philosophie ohne Rückfall in totalisierende Ansprüche gedacht war[35].

---

[33] Vgl. Schrift, 390, Grammatologie, 247 sowie die weiterführenden Analysen zum Derridaschen Todesverständnis im dritten Teil dieser Arbeit.

[34] *F.P.M. Jespers*, Sporen van Derrida, a.a.O., 80ff.

[35] In späteren Arbeiten Taylors, die sich noch ausdrücklich auf Derrida beziehen, ist insofern eine wohltuende Wende zu verzeichnen, als Taylor sich hier auf das (korrekte) Referieren und vorsichtige Interpretieren des Derridaschen Denkens zur Negativen Theologie beschränkt. Vgl. etwa: nO nOt nO, in: H. Coward / T. Foshay (Ed.), Derrida and Negative Theology. New York 1992, 167-198, oder Think Naught, in: R. P. Scharlemann (Ed.), Negation and Theology. Charlottesville / London 1992, 25-38.

2. David Tracy

Der renommierte und auch in Europa zunehmend einflußreiche amerikanische Theologe David Tracy beschäftigt sich mit dem Denken Derridas im Rahmen einer breit angelegten Untersuchung moderner und postmoderner Theoriekonzepte auf ihre theologische Relevanz. Diese Untersuchungen umfassen konsequent auch explizit nichttheistische Denkansätze und Weltanschauungen. Den Hintergrund für dieses Verfahren bildet Tracys Annahme, überall sei mit der Möglichkeit des Aufscheinens religiöser Perspektiven zu rechnen, die von christlichen Theologen reflektiert werden müßten. Er spricht in diesem Zusammenhang und in der Tradition Gadamers von *Classics*[36], von Texten also, deren Wichtigkeit im Sinne einer epochenübergreifenden Erneuerungskraft des Denkens markiert wird. Anders als Gadamer nennt Tracy in diesem Zusammenhang nicht etwa Texte der Antike, sondern herausragende Denker des (Post-) Strukturalismus, und hier neben C. Levi-Strauss, R. Barthes und M. Foucault auch J. Derrida[37]. In einer engagierten Situationsbeschreibung erhofft er sich von den genannten Autoren eine Antwort auf die Ratlosigkeit der Theologen nach der aufklärerischen Kritik jeder positiven Theologie und der besonders in der Romantik geäußerten Forderung nach Kreativität und Individualität. Dies alles wird jedoch nicht vorgebracht, ohne gleichzeitig die eintönige Wiederholung der immer gleichen religionskritischen Argumente unter säkularen Denkern ausdrücklich zu bedauern. Von Derrida erwartet Tracy ausdrücklich:

> „Die immer schon bestehende Gegenwart dieser Nicht-Gegenwart [...] wird das immer schon *(always-already)* am Werk seiende vitalisierende unheimliche Moment entdecken, das uns von der Macht der Präsenzmetaphysik befreit und uns öffnet für die freudige Zustimmung zu Dionysischem Gelächter und Apollonischem Tanz, zum freien Spiel also, jenseits allen allzu ernsthaften Gesprächen der Vergangenheit."[38]

Tracy rezipiert Derrida also ebenfalls als Nietzscheanischen Denker des Spiels und muß konsequent die Flexibilität und Unvoreingenommenheit der Dekonstruktion, ihre Fähigkeit, sich chamäleonartig an Sprache und Duktus eines Textes anzupassen, aus dem Blick verlieren. Es handelt sich dabei um eine Einseitigkeit der Rezeption, die in *The Analogical Imagination* noch zu einem wohlwollenden Urteil führt, in Tracys neuerer Studie *Plurality and Ambigui-*

---

[36] *D. Tracy*, The Analogical Imagination. Christian Theology and the Culture of Pluralism, New York 1981, 99-154.

[37] Ebd. 115ff.

[38] Ebd. 361.

ty[39] jedoch Anlaß zu deutlicher Kritik an Derrida bietet. Hier findet sich - im Kontext einer Darstellung des Strukturalismus - eine ausführlichere Würdigung Derridas, die jedoch auf eine Beurteilung der internen Stringenz Derridascher Argumentation beschränkt bleibt:
Nachdem Tracy darauf hingewiesen hat, daß Derrida sich da vom Strukturalismus absetzt, wo er die Differentialität der Zeichenkonstitution konsequent und gegen den De Saussureschen Struktur-Gedanken zu Ende denke, bildet die Infragestellung völliger Selbst-Präsenz durch Derrida *„like a Zen master“*[40] den Mittelpunkt von Tracys Darstellung. Er versteht dementsprechend die Dekonstruktion - positiv - als eine Art *„linguistic therapy“*[41], die von fundamentalen Illusionen (der vollkommenen Einheit und Selbstpräsenz des Subjekts) befreit.
Obwohl Tracy hier Derridas Diagnose eines „Abgrunds der Unentscheidbarkeit“[42], der sich im nicht transzendierbaren textuellen Feld auftue, als zutreffende Beschreibung unserer Situation akzeptiert, erwartet er allerdings dennoch ein „eindeutiges Ziel“ in Derridas Analysen. Er mißversteht seine Konzentration auf Begriffe, die auf einen nicht ursprünglichen Ursprung oder die Abwesenheit einer Anwesenheit hindeuten, als zielloses Kreisen um *„individual words“* und verkennt dabei, daß Derrida sich in seinen Lektüren zwar meist am Rande eines Textes aufhält, jedoch die *Funktion* dieses „Randes“ für das logische Gefüge des Ganzen gerade erweisen will, also stets doch das Ganze im Auge haben muß. Die Nähe seines Denkens zu dem der talmudischen Rabbinen nimmt Tracy - vor allem in Derridas Texten zu E. Jabès - deutlich wahr. Er muß jedoch wegen des genannten Mißverständnisses deren Interesse am Text als Ganzem, ja an der Thora als Heiligem Text, positiv gegen Derridas Bemühungen absetzen. Wie nahe Derrida ursprünglich rabbinischem Streben nach dem Erweis der Heiligkeit der Schrift und dem engen Zusammenhang zwischen Ethik, Schrift- und Gottesbegriff tatsächlich kommt, bleibt Tracy an dieser Stelle folglich ebenso verborgen wie Derridas Relevanz für eine Theologie, die die Unmöglichkeit einer vollen Selbstpräsenz - mit Derrida - als Signum von Denken und Erleben der späten Moderne akzeptiert, ohne sich selbst aufzugeben.

---

[39] San Francisco 1987. (Dt.: Theologie als Gespräch, Mainz 1993). Ich zitiere aus der englischen Fassung.

[40] Ebd. 59.

[41] Ebd. 60.

[42] Ebd. 59.

Ein weiterer, ernster zu nehmender Kritikpunkt Tracys richtet sich auf Derridas Desinteresse gegenüber Geschichte und Gesellschaft, also gegenüber den äußeren Bedingungen der *écriture.* Tatsächlich hat sich Derrida erst in Veröffentlichungen, die *nach* Tracys Werk erschienen[43], mit historisch-politischen Themen wie Europa, Demokratie und Marxismus befaßt. Es handelt sich hier um Arbeiten, die deutlich zeigen, daß Derrida sich in den letzten Jahren stärker den politischen und ethischen Implikationen der Dekonstruktion zugewandt hat. Ein metaphysikkritischer Ansatz ist jedoch aufgrund der geforderten sorgfältigen Analyse und des behutsamen Abwägens, wegen der rigorosen Vermeidung jeder Art von Privilegierung - ähnlich der Negativen Dialektik Adornos - nur zu sehr schwachen Hinweisen und Entscheidungen in der Lage, die im politischen Tagesgeschäft wohl kaum bestehen könnten.

Immerhin formuliert Tracy am Ende seiner Darstellung - etwas verklausuliert und im Glauben, Derrida damit zu kritisieren - die Notwendigkeit einer pragmatischen Revision des metaphysischen Wahrheitsbegriffs, die durchaus mit Derridaschem Denken in Einklang zu bringen wäre:

> „Was wir wissen, wissen wir mit relativer Angemessenheit, und wir wissen, daß es durch die Tatsachen *(realities)* der Sprache, Gesellschaft und Geschichte bedingt ist. In bezug auf jedes Teilergebnis *(on any particular issue)* können wir Wissen besitzen, wenn wir keine weiteren relevanten Fragen mehr haben. Es ist demnach also möglich zu wissen, wenn wir genug wissen."[44]

3. Kevin Hart

Der Australier Kevin Hart kommt in seiner feinsinnigen und philosophisch kenntnisreichen Analyse Derridas[45] zu dem Ergebnis, daß Metaphysik und Theologie hier nicht überwunden, sondern nur in ihrer Zweitrangigkeit bezüglich eines ursprünglichen Supplements enttarnt würden. Nachdem er das Denken Kants, Heideggers und Derridas als negative Theologien bezeichnet hat[46], bemerkt Hart, die Relation zwischen negativer und positiver Theologie

---

[43] Das andere Kap, a.a.O., Marx' Gespenster, a.a.O., Gesetzeskraft, a.a.O.

[44] *D. Tracy*, Plurality and Ambiguity, a.a.O., 61.

[45] *K. Hart*, The Trespass of the Sign. Deconstruction, Theology and Philosophy. Cambridge 1989. Im folgenden zitiert als „Trespass".

[46] Nämlich insofern sie alle sich wissenschaftlich mit einer göttlichen Instanz beschäftigten, ohne von religiösen Erfahrungen oder einem persönlichen Glauben an Gott auszugehen: „Auf diesem Wege schreibt man ihnen nicht irgendeine Art der Gotteserfahrung oder irgendeinen persönlichen Glauben an Gott zu, aber man behauptet, daß ihre Texte eine bestimmte Einstellung [nämlich die der via negativa, Anm. d. Verf.] in bezug auf den Diskurs über Gott unterstützen." Ebd. 182.

könne erst dank der Arbeiten Derridas[47] in einer „allgemeinen" negativen Theologie *(general negative theology)* gedacht werden. Der Terminus „Dekonstruktion" beinhalte nämlich *nicht* die Behauptung einer absoluten Grundlosigkeit à la Nietzsche (!), kritisiere aber jeden Versuch einer (Letzt-) Begründung dort, wo diese sich selbst absolut setze. Derrida dekonstruiere philosophische und theologische Texte also nur dann, wenn sie totalisierend wirken und mit dem Anspruch auftreten, Wirklichkeit in ihrer Gesamtheit und ohne „Rest" zu beschreiben. Damit sei zwar der gesamte Bereich der „Onto-theologie" von der Kritik Derridas betroffen, nicht aber jede Art von Theologie, da eine Theologie, die nicht auf der Privilegierung der Anwesenheit vor der Abwesenheit beruhe[48], durchaus denkbar sei.

> „Dekonstruktion ist [...] eine Kritik von 'Begründung' *(ground) als solcher*, aber deswegen keine Behauptung von Grundlosigkeit. Ich werde darlegen, daß 'Ontologie' zwar das Ganze der Metaphysik beherrscht, nicht aber die gesamte Theologie. Diese Entdeckung läßt uns mit der Vermutung zurück, daß es so etwas wie 'Nicht-metaphysische Theologie' gibt."[49]

Als Metaphysikkritik - so Hart - sei Derridas Ansatz dem eines Heidegger überlegen. Er ordnet diesen einer „eingeschränkten" *(restricted)* negativen Theologie zu, da er (1.) nicht wie Heidegger nach der Destruktion der alten Ordnung neu auf die Suche gehe nach einem „Ursprung" oder einer „Nähe zu Sein"[50] und außerdem (2.) die Sprache als Ort des Diskurses selbst als mit metaphysischem Denken unentwirrbar verwoben erkannt habe.

An anderer Stelle zeigt Hart, warum Derrida die Negative Theologie (in seinen frühen Arbeiten) zu Unrecht außerhalb der Dekonstruktion ansiedelt. Wie Kant, dem Derrida auch sonst wesentliche Denkanstöße verdanke, beschreibe er mystisches Denken in epistemologischen Begriffen, ordne es damit der Metaphysik zu und behandele es in seinem eigenen Diskurs als Nebensache.[51]

---

[47] Ebd.,269.

[48] Ebd. 12.

[49] Ebd. 75. Zu einem ähnlichen Ergebnis kommt schon J. D. Caputo: „Ich entdecke bei Meister Eckhart eine bedeutende mittelalterliche Praxis der Dekonstruktion. Er versteht sehr wohl, daß von den Termini 'Sein' und 'Nichts' einer Funktion des anderen ist [...]. Er gebraucht die ausgefeiltesten Argumente mittelalterlicher Ontotheologie, um diese selbst von hinten aus dem Gleichgewicht zu bringen." In: Ders., Mysticism and Transgression: Derrida and Meister Eckhart, in: H. J. Silverman (Hg.), Deconstruction and Philosophy. The Texts of Jacques Derrida, Chicago & London 1987 24-39, hier 31.

[50] Trespass, 269.

[51] „Derrida folgt Kant genau, wenn er mystische Erfahrung erkenntnistheoretisch faßt und ihre Schuld für ebenso groß hält wie die der Metaphysik. Er wertet sie ab auf den Status einer Nebensache innerhalb seines eigenen Diskurses." Ebd. 235. Daß diese Beurteilung auf Derridas spätere Arbeiten („Wie nicht Sprechen" und „Post-Scriptum"), welche Hart noch nicht zur Verfügung standen, nur sehr eingeschränkt zutrifft, habe ich in dieser Arbeit gezeigt. Ohne

Hart mißversteht Dekonstruktion aber keineswegs als eine Form von Negativer Theologie unter anderen. Er glaubt vielmehr, die Negative Theologie als Dekonstruktion der positiven (systematisch/philosophischen) Theologie beschreiben zu können. Negative Theologie stellt somit ein Supplement der Theologie im Sinne Derridas dar: Die Verneinung sei - entgegen der Tradition der positiven Theologie - eine ursprüngliche Weise von Gott zu reden.[52] Judentum und Christentum seien in ihrem Kern immer schon als „das Andere der Philosophie" zu verstehen gewesen, insofern als neben (oder vor) dem metaphysischen Gott, der *causa sui*, der Gott des Glaubens eine gewissermaßen subversive Rolle gespielt habe. Mit der Methodik Derridas sei es möglich, die umgrenzten Bezirke innerhalb der Texte der Tradition, welche der Metaphysik angehören, ausfindig zu machen.

> „Diese Punkte sind genauer gesagt nicht vollkommen metaphysisch, da sie in irgendeiner Weise auf das 'Andere' anspielen müssen, um es in Frage zu stellen. Wenn wir zugeben, daß dieses 'Andere' ein theologisches sein kann, können wir lokale Bewegungen innerhalb der Texte christlicher Theologie ausfindig machen, die die Behauptungen der Ontotheologie in Frage stellen."[53]

Damit nimmt Hart Derridas spätere Arbeiten aber nur bedingt vorweg, denn diesem gelingt es, wie oben gezeigt wurde, auch noch die Opposition zwischen affirmativer und negativer Theologie aufzubrechen, die Harts Überlegungen hier unausgesprochen zugrundeliegt.

Als Belege für die hier angezielte *„Non-Metaphysical-Theology"* führt Hart - neben Paulus, Augustinus, Blaise Pascal und Karl Barth - Theresa von Avila und Tertullian an, der eine strenge Trennung von Vernunft und Glauben, Philosophie und Theologie angestrebt habe[54]. Deren Erbe sei die Tradition mystischer negativer Theologie.

Um die hier behauptete, originär dekonstruierende Tendenz christlich-jüdischer Texte zu illustrieren, nennt Hart Derridas Arbeit über den Turmbau

---

Harts problematischem Erfahrugsbegriff zu verfallen (s.o.), entwickelt Derrida einen eigenen Begriff Negativer Theologie in großer Nähe zur Dekonstruktion. Damit stimmt er im Grunde Harts These von der Negativen Theologie als einem möglichen Ausdruck dekonstruktiver Arbeit zu. (Müßig darauf hinzuweisen, daß Dekonstruktion sich nicht im platonischen Sinne etwa in der Negativen Theologie „materialisiert").

[52] „Es sind jene Theologien metaphysisch, welche behaupten, daß positive Theologie 'älter' sei als negative Theologie. Was ich vorbringen möchte ist, daß Ursprung und Grund *(ground)* selbst Supplemente sind. Negative Theologie vollzieht die Dekonstruktion der positiven Theologie. Indem sie dies tut, enthüllt sie, daß eine nicht-metaphysische Theologie innerhalb der positiven Theologie an der Arbeit ist. Aber sie ist unfähig, nicht-metaphysische von positiver Theologie zu isolieren." Ebd. 104.

[53] Ebd. 95.

[54] Ebd. 97.f

zu Babel (Gen 11,1-9)[55]. Derrida versteht diese Erzählung als Beschreibung einer „Dekonstruktion" des Turmes, der den Menschen *Einheit* gewähren sollte, wo immer schon *Vielheit* (der Sprachen) herrschte, durch Gott selbst:

> „Durch den Bau eines Turmes, der in den Himmel reichte, wollten die Semiten dem gesamten Universum nicht nur ihre Sprache, sondern genauer ihren eigenen Namen aufdrängen. Es scheint, als ob sie es aus der Furcht getan hätten, ihre Identität zu verlieren. Indem Gott ihr Konstrukt zerstört und ihre Sprache verwirrt, realisiert er lediglich jene Differenz, die sie zu unterdrücken versuchten. Die Dekonstruktion Gottes ruft eine Zerstreuung hervor, die Derrida amüsanterweise 'diss*h*emination' nennt." [56]

Ebenso wie Moralität und Immoralität verdanken beide, positive wie negative Theologie, ihre Existenz der ursprünglichen *différance*, die weder Immoralität noch positive Theologie privilegiert[57]. Die *différance*, so bemerkt Hart richtig, sei deshalb keine neue zentralisierende und quasi göttliche Instanz, sondern stelle als *transzendentales Prinzip* nur jene Spannung dar, die der Dynamik jeder Bewegung zugrundeliege, ohne damit eine transzendente Letztbegründung zu liefern. Denn sie erscheine erst *nach* Anwendung der Doppelstrategie der Dekonstruktion vor der Folie eines metaphysischen Textes und sei deshalb ohne metaphysische Texte nicht zu denken, sekundär und primär zugleich.[58]
Hart ist es mit seiner Arbeit - sie ist weit differenzierter und faktenreicher, als an dieser Stelle gezeigt werden kann - gelungen zu zeigen, wie ein Dialog zwischen Dekonstruktion und Theologie ablaufen könnte. Die Aussage Derridas, daß die Theologie von ihrer Grenze zur Metaphysik schon immer durchzogen wurde, und die dem zugrundeliegende Voraussetzung einer nicht einheitlichen christlichen Überlieferungstradition erlauben es, kompromißloser als bisher das in den „heiligen Texten" Unterdrückte auf seine konstituierende Bedeutung für den Glauben hin zu lesen.

---

[55] *J. Derrida*, Labyrinth und Architextur, in. Eva Meyer / Jacques Derrida (Hg.), Das Abenteuer der Ideen. Architektur und Philosophie seit der industriellen Revolution, 1984, 95-106 (Des Tours de Babel, in: L'Art des confins. Paris 1985). Ich habe diese Interpretation aufgenommen und zu einer Analyse der momentanen innerkirchlichen Situation verarbeitet. Vgl: *J. Valentin*, Die Einheit der Kirche in der Vielfalt ihrer Stimmen. Glaubenserfahrung zwischen Beliebigkeit und Authentizität, in: J. Homeyer / G. Steins (Hg.), Kirche - postmodern 'überholt'? Erfahrungen und Visionen in einer Zeit des Umbruchs, München 1996.

[56] Trespass, 109f.

[57] „Différance mag wohl die 'nichtethische Ermöglichung von Ethik' sein, aber sie ist genauso der Ursprung von Moralität und Immoralität." Ebd., 234.

[58] „Nicht daß *différance* jemals an und für sich erscheinen kann: Sie stellt eine Bedingung der Möglichkeit dar, sicher, trotzdem aber keine apriorische Bedingung der Möglichkeit im Kantschen Sinne. Bevor die *différance* ins Spiel kommen kann, wird ein Text benötigt, der einen metaphysischen Status der Angelegenheit behauptet, etwa solchermaßen, daß 'Präsenz' von Natur aus höher bewertet werden müsse als das 'Zeichen'. Mit anderen Worten: Die *différance* ist transzendental, konstituiert aber keine Begründung *(ground)*." Ebd., 124.

In ihren biblischen und mystischen Traditionen transportieren Judentum und Christentum also *auch* ein Gottesbild, das vereinheitlichenden oder, in der Sprache der Bibel, *sündhaften* Plänen der Menschen zuwiderläuft. Wo Dekonstruktion als Privilegierung des auf *jeweils andere* Weise Marginalisierten begriffen und nicht platt neometaphysisch als Ruf nach der Herrschaft von Grundlosigkeit, Abwesenheit, Sinnlosigkeit oder Immoralität verstanden wird, ergibt sich im Anschluß an Harts Derrida-Rezeption die Möglichkeit, über eine Kritik an Theologie neu nachzudenken, insofern diese *Andersheit* nur nach dem Prinzip von *Superiorität-Inferiorität* verstehen kann.
Der Arbeit Kevin Harts kommt es zu, der Theologie einen seriösen Zugang zu Derrida formal erschlossen zu haben.[59] Eine genauere Fassung dessen, was seine *general negative theology* bedeuten könnte, findet sich bei ihm jedoch nicht. Im Anschluß an Hart stellen sich vor allem Fragen nach dem Verhältnis eines im Anschluß an Derrida geprägten Begriffs Negativer Theologie zur Apophatischen Theologie der Tradition und nach inhaltlichen Explikationen einer solchen Theologie an den Texten der Hl. Schrift oder der (theologischen) Tradition. Ersteres wurde im dritten Kapitel dieser Arbeit versucht, letzteres ergibt sich zum Teil direkt aus neueren Arbeiten Derridas selbst, findet sich in Ansätzen bei M.C. Taylor und soll schließlich Thema der in diesem Teil der Arbeit noch folgenden theologischen Überlegungen sein.

4. Neuere Arbeiten zur negativen Theologie J. Derridas (T. Foshay, M. Despland, H. Coward)

Nachdem es einige Jahre in der Theologie Nordamerikas um das Werk Derridas still geworden war, erschien 1992 als direkte Reaktion auf Derridas Arbeit *„Comment ne pas parler. Dénégations"* eine Aufsatzsammlung mit dem Titel

---

[59] *D.E. Klemm* dagegen mißversteht das Anliegen der Dekonstruktion aber auch jeder Theologie, wenn er in einer neueren Arbeit (Open Secrets. Derrida and Negative Theology. in: R. Scharlemann (Ed.), Negation and Theology, Charlottesville and London 1992, 8-24) Derrida vorwirft, den direkten Weg zu Gott in der Sprache zu versperren (14) und stattdessen als „wandernder Sophist oder Fremder in Bewegung zu sein". Ursache dieses Mißverständnisses dürfte einerseits Klemms Versuch sein, Dekonstruktion als eine Form der negativen Theologie zu verstehen (anstatt das Verhältnis wie Hart umzukehren und damit vom Kopf auf die Füße zu stellen), eine Behauptung, die von Derrida schon früh begründet zurückgewiesen wurde; andererseits verkennt Klemm in einer Überbeanspruchung des Anselmschen „Gottesbeweises" im „Proslogion" die Begrenztheit theologischen Sprechens von Gott, von dem er uneingeschränkte Bedeutungsfülle (17), und Symbolisierung der Geistes Gottes (16) erwartet. Klemm ist folglich auch nicht in der Lage, eine Kriteriologie zur Beurteilung der Angemessenheit des Sprechens von Gott zu entwickeln bzw. die Unterschiedlichkeit des hermeneutischen Anspruchs etwa eines Gebetes oder einer propositionalen Aussage über Gott zu beschreiben.

Derrida and Negative Theology[60]. Abgesehen von Essays aus der Feder Derridas, die hier teilweise zum ersten Mal in englischer Sprache zugänglich sind, ist der Band das Ergebnis eines Tagungsprojektes des *Calgary Institute for the Humanities* 1991. Da sich hier ein fruchtbarer Neuansatz der amerikanischen Derridarezeption andeutet, sollen die wichtigsten Aufsätze dieses in unserer Arbeit bereits erwähnten Sammelbandes hier ebenfalls kurz besprochen und kritisiert werden.

TOBY FOSHAY referiert in seinem einleitenden Artikel *Denegation and Resentment*[61] zunächst die Geschichte des Begriffs „Negative Theologie" im Werk J. Derridas und geht dabei ausführlich auf die Arbeit Kevin Harts (s.o.) und auf einen Artikel von Eric Gans zu Derrida und René Girard ein[62]. Die hier vorgenommene Konfrontation zwischen einer Kulturtheorie (Girard) und einer sprachphilosophischen Metatheorie (Derrida) [63] scheint mir jedoch aufgrund der unterschiedlichen Fragestellungen beider Ansätze in die Irre zu führen. Entsprechend mager bleibt das Ergebnis dieser Untersuchung: Foshay weist mit Gans (und Girard) auf den nicht-moralischen und nicht-theologischen Charakter des von Derrida untersuchten „Geheimnisses" hin. Diese Feststellung bleibt jedoch hinter Derridas Aussage in *Comment ne pas parler* zurück. Hier heißt es, das Geheimnis habe *nicht als solches* theologischen Charakter, bringe jedoch die Theologie zwangsläufig hervor[64]. Das Geheimnis selbst ist also weder philosophisch noch theologisch faßbar. Von einer Privilegierung des philosophischen Subjekts gegenüber der Theologie, wie sie Gans/Foshay nahelegen, kann bei Derrida also keine Rede sein.

Auch die Relation zwischen negativer Theologie und Metaphysik wird meines Erachtens bei Foshay tendenziös dargestellt. Während Derrida unterscheidet zwischen einer „metaphysischen" negativen Theologie einerseits, die lediglich (mittelplatonisch) der Hervorhebung der Hyperessentialität Gottes dient, und einer in dieser verborgenen *Tendenz* zur Unterminierung und Enteignung des abendländischen Gottesbegriffs andererseits, taucht bei Foshay nur die erste

---

[60] *H. Coward / T. Foshay* (Ed.), a.a.O.

[61] Ebd. 1-24. Es handelt sich um eine bearbeitete Version desTextes „Resentment and Apophasis. The Trace of the Other in Levinas, Derrida and Gans." erschienen in: Ph. Berry / A. Wernick, Shadows of Spirit. Postmodernism and Religion. London / New York 1992.

[62] E. Gans, The End of Culture: Toward a Generative Anthropology, Berkeley / London 1985.

[63] *H. Coward / T. Foshay* (Ed.), a.a.O., 14 ff.

[64] „Es gibt kein Geheimnis als solches, ich verneine das *(dénie)*. [...]. Und wenn die Theologie sich zwangsläufig darin ankündigt *(insinue)*, so heißt das noch lange nicht, daß das Geheimnis selbst theo-logisch sei. [...]. Der Name Gottes läßt sich nicht *sagen* außer in der Modalität dieser geheimen absprechenden Verneinung *(dénégation)*." Wie nicht sprechen, 48 / *558*. (Eigene Übersetzung)

Variante auf. Sie wird vom ihm in einem Atemzug mit Derrida als *„ontological"* kritisiert. Der *Wert* negativer Theologie, sei es als parasitäres Korrektiv (oder *„supplement"*) der affirmativen Theologie im Sinne einer Anthropomorphismuskritik, sei es als Reimplantation poetischer Rede von Gott in den logozentrisch-theologischen Diskurs, kann unter diesen Bedingungen nicht erkannt werden.

Anders als Foshay gelingt es MICHEL DESPLAND[65], die Bedeutung der jüngeren Arbeiten Derridas für eine neue Sicht auf die negative Theologie aufzuweisen. Obwohl hier unklar bleibt, aufgrund welcher ursprünglich *theologischen* Fragestellung Derrida für die Theologie überhaupt interessant werden könnte, entwickelt Despland mit der Einführung einer Unterscheidung zwischen *didactic (or scholastic)* und *literariliy crafted theology* im Anschluß an Kierkegaard dennoch eine wichtige, in den späteren Texten Derridas nur noch verdeckt auftauchende Differenzierung: Erst dann nämlich, wenn der Autor eines Textes sich der Abwesenheit, ja der Unerreichbarkeit seines Objektes wie auch seines Lesers bewußt wird, tritt die konstitutive Rolle des Anderen in jedem Prozeß der Wahrheitsfindung offen zutage und das Autorsubjekt erkennt sich - bescheiden - als ein *Teil* dieses komplexen Vorgangs. Der *Entzug* jeder Möglichkeit direkter Kommunikation bringt Literatur (wie Kunst überhaupt) und damit auch Theologie erst hervor, insofern sie sich in diesem Sinne als negative, also als literarische versteht[66]. Trotzdem muß bemerkt werden, daß der französischstämmige Despland Derrida hier im Sinne einer Ricœurschen Rezeptionsästhetik zähmt. Mit Derrida müßte nämlich auch noch die *Beschreibung* eines solchen Verständigungsprozesses von einer stabilen, das heißt vom Prozeß ausgenommenen Position, in Frage gestellt werden, wie sie von Despland (und Ricœur) vorgenommen wird. Gerade wegen der nicht auszuschließenden Möglichkeit eines solchen Mißverständnisses wird Derrida nicht müde, den *Entzug* von Sinn selbst dort zu betonen, wo bei Ricœur- etwa in der Metapher - ein tieferes, poetisches Verstehen erhofft wird[67].

Vorher hatte Despland am Beispiel des tragisch endenden Ödipus die Monomanie einer nur auf die repräsentative Erkenntnisleitung *eines* Subjektes gründenden Wahrheitskonzeption entwickelt und (anders als Levinas) die

---

[65] On Not Solving Riddles Alone, in: H. Coward / T. Foshay (Ed.), a.a.O., 143-166.

[66] Ebd. 154f.

[67] Vgl. zu Ricœurs Position: Die lebendige Metapher, München 1986 (La métaphore vive. Paris 1975) Derrida schreibt dazu: „Das zu Denkende wendet sich vom Menschen ab. Es entzieht sich ihm, indem es sich ihm vorenthält. Das Vorenthaltene ist uns stets schon vorgehalten. [...] Entzug ist hier Vorenthalt und als solches Ereignis." Entzug der Metapher, 134.

Transformation des Odysseus *„from a heroic warrior into a master of the arts of peace"*[68] als (aristotelische) Dezentrierung platonischer Anthropologie dargestellt[69]. Das hier angestimmte Lob eines aufgrund endgültiger Verständigung erzielten Friedens, gewährleistet durch den in sein Eigentum zurückkehrenden „Meister" Odysseus, muß jedoch Derridas Pazifismuskritik ebenso anheimfallen wie die Gewaltvermeidung in Levinas' Frühwerk.

Trotz der genannten Schieflagen erkennt Despland richtig als verbindendes Interesse in Derridas beharrlichem Verweisen auf ein gründendes „vollkommen Anderes"[70], in seinem Gedanken des Übersetzung ermöglichenden „Versprechens"[71], im Erweis des apokalyptischen „Komm"[72] als nicht kategorial einholbare Bedingung eines jeden Diskurses[73] sowie im Denken eines essentiellen „Statt-Gefunden-Habens", das jeder Topologie vorausgeht[74] die unhintergehbare Angewiesenheit eines solchermaßen dezentrierten Subjekts auf sein jeweiliges Anderes. Despland nimmt mit dem Aufgreifen dieser Themenbereiche bereits Derridas jüngste Bündelung seines Denkens der Schrift und der Nachträglichkeit in einen Begriff Negativer Theologie (in „*Post-Scriptum*") vorweg, wie sie in dieser Arbeit ausführlich diskutiert wurde.

HAROLD COWARD, Direktor des veranstaltenden *Calgary Institute*, und *Professor of Religious Studies* an der örtlichen Universität, repräsentiert mit seinem Beitrag[75] die inzwischen ebenfalls weitverbreitete Rezeption Derridas im Bereich einer Theologie der östlichen Religionen[76]. Die Lektüre Derridas aus

---

[68] *H. Coward / T. Foshay* (Ed.), a.a.O., 153.

[69] „Nach dem Gespräch mit der Göttin [Athene, nach Odysseus Rückkehr nach Ithaka, Anm. d. Verf.] kann Odysseus die Welt so sehen wie sie ist, mit ihr und ihren Menschen leben. Obwohl jede Person sich wandelt *(takes turn)*, bedeutet dies nicht, daß jede, in ihrer oder seiner Wandlung das Zentrum der Handlung wird; jede(r) bleibt dezentriert, ins Verhältnis *(relation)* gesetzt zu einer anderen Person und in einem Verhältnis zur Welt. Jede hat einen Namen, ist eine Person, ein Selbst mit Zentrum, aber jede verliert ihr Zentrum *(is decentered)* in ihrem oder seinem Verhältnis zu einem anderen zentrierten Selbst und durch ihre oder seine Situation in der Welt." Ebd. 153f.

[70] In: De l'esprit. Heidegger et la question, Paris 1987.

[71] In: Des Tours de Bable, a.a.O.

[72] Offb 6,1; 22,17 und 22,20.

[73] In: D'un tone apocalyptique adopté naguère en philosophie, Paris 1983.

[74] In: Comment ne pas parler. Dénégations, a.a.O. Paris 1987.

[75] A Hindu Response to Derridas View of Negative Theology, in: H. Coward / T. Foshay (Ed.), a.a.O., 199-226.

[76] Vgl dazu u.a.: *D. Loy*, The Deconstruction of Buddhism. Ebd., 227-254 und *I.N. Bulhof*, Towards a 'postmodern' Spirituality. In: Studies in Interreligious Dialogue 5 (1995) 1, 4-30 , sowie dies. (Ed.): Ons omtbreken heilige namen. Negatieve theologie in de hedendagse cultuurfilosofie. Kampen 1992 / New York 1995.

dieser Perspektive ist nicht Thema unserer Arbeit, soll jedoch an dieser Stelle kurz beleuchtet und auf ihre Angemessenheit hin untersucht werden. Cowards Text beginnt mit einem ausführlichen Vergleich zwischen Derridas verneinender Rede im *différance*-Artikel von 1968, begleitet von seiner Kritik an der hyperessentialistischen Ausprägung negativer Theologie mit verschiedenen Auslegungstraditionen der Upanishaden-Formel *„neti, neti"* („weder dieses noch jenes"). In der von Coward privilegierten (und im Hinduismus dominierenden) Auslegungsvariante Schankaras (8. Jhd. n.Chr.) wird die Vermeidung jeder propositionalen Aussage über „Brahman" verstanden als Verweis auf „das absolute Nichts, jenseits *(above)* aller Existenz" oder als „reines Bewußtsein"[77]. Solche, die metaphysische Hierarchie von Sein und Nichts, Bewußtsein und Unbewußtem lediglich fortschreibenden Prädikationen - das sieht auch Coward - müßten aber der Derridaschen Kritik ebenso anheimfallen, wie Schankaras Vorstellung einer den Raum des Sprachlichen übersteigenden unmittelbaren Intuition, eine Vorstellung, die mit der fundamentalen Schrift-Spur endlosen Aufeinander-Verweisens, einer „ursprünglichen Vermitteltheit" nicht vereinbar ist. Bhartrhari dagegen, Begründer einer anderen Tradition des Hinduismus, geht - wie Derrida - von der Unhintergehbarkeit sprachlicher Artikulation aus: „Für Bhartrhari sind Sprache und Bewußtsein auf ewig miteinander verwoben. Das eine ist nicht ohne das andere zu haben. [...] Sprache hat die Funktion eines offenen Kanals zu Brahman."[78] Ob hier tatsächlich eine Parallele des Denkens zu Derridas Vorstellung einer unhintergehbaren Schriftlichkeit (nicht *Sprachlichkeit*, denn dieser geht bei Freud, Lacan und Derrida[79] die Schrift voraus) des Bewußtseins vorliegt, läßt sich ohne profunde Kenntnis der hinduistischen Literatur sicher nicht entscheiden. Richtig scheint mir jedoch Cowards Feststellung einer verborgenen, inhärenten Teleologie im Werk Derridas[80], auf die er mit Hilfe seines Vergleiches stößt: Die *Spur* verweist nicht bloß auf das reine Verweisen und damit letztlich auf Nichts (Nihilismus), sondern eben darin auf die ursprüngliche *différance*, eine Unterscheidungsbewegung, die jeder konkreten Manifestation vorausgeht.

---

[77] *H. Coward / T. Foshay* (Ed.), a.a.O., 201.

[78] Ebd. 212.

[79] Entwickelt vor allem in seinem frühen Aufsatz: „Freud und der Schauplatz der Schrift" in: Schrift, 302-350. Hier heißt es: „Das Leben muß als Spur gedacht werden, ehe man das Sein als Präsenz bestimmt." (Ebd. 311)

[80] *H. Coward / T. Foshay* (Ed.), a.a.O., 215.

Ob die von Coward schließlich doch noch bemühten Terme *„spiritual“* und *„linguistic therapy“*[81] Derridas Denken tatsächlich angemessen beschreiben, möchte ich mit einem Fragezeichen versehen. Was er damit meint, nämlich das Ende jeder selbstbezüglichen Theorie in der Konfrontation mit dem Anderen, zieht sich allerdings tatsächlich vom Levinas-Essay ausgehend wie ein roter Faden durch das spätere Werk Derridas[82].

Die entscheidende Einsicht Cowards dürfte jedoch sein Verständnis des *Schweigens* bei Derrida sein, das im Gegensatz zum schweigenden und eigenschaftslosen griechischen Logos und zum hinduistischen Brahman eine *ethische Aufforderung* impliziert, die bereits der Tatsache menschlicher Existenz in Sprache inhärent gedacht wird: „ein Gott, der fortwährend aus dem Schweigen heraus fragt“[83]. Gottes Schweigen, seine Anwesenheit durch Abwesenheit in der Welt und zwischen den Schriftzeichen ist Beginn und erste Ermöglichung von Bewußtsein, Wollen und Freiheit und damit eines autonomen und wahrhaft erwachsenen Verhältnisses zum Andern. Eine Aussage, die nichtsdestoweniger das Paradoxe, die *différance*, in sich trägt angesichts Derridas Annahme einer unhintergehbaren Sprachlichkeit, die sich im Titel des von Coward bearbeiteten Essays spiegelt: Die Antwort auf die Frage „Wie nicht sprechen?“ (also: „Wie schweigen?“) lautet nach Coward bei Derrida „(durch) absprechende Verneinungen“.

5. Poststrukturalistische Bibelexegese?

So naheliegend der Gedanke scheint, aus den grundlegenden Revisionen des Textbegriffs bei Derrida ebenso grundlegende Schlußfolgerungen auch für die Exegese der Heiligen Schrift zu ziehen, so anfanghaft, ja oberflächlich stellen sich erste Versuche einer Umsetzung dar. Einige Arbeiten beschränken sich auf die bloße Darstellung der historischen Entwicklung von Texttheorien (in den USA), die sich im weitesten Sinne auf M. Foucault und J. Derrida berufen[84].

---

[81] Ebd.

[82] Vgl. die Ausführungen zu Levinas im zweiten Teil sowie die Bezüge im Rahmen der Interpretation des Textes „Wie nicht sprechen“ im dritten Teil dieser Arbeit.

[83] Ebd. 222.

[84] So eine Mehrzahl der Artikel im Sonderheft „Poststructuralist Criticism and the Bible“ in: Semeia 51 (1990) Ed. *G.A. Phillips*. Auffällig dabei die immer wieder beschworene Nähe zwischen Dekonstruktion und befreiungs-theologischer bzw. feministischer Bibellektüre. Eine Verbindung, die in Deutschland vor allem aufgrund der Habermas - katalysierten Kritik der Vertreter der politischen und tw. auch der feministischen Theologie an der Postmoderne schier unmöglich erscheint. Vgl. als Beispiel dafür v.a. *K. Füssel / D. Sölle* u.a. (Hg.), Die Sowohl-als-auch-Falle. Eine theologische Kritik am Postmodernismus, Luzern 1993.

Auch William A. Beardslee kann in einer ersten verdienstvollen Übersicht zur Thematik im Rahmen einer neueren Zusammenstellung aktueller Methodenansätze in den USA nur recht allgemein auf Anknüpfungspunkte dekonstruktiver Schriftauslegung im NT hinweisen. Er versteht dabei vor allem die Gleichnisse Jesu richtig als „Herausforderung, ja Subversion und Zerstörung der Welt der Zuhörer"[86], was nach Aufbrechen des geschlossenen Weltbildes die Möglichkeit der Transzendenz in die Texte einführe.

Eine weitere Zugangsmöglichkeit dekonstruktiver Lektüre zur Bibel sieht Beardslee in einem „anderen Verständnis der Hermeneutik". Er verweist auf die Arbeit Stephen D. Moores[87], der mit Hilfe der Dekonstruktion zu dem Ergebnis komme, daß ein Text seine Interpretation nicht notwendig hervorbringe, sondern daß er - je nach Überlieferungssituation - trotz gleicher Methodik höchst unterschiedlich gedeutet werden könne. Die Annahme einer Position außerhalb des Sujets, von der aus die Richtigkeit einer Interpretation beurteilt und ihre Kohärenz gefordert werden kann, werde von Moore zurückgewiesen. Moores Erweis seiner wenig revolutionären These anhand einer synchronen Lektüre des lukanischen Doppelwerks, die vor allem rezeptionsästhetisch vorgeht, bleibt jedoch banal und wenig überzeugend: Angesichts der Spannung zwischen sozialer Ungleichheit in der Urgemeinde und der lukanischen Feldrede (Seligpreisungen) werde neu deutlich, daß die Seligpreisung der Armen auch heute noch provoziere. Sie widerspreche der Realität, liefere den Leser der Situation der Armen aus und setze ihn in ein neues Verhältnis zu ihnen. Zuzustimmen ist allerdings der allgemeinen Erkenntnis Moores, eine dekonstruktive Lektüre zeige die Unabgeschlossenheit textueller und sozialer Gefüge auf und erschließe damit den prophetischen Gehalt der biblischen Texte neu, während gleichzeitig an die Relativität partikularer Perspektiven erinnert werde; eine Einsicht, die auch der Dekonstruktion - zu Recht - nur *eine* Stimme im Konzert der exegetischen Methoden zubilligt.

In einer jüngeren Arbeit Moores[88], die sich erneut der ausführlichen Darstellung der Dekonstruktion (Teil 1) bzw. der Foucaultschen Diskursanalyse (Teil 2) widmet, wird allerdings deutlich, daß die genaue Analyse des neutestamentlichen Umgangs mit dualistisch/hierarchischen Weltkonzeptionen einen

---

[85] *W.A. Beardslee*, Poststructuralist Criticism, In: St.R. Haynes / St. L. Mc Kenzie (Ed.), To Each its own Meaning. An Introduction to Biblical Criticisms and their Application, Atlanta 1993.

[86] Ebd. 225f.

[87] Literary Criticism and the Gospels: The Theoretical Challenge. New Haven 1989.

[88] Poststructuralism and the New Testament. Derrida and Foucault at the Foot of the Cross. Minneapolis 1994.

der erfolgversprechendsten Ansatzpunkte dekonstruktiver Bibelexegese ausmachen müßte.
Moore, der hier die Begegnung Jesu mit der samaritanischen Frau (Joh 4) genauer untersucht, stößt im gesamten Johannesevangelium auf eine Vielzahl solcher Dualismen[89], deren Verhältnis von Superiorität/Inferiorität jedoch in seinen Augen keineswegs so eindeutig (Wissen vor Unwissenheit, Geist vor Fleisch usw.) geregelt ist, wie dies auf den ersten Blick erscheinen mag.
Vielmehr zeigt Moore am schon genannten Beispiel überzeugend auf, daß die in Joh 4 vorgeführte Superiorität von „living" über „literal water" bereits dadurch umgekehrt wird, daß das Stillen des physischen Durstes Jesu als *Bedingung* für den nachfolgenden „spirituellen Diskurs" vorgeführt wird, ja daß sich die mitimplizierte strikte Trennung zwischen *Fleisch* und *Geist* durch den ironischen Widerstand der samaritanischen Gesprächspartnerin auflöst[90].
Moore kommt also zu dem (bei einer dekonstruktiven Lektüre stets zu erwartenden) Ergebnis, daß mit der Aufdeckung des beschriebenen Dualismus auch alle anderen (vor allem der zwischen weiblichen und männlichen Akteuren) aus der absoluten Separation heraustreten. Sie profitieren endlos voneinander und kontaminieren einander[91]. Das bedeutet aber gleichzeitig, daß die für den Autor des Johannesevangeliums zur theoretischen Welterklärung notwendig konstruierten Oppositionen zerfallen, wenn es zu einer konkreten und singulären Begegnung mit dem anderen Menschen bzw. mit dem anderen Geschlecht kommt. Schlußfolgerungen, die sich zwar aus den allgemeinen philosophisch-theologischen Überlegungen ergeben, bei Moore jedoch vergeblich gesucht werden.
Insgesamt lassen vor allem die neueren der bereits vorliegenden Arbeiten bei aller Vorläufigkeit und Epigonalität auf eine zukünftige fruchtbare Aufnahme der Derridaschen Literaturtheorie in der Exegese hoffen. Hier erhebt sich eine weitere ernstzunehmende Stimme im Konzert der exegetischen Methoden, die die historisch-kritische Exegese keinesfalls abzulösen, wohl aber um weiteres totalitätskritisches Intrumentarium zu ergänzen in der Lage sein dürfte.

---

[89] *Wissen - Unwissenheit* (Joh 1,10, 26, 31; §, 10-11) *geistig - schriftlich* (2,19-21; 3,3-4) *Geist - Fleisch* (3,6; 1,13) *Licht - Dunkelheit* (3,19-21; 1,7-9) Ebd. 44ff.

[90] Ebd. 62.

[91] „Sie (die samaritanische Frau) hat darauf bestanden *(insisted)*, daß Irdisch und Himmlisch, Fleisch und Geist, figurativer und buchstäblicher Diskurs sich tatsächlich symbiotisch zueinander verhaltende Kategorien darstellen: Jede profitiert *(drinks)* endlos von der anderen, so daß jede endlos von der anderen kontaminiert wird. Eine klare Linie zwischen beiden zu ziehen, wie es Jesus zu tun versucht, ist genauso wirkungsvoll wie der Versuch, eine Linie auf dem Wasser zu ziehen." Ebd. 62, Eigene Übersetzung.

Wenn die Arbeiten Moores in Zukunft aber auch von seriösen Exegeten wahrgenommen und respektiert werden sollen, wird er nicht umhin kommen, seine Kenntnis dekonstruktivistischer Theoriemodelle und seinen kreativen Umgang mit den Texten der Heiligen Schrift mit profunden Kenntissen der klassischen Exegese zu verbinden.

III. Anstöße für eine Theologie der späten Moderne?

„Der Gott, der in der Psychologie vom Menschen und in der Soziologie von der Welt weggetrieben wurde, wollte nicht länger ausgerechnet in den Himmeln wohnen, übergab den Thron des strengen Gerichts dem dialektischen Materialismus und den Thron des liebenden Erbarmens der Psychoanalyse, verschränkte sich ins Geheimnis und offenbart sich nicht. Offenbart er sich wirklich nicht? Liegt vielleicht gerade in dieser seiner letzten Selbstverschränkung seine Offenbarung? Vielleicht war das Verschwinden Gottes bis zum Punkt des Nichts von höherer Notwendigkeit und wird nun einer Welt, die entleert ist, sein Königtum offenbaren, gemäß dem Schriftwort: „Ich ließ mich von denen erforschen, die nicht gefragt, ließ mich finden von denen, die mich nicht gesucht."[92]

„Man hat es nie gewagt, eine 'Logik' der Passion zu denken. Der Tatsache ins Auge zu sehen, daß jener Logos, in dem alles im Himmel und auf der Erden zusammengefaßt seine Wahrheit besitzt, selber ins Dunkel, in die Angst, ins Nichtmehrfühlen und -wissen, ins Ausweglose, ins Entgleiten, in die Abwesenheit des alle Wahrheit tragenden Verhältnisses zum Vater gerät, und damit in eine Verborgenheit, die das genaue Gegenteil der Wahrheitsentbergung des Seins ist. Man müßte dann auch das Schweigen Jesu in der Passion als ein Verstummen, ein Nichtmehraussagen und -antworten des Wortes Gottes verstehen. [...] Das Ende der Frage ist der große Schrei. Er ist das Wort, das kein Wort mehr ist, das deshalb auch nicht mehr als Wort verstanden und ausgelegt werden kann. Er ist das Ungeheure, das noch übrigbleibt, nachdem alles Gemäßigte, Geheure, dem Menschengehör Angepaßte verklungen ist. In Wahrheit müßte man das, was in diesem Schrei nunmehr nackt hervorbricht, in jedem bekleideten Wort mithören." [93]

---

[92] *G. Scholem*, Nachwort zu Franz Rosenzweigs „Stern der Erlösung", Frankfurt 1988, Ebd. 525-549, hier 533f.

[93] *H.U.v. Balthasar*, Das Ganze im Fragment. Aspekte der Geschichtstheologie, Einsiedeln 1963, 302f.

Ziel der folgenden Überlegungen kann es nicht sein, das Denken J. Derridas zu einer „dekonstruktivistischen Theologie" umzufunktionieren. Ein solches Vorhaben müßte einerseits an der grundsätzlichen Weigerung Derridas scheitern, sich für eine wie auch immer geartete Theologie vereinnahmen zu lassen. Andererseits bedarf es noch einer Vielzahl von Begegnungen zwischen der Theologie, wie sie sich zur Zeit darstellt, und der Dekonstruktion, bis die zum Teil noch eminenten Verständigungsschwierigkeiten beseitigt sind.
Für die Zukunft einer Theologie, die sich ihrer Verortung in den Theoriedebatten der späten Moderne bewußt ist und an ihnen teilnimmt, scheint mir lediglich das Ziel vorstellbar, Dekonstruktion auf Dauer als kritische Instanz zu verstehen, an der sich auch die Rede von Gott zu messen hat, insofern sie menschliche und damit fehlbare Rede ist; insofern sie den offenbarten Gott in seiner Andersheit und Vielfalt immer wieder verfehlt.
Der Anspruch, mit dem die nun folgenden eigenen Überlegungen antreten, ist bescheidener: Es werden Bereiche innerhalb der theologischen Disziplinen markiert, für die das Derridasche Denken relevant sein könnte[94]. Dabei werden nach einer Zusammenfassung der im weitesten Sinne (fundamental-) theologischen Ergebnisse unserer Arbeit vorsichtig und in Frageform einige Thesen zu klassischen theologischen Traktaten wie der Trinitätslehre, der Christologie und Eschatologie formuliert. Daß im Rahmen einer ausdrücklich am Werk J. Derridas orientierten Arbeit nicht auch noch die kaum mehr überschaubaren dogmatischen Fachdiskussionen dargestellt werden können, dürfte verständlich sein. Dennoch sind die folgenden Überlegungen ausdrücklich für historische oder gegenwärtige Diskussionen im Kontext der genannten Traktate anschlußfähig gehalten.

1. Atheistische Mystik oder Denken des A-Dieu? Zusammenfassung und Kritik

(1) Während der erste Hauptteil dieser Arbeit die Aufgabe hatte, das Derridasche Denken in seinen Grundzügen darzustellen und neben kritischen Anfragen aus der Philosophie lediglich mögliche Bezugspunkte zu einer kritisch-theologischen Reflexion aufzuzeigen, werden einige dieser Bezugspunkte in den beiden folgenden Teilen ausführlicher entfaltet. Aufgabe dieses Kapitels ist es nun, die Ergebnisse der Untersuchungen zu J. Derridas Verhältnis zum Judentum und seinem Begriff Negativer Theologie knapp zusammenzufassen und kritisch zu beleuchten. Dabei soll vor allem die fundamentaltheologische Relevanz des Derridaschen Denkens erwiesen werden. Anschließend wird der

[94] Daß das Werk Derridas auch andere theologische Entwürfe zu inspirieren in der Lage ist, dürfte nach den Ausführungen über seine Rezeption in den USA deutlich geworden sein.

Versuch unternommen, sich mit Hilfe vorsichtiger Fragen aus der Perspektive der Dekonstruktion dogmatischen Kernthemen zu nähern.

(2) Im zweiten Hauptteil unserer Arbeit ist gezeigt worden, wie sich Derrida ausführlich mit Autoren beschäftigt hat, die jüdischer Herkunft sind und deren Werke als Versuche verstanden werden müssen, in einer Situation der Säkularisierung die traumatischen Erfahrungen der systematischen Vernichtung von jüdischen Menschen in literarischen und philosophischen Texten zu thematisieren, ohne sich durch die sprachliche Form ihrer Texte erneut zu Komplizen der Täter zu machen. In diesem zeitgenössischen Denken spielt die jahrhundertelange Verfolgungssituation des jüdischen Volkes eine wesentliche Rolle. Sie brachte eine bestimmte, nicht mehr primär religiös motivierte und dennoch *spezifisch jüdische* Solidarität hervor. Diese schlägt sich in einem Denken nieder, das angesichts des anderen Menschen eine schier unmögliche Gerechtigkeit einfordert und das sich bemüht, mit dem Dualismus Innen-Außen die Ausgrenzungsmechanismen des abendländischen Denkens wenn nicht hinter sich zu lassen, so doch zu zeigen, wo sie „am Werk" sind.
Im Kontext der Derridaschen Arbeiten wurde Judentum benannt als Tradition eines Humanismus der beschnittenen Identität, als Denken der endlichen/unendlichen Andersheit, die sich in der (Schrift-) Spur verliert und auf eine radikal verschiedene Zeitlichkeit verweist, auf eine „Vergangenheit, die niemals gegenwärtig war". Immer wieder wurde dabei auf den in den vorgestellten Konzeptionen verborgenen Gottesbegriff verwiesen. Bei einer Untersuchung der Derridaschen Bearbeitung von Texten Emmanuel Levinas' wurde außerdem deutlich, inwieweit dessen *formales* textuelles Verfahren mit den *Inhalten* seines Denkens einer unendlichen Andersheit sowie mit einem höchst luziden Gottesbegriff verwoben ist, ein Gewebe, das die dualistische Trennung von Form und Inhalt außer Kraft setzt und damit eine Alternative zu Tendenzen des Totalitären in der philosophischen Tradition aufzeigt.
Wenn Derrida Schrift als permanenten Verweis auf die Anwesenheit eines abwesenden Voraus charakterisiert, das als dem „Einen" vorgeordnet gedacht wird, wenn er Individualität sowohl vom abendländisch-christlichen Bekenntnis und Willen zur Identität als auch von der - vorsprachlich gedachten - Beschneidung her denkt, so bewegt er sich damit an der Grenze zwischen der griechisch geprägten philosophischen Tradition, deren Einfluß die Entstehung christlicher Theologie weitgehend zu verdanken ist, und dem Judentum. Diese Grenze und damit auch ihr Außerhalb versucht er mit großer Konsequenz wieder in die Mitte der abendländische Tradition einzubringen.

Um das Mißverständnis auszuschließen, mit der Rede von Unendlichkeit und Ultra-Transzendentalität jenes abwesenden Anderen werde der Gottesbegriff der abendländischen Metaphysik reimplantiert, schlägt Derrida vor, den „unendlich Anderen" - den Gedanken der Unendlichkeit und letztlich auch Gottes - gegen die vorherrschenden traditionellen Interpretationen von dessen hebräisch-messianischen Wurzeln her neu, nämlich geschichtlich, und das heißt *diachron,* zu denken. Derrida erkennt in Levinas' Ansatz richtig den „Bruch des Logos", der als Verletzung und Eingebung „jeden Logos und jeden Rationalismus ermöglicht"[95] und in einem quasi-axiomatischen Anfang den Primat der Ethik *a*logisch, das heißt von einem Ort *außerhalb* der Logik, „begründet".

Die Voraussetzung einer Begegnung mit dem Anderen wird bei Levinas im Terminus des *Antlitzes* bzw. der *Spur* gefaßt. Diese kommt aus einem Bereich, den man eher „ethische Praxis" nennen möchte, begrenzt die Möglichkeiten reinen Denkens unwiderruflich und wirkt im Anheben des Anrufs des Anderen an der Entstehung von Sprache und Reflexion überhaupt mit. In seinen Überlegungen zu P. Celan macht Derrida deutlich, wie er sich eine solche Begegnung vorstellt: nämlich als unausweichlich textuelle Konfrontation in einem (Gedicht-)Text, die sich jeder Kalkulation und Ökonomie und damit auch einem umfassenden Verstehen entzieht. Erst durch den Imperativ, mit einem nie endenden Ikonoklasmus des eigenen Verstehens zu leben, ist die Ehre des Namens des anderen Menschen und der Verweis auf die *différance* als Jenseits eines jeden Textes gewahrt.

Vor einer übereilten Gleichsetzen dieses Jenseits mit dem biblischen Gott muß allerdings gewarnt werden. Derrida unterscheidet auch hier zwischen *Antlitz* Gottes und seinem *Namen* und begegnet damit jeder Vorstellung von einer möglichen Unmittelbarkeit der Gottesbegegnung mit einem fundamentalen Einschreiben jedes Gottesbildes in die immer schon vorhandene Sprache. Insofern der Name Teil der Sprache und Schrift ist, ist ihm die Unterbrechung jeder Analogie eingeschrieben. Das Gedächtnis gerade dieser Inadäquatheit zu bewahren, ist an dieser Stelle Derridas Anliegen. Er teilt es mit Levinas und dem (talmudischen) Judentum[96].

Versteht man das Judentum in seiner Fassung bei Levinas, Derrida und anderen als permanente Verunsicherung und Ermahnung auch mancher jüdischer und erst recht der christlichen Theologie, so werden damit nicht nur Fragen

---

[95] Schrift, 150.

[96] Hierfür steht der Terminus *Zimzum*, der auf die Zweigleisigkeit der Weltenstehung in einem Akt der gleichzeitigen Offenbarung und Verhüllung, Anwesenheit und Abwesenheit Gottes verweist.

der Ethik und der Gotteslehre aufgeworfen. Mit Blick auf die Techniken der Talmudauslegung bzw. auf die „Methode“ der Dekonstruktion lassen sich auch alternative Ansätze in der Schriftauslegung benennen. Ich habe bereits mehrfach hervorgehoben, daß sowohl bei einer dekonstruktiven Lektüre wie auch bei der rabbinischen Talmudlektüre im Unterschied zur hermeneutischen Tradition die Frage nach einem einzigen Sinn, der zudem mit der Intention des Autors übereinstimmen soll, stark zurücktritt. Im Judentum ist dieses Zurücktreten begründet durch die Annahme eines Rückzugs, einer Abwesenheit Gottes in Welt und Text (Zimzum), und das Konstrukt einer „mündlichen Thora“, die recht weitreichende Um- und Neustrukturierungen des Thoratextes durch verschiedene Interpretatorengenerationen zuläßt. Historischer Hintergrund dieser schon früh entwickelten Grundentscheidung für eine pluralistische Rezeptionsästhetik bzw. -hermeneutik dürfte die Notwendigkeit einer Anpassung der Textdeutung an veränderte soziokulturelle Bedingungen gewesen sein, der im Judentum keine zentrale Schriftdeutungsinstanz im Wege stand.

Für Derrida ergeben sich - wie im ersten Teil unserer Arbeit gezeigt wurde - ähnliche Schlußfolgerungen aus seiner grundlegenden Kritik an einer vollkommenen Präsenz (in diesem Fall eines Sinns bzw. der Autorenintention im Text). Auch er muß damit den Ausschluß alternativer - etwa „verrückter“ oder „ironischer“ - Text- bzw. Interpretationsvarianten verurteilen, der letztlich einem reduzierten Verständnis von Kommunikation und einer Repression des nie ganz verstehbaren Anderen entspringt. Eine Tatsache, die sich bei seinen eigenen Textproduktionen u.a. in (dem Erscheinungsbild des Talmud sehr ähnlichen) Parallelmontagen augenscheinlich zusammenhangloser Texte und Textfragmente, aber auch in einem Stil niederschlägt, der endgültige Antworten und Zusammenfassungen vermeidet und so die Mitarbeit des Lesers am Text katalysiert. Solche Irritationen, die sich dem Leser als *Verschiebung* des Sinns darstellen, bringen eine ungewohnte Offenheit des Textes für seine Lektüre mit sich. Sie fordern einen Kommentar, eine Stellungnahme geradezu heraus und machen diese zum gleichberechtigten Teil des Textes, der seine Ursprünglichkeit aber bereits „vorher“ eingebüßt hatte.

Konnte das rabbinische Interpretieren noch als „verrückt“ und damit zum Außerhalb speziell der christlichen Textinterpretation erklärt werden[97], so tritt

---

[97] Vgl. *P. Legendres* Arbeit zu dem Satz aus der Novelle des Codex Justiniani (553) „[...] insensatis semetipsos interpretationibus tradentes [...]“ Die Juden interpretieren verrückt. In: PSYCHE. Zeitschrift für Psychoanalyse und ihre Anwedungen 43 (1989), 20-39. Wobei die Akzeptanz der christlich-allegorischen Schriftauslegung, die große Familienähnlichkeiten mit der Talmudlektüre aufweist (heutige Exegeten nennen sie freimütig ebenfalls „verrückt“),

Derrida mit der Behauptung an, das Phänomen „Text“ überhaupt könne nur auf die oben genannte, für zukünftige Kommentare offene Weise adäquat beschrieben werden: Jeder Versuch, die Unentschiedenheit zwischen An- und Abwesenheit einer ursprünglichen Intention aufzulösen durch Fest-stellung *eines* Sinns im Text etwa auf dem Wege einer bestimmten Interpretation, kommt ihm zufolge einer Verdrängung der Grenze zwischen Bewußtem und Unbewußtem, Realem und Symbolischem gleich und führt damit zum Verlust eines Teils der Wirklichkeit. Damit ist aber die Anfrage, die in Gestalt der jüdischen Hermeneutik als interreligiöse Totalitätskritik eigentlich schon seit zweitausend Jahren besteht, für die Theologie unausweichlich geworden, sofern sie nur bereit ist, sich einer rational begründbaren Anfrage zu stellen. Ob es sich bei der historisch-kritischen Exegese trotz aller zuzugestehenden Verdienste im Sinne der Aufklärung (etwa einer maximalen Objektivierung der historischen Textgehalte) nicht um eine der lehramtlichen analoge „Feststellung des Sinns“ handelt, die eventuell aufkommender Ver-rücktheit zwar nicht autoritär (bis hin zur Gewaltanwendung) aber doch mit einer angesichts des Phänomens „Text“ zweifelhaften Methodik beizukommen sucht, diese Frage müßte eingehend anhand von Fallbeispielen untersucht und kann deshalb im Rahmen unserer Arbeit nicht angemessen behandelt werden.
Bezüglich *einer bestimmten* Deutung der Person Jesu ist vor dem Hintergrund der geschilderten Anfragen (insbesondere angesichts des Phänomens des Zimzum) zu überlegen, ob sein Leben, Sterben und Auferstehen nicht ebensogut im Sinne einer Selbstbeschneidung des Göttlichen um der Welt willen, *exemplarisch* gelesen werden kann. Die inzwischen zweitausendjährige Geschichte der höchst zerklüfteten Christologien lassen jedenfalls Zweifel an der Eindeutigkeit und Endgültigkeit der Harmonisierung faktisch doch disparater Deutungsversuche aufkommen. Von einer Exemplarizität Jesu Christi für jenes nur gebrochen und unentscheidbar auszumachende Voraus jeden Sprechens kann auf jeden Fall zu Recht gesprochen werden mit Blick auf sein Sich-Verlieren an die Vielen, seine Ablehnung eindeutiger (Messias-) prädikationen, seine Hingabe und seine Liquidation gerade aufgrund von eindeutig festgelegten und damit schon petrifizierten Konzeptualisierungen von Gott, Welt und Moral. Näheres wird dazu in den noch folgenden dogmatischen Überlegungen gesagt werden.
(3.) Zum Verhältnis zwischen Derrida und Negativer Theologie läßt sich sagen, daß seine frühe Distanzierung nunmehr als Distanzierung von nur *einer*, und zwar verengten Fassung des Begriffs verstanden werden muß. Abgelehnt

immer schon am seidenen Faden einer Diskursreglementierung der AT-Interpretationen durch die zentrale Vorstellung des bereits gekommenen Messias hing.

wird eine Negative Theologie, die Negation einzig als Instrument einer „Hyper-Affirmation“ gebraucht, sie damit intentional der positiven Setzung eines Seins jenseits aller Seienden unterordnet und so den Dualismus von Negation und Affirmation aufrechterhält. Der sich bei J. Derrida abzeichnende alternative Begriff Negativer Theologie läßt sich folgendermaßen charakterisieren: Deutlicher als andere Texte verweisen diejenigen der Negativen Theologie auf den nichtsprachlichen Ursprung der Sprache. Sie ermöglichen eine Begegnung mit dem *Anderen* des Autors und dessen Intentionalität. Diese gelingt in der Negativen Theologie mit Hilfe einer Verschränkung apophatischer und kataphatischer Rede, die den oppositionalen Gegensatz zwischen Negation und Affirmation aufhebt.

Derrida unterscheidet dabei zwischen der prädikativen Gottlosigkeit der Negativen Theologie einerseits, die sich unter anderem in der Vermeidung propositionaler Aussagen über Gott um der Affirmation willen niederschlägt (Apophase), und andererseits dem *Gebet* bzw. der überschwenglichen *poetologischen*, inhaltlich aber leeren Attribution, die eine reine *Adressierung* jenseits der Reflexion darstellt, eine unkontrollierte Ansammlung von teilweise paradoxen bzw. aporetischen Prädikationen auf Gott vereint und damit den reich verzierten Rahmen für die apophatischen Reflexionen abgibt (Kataphase). Aus der Perspektive der christlichen Autoren schützt letztere vor einem Absturz in den Atheismus, der sich aus der Absolutsetzung der Apophase andernfalls notwendigerweise ergäbe. Derrida jedoch kann den Inhalt der attributiven Aussagen des Beters nicht als Beschreibung einer als objektiv erweisbaren Wirklichkeit hinter den Texten anerkennen. Genausowenig kann er den Topos der „Unio Mystica“ als Beschreibung einer tatsächlichen Wirklichkeit gelten lassen, wohl aber als Verweis auf den fundamentalen Anruf eines Anderen, dessen Existenz sich der des Beters auf unentwirrbare Weise einschreibt. Deshalb müssen sich alle Versuche, Derridas Denken (abwertend) als Mystik oder Mystizismus zu bezeichnen[98], den Vorwurf der Begriffsverwirrung und der oberflächlichen Lektüre gefallen lassen. Wir haben hier einen höchst eigenständigen Ansatz vor uns, der zwar durchaus theologische Qualität hat, jedoch über alle traditionellen Bezeichnungen hinausweist. Selbst der Terminus „Negative Theologie“ kann erst nach totalitätskritischen Umdeu-

---

[98] Auf die zwiespältige und undifferenzierte Position J. Habermas' zu diesem Thema wurde bereits zu Beginn des zweiten Hauptteils hingewiesen. Außerdem schlägt *T. Borsche* (Der Herr der Situation verliert die Übersicht. Bemerkungen zu Platons Schriftkritik und Derridas Platonkritik, in: Ars Semiotika 9 (1986), 317-330, hier 325 ff) vor, die *différance* als einen „Diskurs weltlicher Mystik“ aufzufassen. Für *H. Busche* (Logozentrismus und Différance, in: ZS f. phil. Forschung 41 (1987), 245-261) ist Derrida ein „Prophet“, ein „Schamane“ usw.

tungen mit dem Konzept der nichtursprünglichen *différance* in Zusammenhang gebracht werden.
Es besteht ein asymmetrisches Begründungsverhältnis: Da der Andere, den der Beter anruft, ihm immer schon zuvorgekommen ist und seine bewußte Existenz freisetzt, gründet auch jede frei gewählte und übernommene Verantwortung in dieser quasi geburtlichen Verpflichtung. Das Gebet (Gedicht, Segnung, Adressierung...) darf insofern nur als absolut einzigartig und irreduzibel, das heißt nicht universalisierbar gedacht werden, weil nur so eine Schematisierung, Verbildlichung des Anderen, kurz eine Verletzung des Bilderverbots vermieden werden kann.
Das „Geheimnis" der Negativen Theologie müßte deshalb nicht im Sinne der *Offenbarung* eines an irgendeinem Ort verborgenen, der Vernunft nicht zugänglichen theologischen Gesamtsinnes verstanden werden, sondern als prozessuales sprachimmanentes Geschehen, das dennoch als subtiler Hinweis auf die mit Vernunftgründen nicht qualifizierbare Existenz Gottes gelesen werden kann. Im Gefolge Derridas wird neu deutlich, daß einer nachmetaphysischen Theologie ebenso wie bereits der nicht-atheistischen Mystik in der Tradition einer konsequenten Beachtung des Bilderverbotes grundsätzlich die Möglichkeit genommen ist, ihren „Denk- und Seinsgrund" theoretisch zu erweisen. Stattdessen muß sie fortwährend auf die konkrete Praxis selbstenteignender Liebe hinweisen und diese ermöglichen.
Das Gebet erschiene dann als *praktischer* Erweis der Existenz eines Gegenübers. Es bezöge seine Legitimation aus dem ethischen Akt des Sich-Richtens - vorgängig zu jeder Gottes*erkenntnis*. Für Derrida stehen Negative Theologie und Gebet nicht unverbunden nebeneinander. Sie sind verbunden durch einen Begriff von *Wahrheit*, verstanden als *ἀλήθεια* (verschleiernde Entschleierung), und den Gedanken der Schöpfung durch Selbstenteignung Gottes (Zimzum), ein dem anthropomorphen Verständnis einer intentionalen „Schöpfung" zuwiderlaufendes Modell, das jedoch dem Levinasschen Gedanken der *Spur* ebenso entspricht wie der theologischen Einsicht von der Unerkennbarkeit Gottes in der Welt.[99]
Bei Derrida zeigt sich also etwas wie ein „Denken im A-Dieu", das anders als bei Heidegger Ethik nicht aus dem Auge verliert, anders als bei Kant nicht aus einer „ethischen Engführung" menschlichen Handelns entspringt und weniger dezisionistisch als bei Levinas anmutet. Auch Derridas frühe „Kritik" an der

[99] Von hierher könnte vielleicht auch J. G. Fichtes Ablehnung des Schöpfungsgedankens neu bedacht werden - wie überhaupt der Fichtesche Begriff eines „erscheinenden Absoluten" in die Nähe zu dem „relationalen Ursprung" bei Derrida führt. Vgl.: *D. Schmid*, Religion und Christentum in Fichtes Spätphilosophie 1810-1813, (Diss. Kiel 1994) Berlin 1995.

Vorstellung von eindeutiger Autorschaft und festlegbarem Sinn zeigte bereits auf diese Weise die pragmatische Präsenz eines „Voraus“ in der Sprache auf. Für Derrida ist es Aufgabe der Schrift, ein unaussprechliches Geheimnis gleichzeitig zu verbreiten und zu wahren. Die theologische Relevanz dieser Überlegungen zu einer ursprünglichen Zwiespältigkeit wird jedoch in Derridas Arbeiten und hier vor allem in seinem Sprachstil erst allmählich greifbar[100].

Die These, Gebet sei ein leeres, intentionsloses Sprechen, *„voice that produces or reproduces mechanically its verdicts with the tone of the most dogmatic assurance“*[101], stellt zwar für eine christliche Theorie der Negativen Theologie eine schwer annehmbare Provokation dar; denn sie bricht mit dem auch in der modernen Theologie rezipierten aufklärerischen Ideal der kritischen Durchdringung des gesamten menschlichen Lebens durch das Bewußtsein. Es wäre allerdings zu untersuchen, ob eine Theorie des Gebetes als *„parlation automatique“* (etwa im Sinne des Surrealismus), das heißt als „Technik“, bewußt und reflektiert eingesetzt mit dem Ziel des Verlustes von Ich-zentrierter Intentionalität, nicht auch zu einem neuen Verständnis christlicher Gebetstraditionen führen könnte. Dies gilt umso mehr angesichts der Dominanz eines neuzeitlich aufgeklärten Begriffs von Gebet, das in jedem Augenblick vom „ich denke“ begleitet werden mußte.

Derrida ist nicht in der Lage, die Einheit Gottes ungebrochen zu denken, die doch unverzichtbarer Bestandteil der Tradition Negativer Theologie war[102]. Diese Tatsache korreliert mit seiner Weigerung, die Identität des Subjekts positiv zu denken. Damit muß entweder Derrida der Vorwurf gemacht werden, er verkenne einen Wesensbestandteil Negativer Theologie, die - aus dem neuplatonischen Monismus hervorgehend - selbst in ihren radikalsten Ausformungen doch immer noch *Theologie* sein will, das heißt die ernsthafte Erinnerung an die unbedingte Forderung, die sich aus der Offenbarung ergibt. Oder aber die klassische Negative Theologie erscheint im Lichte der Derridaschen Reflexion zumindest in diesem einen Punkt als naiv und korrekturbedürftig.

Indem er den Bereich des Gebetes aus der theoretischen Reflexion herausnimmt, entgeht Derrida Kants Kritik der Theosophie. Kant fordert, was die propositionalen Aussagen über Gott angeht, ebenso wie Derrida eine Ein-

---

[100] *P. Gehring* (Innen des Außen - Außen des Innen. Foucault . Derrida . Lyotard, München 1994) spricht für Derridas Spätwerk zutreffend von einem „Pathos des Unbeschreiblichen“ (171).

[101] Post-Scriptum, 308

[102] Vgl. Art. „Gott“, HWP, 743.

schränkung des Herrschaftsbereichs der Vernunft, um die ungeregelte Produktion pseudotheologischer Rede mit theologischem Wahrheitsanspruch zu vermeiden:

> „Die Einschränkung der Vernunft in Ansehung aller unserer Ideen vom Übersinnlichen auf die Bedingungen ihres praktischen Gebrauchs hat, was die Idee von Gott betrifft, den unverkennbaren Nutzen: daß sie verhütet, daß Theologie sich nicht in Theosophie (in Vernunft verwirrende überschwengliche Begriffe) versteige [...].“[103]

Ein Denken, das Theologie wie J. Hochstaffl[104] als rein affirmatives Phänomen versteht, fällt also schon nach Kant in ein vorkritisches Stadium zurück.

Der vielleicht beklagenswerte, aber immanent konsequente Ausfall des affirmativen Aspekts *im theoretischen Diskurs* bei Derrida legt allerdings nicht den gleichen Vorwurf wie gegen Adorno nahe, nämlich den immensen Wert der (unausgesprochenen) Offenbarungsgehalte für die Negative Theologie zu verkennen[105]. Bei der Dekonstruktion handelt es sich schließlich nicht um eine kriterienlose Negation, sondern um den Versuch, in totalitätskritischer Absicht eine *bestimmte* Form sprachlicher Aussagen, die dem Dualismus verfallen ist, zu unterlaufen und einen Begründungszusammenhang offenzulegen, der der bestimmten Negation *noch vorausgeht*. Inwiefern die Gehalte der biblischen Offenbarung von dieser Kritik betroffen sind, müßte im einzelnen überprüft werden. Mir scheint jedoch die biblische Tradition einer Verweigerung jeder endgültigen Identifikation Gottes mit menschlichen Anschauungskategorien im Sinne einer Proposition so stark[106], daß sie einer Metaphysikkritik im Derridaschen Sinne entgeht, ja diese als adäquaten Zugang zur Gottesfrage rechtfertigt. Anders stehen die Dinge für ihre (hellenistische) Rezep-

---

[103] *I. Kant*, KdU, 331f.

[104] Negative Theologie, a.a.O., 12 u.ö.

[105] So *R. Buchholz*, Zwischen Mystik und Bilderverbot. Die Philosophie Adornos als Anstoß zu einer kritischen Fundamentaltheologie im Kontext der späten Moderne, a.a.O. 190ff.

[106] So schreibt etwa *W.H. Schmidt* (Biblischer Kommentar AT, Exodus, Bd. II / 1 1Tb. Vluyn 1988, 175f) zur Verkündung des Jahwe-Namens aus dem brennenden Dornbusch (Ex 3, 14): „Gottes Antwort auf Moses' Frage: 'Was ist sein Name?' ist *nicht Offenbarung*, sondern *Verhüllung* des Gottesnamens, cin *Ausweichen* oder gar eine *Weigerung* Gottes.“ (Hervorh. v. Verf.) In derselben Tradition der Verhüllung steht die Weigerung Gottes, sich ins Angesicht sehen zu lassen (Ex 33,20ff). Ebenfalls entgegen den menschlichen Erwartungen „offenbart“ sich Gott dem Elija am Horeb nicht als Naturphänomen, sondern als Paradoxon: als „Stimme (qōl) einer leisen Windstille“, die sich an den Propheten richtet (1 Kö 19,9-18, Buber / Rosenzweig übersetzen „eine Stimme verschwebenden Schweigens“). Andere ersttestamentliche Erzählungen, die auf Gottes Verborgenheit verweisen, sind: Jes 45,15; Ps 139,6; Ijob 36,26. Auch Jesus bedient sich in seinen Gleichnisreden vom Reich Gottes des Paradoxons (Vgl. etwa Lk 7,28; 18, 16f; Mk 45,31 par u.ö.) und steht seiner Identifikation mit dem Messias kritisch gegenüber. Vgl. Mk 8,30 u.ö. Paulus verweist auf die Verborgenheit Gottes in Röm 1, 20 und 11,33f.

tionsgeschichte, der sich auch die historische Negative Theologie verdankt und die nicht selten zu endgültigen Identifizierungen mit universellem Anspruch neigt.

Die strukturelle Unfähigkeit der Dekonstruktion zu jeder Affirmation außerhalb des ohne Wahrheitsanspruch auftretenden Gedichtes bzw. Gebetes bleibt allerdings in einer gewissen Spannung zu der Tatsache, das sich der Gott der Bibel konkret geoffenbart und mit dieser Offenbarung eine unbedingte Entscheidung des Menschen gefordert hat. Die Bibel bezeugt ihn als denjenigen, der aus Ägypten führt und im Menschen Jesus Christus zu einem unbedingten Handeln bis zur Hingabe in den Tod auffordert. Das Derridasche Denken taugt also nicht als Grundlage einer solchen Offenbarungstheologie, wohl aber als fortwährende „kritische“ Instanz, der sich Theologie als (nur) menschliches Sprechen von Gott und seinen Taten nicht entziehen darf, sowie als Plädoyer für die theoretisch uneinholbare Singularität der Begegnung mit dem Anderen, die in eine nicht antizipierbare Verantwortung ruft.

Peter Koslowski äußerte die Kritik, gerade mit ihrer fundamentalen Infragestellung aller menschlichen Kategorien der Wirklichkeitserfassung beraube die Dekonstruktion sich ihrer eigenen Grundlagen[107]. Dem ist nur bedingt zuzustimmen: Richtig ist, daß Dekonstruktion ohne fremde Texte nicht denkbar ist. Derridas atheistisch anmutende Mystik ist auf eine grundlegende Weise parasitär, und zwar bewußt. Ob das Ergebnis eines sich hyperkritisch ständig selbst unterlaufenden und deshalb auf den ersten Blick vollkommen inhaltslos erscheinenden Sprechens tatsächlich als Beitrag zum theologischen Diskurs nicht akzeptiert werden kann, ist allerdings keine leicht zu beantwortende Frage, auf die im folgenden noch einmal ausführlich Bezug genommen werden soll.

Über diesen Vorwurf hinaus versteht Koslowski die Grundintention der „dekonstruktivistischen Postmoderne“ Lyotards und Derridas als *gnostisch* bzw. *mystisch.* Trotz seiner nicht ganz falschen Charakterisierung, es handele sich beim Denken der Dekonstruktion um einen *„natural supernaturalism“* (Th. Carlyle) kann Koslowski das Verhältnis zwischen Natur und Übernatur aber nur im Sinne eines Dualismus von „Kenoma“ und „Pleroma“, von Welt und Leere denken. Damit verfehlt er bereits die bei Derrida deutlich subtiler gedachte Anwesenheit des abwesenden Anderen im Text ebenso wie dessen (theologisch gesprochen) ausdrücklich antidoketische Hochschätzung von Materialität und ethischem Handeln. Also greift auch der Vorwurf nicht, Der-

---

107 „Supermoderne oder Postmoderne? Dekonstruktion und Mystik in den zwei Postmodernen.“ In: G. Eifler / O. Saame (Hg.), Postmoderne. Anbruch einer neuen Epoche? Wien 1990, 73-99.

rida versuche, „die Wirklichkeit durch Pluralität zu entmoralisieren“[108]. Vielmehr findet sich, wie aus den bisherigen Ausführungen deutlich geworden sein dürfte, im Werk Derridas weder ein „Lob der Vielheit um ihrer selbst willen“, noch eine „Entmoralisierung“. Die Reflexionen über das Konzept des Zimzum im zweiten sowie über Bilderverbot und das Eckhartsche Konzept der Gelassenheit im dritten Teil der Arbeit haben gezeigt, daß die Abwesenheit Gottes in der Welt innerhalb der jüdischen wie der christlichen Religion immer wieder begründet gedacht wurde. Ob bezüglich eines Denkens, das diese Traditionen bewußt aufnimmt und im Horizont einer Welt „nach Auschwitz“ reflektiert, einfachhin von „atheistischer Mystik“ (Koslowski) gesprochen werden kann, darf bezweifelt werden.

Trotz seiner Kritik formuliert Koslowski schließlich eine höchst ambivalent zu beurteilende Würdigung des Derridaschen Denkens:

> „Die mystische Dekonstruktion der Systemphilosophie [...] ist ein philosophischer Beitrag von großer Bedeutung und markiert das Ende der Ära der Dominanz des dialektischen Denkens. Die atheologische Mystik der dekonstruktivistischen Postmoderne bleibt so widersprüchlich wie jede atheistische Mystik, weil sie den Denk- und Seinsgrund der Mystik, das als Person gedachte Göttliche, nicht angeben kann. [...] Die dekonstruktivistische Mystik beendet nicht die Moderne im Sinne des christlichen Äons. Sie ist vielmehr als Mystik eine Möglichkeit, zum christlichen Äon zurückzugelangen.“[109]

Die Perspektive Koslowskis stimmt nicht mit der Zielsetzung unserer Arbeit überein, jüdische und christliche Traditionen mit Hilfe der Dekonstruktion neu zu denken und ihre Aktualität im zeitgenössischen Diskurs zu erweisen. Ob Koslowskis Ziel, die Rückkehr zu einem „christlichen Äon“, für die Theologie erstrebenswert sein kann, darf man wohl in Frage stellen. Zumindest muß der Beweis erst noch erbracht werden, daß es sich bei dem von Koslowski begrüßten Ende der „Epoche der antitheologischen Moderne und ihrer Entzauberung der Welt“ nicht um eine Rückkehr in die Prämoderne handelt.[110]

---

[108] Ebd. 92.

[109] Ebd. 96.

[110] *W. Welschs* Überlegungen zu „Religiösen[n] Implikationen und religionsphilosophischen Konsequenzen 'postmodernen' Denkens“ (in: A. Halder u.a. (Hg.): Religionsphilosophie heute, Düsseldorf 1986, 117-129) sollen an dieser Stelle nicht unerwähnt bleiben, wenngleich Welschs Reflexionen hier wie an anderer Stelle an seiner pauschalen Rede von der „Postmoderne“ kranken, die alles und nichts richtig beschreibt. Dadurch, daß er den Pluralismus zum einzigen Signum der Postmoderne erklärt, nährt er - wenn auch ungewollt - den bekannten Beliebigkeitsvorwurf und kann den unbedingten Anspruch, der sich bei Levinas, Derrida und Lacan aus der singulären Begegnung mit dem Anderen ergibt, nicht beschreiben. Richtig wenn auch sehr allgemein erkennt er jedoch die Affinität des „postmodern“ genannten Denkens (v.a. von J.-F. Lyotard) „zum jüdischen Denken und zu Motiven negativer Theologie“ (128). Sein Vorschlag, das Absolute „als Berufungsinstanz gegen die Verabsolutierung

2. Die Drei: Anzeichen der différance

> „*Drei:* nicht weil das Zweideutige, die Duplizität des Alles und Nichts der abwesenden Präsenz, der schwarzen Sonne, des offenen Mundes, des entwendeten Zentrums *(centre dérobé)*, der elliptischen Wiederkehr endlich in irgendeiner Dialektik zusammengefaßt, in irgendeinem versöhnlichen Endpunkt befriedet würde. [...] Vom Augenblick an, da das Zentrum oder der Ursprung anfingen, sich zu verdoppeln, fügte sich das Doppelte nicht bloß zum Einfachen hinzu. Es zerteilte und ergänzte es. Von Anfang an gab es einen doppelten Ursprung und dazu noch seine Wiederholung. Drei ist die erste Zahl der Wiederholung. Ihre letzte ebenfalls [...] Das Unendliche ist zweifellos weder eins, noch keins, noch unzählbar. Es ist von ternärem Wesen *(d'essence ternaire)*."[111]

Vor allem im Anschluß an Derridas Überlegungen zum Werk Edmond Jabès' und zur Ursprünglichkeit der *différance*, verstanden als unhintergehbares Ursprungsgeschehen der endlosen und nichtdialektischen Unterscheidung, legt sich eine Reflexion über das Verhältnis zwischen ursprünglicher (monotheistischer) Einheit Gottes und der trinitarischen Struktur des christlichen Gottes nahe. Dabei soll in den folgenden Überlegungen zwischen zwei Ebenen der Reflexion unterschieden werden. Einerseits legt das voranstehende Zitat den Ausgang von einer quasi-ontologischen Reflexion der „Zahl, die das Unendliche repräsentiert" nahe, ein Ansatz, der unter anderem die Auseinandersetzung mit der Hegelschen Dialektik und ihren Verbindungen zur Trinitätsspekulation herausfordert. Andererseits ist die Frage nach den Folgen des *Levinasschen* Denkens des Anderen und der Rolle des Dritten für die christliche Trinitätslehre noch kaum ausgelotet.

Die *Drei* mit Levinas/Jabès/Derrida als metaphysikkritische Durchkreuzung jeder identifizierenden Kommunikation mit dem Anderen wahrzunehmen, eröffnet nämlich nicht nur die *Möglichkeit*, sondern verweist auf die *Notwendigkeit,* Gott, wenn personal, dann trinitarisch zu denken. In seinem bedeuten-

---

und Homogenisierung", nicht „transzendent-positiv", sondern „negativ, prohibitiv" zu denken (127), liegt zwar mit dem in unserer Arbeit offengelegten Anliegen Derridas auf einer Linie. Insofern Welsch aber den Eindruck eines rein *strategischen* Gebrauchs dieses klassischen Terminus erweckt, begibt er sich gleichzeitig der Möglichkeit irgendeines Wirklichkeitsbezugs und in die Nähe des radikalen Konstruktivismus.

[111] Schrift, 449f, eigene Übersetzung.

dem Essay „Die Spur des Anderen“[112] steht die Figur des Dritten als Illeität[113] im oben ausgeführten Sinne der „Drei“ bei Derrida und damit für die absolute Uneinholbarkeit des Antlitzes des Andern durch das Selbst, für die Unendlichkeit seines Andersseins, für ein „Jenseits“ der Ontologie:

> „Diese dritte Person [...] ist die ganze Ungeheuerlichkeit, die ganze Maßlosigkeit, die ganze Unendlichkeit des absolut Anderen, die der Ontologie entgeht. Die höchste Anwesenheit des Antlitzes ist untrennbar von jener höchsten und unumkehrbaren Abwesenheit, die die eigentliche Erhabenheit der Heimsuchung begründet.“[114]

In *diesem* Sinne wird die Drei auch in unserem Kontext verstanden.

Will man die trinitarische Struktur des christlichen Gottes auch in Zukunft als Verweis auf die kommunikative Grundverfaßtheit der immanenten Trinität verstehen können, auf der Schöpfungstheologie wie Christologie letztlich fußen, so müssen gerade die Levinasschen Überlegungen zur fundamental asymmetrischen Beziehung zwischen Ich und Anderem und der irreduziblen Bedeutung des Anderen bei der Konstitution des Ich mitbedacht werden. Erst die lvinaskritischen Überlegungen Derridas zur strukturellen Uneinheitlichkeit des Ich wie des Anderen und Jabès' Aussagen zur Dreiheit Gottes, wie sie im zweiten Teil dieser Arbeit ausführlich dargestellt wurden, ermöglichen eine solche Übertragung der Phänomenalität intersubjektiver Begegnung auf intrapsychische wie innergöttliche Vorgänge. Solche Übergänge zu denken ist allerdings nur möglich, wenn man grundsätzlich zumindest einen engen Zusammenhang zwischen immanenter und ökonomischer Trinität akzeptiert[115].

Wichtig scheint mir insgesamt die Tatsache, daß eine „Beschreibung“ der Trinität durch die Zahl Drei (der ja zunächst eine gewisse Vorstellbarkeit zukommt und die damit scheinbar das Bilderverbot durchbricht) die Unwägbarkeit und Unbeschreibbarkeit einer jeden Kommunikation, deren fundamentale Ausrichtung an der Konstellation „Ich - Anderer - Dritter“, unterstreicht. Mit der Drei beginnt und endet die menschliche Rede über Gott. Bereits die Zuweisungen der Personennamen „Vater“, „Sohn“ und „Geist“ müssen strenggenommen als zu sehr in die (patriarchale) abendländische Begriffsgeschichte

---

[112] *E. Levinas*, Die Spur des Anderen, a.a.O., 209-235.

[113] Vgl. *B. Casper*, Illéité. Zu einem Schlüssel'begriff' im Werk von Emmanuel Levinas, in: Philosophisches Jahrbuch 91 (1984), 173-288.

[114] Ebd. 230.

[115] Vgl. die entsprechende Diskussion zwischen *H.U.v. Balthasar* (Theodramatik 2/2: Die Person in Christus, Einsiedeln 1978), *K. Rahner* (Der dreifaltige Gott als transzendenter Urgrund der Heilsgeschichte, in: MySal 2, 519-540) und *J. Moltmann* (Trinität und Reich Gottes, München 1980).

verstrickt und die absolute Offenheit eines solchen durch die Drei gleichzeitig ermöglichten und gestörten Prozesses abschließend zurückgewiesen werden. Anstatt *Dreiheit*, wie in der vorherrschenden v.a. griechisch bestimmten Tradition der Theologie als der *Einheit* sekundär zu verstehen, wäre dieses Verhältnis mit Derrida auch nicht einfach umzukehren, sondern in ein spannungsvolles „Gleichgewicht" zu bringen. Die so entstehende Unentschiedenheit *(indécidabilité)* zwischen einem Primat der Einheit und der Dreiheit würde dem Geheimnischarakter der Gottesrede, wie er auch in der neueren Diskussion um eine Hermeneutik der Trinitätslehre gefordert wird[116], deutlich Rechnung tragen, und zwar im Sinne einer bewußten Wahrnehmung der Begrenztheit der Möglichkeiten menschlichen Sprechens (Negative Theologie) und der Vermeidung eines (neuscholastischen) „naiven Objektivismus"[117] bzgl. der ökonomischen Trinität . Der Zahl Drei, „die erste Zahl der Wiederholung", bleibt jedoch bei Derrida auch vor ihrer Domestizierung mit Hilfe des gerichteten Dreischrittes einer befriedenden Dialektik bewahrt, die ihr nach einer allzu voreiligen Rezeption Hegels für dieTrinitätsspekulation beschieden war.
Ein solcher Erweis der Gleichursprünglichkeit der Drei und damit eines radikalen Pluralismus ginge der von Jürgen Werbick in einer breiten Tradition angebotenen Deutung der göttlichen Dreiheit als „konkreten Monotheismus"[118] oder als Ergebnis einer „Logik der Liebe"[119] noch voraus, weil er sich nicht als „Konkretion" vor dem Monotheismus entschuldigen muß, sondern dessen totalitäre Gefahren ebenso aufzeigt wie eine Alternative zu ihnen. Was Werbick als vorreflexive Essenz der Offenbarung hinnehmen muß, wird hier - wenn auch nicht reflexiv, so doch poetologisch - eingeholt. Außerdem wird in dieser Beschreibung der Beziehung zum Anderen - explizit anthropomorphismuskritisch - auf die Gefahren einer Vereinnahmung des Anderen hingewiesen, die hinter dem Mißbrauch der seit Augustinus immer wieder auf die Trinität angewandten Liebesmetapher[120] lauern.

---

[116] Zur Darstellung der aktuellen Diskussion vgl. auch den Artikel „Trinitätslehre" von J. Werbick in: *Th. Schneider* (Hg.), Handbuch der Dogmatik. Düsseldorf 1992. Bd 2, 481-575, v.a. 514ff.

[117] Ebd.

[118] Ebd. 481.

[119] Ebd. 517.

[120] Mir scheint, daß der fortwährende multimediale Mißbrauch des Wortes „Liebe" im Sinne eines „make love" den Gebrauch des Wortes im kritisch-theologischen Diskurs trotz der breiten Tradition, die im Rahmen der Trinitätsspekulation auf Augustinus zurückgeht, zunehmend unmöglich macht. Der Rückgriff auf die Terminologie der (mystischen) Tradition, die einmal am Beginn der Karriere dieses Wortes stand (Vgl. *M.de Certeau*, La Fable Mystique, Paris

Der Ertrag für eine Rekonstruktion des Trinitätsgedankens, der die Anschlußfähigkeit der Theologie an die aktuellen philosophischen, psychoanalytischen und literaturkritischen Diskussionen wahrte[121], könnte also lauten:
In der Trinitätsspekulation erscheint Gott selbst zwangsläufig in der Differenz, in einem „Abgrund von Anderssein in Gott selbst aufgerissen"[122]. Eine absolute Identität jeder der göttlichen Persönlichkeiten wie der Gottheit insgesamt im Sinne eines Monismus wird in der Gleichursprünglichkeit dieser Dreiheit erschüttert[123]. Der Einheitsgedanke in bezug auf den christlichen Gott kann beibehalten werden, dabei müßte der anthropologischen Wunsch nach Einheit und die darin enthaltenen totalitären Tendenzen mitgedacht werden. Insofern allerdings lediglich an eine Wesenseinheit, also an die einheitliche Teilhabe der göttlichen Personen am göttlichen Wesen gedacht ist, kann mit Derrida der Tradition so lange zugestimmt werden, als sie die Perichorese konsequent anthropomorphismuskritisch, also etwa mit als „Ineinandersein" und gleichzeitig als „Einander-gegenüber-Sein", versteht.

> „Die Begegnung ist Trennung. Ein solcher Satz, der der Logik widerspricht, reißt die Einheit des Seins [...] auseinander, indem er das Andere und die Differenz in die Quelle des Sinns aufnimmt [...]. Ob er das Sein oder der Herr des Seienden ist, Gott selbst ist, erscheint als das, was er in der Differenz ist, das heißt als die Differenz und in ihrer Verbergung."[124]

1982, 14), sowie ein Blick auf die gleichzeitig radikalisierende wie den Blick für den Mißbrauch schärfende Sprache Emmanuel Levinas' dürfte hier jedoch Auswege bieten. So vermeidet Levinas mit wissendem Blick auf seinen Mißbrauch das Wort Liebe und spricht in Bezug auf das Verhältnis zwischen Selbst und Anderem stattdessen von *'obsession'* (Besessenheit) und *'otage'* (Geisel), meint aber nichts anderes, als das, was die Tradition 'Liebe' nennt.

[121] In der neueren Literatur wird gerade beklagt, daß „die philosophische Kommunikation über den dreifaltigen Gott [...] heimatlos" geworden sei und „kaum noch Anschluß an die moderne Frage nach Gott" finde. So *H. Häring*, Der christliche Glaube an den dreifaltigen Gott, in: Concilium 2/31 (1995), 114-122, hier 116. Leider gibt Häring durch seine Konzentration auf die historische Entwicklung mit dem Absolutheitsanspruch des „christlichen Gottesbildes" auch den Anspruch einer vernünftigen Reflexion auf und rettet sich schließlich in eine „symboltheoretische" Reflexion, die den Geheimnischarakter der Dreifaltigkeit nur als argumentatives Anhängsel vertreten kann.

[122] *H. Verweyen*, Christologische Brennpunkte, Essen ^{2}1985, 103.

[123] Ein Phänomen, dessen Gültigkeit von der theologischen Tradition immer wieder gegen Formen des Modalismus und des Subordinationismus verteidigt wurde, vor allem auf den Konzilien im Lateran und in Florenz. Vgl. DS 154, 173, 530, 1130.

[124] Schrift, 114f.

3. Abwesenheit Jesu Christi für uns

> „Alle metaphysischen Bestimmungen der Wahrheit [...] sind mehr oder weniger unmittelbar nicht zu trennen von der Instanz eines Logos oder einer von ihm abstammend gedachten Vernunft, wie immer man diesen Logos auch verstehen mag: im vorsokratischen oder im philosophischen Sinne, als unendlichen Verstand Gottes oder im anthropologischen Sinne, im vorhegelschen oder im nachhegelschen Sinne."[125]

Das voranstehende Zitat steht für die Derridasche These von einer Kontinuität metaphysischer Denkmuster unter wechselnden Begriffssystemen. Wenn Derrida hier auch primär philosophische Systeme, vor allem das Hegelsche, im Auge hat, so muß sich doch auch die Theologie der Dekonstruktion stellen, insofern sie sich - unter dem Anspruch eines bestimmten Wissenschaftsideals - partiell zur Magd und Doublette philosophischer Systeme hat machen und damit nichtsystematisierbare und dennoch wesentliche Anteile christlicher Tradition - wie etwa Mystik, biblische Narration, Liturgie oder Volksfrömmigkeit - aus dem Bereich ihrer Reflexion fast vollständig hat ausschließen müssen.

Es wäre also zu prüfen, ob nicht alternativ die Möglichkeit besteht, in einer Theologie der *Abwesenheit Jesu Christi* in der Anwesenheit der Texte der Tradition und den sakramentalen Materialisierungen der liturgischen Praxis, ja vielleicht im Phänomen „Text" überhaupt, also in einer christlich-theologischen Version des Derridaschen Denkens der *Spur* und der Überwindung des Dualismus An- bzw. Abwesenheit, die genannten Probleme in einem neuen Licht erscheinen könnten. Derrida schreibt von der Spur:

> „Die Spur ist die Selbstauslöschung, die Auslöschung ihrer eigenen Präsenz; sie wird durch Drohung oder die Angst ihres unwiderruflichen Verschwindens konstituiert. Eine *unauslöschliche* Spur ist *keine* Spur; sie ist eine volle Präsenz, eine unbewegliche und unbestechliche Substanz, ein Sohn Gottes, ein Zeichen der Parousia, kein Samen aber, das heißt kein sterbliches Samenkorn."[126]

Daß Derrida an dieser Stelle selbst mit dem Bild des Samenkorns, der Parusie, des Sohnes Gottes und der Substanz explizit theologische, ja christologische Begrifflichkeit verwendet, nehme ich als Aufforderung, kurz auf die unaufgearbeitete Spannung zwischen jüdischem und griechischem Denken ausgehend von einer Deutung der Person Jesu und ihrer Bedeutung einzugehen. Die Gründe für eine solche Revision der Christologie und ihre möglichen Konse-

---

[125] Grammatologie, 24.

[126] Schrift, 349 (Hervorh. v. Verf.).

quenzen sollen im folgenden gemäß der zentralen Themenfelder dieser Arbeit entfaltet werden:

a) Hingabe durch Abwesenheit und der Wunsch nach Präsenz

Im *ersten Teil* unserer Arbeit wurde deutlich, daß Derridas Kritik an der Annahme der Möglichkeit einer reinen *Präsenz* den Kern seiner Metaphysikkritik ausmacht. Damit würde auch die Rede von einer *reinen* und *vollkommenen* Gegenwart Gottes in der Person Jesu Christi etwa im Sakrament der Eucharistie fraglich. Freilich soll die Annahme einer Gegenwart Jesu Christi damit keinesfalls von vornherein verworfen werden. Derridas Vermutung, jede Präsenz sei eigentlich nicht-ursprünglich, in einem sekundären Akt des *„vouloir dire"* rekonstruiert und von dem fundamentalen Phänomen der *itérabilité* abgeleitet, fordert aber doch zu weiterführenden Überlegungen zum Verhältnis der historischen Person und den Techniken der Vergegenwärtigung auf, die nach seinem Verschwinden aus der empirischen Welt im Zusammenhang mit der Entstehung von Kirche entwickelt wurden. Sakramententheologie und hierarchische Ämterstruktur der Kirche, wie sie bereits in den frühen neutestamentlichen Texten des Paulus angelegt sind, würden aus dieser Perspektive nicht einfach zum Sturm freigegeben. Sie könnten aber neu im Blick auf hier implizierte Techniken[127] der Vergegenwärtigung befragt werden, auf die hier wirksame unstillbare Sehnsucht nach dem Abwesenden, der Jesus Christus für die Kirche - sobald man von ihr sprechen kann - zumindest *auch* ist[128]. Die Behauptung, solche Formen seiner Vergegenwärtigung seien gottgegeben und damit unabänderlich, würde in einem gewissen Sinne jedenfalls unhaltbar. Vielmehr müßte sich ihre Fähigkeit zur Repräsentation des Abwesenden immer neu im Kontext eines vollkommen undarstellbaren und höchst komplizierten Verweisungszusammenhangs zwischen dem strukturell inkohärenten

---

[127] Mit der Neuaufnahme dieses Begriffs versuchte *M. Foucault* die Reduktion des griechischen Terminus τέχνη auf industriell / handwerkliche Weltbemächtigung überwinden und vor allem in bezug auf den Umgang des Menschen mit sich selbst die Kunstfertigkeiten vergangener Epochen neu ins Bewußtsein rufen (vgl. dazu v.a.: ders., Histoire de la sexualité, Vol. I-III, Paris 1976-1984; Dt.: Sexualität und Wahrheit, Bd 1-3, Frankfurt a.M. 1983-1991).

[128] Eine solche Perspektive, die die Vorhandenheit von Texten und Textkonstellationen als letzte zugängliche Evidenz betrachtet, konvergiert durchaus mit neuesten Bestrebungen in der Exegese, die biblischen Texte weniger als Niederschlag tatsächlicher Ereignisse *(ipsissima verba et facta)* oder einer jeweiligen Autorenintention (Redaktionskritik), sondern primär in ihrer kanonisch gewordenen Konstellation als Ergebnis fortwährender Reflexion und Rekonstruktion, ja Revision als heilig tradierten Textmaterials zu begreifen. Vgl. dazu vor allem das inzwischen auch auf Deutsch vorliegende Hauptwerk der Begründers eines solchen „Canonical Approach", *B.S. Childs*, Die Theologie der einen Bibel. Bd. 1 Grundstrukturen, Freiburg / Basel / Wien 1994.

Jesusbild der neutestamentlichen Schriften und ihrer Spiegelung in ihrer bis heute andauernden Rezeptionsgeschichte erweisen.
Damit kommen später entstandene Techniken der Vergegenwärtigung als möglicherweise gleichwertige in den Blick. Eine solche Sichtweise entspricht dem katholischen Traditionsbegriff: Erst sie erweist die Möglichkeit eines immer neuen Zugangs zum - nun allerdings nicht mehr im klassischen Sinne ursprünglichen - Ursprung der Kirche und aller kirchlichen Textproduktion: zu dem in die Himmel aufgefahrenen Jesus Christus, dessen bleibende Gegenwart freilich immer aller Rekonstruktion voraus bleibt.[129]J. Derrida interessiert sich (leider) weniger ausdrücklich für die Entwicklung von „Techniken einer Rekonstruktion" des augenscheinlich Abwesenden, plädiert aber aus der Einsicht in die Abwesenheit eines Handlungsgewißheit gewährenden zentralen Signifikates für ein streng situatives Handeln. Dieses erwächst in der Einsamkeit nachmetaphysischer Weltkonstitution aus einer irreduziblen, theoretisch nicht endgültig einholbaren Verantwortlichkeit:

> „Die Jünger werden gebeten, nicht in der Anwesenheit *(parousia)*, sondern in der Abwesenheit *(apousia)* des Herrn sich um ihr Heil zu mühen: ohne zu sehen, noch zu wissen, ohne das Gesetz oder die Gründe des Gesetzes zu verstehen. Ohne zu wissen, woher die Sache und das, was uns erwartet, kommt, sind wir der absoluten Einsamkeit ausgeliefert. [...] Wenn Paulus adieu[130] sagt und sich [...] in die Abwesenheit entfernt, so weil Gott selbst abwesend ist, verborgen und schweigend, getrennt, geheim - in dem Moment, wo ihm zu gehorchen ist."[131]

Wenn Derrida hier An- und Abwesenheit alternativ voneinander absetzt, so kann dies nur im Rahmen einer vorläufigen Stufe der Dekonstruktion verstanden werden: angesichts einer eindeutigen Privilegierung des Präsenzdenkens in der Geschichte der Theologie scheint für ihn nun aus *strategischen Gründen* eine Privilegierung der Abesenheit geboten. Redlich wäre es freilich, darauf hinzuweisen, daß in jedem Geschehen der Hingabe und Selbstverleugnung auch eine Spur auf die Selbstverschränkung Gottes (und damit im christlichen Verständnis auch auf Leben und Streben Jesu) weist, wenn auch eine solche Vergegenwärtigung sich als unbeschreibbare und nicht-antizipierbare der petrifizierenden Aneignung konsequent entzieht. Es darf an dieser Stelle freilich auch gefragt werden, ob Derrida angesichts der beschriebenen Wurzeln seines Denkens bereit und in der Lage ist, eine solche *Anwesenheit* (des christlichen) Gottes in der bezeugenden Hingabe überhaupt positiv zu denken.

---

[129] Vgl dazu *M.de Certeau*, La Fable Mystique, Paris 1982, 9.

[130] Wörtl. *„à Dieu"* - auf Gott hin, mit Gott, Gott befohlen.

[131] *J. Derrida*, Den Tod geben, in: A. Haverkamp, Gewalt und Gerechtigkeit. Derrida - Benjamin, Frankfurt a.M. 1994, 384f (Zu Phil 2,12).

In diesem Zusammenhang ist auch die berechtigte Frage nach einer Kriteriologie, mit Hilfe derer in einer so unübersichtlichen Textgeschichte die totalitäre Spreu vom Weizen getrennt werden könnte, angesprochen. Hier ist auch im Derridaschen Kontext auf den Begriff der *Hingabe* oder *Selbstenteignung des Ich*, der *Negativen Theologie* oder des *Bilderverbotes* (Bewegungen die ihren Höhepunkt nach christlichem Verständnis in der *Göttlichkeit Jesu Christi selbst* finden) zu verweisen. Es handelt sich um Elemente eines fundamentalen und bereits in der textuellen Struktur selbst aufweisbaren Ikonoklasmus, der unabhängig von konkreten Inhalten und insofern er die Schriftlichkeit, das heißt die Notwendigkeit zu vermitteln nicht vergißt, die Unangemessenheit eines jeden Textes, die Unerreichbarkeit Gottes und des Andern wahrt[132]. Die Abwesenheit des Autors im Text erscheint damit ebenfalls als Phänomen der Hingabe, der Zurücknahme des eigenen Herrschafts- und Kontrollanspruchs angesichts der Freiheit des Lesers.

---

[132] Eine Einsicht, die der Theologie vom IV. Laterankonzil (1215) ins Stammbuch geschrieben, dennoch selten im Mittelpunkt theologischer Reflexionen stand: „[...] inter creatorem et creaturem non potest tanta similitudo notari, quin inter eos maior sit dissimilitudo notanda." (DS 806).

b) Inkarnation als Ikonoklasmus

> „Was ist Unkenntlichkeit? Unkenntlichkeit ist, nicht im Charakter dessen sein, was man wesentlich ist. Und so ist es Unkenntlichkeit, die absolute Unkenntlichkeit: wenn man Gott ist, dann ein einzelner Mensch zu sein. Und nun der Gottmensch! Er ist Gott, aber wählt der einzelne Mensch zu werden. Dies ist wie gesagt das tiefste Inkognito oder die undurchdringlichste Unkenntlichkeit, die möglich ist, denn der Widerspruch zwischen Gott sein und ein einzelner Mensch sein ist der größtmögliche, der unendlich qualitative."[133]

Der im dritten Teil der Arbeit dargestellte Begriff negativer Theologie, den Derrida in einer Radikalisierung der Tradition und eng an sein Modell der Dekonstruktion angelehnt entwickelt, könnte, auf den Menschen Jesus angewandt, zwei Konsequenzen haben:

(1) Ausgehend von der in der Tradition zu wenig reflektierten Tatsache, daß die Präsenz Jesu, was immer sonst zu ihr zu sagen wäre, notwendig *textuellen* Charakter trägt, also mit Derrida immer auch Elemente der *Abwesenheit* des Autors wie des Referenten transportiert, müßte mit der Darstellung der Person Jesu qua textuellem Phänomen konsequent dekonstruktiv umgegangen werden können. Das heißt, daß - angesichts der von Lacan und Derrida diagnostizierten anthropologischen Grundkonstante, des *„vouloir dire"*, des Willens zur Identität und zur propositionalen Aussage - in den Beschreibungen des Lebens und der Person Jesu auch nach Aspekten *der Abwesenheit*, *des Scheiterns*, *des Mißverstehens*, *der Aporie,* kurz: *des* Todes, gesucht werden müßte. Ich vermute, daß der Versuch, neben der in der Tradition überpointierten Anwesenheit Jesu Christi seine Abwesenheit gleichursprünglich, also als Movens für die Entstehung der Präsenzformeln zu denken, zu einer spannungsvollen Bewegung des Jesusbildes zwischen den beiden Polen dieses Dualismus führen könnte. Die Behauptung, Jesus Christus sei gleichzeitig in einer jeweils anderen Weise an- und abwesend, restituiert seine fundamentale Undarstellbarkeit als Gott und als anderer Mensch und wird damit dem Bilderverbot wie der Sinnspitze negativ theologischen Denkens gerecht. Es eröffnet eine Anschlußmöglichkeit an jüdisches Denken. Es zertrümmert jedes sich als endgültig gebärdende Christus- und Gottesbild, es führt in die Wüste der Sprache,

---

[133] *S. Kierkegaard,* Einübung im Christentum § 2, in: Gesammelte Werke. Ausgewählt, neu geordnet und übersetzt von E. Hirsch (1953f), Bd. XI.

in der wir uns immer schon befinden, und eröffnet letztlich vielleicht auch einen neuen Zugang zu dem Bild, das uns einzelne Evangelisten vom Selbstverständnis Jesu zeichnen: ein Jesus, der in seinen Gleichnissen altorientalische (und moderne) Weltanschauungen und Gerechtigkeitsvorstellungen „dekonstruiert", ein Jesus der paradoxen Rede, der *Ablehnung* der Messiasprädikation, des Rückzugs von der Menge, der Verweigerung der Selbstverteidigung, ein Jesus der Passion und des Schreies am Kreuz. Eines Schreies, der in unserem Kontext nicht anders denn als Zertrümmerung aller triumphalistischen Gottesbilder gelesen werden muß[134].

(2) Bereits Karl Barth hat darauf hingewiesen, daß die Konzeption des christlichen Gottes als *Person* jede endgültige, das heißt letztlich rationalistische, Erklärung verunmöglicht. Ein Hinweis, der mit der Anwendung des Levinasschen Denkens der unendlichen Andersheit des Andern nun pointierter gedacht werden kann.

> „Eine Person - oder besser: diese Person - kann man nicht haben. [...] Wegen der Unverfügbarkeit ihres Gegenstandes ist Theologie ein Tun, das sich sein Gelingen nicht selbst garantieren kann. [...] Es kann nicht geschehen ohne Gebet um eine Erfüllung, die es weder selbst herbeiführen noch einklagen kann [...]."[135]

Das Gebet, von Derrida in unmittelbarer Nähe zum Gedicht als Sich-Richten an einen Anderen gedacht, von dem in diesem undarstellbaren Augenblick alles erwartet wird, geht auch hier der Theologie voraus und verhindert ihr Abgleiten in ein Verfügenwollen, in ein Vergegenwärtigen des unwiederbringlich entzogenen Gegenüber. Damit führt es aber den Anderen, die zweite Person, als *Gesprächspartner* in eine Theologie wieder ein, die von Gott wie dem anderen Menschen allzu lange wissenschaftlich, das heißt in der dritten Person, gesprochen hat.

---

[134] Vgl. zu dieser These v.a.: *H. Verweyen*, Gottes letztes Wort, a.a.O., 441-482 (Kap. 17). Der Exeget K. Berger weist neuerdings auf den Geheimnischarakter des Jesuanischen Selbstverständnisses hin, jedoch ohne die jüdische Tradition des Bilderverbotes im Auge zu haben. Berger kommt vielmehr zu dem Ergebnis, Grund für den „beabsichtigten Rätselcharakter" in Gleichnissen und Zeichenhandlungen Jesu sei, „daß Menschen in das Nachsinnen über diese rätselhaften Taten und Bildworte förmlich 'verstrickt'" würden und bleibt damit auf der Ebene der Didaktik stecken. *K. Berger*, Wer war Jesus wirklich? Stuttgart 1995, 45f.
W. Kasper versteht in dem Artikel „Atheismus und Gottes Verborgenheit" (CGG, XXII, 8-57, hier 47) die Tatsache der Inkarnation selbst bereits als deutlichen Hinweis auf die Undarstellbarkeit Gottes: „In der Selbstoffenbarung Gottes in J. C. ist also - wie Martin Luther in seiner theologia crucis dargetan hat - Gott sub contrario, unter seinem Gegenteil verborgen (WA I, 354; 362). Diese verborgene Gegenwart Gottes setzt sich fort in seiner Gegenwart in den Brüdern Jesu Christi, vor allem in den Armen, Kleinen, Kranken, Verfolgten und Sterbenden (Mt 25, 31-46). Als weitere Belegstellen für die Verborgenheit des göttlichen Wesens führt Kasper an: Jes 45,15; Ps 139, 6; Ijob 36,26; Röm 1, 20; 11,33f u.a.

[135] *H. Gollwitzer*, Einleitung zu: K. Barth, Kirchliche Dogmatik. Ausgewählt und Eingeleitet von H. Gollwitzer. München / Hamburg 1969, 14.

Auch in den Theologie Eberhard Jüngels findet sich im Kontext seiner Reflexionen über eine notwendige Theologie vom Tode Gottes und im Anschluß an Dietrich Bonhoeffer der Versuch, Abwesenheit und Anwesenheit Gottes in der Welt gleichursprünglich zu denken. Jüngel versteht ein seriöses Bedenken der „Rede vom Tode Gottes" jedoch ganz im Gegensatz zu Karl Barth primär als ernstzunehmende und notwendige Antwort auf die „faktische Durchdringung von Metaphysik und Christentum"[136] auf dem Weg zu einer „sich der Metaphysik gegenüber frei verhaltenden christlichen Theologie"[137]. Er zitiert D. Bonhoeffer, der im Anschluß an seine Analyse des neuzeitlichen Weltverständnisses als eines autonomen schreibt:

> „Gott läßt sich aus der Welt herausdrängen ans Kreuz, Gott ist ohnmächtig und schwach in der Welt, und gerade und nur so ist er bei uns und hilft uns. Es ist Mt 8,17 ganz deutlich, daß Christus nicht hilft kraft seiner Allmacht, sondern kraft seiner Schwachheit, seines Leidens. [...] Die mündige Welt ist gottloser und darum vielleicht gerade Gott näher als die unmündige Welt."[138]

Im Anschluß an diese Überlegungen zeigt Jüngel, daß es gerade in der Tradition negativer Theologie, die hier von dem Augustinussatz „si [...] comprehendis, non est Deus" vertreten wird, notwendig ist, die Anwesenheit Gottes in der Welt nicht als „gewaltige Steigerung weltlicher Vorhandenheit"[139] zu begreifen. Der Kreuzestod Jesu Christi katalysiert diese weitreichende Einsicht in die Unzulänglichkeit jeder Theologie von der Gegenwart Gottes, die den Kern *jeder* ernstzunehmenden Rede vom Tode Gottes bilden muß. Das heißt für Jüngel, daß „Der Gedanke von der Allgegenwart Gottes [...] hindurch [muß] durch das Nadelöhr des recht verstandenen Gedankens vom Tode Gottes."[140]

Ein Anhalt an einer Betrachtung Jesu als des ganz Anderen, als eines Menschen, der sich jeder abschließenden Ab-bildung entzieht (und vielleicht gerade in solchen Widerständigkeiten seine Göttlichkeit erweist), fordert gleichzeitig zur Betrachtung der Techniken auf, die direkt *nach* seinem Verschwinden und bis heute seine Person als *anwesend*, *ohne Widersprüche verstehbar* und *lebendig* zu rekonstruieren in der Lage waren. Unsere Vermutungen gehen dahin, daß im Dienste einer Metaphysik der Präsenz und der Herrschaft im Rahmen dieses Prozesses seine Göttlichkeit einseitig gerade in Insignien

---

[136] *E. Jüngel*, Gott als Geheimnins der Welt. Zur Begründung der Theologie des Gekreuzigten im Streit zwischen Theismus und Atheismus, Tübingen [6]1992, 61.

[137] Ebd. 62.

[138] *D. Bonhoeffer*, Widerstand und Ergebung, Güterloh 1970, 394.

[139] *E. Jüngel*, a.a.O. 81.

[140] Ebd. 82.

der Macht und der Lebendigkeit, nicht aber in Handlungsmustern der Selbstenteignung, der Durchkreuzung eingefahrener Strukturen des Verstehens, der Hingabe und des Todes gesucht und die bewußte Wahrnehmung seiner Abwesenheit vermieden wurde. Dies gilt, wenn auch eben diese Techniken selbst wiederum als Spur zu seiner Abwesenheit, zu seinem Geheimnis begriffen werden können. Eine sogeartete Herangehensweise an biblische und theologische Textangebote soll und will als späte Hinwendung zu zentralen Aspekten des jüdischen Gottesbegriffs, aber gleichzeitig auch als Neudeutung des Dogmas von Chalkedon im Sinne einer strukturell unauflöslichen Aporie in der Gottesrede[141] verstanden werden. Sie weist sich damit aus als fortwährender Verweis auf die Undarstellbarkeit Gottes in menschlichen Denkkategorien, ja in menschlicher Sprache überhaupt. Eine Undarstellbarkeit, die, wie gerade das genannte Dogma zeigt, durch die Menschwerdung Jesu Christi, seinen Tod und seine Erhöhung eben nicht *aufgelöst*, sondern *bestätigt* wird. Von einer solchen Sicht auf *Jesus als den Anderen* legen sich, wie ich meine, neben den aufgezeigten Gesprächsmöglichkeiten zwischen christlicher Eschatologie und jüdischem Messianismus aber auch die Neubestimmung der Sakramententheologie und der Ekklesiologie nahe.

c) Messianismus statt Ökonomie - konkrete Anfragen aus dem Judentum

Eine Theologie, die sich als vom jüdischen Denken geprägt zu entwickeln beginnt, ist dem europäischen Menschen noch sehr fremd. Pluriform, von einer radikalen Andersheit und von den eigenen fundamentalen Verwundungen ausgehend, birgt sie jedoch die Chance in sich, daß die Kreuzestheologie „in solchem Denken, das von den Besiegten, Schwachen, Ohnmächtigen ausgeht, zum erstem Mal in die *Methode des Denkens* eingewandert wäre und das nach zweitausend Jahren christlicher Rede vom Kreuz."[142]

Konkret angefragt auf eine Spannung in seiner eigenen Traditionslinie wird das Christentum vom jüdischen Textbegriff, der in unserer Arbeit als konsequente Fortentwicklung des ersttestamentlichen Bilderverbots verstanden wird. Allein die Tatsache, daß das Christentum dieses Gesetz durch die An-

---

[141] Ansätze zu einer solchen Deutung werden - offensichtlich ebenfalls vom Denken J. Derridas inspiriert - in einem jüngst erschienenen Aufsatz von *G.M. Hoff* sichtbar, der unserer Arbeit schon deshalb nahesteht, weil er ausdrücklich zu einer konzeptionellen Prüfung der „Bedeutung eines konsequenten, sprachtheoretisch ausgewiesenen Differenzdenkens [...] für die Theologie" (à la Derrida) auffordert. (Chalkedon im Paradigma Negativer Theologie" in: ThPh 70 (1995) 355-372, hier 370, Anm. 56).

[142] *E. Salmann*, Der geteilte Logos. Zum offenen Prozeß von neuzeitlichem Denken und Theologie, Rom 1992, 479.

nahme der zehn Gebote bewußt in seinen eigenen Traditionsbestand eingegliedert und in der Tradition der Negativen Theologie - diesmal vorwiegend aus griechischen Quellen gespeist [143] - sogar noch einmal parallel entwickelt hat, bedeutet eine Herausforderung für die Christologie.
Die jüdische Anfrage lautet also, christologisch gefaßt: *Wie ist das Bilderverbot unter Beibehaltung der klassischen Christologie angemessen zu verwirklichen, die von einer Menschwerdung Gottes in der Gestalt Jesu, des Wortes Gottes, ausgeht und an seine fortwährende Präsenz in der Kirche glaubt* ?
Das kabbalistische Motiv des Zimzum, der Selbstkontraktion Gottes um der Entstehung der Schöpfung willen, das bereits bei Gershom Scholem im Kontext eines Gottesbegriffs der Moderne im Sinne einer konstruktiven Aufnahme nihilistischen Denkens und einer Erklärung der wahrgenommenen Abwesenheit einer sinnstiftenden transzendenten Institution weitergeführt wurde, scheint mir hier auch für den christologischen Diskurs und das christliche Denken allgemein fruchtbar wichtige Ressourcen zu bergen. [144]
M.A. Ouaknin hat in seiner von Levinas und Derrida beeinflußten Arbeit zur Talmudlektüre gezeigt, wie im jüdischen Denken *Gottesbegriff* (Zimzum), *theologischer Diskurs* (Mahloquet) und *Ethik* (Caresse)[145] ineinander verschlungen sind. Virulent für eine christliche Theologie wird dieses jüdische Denken nicht nur als interessante Alternative, sondern in seiner konkreten heuristischen Kompetenz angesichts der ethischen Folgen einer im Christentum immer wieder etablierten und - wie die Geschichte zeigt - nach den jeweiligen Machtinteressen formbaren Gottesgestalt mit absoluter Autorität. Wir sind der Potenz, aber auch der Radikalität dieser interreligiösen und interdisziplinären Kritik des Christentums im Zusammenhang einer Konfrontation des jüdischen Textbegriffs mit dem christlichen Inkarnationsgedanken in einer psychoanalytischen Deutung Pierre Legendres in Teil 2 der Arbeit begegnet. Hier konnte der Eindruck nicht verwischt werden, daß sich in einer bestimmten Weiterentwicklung des Inkarnationsglaubens Antijudaismus, ein

---

[143] Vgl. den dritten Teil dieser Arbeit.

[144] Als ermutigender Ansatzpunkt sei hier auf die gleichzeitig kritische wie konstruktive Darstellung des Traditionsbegriffs als *vierfache traditio*, also als Hingabe auf verschiedenen Ebenen und das Konzept einer *Erlösung durch die Hingabe Jesu am Kreuz allein* bei H. Verweyen verwiesen, die hier nicht eigens wiederholt werden muß. *H. Verweyen*. Gottes letztes Wort. Grundriß der Fundamentaltheologie. Düsseldorf 1991, v.a. 68-73 und 441-482. In seiner zu Unrecht in Vegessenheit geratenen Studie „Das Licht des Nichts“ (Von der Möglichkeit neuer religiöser Erfahrung, Düsseldorf 1980) konstatiert *B. Welte* in einer, der Scholems durchaus ähnlichen, Denkbewegung: „[...] daß sich die Erfahrung des Nichts, die dem modernen europäischen Nihilismus zugrundeliegt, in eine neue religiöse Erfahrung verwandeln kann“ (55).

[145] Vgl. hierzu detailiert auch seine neuere Arbeit: Lire aux éclats. Éloge de la caresse. Paris 1992.

im Sinne der Psychoanalyse pathologisch-rückhaltloses Ausleben falscher Harmoniesehnsüchte und die theologische Legitimation totalitärer Machtausübung von Menschen über Menschen die Hand reichten.

Bezüglich des Verhältnisses zwischen *jüdischem Messianismus* und *christlicher Eschatologie*, dem „essentiellen Konflikt zwischen Judentum und Christentum“[146], können vor dem Hintergrund unserer Überlegungen ebenfalls einige weiterführenden Bemerkungen gemacht werden:
In einem vor mehr als fünfundzwanzig Jahren entstanden Vortrag konnte G. Scholem feststellen:

> „Das Judentum hat [...] stets an einem Begriff von Erlösung festgehalten, der sie als einen Vorgang auffaßte, welcher sich in der Öffentlichkeit vollzieht, auf dem Schauplatz der Geschichte und im Medium der Gemeinschaft, kurz, der sich entschieden in der Welt des Sichtbaren vollzieht [...]. Demgegenüber steht im Christentum eine Auffassung, welche die Erlösung als einen Vorgang im 'geistlichen' Bereich und im Unsichtbaren ergreift, der sich in der Seele, in der Welt jedes einzelnen, abspielt und der eine geheime Verwandlung bewirkt, der nichts Äußeres in der Welt entsprechen muß.“[147]

Ausgehend von der Pastoralkonstitution des Zweiten Vatikanischen Konzils[148] und der Weiterentwicklung seiner Neuansätze in der Theologie der Befreiung zeichnet sich jedoch inzwischen an der Verwerfungslinie Innerlichkeit / Geschichtlichkeit der Erlösungsvorstellung eine deutliche Kritik der christlichen Strategie von Jenseitsvertröstung und damit auch eine Hinwendung christlicher Jenseitskonzeption zur geschichtlich orientierten Messiaserwartung des Judentums wie zu einer urchristlichen Eschatologie ab. Die befreiungstheologische Vorstellung menschlichen Handelns als Antwort auf den unbedingten göttlichen Anruf läßt noch deutlicher die dualistische Unterscheidung zwischen Jenseits und Diesseits hinter sich und denkt Eschatologie mit G. Greshake primär als qualitative Verstärkung ethischen Handelns[149]. Den einstmals zur Weltflucht auffordernden - metaphysischen - Jenseitsvorstellungen kommt

---

[146] *G. Scholem*, Zum Verständnis der messianischen Idee im Judentum, in: Ders., Über einige Grundbegriffe des Judentums. Frankfurt a.M. 1970ff (im folgenden „Messianische Idee“), 121-167, hier 121.

[147] Ebd.

[148] Hier heißt es in klarer Absetzung von der von G. Scholem beklagten, im Christentum vorherrschenden Erlösungsvorstellung: „Zwar werden wir gemahnt, daß es dem Menschen nichts nützt, wenn er die ganze Welt gewinnt, sich selbst jedoch ins Verderben bringt; dennoch darf die Erwartung der neuen Erde die Sorge für die Gestaltung dieser Erde nicht abschwächen, auf der uns der wachsende Leib der neuen Menschheitsfamilie eine umrißhafte Vorstellung von der künftigen Welt geben kann, sondern muß sie im Gegenteil ermutigen.“ (GS 39).

[149] Vgl. als Schlüsselwerk befreiungstheologischer Eschatologie: *J.B. Libanio / M.C. Lucetti Bingemer*, Christliche Eschatologie, Düsseldorf (Bibliothek Theologie der Befreiung) 1987.

nurmehr eine strategische Qualität für die Motivation „diesseitigen" konkreten Handelns zu[150].

Auch Derrida wendet sich in einer Kantisch/Levinasschen Denkbewegung gegen das im Christentum immer wieder drohende Substitut eines verdrängten Hedonismus, der - in den Grenzen einer ethischen Ökonomie verbleibend - den bereits in der Hiobserzählung gesprengten Tun-Ergehens-Zusammenhang lediglich in die phantasmatische Unendlichkeit eines anthropomorph gedachten Jenseits projiziert.[151] Er schreibt zur ethischen Konzeption der matthäischen Seligpreisungen:

> „All denen wird ein Lohn, eine Belohnung, ein Entgelt *(merces, misthos),* ein gutes Entgelt, ein überreichliches Entgelt *(merces copiosa, misthos polys)* versprochen: *in den Himmeln.* So wird sich der wahre Schatz des Himmels bilden, ausgehend vom Lohn oder vom für das Opfer oder den Verzicht auf dieser Erde gezahlten Preis, genauer vom von denen gezahlten Preis, die es geschafft haben werden, sich über die irdische oder buchstäbliche Gerechtigkeit der Schriftgelehrten und der Pharisäer, der Männer des Buchstabens, des Körpers oder Korpus und der Erde zu erheben."[152]

Auch Derrida ist sich bewußt, daß es sich bei der hier - zumindest mit Blick auf ihre Rezeptionsgschichte - zu Recht kritisierten Ökonomie nicht um *die* Ökonomie Jesu, des Matthäus oder gar des Neuen Testamentes handelt. Vielmehr weist er direkt im Anschluß auf Spuren einer An-Ökonomie, einer Ethik der Gabe hin, die das gezeichnete Bild von Jesus als dem „gerechten" Richter fundamental durchkreuzen: Mit Verweis auf Jesu Radikalisierung der Ehebruchsdefintion, seiner Aufforderung zum Herausreißen des Auges, zum Abschlagen der Hand, die „zur Sünde verführen" (Mt 5, 27-30), schreibt er: „Ein *solches* ökonomisches Kalkül schließt den absoluten Verlust mit ein. Es bricht mit dem Tausch, der Symmetrie oder der Reziprozität. [...]. Es geht darum, die strenge Ökonomie, denTausch, das Zurückgeben [...] außer Kraft zu setzen."[153].

Eine Konzeption, die Ökonomie in diesem Sinne durchkreuzt und das Kommen des „jüngsten Gerichts" - in der christlichen Tradition untrennbar mit der Person des „Richters" Jesus Christus verbunden - verstärkt unter der Katego-

---

[150] „Was ungetan blieb in der Zeit, die Chancen und Möglichkeiten, die ausgeschlagen, verpaßt und verfehlt wurden, bleiben auch verpaßt in der neuen Welt. Was gebaut in der Zeit, ist gebaut für immer; was unterlassen ist, bleibt unterlassen." *G. Greshake / G. Lohfink,* Naherwartung, Auferstehung, Unsterblichkeit. Untersuchungen zur christlichen Eschatologie (QD 71), 73.

[151] Bezeichnend für Derrida, daß er auch hier die Abwertung der Schriftlichkeit in Gestalt der „schriftgelehrten" Pharisäer ausmachen zu können glaubt.

[152] *J. Derrida*, Den Tod geben, a.a.O., 425f.

[153] Ebd. 428.

rie des Bilderverbotes versteht, die außerdem „Gegenwart“ nicht nur unter dem Signum des „Schon“ der Erlösung, sondern ebenso unter dem „Noch-Nicht“, also der Abwesenheit und Unverstehbarkeit des Erlösers faßt, wird sich noch in zwei weiteren Punkten den Grundannahmen des jüdischen Messianismus annähern, wie sie von Scholem dargestellt werden:

(1) In der neueren Eschatologie wurde die Absage an allzu konkrete Jenseitsvorstellungen und ihre Einordung in eine ökonomische Moraltheologie bereits vollzogen, eine Konsequenz aus der (aufgeklärten) Kritik an der „moralisierenden Funktion“[154] der Gerichtsdrohungen, die mit der hier vorgestellten Anwendung des Bilderverbotes auf die Person Jesu Christi auf einer Linie liegt. Damit nähert sich die christliche Theologie jedoch der jüdischen Messiasvorstellung insofern an, als sie von der Vorstellung abrückt, der kommende „Pantokrator“ schaffe in einem *bestimmten* (herrschaftlich antizipierbaren) Sinne Gerechtigkeit, eine Vorstellung, die sich zudem als konkrete Erinnerung an eine anders als textuell faßbare Jesusgestalt ausgibt. Wie die jüdische müßte auch die christliche Theologie also davon ausgehen, daß der, den sie am Ende der Zeiten erwartet, nicht das „Unverwechselbare und Unvergeßliche[155] der Person“ vorzuweisen haben wird, und daß „alles Personhafte nur ganz abstrakt gesehen werden kann, weil ihm eben (noch) keine lebendige Erfahrung zugrunde liegt“[156].

(2) Scholem weist darauf hin, daß sich in der jüdisch/kabbalistischen Tradition ein bestimmtes Konzept der Anwesenheit des Messias trotz oder besser bei seiner gleichzeitigen Verborgenheit, das heißt konkret *Unerreichbarkeit* - also Abwesenheit - für die Gläubigen entwickelt hat, das dem von mir vorgeschlagenen Konzept eines Rückzugs Jesu Christi im Bild der Himmelfahrt (bzw. in den Text der heiligen Schriften) relativ nahe kommt.

> „Dieses tiefe Gefühl von der Unberechenbarkeit der messianischen Zeit hat in der messianischen *Aggada* die Idee von der Verborgenheit des Messias hervorgebracht, der irgendwo schon immer da ist und den eine tiefsinnige Legende nicht umsonst am Tage der Tempelzerstörung geboren sein läßt.“[157]

Am Tage der Zerstörung nationaler wie individueller Identität, dann, wenn der Verzicht auf Herrschaft und Macht endgültig und unübersehbar wird, entsteht die Vision einer zukünftigen Rettung, die jedoch irreduzibel mit der Idee der eigenen Hingabe und der Hingabe des Erlösers verbunden bleiben muß, eine

---

[154] Vgl. zur Problemlage den Artikel „Eschatologie“ von *F.-J.Nocke* in: Th. Schneider (Hg.), Handbuch der Dogmatik. Düsseldorf 1992. Bd 2, 377-480, hier 377.

[155] ... denn wer sollte hier vergessen bzw. sich erinnern ?

[156] *G. Scholem*, „Messianische Idee“, 143.

[157] Ebd. 135.

Vision, die sich ihrer Vorläufigkeit und Unvollkommenheit stets bewußt bleibt, wie sie sich im Vollzug der Beschneidung bei jedem Individuum neu manifestiert.

d) Taufe: Teilhabe am Schicksal Christi

> „Wißt ihr denn nicht, daß alle, die wir in den Messias Jesus hineingetauft wurden, in seinen Tod hineingetauft sind? Begraben wurden wir also mit ihm durch die Taufe in den Tod, damit - wie der Messias von den Toten auferweckt ward durch die Herrlichkeit des Vaters - auch wir im Neuen des Lebens den Weg gehen.“[158]
>
> „Es steige hinab in dieses Wasser die Kraft des Heiligen Geistes, daß alle, die mit Christus in seinen Tod hinein begraben sind durch die Taufe, mit ihm auferstehen zum ewigen Leben.[159]

Als Beispiel für eine Alternative zu präsenzmetaphysischen sakramententheologischen Ansätzen legt sich für unsere Arbeit eine Betrachtung des Taufsakramentes in Konfrontation mit dem jüdischen Ritus der Beschneidung nahe, wie er im zweiten Teil der Arbeit entwickelt wurde. Es handelt sich dabei nicht um Anfragen, die eine Revolution, eine Umwälzung bestehender Tauftheologien auslösen. Angezielt wird lediglich eine leichte Schwerpunktverschiebung, die scheinbar alles beim Alten läßt.
Bereits Thomas von Aquin verstand die Beschneidung als Vorstufe zur Taufe[160]. Ich nehme diese mittelalterliche Deutung als Hinweis auf eine entfaltbare Strukturanalogie zwischen Beschneidung und Taufe, die in unserem Fall Rückschlüsse für eine nachmetaphysische Neufassung der Bedeutung des Taufsakramentes ermöglicht.
Die vorab zitierten Passagen aus dem Brief an die Römer und dem gültigen Taufrituale verweisen unleugbar auf eine Tradition, die Taufe als Taufe *in den Tod Jesu Christi* versteht.[161] Akzeptanz und Nachvollzug seines Leidens und Todes erscheinen dabei als unumgehbare *Voraussetzung* eines „Neuen Lebens

---

[158] Röm 6,3f. Übersetzung *F. Stier*.

[159] Erstes Formular der Taufwasserweihe, in: Die Feier der Kindertaufe, Volksausgabe, 24.

[160] Summa Theologica III, 66, 10c.

[161] Vgl. zur Problematik des Leib-Christi-Begriffs: *H. Verweyen*, Gottes letztes Wort, a.a.O., 515ff (Kap. 21).

in Christus"[162]. Weder Sakramententheologie noch der um Nachfolge bemühte einzelne Christ dürfen also die hier ausgesprochene Bindung an „Leben und Sterben Jesu" überspringen. Fraglich nur, ob im Ritual und in der Theologie der Taufe das Element des Leidens und der Bedrohung für den Menschen, die etwa (auch biblisch)[163] vom Element der „Chaoswasser" ausgehen, ausreichend repräsentiert ist. Ist dies nicht der Fall, so muß befürchtet werden, daß das Taufsakrament durch ein vorschnelles Überspringen der menschlichen Kontingenz aus naiver Erlösungssehnsucht nicht zur Bewältigung, sondern zur Verzerrung, ja Auslöschung dieses Aspektes beiträgt und eine Teilhabe am „neuen Leben in Christus" im Sinne des Paulus verhindert. So wird in der Tradition als Wirkung der Taufe zwar immer wieder die *Teilhabe am Schicksal Christi* genannt, dieses jedoch ganz im Sinne einer „Christologie von oben", also unter Auslassung seines Menschseins und Sterbens, betrachtet und etwa mit „Gabe des heiligen Geistes", „Vergebung der Sünden", „Geburt zu neuem Leben", „Zusammengehörigkeit aller Getauften", „Eingießung der göttlichen Tugenden" umschrieben.[164] Th. Schneider[165] bemerkt in einem eigenen Kapitel „Mitsterben - Mitauferstehen (Röm 6)" immerhin: „der Blick auf das Schicksal Jesu Christi bewahrt uns vor einem ekklesiologischen Triumphalismus"[166]. Schneider muß konsequent den Charakter der Taufe als *Ermöglichung* (nicht Vollzug) der Nachfolge Christi zu einer entsprechenden Lebensgestaltung in Beziehung setzen. Daß die sakramentale Ermöglichung eines Lebens in Hingabe die rituelle und verbale Thematisierung, ja vielleicht sogar Verleiblichung des Lebens, Leidens und Sterbens (Jesu Christi) mitimplizieren müßte, bleibt jedoch unerwähnt. Eine kritische Durchleuchtung des aktuellen Taufrituals unter dem genannten Aspekt fehlt.
In Kapitel II.2. dieser Arbeit wurde das jüdische Ritual der Beschneidung als Materialisierung der Endlichkeit, als Beschneidung des hybriden Anspruchs auf umfassenden Zugang zur Wahrheit, als De-Identifizierung und damit als eine Erinnerung an den Tod und die Nacktheit jedes Menschen enwickelt. Sie wurde verstanden als die Verleiblichung einer vorsprachlichen Verletztheit. Als Grenze markiert sie gleichzeitg die Begrenztheit sprachlicher Möglichkeiten wie die Unmöglichkeit, diese zu transzendieren. Die christliche Taufe

[162] Vgl. 2 Kor 5,21.

[163] Gen 1,6-10; Ijob, 7,12; Ps 65,8 u.a.

[164] Vgl. dazu *K. Spez*, Art. Sakramentenlehre, I. Taufe, in: Th. Schneider (Hg.), Handbuch der Domatik, a.a.O., 226-259, hier 250.

[165] Zeichen der Nähe Gottes, Grundriß der Sakramententheologie, Mainz 1979f.

[166] Ebd. 81.

steht insofern immer in der Gefahr, diese Grenzen zu verwischen, als sie mit dem Anspruch auftritt, die ursprüngliche Verstrickung des Menschen in Begehren und Tod zu überwinden, *endgültig* aus der Sünde in das Leben zu führen. Die im geltenden Taufritual unübersehbare Privilegierung des Lebens entspricht der oben bereits beklagten Gefahr auch des christlichen Denkens, sich ohne Projektionskritik den menschlichen Identitäts- und Harmoniesehnsüchten hinzugeben. Letztlich hat sich diese Tendenz auch in einer bestimmten Deutung des Auferstehungsgeschehens niedergeschlagen, nämlich einem Verständnis, das Auferstehung als *Tilgung* des Todes und Leidens aus dem Leben Jesu und dem seiner „Nachfolger" kraft göttlichen Eingriffs faßt. Dabei wird übersehen, daß selbst der verklärte Gottmensch deutlich und „fühlbar" die Wundmale, Folgen seiner Marter, an seinem Leibe trägt. Vor diesem Hintergrund kann Leiden und Mißerfolg im Kontext eines bestimmten christlichen Denkens - wie von Max Weber gezeigt[167] - nur noch als Versagung der supranaturalen Gnadenzuweisung Gottes und nicht mehr als Nachfolge des sich verschwendenden Menschen Jesus Christus erscheinen.
Gleichzeitig nährt die Identifikation von „Mitgliedschaft in der Kirche" und „Teilhabe am Leben Jesu" im obigen (einseitigen) Sinne die Fiktion, die Erlösung im „Neuen Leben Christi" sei bereits mit der bloßen Kirchenmitgliedschaft verbürgt. Daß sich Kirche ebenfalls auf dem Weg zu einem erst zugesagten Heil befindet, daß sie sich selbst als „sündige" bekennt, gerät dabei allzu leicht in Vergessenheit. Im Ritus der Beschneidung dagegen wird der (jüdische) Mensch gerade im Namen einer Zugehörigkeit, die sich beständig selbst auflöst, in die Heimatlosigkeit verstoßen. Es ist die Zugehörigkeit zu einem Judentum, dem man nicht angehören kann, weil ihm *alle* angehören, markiert durch einen Eingriff, der den scheinbar unversehrten Körper verletzt, zeichnet und so auf die ursprüngliche Verletzung des sprechenden Ich durch die Sprache hinweist. Derrida entwirft einen Humanismus der Beschneidung, der den abendländisch/männlichen Subjektbegriff verläßt, ohne ein Ziel, ohne eine neue Identität vor Augen zu haben.
In diesem Sinne die Leiblichkeit des Menschen, also seine ursprüngliche Verletztheit, seine apriorische Angewiesenheit auf den anderen Menschen, seine unausweichliche Konfrontation mit dem Tod, neben den biblischen Verheißungen von Leben und Gnade im Ritual der Taufe stark zu machen, wären Aufgaben einer Tauftheologie, die den Derridaschen Ansatz aufgriffe.

---

[167] *M. Weber*, Protestantische Ethik, Tübingen 1920f.

4. Schluß

Dieses letzte Kapitel widersetzt sich ebenso einer Zusammenfassung wie die gesamte Arbeit. Wir blicken auf einen offenen Prozeß, der den Dialog zwischen Theologie, ihrer eigenen Praxis und außertheologischem Denken immer schon bestimmt hat. Ein Gedanke, der in unserer theologischen Reflexion bisher vielleicht zu kurz kam, soll hier jedoch noch einmal kurz beleuchtet werden.

Ich glaube, als Anliegen Derridas das Plädoyer für die Unvertretbarkeit der singulären (ethischen) Situation, also der Begegnung mit dem ganz Anderen, herausgearbeitet zu haben. Unternimmt man den Versuch, den Anspruch dieser Unvertretbarkeit und damit in gewisser Weise den Freiheitsgedanken der Aufklärung wachzuhalten, bedeutet dies eine beständige Anfrage an jede Systematisierung und Konzeptualisierung von Wirklichkeit, Maßnahmen, die als immer vorläufige Strategien der Lebensbewältigung dennoch unumgänglich bleiben. Vielleicht ist es sogar das bleibende Verdienst der „seriösen Postmoderne“, in einem Prozeß des beharrlichen Rückfragens das gewaltsame Anheben eines jeden Diskurses in einer solchen grundlegenden Konzeptualisierung der an sich ungreifbaren Phänomene durch den Sprecher/Schreiber bewußt gemacht zu haben.

In der theologischen Reflexion wie im kirchlichen Alltag scheint mir zur Zeit die Gefahr hierarchischer Konzeptualisierungen eher im Abklingen befindlich. Die auch am Fundament des christlichen Glaubens lauernde Harmonisierung und Glättung disparater Wirklichkeit drückt sich in den Kirchen des Westens vielleicht eher in einem Sich-eingerichtet-Haben in der eigenen „Erfolgsgeschichte“, in der fehlenden Sensibilität für die Brüchigkeit und Vorläufigkeit menschengemachter Bilder von Gott und der Welt und in einer nur funktionalen Beziehung zum Leid des anderen Menschen aus. Dieser weit zurückreichenden Vereinseitigung der christlichen Botschaft nicht durch wohlfeile Appelle, sondern im Rahmen einer dekonstruktiven Durcharbeitung der gründenden Aussagen christlichen Glaubens zu begegnen, ist und bleibt Aufgabe der Theologie.

Verwendete Abkürzungen

CGG	Christlicher Glaube in moderner Gesellschaft. Enzyklopädische Bibliothek in 30 Tl.-Bdn. und 7 QQ-Bdn., hg. v. F. Böckle, F.X. Kaufmann, K. Rahner u. B. Welte in Verb. m. R. Scherer. Freiburg i. Br. 1980-82; QQ-Bde. 1983-86.
DS	H. Denzinger / A. Schönmetzer: Enchiridion symbolorum, Definitionum et Declarationum de rebus fidei et morum. Freiburg i. Br. ^{36}1976.
EKK	Evangelisch-katholischer Kommentar zum Neuen Testament. Neukirchen-Vluyn-Einsiedeln 1975ff.
GS	Gaudium et Spes. Pastorale Konstitution über die Kirche in der Welt von heute vom 7. Dezember 1965 (Zweites Vatikanische Konzil).
HWP	Historisches Wörterbuch der Philosophie. Hg. v. J. Ritter u.a., Basel 1971ff.
LThK^2	Lexikon für Theologie und Kirche. 2. Aufl., hg. v. J. Höfer u. K. Rahner, 10 Bde. Freiburg i. Br. 1957-67.
LThK^3	Lexikon für Theologie und Kirche, 3. Aufl., hg.v. W. Kasper u.a., Bd. 1ff. Freiburg i. Br. 1993ff.
MySal	Mysterium Salutis. Grundriß heilsgeschichtilicher Dogmatik. Hg. v. J. Feiner u. M. Löhrer, 5 Bde. Einsiedeln 1965-76, Erg. Bd. 1981.
NHThG	Neues Handbuch theologischer Grundbegriffe. Hg. von P. Eicher, 4 Bde., München 1985.
RGG	Die Religion in Geschichte und Gegenwart. Tübingen 1956-62, Reg Bd. 1965.
ThPh	Theologie und Philosophie. Freiburg i. Br. 1966ff.
TRE	Theologische Realenzyklopädie. Hg. v. G. Krause u. G. Müller. Berlin / New York 1976ff.

Zitierte Literatur

1. Schriften von Jacques Derrida
(in zeitlicher Reihenfolge, deutsche Übersetzungen kursiv)

Edmund Husserl. L'origine de la géométrie. Traduction et introduction par Jacques Derrida. Paris 1962 u. 1974.

De la grammatologie. Paris 1967.

L'écriture et la différence. Paris 1967.

La voix et le phénomène. Introduction au problème du signe dans la phénoménologie de Husserl. Paris 1967.

Marges - de la philosophie. Paris 1972.

Positions. Paris 1972.

La dissemination. Paris 1972.

Glas. Paris 1974.

Grammatologie. Übersetzt von H.-J. Rheinberger und H. Zischler, Frankfurt a.M. 1974.

Die Schrift und die Differenz. Übersetzt von R. Gasché und U. Köppen, Frankfurt a.M. 1976.

Limited Inc. a, b, c, Baltimore 1977 (frz. Fassung 1990).

Epérons. Les styles de Nietzsche. Paris 1978.

La vérité en peinture. Paris 1978.

Le retrait de la métaphore. In: Poésie 6, 1979.

Die Stimme und das Phänomen. Ein Essay über das Problem des Zeichens in der Philosophie Husserls. Übersetzt und mit einem Vorwort versehen von J. Hörisch, Frankfurt a.M. 1979.

La carte postale de Socrate à Freud et au-delà. Paris 1980.

En ce moment même dans cette ouvrage me voici. Frz. Erstveröffentlichung in F. Laruelles (Hg.): Textes pour Emanuel Lévinas. Paris 1980, wiederaufgenommen in: J. Derrida: Psyché. Inventions de l'autre. Paris 1987.

Nietzsches Otobiographie oder Politik des Eigennamens. Die Lehre Nietzsches. Übersetzt von F. A. Kittler, in: Deutsch-französisches Jahrbuch für Text-Analytik „Fugen". Olten 1/1980, 64-98.

Les morts de Roland Barthes. in: Poétique, Septembre 1981, Nr 47, 269-291.

Die Postkarte von Sokrates bis Freud und jenseits. 2 Bde. Übersetzt von H.J. Metzger. Berlin 1982 und 1987.

D'un tone apocalyptique adopté naguère en philosophie. Paris 1983.

Préjugés. Devant la loi. Paris 1983.

Otobiographies. L'enseignement de Nietzsche et la politique du nom propre. Paris 1984.

Labyrinth und Archi-textur. Mit Eva Meyer. In: Das Abenteuer der Ideen. Architektur und Philosophie seit der industriellen Revolution. Internationale Bauaustellung Berlin 1984, 95-106.

Des tours de Bable. in: L'Art des confins. Paris 1985.

Apokalypse. Von einem neuerdings erhobenen apokalyptischen Ton in der Philosophie. Übersetzt von Michael Wetzel. Wien 1985.

Mémoires - for Paul de Man. New York 1986 (frz Fassung: Paris 1987).

Schibboleth - pour Paul Celan. Paris 1986.

Schibboleth. Für Paul Celan. Übersetzt von W. S. Baur. Wien 1986.

Positionen. Gespräche mit Henri Ronse, Julia Kristeva, Jean-Louis Houdebine u.a. Übersetzt von D. Schmidt unter Mitarbeit von A. Winterberger, Wien 1986.

Alterités. Paris 1986 (Mit J.-P. Labarrière).

Sporen. Die Stile Nietzsches. Übersetzt von R. Schwaderer, überarb von W. Hamacher, in: W. Hamacher (Hg.): Nietzsche aus Frankreich. Frankfurt / Berlin 1986.

Psyché. Inventions de l'autre. Paris 1987.

Feu la cendre. Paris 1987 (zusammen mit einer Cassette, Text gelesen von J.Derrida und C. Bouquet).

Geschlecht: différence sexuelle, différence ontologique. La main de Heidegger (Geschlecht II). In: Psyche. Inventions de l'autre. Paris 1987.

De l'esprit. Heidegger et la question. Paris 1987.

Antwort an Apel. Übersetzt von M. Wetzel. In: Zeitmitschrift. Journal für Ästhetik. Nr.3/1987, 76-85.

Chora. In: Poikilia. Études offertes à J.-P. Vernant. EHESS, Paris 1987.

Husserls Weg in die Geschichte am Leitfaden der Geometrie. Übersetzt von R. Henschel und A. Knop, München 1987.

Der Entzug der Metapher. Übersetzt von A.G. Düttmann und I. Radisch, in: V. Bohn (Hg.): Romantik, Literatur und Philosophie. Frankfurt a.M. 1987, 317-355.

Die Tode von Roland Barthes. Übersetzt von G. Ricke und R. Voulié, Berlin 1987.

Letter to a Japanese Friend. In D. Wood / R. Bernasconi (Ed.): Derrida and Differance. Evanston, Ill. 1988, 1-5.

Comme le bruit de la mer au fond d'un coquilage. La guerre de Paul de Man. Memoires II. Paris 1988.

Wie Meeresrauschen auf dem Grund einer Muschel... Paul de Mans Krieg. Memoires II. Übersetzt von E. Weber, Wien 1988.

Vom Geist. Heidegger und die Frage. Übersetzt von A.G. Düttmann. Frankfurt a.M. 1988.

Geschlecht (Heidegger). Enthält: Sexuelle Differenz, ontologische Differenz. Heideggers Hand (Geschlecht II). Übersetzt von H.-D. Gondek, Wien 1988.

Mémoires: Für Paul de Man. Übersetzt von H.-D. Gondek, Wien 1988.

Feuer und Asche. Übersetzt von M. Wetzel, Berlin 1988.

Randgänge der Philosophie. Übersetzt von G.R. Sigl, J. K. Schreiner, M. Fischer, E. Pfaffenberger-Brückner, G. Ahrens, H. Beese, D.W. Tuckwiller, Wien 1988.

Wie nicht sprechen. Verneinungen (Comment ne pas parler. Dénégations. In: Psyché. Paris 1987). Übersetzt von H.-D. Gondek, Wien 1989.

Force de loi. Le 'fondement mystique de l'autorité'. Zuerst in englischer Übersetzung in: Deconstruction and the Posibility of Justice. Cardozo Law Review, Vol. 11, July August 1990, Numbers 5-6, New York 1990.

Die Wahrheit in der Malerei. Übersetzt von M. Wetzel. Wien 1990.

Chora. Übersetzt von H. D. Gondek. Wien 1990.

Eben in diesem Moment in diesem Werk findest du mich. Übersetzung von E. Weber, in: M. Mayer / M. Hentschel: Lévinas. Zur Möglichkeit einer prophetischen Philosophie. (Parabel, Schriftenreihe des evangelischen Studienwerks Villigst, 12) Gießen 1990, 42-83.

L'autre cap suivi de La démocratie ajournée. Paris 1991.

Circonfession. In: Jacques Derrida par Geoffrey Bennington et Jacques Derrida. Paris 1991.

Gesetzeskraft. Der 'mystische Grund der Autorität'. Übersetzt von A. G. Düttmann, Frankfurt a.M. 1991.

Post-Scriptum, Aporias, Ways and Voices. In: H. Coward / T. Foshay (Ed.): Derrida and Negative Theology, New York 1992, 283-323.

Donner la mort. In: J.-M. Rabaté / M. Wetzel (Hg.): L'ethique du don: Jacques Derrida et la pensèe du don. Paris 1992.

Das andere Kap. Die vertagte Demokratie. Zwei Essays zu Europa. Übersetzt von A.G. Düttmann, Frankfurt a.M 1992.

Préjugés: Vor dem Gesetz. Übersetzt von D. Otto und A. Witte, Wien 1992.

Sauf le nom. Paris 1993.

Die Wahrheit in der Malerei. Übersetzt von M. Wetzel, Wien 1993.

Jacques Derrida. Ein Portrait von Geoffrey Bennington und Jacques Derrida. Übersetzt von St. Lorenzer, Frankfurt a.M. 1994.

Den Tod geben. Übersetzt von H. D. Gondek, in: A. Haverkamp (Hg.): Gewalt und Gerechtigkeit. Derrida - Benjamin. Frankfurt a.M. 1994, 331-445.

2. Werke anderer Autoren

Adorno, Th. W.: Negative Dialektik. Frankfurt a.M. 1975f.

Altizer, Th. J.J.: The Gospel of Christian Atheism. Philadelphia 1966. (...Daß Gott tot sei. Versuch eines christlichen Atheismus. Übersetzt von F. Dumermuth, wissenschaftlich überarbeitet von W. Hüffmeier, Zürich 1968).

ders. (Ed.): Deconstruction and Theology. New York 1982.

ders.: The New Apocalypse: The Radical Christian Version of William Blake. Michigan State University Press 1967.

Angelus Silesius: Cherubinischer Wandersmann. Kritische Ausgabe. Hg. von L. Gnädinger. Stuttgart 1984.

Aquino, Th. v.: Summe der Theologie I-III. Hg. von J. Bernhart. Stuttgart ^{3}1985.

Arac, J. / Godzich, W. / Martin, W.: The Yale Critics. Deconstruction in America. Theory & History. Vol. 6. Minneapolis, M. 1983.

Aristoteles: Kategorien. Lehre vom Satz. [περὶ ἑρμηνείας] (Organon I/II). Übersetzt und mit einer Einleitung und erklärenden Anmerkungen versehen von E. Rolfes. Hamburg 1958 ff.

Augustinus, A.: Confessiones / Bekenntnisse. Zweispr. Ausg. Übersetzt von J. Bernhart. Mit einem Vorwort v. E. L. Grasmück. Frankfurt a.M. 1987.

Balthasar, H.U. v.: Das Ganze im Fragment. Aspekte der Geschichtstheologie. Einsiedeln 1963.

ders.: Nachwort zu: Angelus Silesius, Cherubinischer Wandersmann (Christliche Meister 6). Einsiedeln 1980, 95ff.

ders.: Theodramatik 2/2: Die Person in Christus, Einsiedeln 1978.

Barth, K.: Kirchliche Dogmatik. Zürich ^{5}1975.

Beardslee, W.A.: Poststructuralist Criticism, In: St. R. Haynes / St. L. Mc Kenzie (Ed.): To Each its own Meaning. An Introduction to Biblical Criticism and their Application. Atlanta 1993.

Behler, E / Hörisch, J. (Hg.): Die Aktualität der Frühromantik. Paderborn 1987.

Behler, E.: Deconstruction versus Hermeneutics. In: Southern Humanities Review 21. 1987, 201ff.

ders.: Derrida - Nietzsche, Nietzsche - Derrida. München 1988.

Beierwaltes, W.: Identität und Differenz. Frankfurt a.M. 1980.

Berger, K.: Wer war Jesus wirklich? Stuttgart 1995.

Bernasconi, R.: Deconstruction and the Possibilities of Ethics. In: John Sallis (Ed.): Deconstruction and Philosophie. The Textes of Jacques Derrida, Chicago 1987, 122-139. Dt. in: Frag-Mente 39/40 (Themenheft „das andere denken" Zur Ethik der Psychoanalyse. Kassel Dez. 1992), 231-147.

ders.: Levinas and Derrida. The Question of the Closure of Metaphysics. In: R.A. Cohen (Ed.): Face to Face with Levinas. New York 1986.

ders.: The Trace of Levinas in Derrida. In: Ders. / D. Wood (Ed.): Derrida and Differance. Warwick 1985.

Bernet, R.: Vorwort zur deutschen Ausgabe von Derrida, Jacques: Husserls Weg in die Geschichte am Leitfaden der Geometrie. (Edmund Husserl, l'origine de la géometrie. Traduction et introduction par Jacques Derrida. Paris 1962 und 1972, dt.) München 1987, 11-30.

ders.: Den Anderen wie dich selbst. In: Frag-mente. 39/40 (Themenheft „das andere denken“ Zur Ethik der Psychoanalyse. Kassel Dezember 1992), 173-188.

Bloch, E.: Gesamtausgabe in sechzehn Bänden. Bd. 5 „Das Prinzip Hoffnung“. Frankfurt a.M. 1959 ff.

Bloom, H. u.a. (Ed.): The Anxiety of Influence. A Theory of Poetry. Oxford 1973.

ders.: A Map of Misreading. Oxford / New York 1975.

ders.: Die heiligen Wahrheiten stürzen. Dichtung und Glauben von der Bibel bis zur Gegenwart. Übersetzt von A. Schweikhart. Frankfurt a.M. 1991.

ders.: Kabbalah and Criticism. New York 1975.

Bonhoeffer, D.: Widerstand und Ergebung. Briefe und Aufzeichnungen aus der Haft. Neuausgabe 1970.

Borsche, T.: Der Herr der Situation verliert die Übersicht. Bemerkungen zu Platons Schriftkritik und Derridas Platonkritik. In: Ars Semeiotica 9. 1986, 317-330.

Briel, M.: Adorno und Derrida oder wo liegt das Ende der Moderne? New York 1993.

Brockhaus Enzyklopädie ^{17}1966ff.

Brütting, R.: Ecriture und Text - Die französische Literaturtheorie nach dem Strukturalismus. Diss. Bonn 1976.

Buchholz, R.: Zwischen Mythos und Bilderverbot. Die Philosophie Adornos als Anstoß zu einer kritischen Fundamentaltheologie im Kontext der späten Moderne. Diss. Bonn, Europäische Hochschulschriften R 23 Theologie, Bd. 415. Frankfurt a.M. u.a. 1991.

Bulhof, I. N. (Ed.): Ons omtbreken heilige namen. Negatieve theologie in de hedendagse cultuurfilosofie. Kampen 1992 / New York 1995.

ders.: Towards a ‘postmodern’ Spirituality. In: Studies in Interreligious Dialogue 5 (1995) 1, 4-30.

Busche, H.: Logozentrismus und Différance - Versuch über Jacques Derrida. In: Zeitschrift für philosophische Forschung 41 (1987), 245-261.

Caputo, J. D.: Mysticism and Transgression: Derrida and Meister Eckhard. In: H. J. Silverman (Ed.): Derrida and Deconstruction. New York 1989, 24-39.

Casper, B. (Hg.): Gott nennen. Phänomenologische Zugänge. Freiburg / München 1981.

ders.: Denken im Angesicht des Anderen. In: Henrix, H. (Hg.): Verantwortung für den Anderen - und die Frage nach Gott. Zum Werk von Emmanuel Levinas. Aachen 1984.

ders.: Illéité. Zu einem Schlüssel„begriff" im Werk von Emmanuel Levinas. In: Philosophisches Jahrbuch 91 (1984), 173-288.

Celan, P.: Gesammelte Werke in fünf Bänden. Hg. v. B. Allemann u. St. Reichert unter Mitwirkung v. R. Bücher. Frankfurt a.M. 1983ff.

Certeau, M. de: Das Schreiben der Geschichte. (L' ecriture de l'histoire. Paris 1975). Unter Auslassung des historischen Teils übersetzt von S. M. Schomburg-Scherff. Frankfurt / New York 1992.

ders.: La fable mystique. Paris 1982.

Childs, B.S.: Die Theologie der einen Bibel. Bd. 1 Grundstrukturen (Biblical Theology of the Old and New Testament. Theological Reflexion on the Christian Bible. London 1992). Übersetzt von Chr. Öeming, Freiburg / Basel / Wien 1994.

Clark, A. K.: Augustine and Derrida: Reading as the fullfilment of the word. In: The New Scholasticism 55. 1981, 104-112.

Cloeren, H.J.: Art. „Metaphysik". In: HWP, Spp. 1179-1186.

Cohen, R.A.: The privilege of reason and play. In: Tjidschrift voor Philosophie 45. 1983, 242-255.

Coward, H. / Foshay, T. (Ed.): Derrida and Negative Theology. New York 1992.

Coward, H.: A Hindu Response to Derridas View of Negative Theology. In: H. Coward / T. Foshay (Ed.): Derrida ... (s. dort), 199-226.

Critchley, S.: The Ethics of Deconstruction. Derrida & Levinas. Cambridge, Mass. 1992.

Culler, J.: Dekonstruktion (On deconstruction. Theorie and Criticism after Structuralism. London 1983). Reinbeck b. Hamburg 1989.

ders.: Structuralism and grammatologie. In: Boundary. A Journal of postmodern literature. 28 (1979), 75-85.

Czermak, G.: Christen gegen Juden. Geschichte einer Verfolgung. Von der Antike bis zum Holocaust, von 1945 bis heute. Frankfurt 1991.

Dautzenberg, G.: Art. „Antijudaismus" in $LThK^3$, Bd. I, 749f.

Despland, M.: On Not Solving Riddles Alone. In: H. Coward / T. Foshay (Ed.): Derrida... (s.dort), 143-166.

Detweiler, R. (Ed.): Semeia 23 (1982) „Derrida and Biblical Studies“.

Dexinger, F.: Art. „Beschneidung“ in: TRE, Bd. V, 714-724.

Die Feier der Kindertaufe. Volksausgabe. In den katholischen Bistümern des deutschen Sprachgebiets. Freiburg 1991.

Die Schrift. Verdeutscht von Martin Buber gemeinsam mit Franz Rosenzweig. Heidelberg 1954f.

Dionysios Areopagita: Mystische Theologie und Briefe. Übersetzt und mit einem ausführlichen Kommentar und Anmerkungen versehen von A.M. Ritter. Stuttgart 1994.

Dohmen, Chr.: Das Bilderverbot. Seine Entstehung und seine Entwicklung im Alten Testament. Bonner Biblische Beiträge, Bd. 62. Königstein, Ts. / Bonn 1985.

ders.: Art. „Bild“ (Bilderverehrung, Bilderverbot, Bilderstreit) Abt. II. Biblisch. In: $LThK^3$, Sp. 441-444.

Engelmann, P. (Hg.): Philosophien. (Gespräche mit französischen Philosophen). Graz / Wien 1985 (Org. Paris 1984).

ders.: Jacques Derridas Randgänge der Philosophie. In: Semiotica Austriaca. Hg.v. B. Jeff, Wien 1987, 96-110.

Flusser, V.: Pilpul. Die Lage des westlich assimilierten Juden - Ein autobiographisches Beispiel. Beitrag in „Zeit und Bild“. Wochenendbeilage der Frankfurter Rundschau vom 18. 3.1995.

Forget, Ph. (Hg.): Text und Interpretation. München 1984.

Foshay, T.: Resentment and Apophasis. The Trace of the Other in Levinas, Derrida and Gans. In: Ph. Berry / A. Wernick, Shadows of Spirit. Postmodernism and Religion. London / New York 1992.

Foucault, M.: Sexualität und Wahrheit, Bd 1-3 (Histoire de la sexualité, Vol. I-III, Paris 1976-1984) Übersetzt von U. Raulff und W. Seitter, Frankfurt a.M. 1983-1991.

ders.: Wahnsinn und Gesellschaft. Eine Geschichte des Wahns im Zeitalter der Vernunft (Histoire de la folie. Paris 1961). Übersetzt von U. Köppen. Frankfurt a.M. 1969f.

FRAG.MENTE. Schriftenreihe zur Psychoanalyse. Das Andere Denken. Zur Ethik der Psychoanalyse.: Kassel Dez. 1992.

Frank, M.: Das Sagbare und das Unsagbare. Studien zur deutsch-französischen Hermeneutik und Texttheorie. Frankfurt a.M. 1993.

ders.: Eine fundamental-semiologische Herausforderung. In: Philosophische Rundschau 23. 1976, 1-16.

ders.: Was ist Neostrukturalismus?. Frankfurt a.M. 1983.

Freud, S.: 69. Brief, 21.9.1897. In: Aus den Anfängen der Psychoanalyse, Frankfurt a.M., 1962.

ders.: Studienausgabe. Hg. von A. Mitscherlich, A. Richards u. Strachey James. Frankfurt a.M. 1969ff.

Fronhofen, H. (Hg.): Christlicher Antijudaismus und jüdischer Antipaganismus. Hamburg 1990.

Fuchs, G.: lautlos geschrien, daß es anders sein soll. In: H. Henrix (Hg.): Theologische Anmerkungen zur Lyrik P. Celans. Aachen 1991, 108-132.

Füssel, K. / Sölle D. u.a. (Hg.): Die Sowohl-als-auch-Falle. Eine theologische Kritik des Postmodernismus. Luzern 1993.

Gabriel, K.: Christentum zwischen Tradition und Postmoderne. Freiburg 1992 (QD 141).

Gadamer, H.-G.: Text und Interpretation. In: Ph. Forget (Hg.): Text und Interpretation. München 1984, 24-55.

ders.: Und dennoch: Macht des guten Willens. In: Ph. Forget (Hg.): Text und Interpretation. München 1984, 59-61.

ders.: Wer bin ich und wer bist Du? Kommentar zu Celans Atemkristall. Frankfurt a.M. 1973f.

ders.: Wahrheit und Methode. Grundzüge einer philosophischen Hermeneutik, Tübingen [4]1975.

Gans, E.: The End of Culture: Toward a Generative Anthropology. Berkeley / London 1985.

Gasché, R.: Deconstruction as Criticism. In: GLYPH. Textual Studies 6 (1979), 177-215.

ders.: The Tain of the Mirror: Deconstruction and the Philosophy of Reflection. Cambridge, Mass. 1986.

Gehring, P.: Innen des Außen - Außen des Innen. Foucault . Derrida . Lyotard. München 1994.

Gnädinger, L.: Die Rosen-Sprüche des Cherubinischen Wandersmanns als Beispiel für J. Schefflers geistliche Epigrammatik. In: Deutsche Dichter des 17. Jahrhunderts. Hg. von H. Steinhagen u.a., Berlin 1983.

Gollwitzer, H.: Einleitung zu: K. Barth, Kirchliche Dogmatik. Ausgewählt und Eingeleitet von H. Gollwitzer. München / Hamburg 1969.

Greshake, G. / Lohfink, G.: Naherwartung, Auferstehung, Unsterblichkeit. Untersuchungen zur christlichen Eschatologie. Freiburg 1975 (QD 71).

Gripp, H.: Theodor W. Adorno. Erkenntnisdimensionen negativer Dialektik. Paderborn / München u.a. 1986, 132-144.

Gumbrecht, H.-U.: Déconstruction Deconstructed. Transformationen französischer Logozentrismuskritik in der amerikanischen Literaturtheorie. In: Philosophische Rundschau 36 (1989), 1-35.

Gürtler, S.: 'Für ein männliches Wesen...'. Das Problem einer geschlechtlichen Markierung des Autorsubjekts im philosophischen Diskurs am Beispiel des Denkens von Emmanuel Levinas. In: Die Philosophin 4 (1993), 36-56.

Haas, A.M.: „...Das Persönliche und Eigene verleugnen." Mystische *vernichtigkeit und verworffenheit sein selbs* im Geiste Meister Eckharts. In: M. Frank / A. Haverkamp (Hg.): Individualität. München 1988, 106-122.

ders.: Christförmig sein. Die Christusmystik des Angelus Silesius. In: W. Böhme (Hg.). Zu Dir Hin. Über mystische Lebenserfahrung von Meister Eckhart bis Paul Celan, Frankfurt a.M. 1987, 178-206.

ders.: Sermo Mysticus. Studien zu Theologie und Sprache der Deutschen Mystik, Fribourg i.Ue 1979, 19-37.

Habbel, T.: Der Dritte stört. Emmmanuel Levinas - Herausforderung für die politische Theologie und Befreiungsphilosphie. Mainz 1994.

Habermas, J.: Die Moderne ein unvollendetes Projekt [1980]. In: Kleine politische Schriften, Frankfurt a.M. 1981.

ders.: Kommunikative Freiheit und negativeTheologie. In: Dialektischer Negativismus. Hg. von E. Angehrn u.a. Frankfurt a.M. 1992.

ders.: Nachmetaphysisches Denken. Philosophische Aufsätze. Frankfurt a.M. 1988.

ders.: Überbietung der temporalisierten Ursprungsphilosophie. In: Der philosophische Diskurs der Moderne. Frankfurt 1982, 191-219.

Halder, A.: Art. „Metaphysik" in: NHbthG III. 1985.

Hamacher, W.: Die Sekunde der Inversion. Bewegungen einer Figur durch Celans Gedichte. In: Ders. / W. Menninghaus (Hg.): Paul Celan. Frankfurt a.M. 1988, 81-126.

Handelman, S.: The Slayers of Moses. The Emergence of Rabbinic Interpretation in Modern Literary Theory. New York 1982.

dies.: Jacques Derrida and the Heretic Hermeneutic. In: Mark Krupnick (Ed.): Displacement. Derrida and after. Bloomington, Indiana 1983, 98-129.

Häring, H.: Der christliche Glaube an den dreifaltigen Gott. In: Concilium 2/31 (1995), 114-122.

Hart, K.: The Trespass of the sign. Deconstruction, theology and philosophy. Cambridge 1989.

Hartmann, G. / Budick, S. (Ed.): Midrash and Literature. New-Haven / London 1986.

Hartmann, G. H.: Saving the Text. Literature / Derrida / Philosophy. Baltimore & London 1981.

Haverkamp, A. (Hg.): Gewalt und Gerechtigkeit. Derrida-Benjamin. Frankfurt 1994.

Hegel, G.W.F.: Enzyklopädie der philosophischen Wissenschaften im Grundrisse, Hg. von F. Nicolin und O. Pöggeler, Hamburg ^{6}1959.

ders.: Phänomenologie des Geistes. Hamburg 1988.

Heidegger, M.: Sein und Zeit. Tübingen ^{16}1986.

ders.: Der Satz vom Grund. Pfullingen 1957.

ders. Der Ursprung des Kunstwerks [1935/36]. In: Holzwege. Frankfurt a.M. 1950f, 1-72.

ders.: Nietzsche. Zwei Bände. Pfullingen 1961.

ders.: Überwindung der Metaphysik. In: Vorträge und Aufsätze. Pfullingen 1954f.

ders. Unterwegs zur Sprache. Pfullingen 1959ff.

Hick, J.: An Interpretation of Religion. New York 1989.

Hochstaffl, J.: Art. „Apophatische Theologie“. In: LThK^{3}, Bd. I, Sp. 848.

ders.: Negative Theologie. Ein Versuch zur Vermittlung des patristischen Begriffs. Diss. Münster, München 1976.

Hoeps, R.: Bild und Ikonoklasmus. In: Dohmen / Sternberg (Hg.): ... kein Bildnis machen. Kunst und Theologie im Gespräch. Würzburg 1987. 185-203.

Hoff, G.M.: Chalkedon im Paradigma Negativer Theologie. In: ThPh 70 (1995), 355-372.

Höhn, H.-J. (Hg.): Theologie, die an der Zeit ist. Paderborn / Wien / München / Zürich 1992.

Homeyer, J. / Steins, G. (Hg.): Kirche - postmodern 'überholt'? Erfahrungen und Visionen in einer Zeit des Umbruchs. München 1996.

Honneth, A.: Das Andere der Gerechtigkeit. Habermas und die ethische Herausforderung der Postmoderne. Deutsche Zeitschrift für Philosophie, 42 (1994), 195-220.

Hügli, A. / Lübcke, P. (Hg.): Philosophielexikon. Reinbek b. Hamburg 1991.

Hümmler, H.: Helden und Heilige. Eine Legende für jeden Tag des Jahres. Siegburg, 1955.

Husserl, E.: Cartesianische Meditationen. In: Husserliana Bd. I. Hg. v. S. Strasser, Den Haag 1950.

ders.: Logische Untersuchungen. Bd.II, i. Nachdr. der 2., umgearb. Aufl. 1913, Tübingen 1980.

ders.: Zur Phänomenologie des inneren Zeitbewußtseins. In: Husserliana X. Hg. von R. Boehm, Den Haag 1966.

Irigaray, L.: Questions to Emmanuel Levinas: On the divinity of love. In: R. Bernasconi a. S. Critchley, (Ed.): Re-Reading Levinas. London 1991, 109-118.

Jabès, E.: Das Buch der Fragen. (Le livre des Questions. Paris 1963). Übersetzt von H. Beese, Frankfurt a.M. 1989.

ders.: Le retour au livre. Paris 1965.

ders.: Livre de Yukel. Paris 1964.

Jakobson, R.: Zwei Seiten der Sprache und zwei Typen aphatischer Störungen. In: R. Jakobson: Aufsätze zur Linguistik und Poetik. München 1974, 117-141.

Jespers, F.P.M.: Sporen van Derrida bij noordamerikaanse theologen. In: Tjidschrift voor Theologie 30. 1990, 173-183.

Jonas, H.: Jewish and Christian Elements in Philosophy: Their Share in the Emergence of the Modern Mind. In: Philosophical Essays. From Ancient

Jespers, F.P.M.: Sporen van Derrida bij noordamerikaanse theologen. In: Tjidschrift voor Theologie 30. 1990, 173-183.

Jonas, H.: Jewish and Christian Elements in Philosophy: Their Share in the Emergence of the Modern Mind. In: Philosophical Essays. From Ancient Creed to Technological Man. Chicago / London 1980, 21-44 und 291-304.

Jüngel, E.: Gott als Geheimnis der Welt. Zur Begründung der Theologie des Gekreuzigten im Streit zwischen Theismus und Atheismus. Tübingen ^{6}1992.

Kamper, D. / Wulf, Chr. (Hg.): Das Heilige und seine Spur in der Moderne. Frankfurt a.M. 1987.

Kant, I.: Die drei Kritiken. Jubiläumsausgabe anlässlich des 125-jährigen Bestehens der Philosphischen Bibliothek (Meiner). Hamburg 1993.

ders.: Die Religion innerhalb der Grenzen der bloßen Vernunft. Hamburg 1978.

Kasper, W. / Kern, W.: Art. „Atheismus und Gottes Verborgenheit". In: CGG, Tlbd. 22, 5-57.

Kaufmann, F. X.: Religion und Modernität. Sozialwissenschaftliche Perspektiven. Tübingen 1989.

Kearney, R.: Dialogs with Contemporary Continental Thinkers. The Phenomenological Heritage, Manchester 1984.

Keel, O. / Uehlinger, Chr.: Altorientalische Miniaturkunst. Mainz 1990.

Kierkegaard, S.: Einübung im Christentum.

Kimmerle, H.: Derrida zur Einführung. Hamburg 1988.

ders.: Ist Derridas Denken Ursprungsphilosophie? Zu Habermas' Deutung der philosophischen „Postmoderne". In: Die Frage nach dem Subjekt. Hg. v. M. Frank u.a., Frankfurt a.M. 1988, 267-282.

Klehr, F. J. (Hg.): Den Andern Denken. Philosophisches Fachgespräch mit Emmanuel Levinas. Akademie der Diözese Stuttgart 1991 (Hohenheimer Protokolle).

Klemm, D. E.: Open Secrets. Derrida and Negative Theology. In: R. Scharlemann (Ed.): Negation and Theology. (s. dort) 8-24.

Knauer, P.: Der Glaube kommt vom Hören. Ökumenische Fundamentaltheologie. Graz / Wien / Köln 1978.

Koslowski, P.: Supermoderne oder Postmoderne? Dekonstruktion und Mystik in den zwei Postmodernen. In: G. Eifler / O. Saame (Hg.): Postmoderne. Anbruch einer neuen Epoche? Eine interdisziplinäre Erörterung. Wien 1990, 73-99.

Krupnick, M. (Ed.): DISPLACEMENT: Derrida and after. Bloomington, Indiana 1983.

Lacan, J.: Schriften I. Weinheim / Berlin 1973ff.

ders.: Schriften II. Weinheim / Berlin 1980ff.

LaFargue, M.: Are Texts determinate? Derrida, Barth and the Role of the Biblical Scholar. In: Harv. Theol. Rev.81/1988, 341-357.

Lang, B.: Muslimische und jüdische Bibelkritik im Spanien des 11. Jahrhunderts. In: Biblische Notizen 15 (1981), 35-39.

Legendre, P.: Die Juden interpretieren verrückt. (Vortrag beim *Colloque de Montpellier* Mai 1980) In: PSYCHE. Zeitschrift für Psychoanalyse und ihre Anwedungen. 43 (1989), 20-39.

Lesch, W. / Schwind, G. (Hg.): Das Ende der alten Gewißheiten. Theologische Auseinandersetzungen mit der Postmoderne. Mainz 1993.

Lesch, W.: Die Schriftspur des andern. Emmanuel Levinas als Leser von Paul Celan. [1987] In: F. J. Klehr: Den Andern denken. (s. dort), 51-71.

ders.: Fragmente einer Theorie der Gerechtigkeit. E. Levinas im Kontext zeitgenössischer Versuche einer Fundamentalethik (Habermas, Lyotard, Derrida). In: Mayer, M. / Hentschel, M. (Hg.): Lévinas (s. dort), 164-177.

ders.: Wer hat Angst vor Dekonstruktion? Jacques Derridas Herausforderung an die Theologie. In: Ders. / Schwind, G. (Hg.): Das Ende der alten Gewißheiten. (s. dort), 27-47.

Levinas, E.: Schwierige Freiheit. Versuch über das Judentum. (Gekürzte Ausgabe von: Difficile Liberté. Essais sur le Judaisme. Paris 1963). Übersetzt von E. Moldenhauer. Frankfurt a.M. 1992.

ders.: Al'Heure des nations. Paris 1988.

ders.: Außer sich (Noms Propres u. Hors Sujet. Montpellier 1976/1987). Übersetzt und hg. von F.Miething. München / Wien 1991.

ders.: Die Spur des Anderen. Untersuchungen zur Phänomenologie und Sozialphilosophie. Übersetzt, hg. u. eingel. v. W. N. Krewani, Freiburg / München 1983.

ders.: Die Zeit und der Andere. Übersetzt und mit einer Nachwort versehen von L. Wenzler, Hamburg 1984.

ders.: Eigennamen. Meditationen über Sprache und Literatur (Noms Propres und Sur Maurice Blanchot. Montpellier 1976). Übersetzt und hg. von F. Miething. München / Wien 1988.

ders.: Gott und die Philosophie. Übersetzt von R. Funk. In: Casper, B. (Hg.): Gott nennen. Phänomenologische Zugänge. Freiburg / München 1981.

ders.: Humanismus des anderen Menschen. Übersetzt und mit einer Einleitung versehen von L. Wenzler. Hamburg 1989.

ders.: Jenseits des Seins oder anders als Sein geschieht (Autrement qu'etre ou au-dela l'essence, La Haye 1974ff). Übersetzt von Th Wiemer, Freiburg / München 1992.

ders.: L'Au-delà du verset. Paris 1982.

ders.: Totalität und Unendlichkeit (Totalité et Infini. Essai sur l'Extériorité. La Haye 1961/^{7}1980). Übersetzt von W. N. Krewani, Freiburg / München 1987.

ders.: Vier Talmud-Lesungen (Quatre lectures talmudiques. Paris 1968). Frankfurt a.M. 1993.

Levy, B.-H.: Gefährliche Reinheit. Graz / Wien 1995.

Libanio, J.B. / Lucetti Bingemer, M.C.: Christliche Eschatologie. Düsseldorf (Bibliothek Theologie der Befreiung) 1987.

Lohfink, N.: Das Jüdische am Christentum. Die verlorene Dimension. Freiburg i. Br. u.a. 1987.

Loy, D.: The Deconstruction of Buddhism. In: H. Coward / T. Foshay (Ed.): Derrida(s. dort), 227-254.

Luhmann, N.: Läßt unsere Gesellschaft Kommunikation mit Gott zu? In: Soziologische Aufklärung 4, Opladen 1987.

Lyotard, J.-F.: Heidegger und die Juden (Heidegger et „les juifs". Paris, 1988). Übers. u. hg. v. P. Engelmann. Wien 1988.

Man, P. de.: Blindness and Insight. Essays in the Rhetoric of Contemporary Criticism. New York 1971.

ders.: Allegorien des Lesens (Allegories of Reading. Figural Language in Rousseau, Nietzsche, Rilke and Proust, New Haven u.a. 1979). Übersetzt von W. Hamacher und P. Krumme, Frankfurt a.M. 1988.

Marion, J.-L.: Idol und Bild. (Fragments sur l'idol et l'icône. Paris 1982). In: Phänomenologie des Idols. Hg. von B. Casper. Freiburg / München 1981, 107-132.

ders.: L'idole et la distance. Paris 1977.

Marquardt, F.-W.: Das christliche Bekenntnis zu Jesus dem Juden. Eine Christologie. München 1990.

Mayer, M. / Hentschel, M.: Lévinas. Zur Möglichkeit einer prophetischen Philosophie. (Parabel, Schriftenreihe des evangelischen Studienwerks Villigst, 12) Gießen 1990.

Meister Eckehart: Deutsche Predigten und Traktate. Übersetzt und hg. von J. Quint. München ^{6}1985.

Menke, Chr.: „Absolute Interrogation." Metaphysikkritik und Sinnsubversion bei Jacques Derrida. In: Philosophisches Jahrbuch 1990, 351-366.

ders.: Die Souveränität der Kunst. Ästhetische Erfahrungen nach Adorno und Derrida. Frankfurt 1991.

Metz, J. B.: Kampf um jüdische Traditionen in der christlichen Gottesrede. In: Kirche und Israel, 1/87, 14-23.

ders.: Die Rede von Gott angesichts der Leidensgeschichte der Welt. In: Stimmen der Zeit 210 (1992).

Miller, J.H.: Ariadne's Thread. Story Lines. New Haven / London 1992.

ders.: The Ethics of Reading. Kant, de Man, Eliot, Trollope, James and Benjamin. New York 1987.

Moltmann, J.: Trinität und Reich Gottes. München 1980.

Moore, St. D.: Literary Criticism and the Gospels: The Theoretical Challenge. New Haven 1989

ders.: Poststructuralism and the New Testament. Derrida and Foucault at the Foot of the Cross. Minneapolis 1994.

Munker, St.: Ästhetische Perspektiven philosophischer Praxis: Adorno, Derrida, Wittgenstein. Berlin 1994.

Münz, Chr.: Der Welt ein Gedächtnis geben. Geschichtstheologisches Denken nach Auschwitz. Gütersloh 1995.

Nestle, W.: Haupteinwände des antiken Denkens gegen das Christentum. Zuletzt in: J. Martin u. B. Quint (Hg.): Christentum und antike Gesellschaft. Darmstadt 1990, 17-80.

Nietzsche, F.: Kritische Studienausgabe. Hg. von G. Colli und M. Montinari, Berlin / New York [2]1988.

Niggl, G. (Hg.): Die Autobiographie: Zu Form und Gestalt einer literarischen Gattung (Wege der Forschung, Bd. 565). Darmstadt 1989.

Nordhofen, E.: Der Engel der Bestreitung. Über das Verhältnis von Kunst und negativer Theologie. Würzburg 1993.

Ouaknin, M.A.: Das verbrannte Buch. Den Talmud lesen (Le livre brûlé. Lire le Talmud. Paris 1986). Übersetzt von D. Jakobsen und L. Mai, Weinheim / Berlin 1990.

Pannenberg, W.: Anthropologie in theologischer Perspektive. Göttingen 1983.

Phillips, G.A. (Ed.): Semeia 51 (1990) "Poststructuralist Criticism and the Bible".

Platon: Werke in acht Bänden. Griechisch und Deutsch. Übersetzt von Friedrich Schleiermacher u.a. Herausgegeben von Günter Eigler. Darmstadt 1977 ff.

Pröpper, Th.: Erlösungsglaube und Freiheitsgeschichte. Eine Skizze zur Soteriologie. München 1988.

Rabaté, J.-M. / Wetzel, M. (Hg.): Ethik der Gabe. Denken nach Jacques Derrida. Berlin 1993.

Rahner, K.: Der dreifaltige Gott als transzendenter Urgrund der Heilsgeschichte. In: MySal 2, 519-540.

Rauscher, G.: Anders als Sprache, Gott und Zeit. Der Haken der Transzendenz im Dichten Paul Celans. Judaica 51 (1995), 132-153.

Redford-Ruether, R.: Nächstenliebe und Brudermord. Die theologischen Wurzeln des Antisemitismus. München 1978.

Ricoeur, P.: Die lebendige Metapher. (La métaphore vive. Paris 1975, dt.) München 1986.

Rorty, R.: Dekonstruieren und Ausweichen. In: Eine Kultur ohne Zentrum. Vier philosphische Essays und ein Vorwort. (Deconstruction and Circumverntion. In: Essays on Heidegger and Others. Philosophical Papers, Bd 2, Cambridge 1991, 66-82). Übersetzt von J. Schulte, Stuttgart 1993, 104-146.

ders.: Derrida on language, being and abnormal philosophy. In: The Journal of Philosophy 74. 1977, 673-681.

Rousseau, J.J.: Essai sur l'origine des langues.

Salmann, E.: Der geteilte Logos. Zum offenen Prozeß von neuzeitlichem Denken und Theologie. Roma 1992. (Studia Anselmiana 111).

Sandherr, S.: Die Verweiblichung des Subjekts. Zu Emmanuel Levinas' Jenseits des Seins oder anders als Sein geschieht. In: Orientierung 59 (1995), 133-136.

Schäfer, P.: Studien zur Geschichte und Theologie des rabbinischen Judentums, Leiden 1978.

Scharleman, R. P. (Ed.): Negation and Theology. Charlottesville and London 1992.

Schmid, D.: Religion und Christentum in Fichtes Spätphilosophie 1810-1813 (Diss Kiel 1994). Berlin 1995.

Schmid, W.: Auf der Suche nach einer neuen Lebenskunst. Die Frage nach dem Grund und die Neubegründung der Ethik bei Foucault. Frankfurt a.M. 1991.

Schmidt, W. H.: Biblischer Kommentar AT. Exodus. Bd. II/1 1Tb. Vluyn 1988.

Schneider, Th. (Hg.): Handbuch der Dogmatik. Düsseldorf 1992.

Scholem, G.: Der Name Gottes und die Sprachtheorie der Kabbala. In: Ders.: Judaica III. Frankfurt a.M. 1970 ff.

ders.: Die jüdische Mystik in ihren Hauptströmungen. Frankfurt a.M. 1967 ff.

ders.: Franz Rosenzweig und sein Buch 'Der Stern der Erlösung'. In: F. Rosenzweig: Der Stern der Erlösung. Frankfurt a.M. 1980, 525-549.

ders.: Über einige Grundbegriffe des Judentums. Frankfurt a.M. 1970.

ders.: Zur Kabbala und ihrer Symbolik. Frankfurt a.M. ^{7}1992.

Schrage, W.: Kommentar zum Ersten Korintherbrief (EKK VII/1), Neukirchen-Vluyn1991.

Schroer, S.: In Israel gab es Bilder. Nachrichten von darstellender Kunst im Alten Testament. Fribourg / Göttingen 1987.

Seckler, M.: Art. „Atheismus, Theologisch". In: LthK^{3} 1993 Bd I, Spp. 1135-1139.

Sellner, A. Chr.: Immerwährender Heiligenkalender. Frankfurt a.M. 1993.

Silverman, H. J. (Ed.): Derrida and Deconstruction. New York / London 1989 (Continental Philosophie II).

Sölle, D.: Atheistisch an Gott glauben. Olten 1968.

Spinoza, B.: Theologisch-politischer Traktat. Hamburg 1976ff.

Steiner, G.: Von realer Gegenwart. Hat unser Sprechen Inhalt? (Real Presences. London 1989). Übersetzt von J. Trobitius, München / Wien 1990.

Stemberger, G.: Der Talmud. München 1987.

ders.: Midrasch. Vom Umgang der Rabbinen mit der Bibel. Einführung - Texte - Erläuterungen. München 1989.

Sternberg, Chr. (Hg.): Neue Formen der Schriftauslegung? Freiburg 1992 (QD 140).

Strasser, St.: Jenseits von Sein und Zeit. Eine Einführung in Emmanuel Levinas' Philosophie. Den Haag 1978.

ders.: Von einer Husserl Interpretation zu einer Husserl-Kritik. Nachdenkliches zu Jacques Derrida. In: Studien zur neueren französischen Phänomenologie. Riceur, Foucault, Derrida. Hg.v. E.W. Orth, München 1986, 130-169.

Szondi, P.: Eden. In: Celan-Studien. Frankfurt a.M. 1972, 113-125.

Taureck, B.: Französische Philosophie im 20. Jahrhundert. Analysen Texte Kommentare. Reinbeck b. Hamburg 1988.

Taylor, M. C.: Altarity. Chicago & London 1987.

ders.: Deconstructing Theology. New York & Chicago 1982.

ders.: ERRING: A Postmodern A/Theologie. Chicago & London 1984.

Tracy, D.: Plurality and Ambiguity. San Francisco 1987. (Theologie als Gespräch. Mainz 1993).

ders.: The Analogical Imagination. Christian Theology and the Culture of Pluralism. New York 1981.

Verweyen, H.: Christologische Brennpunkte. Essen ^{2}1985.

ders.: Gottes letztes Wort. Grundriß der Fundamentaltheologie. Düsseldorf 1991.

ders.: Sein, Bild, Interpersonalität. Zur Bedeutung des späten Fichte. In: A. Halder (Hg.): Auf der Suche nach dem verborgenen Gott. Düsseldorf 1987, 116-126.

Vries, H. de: Theologie im pianissimo & zwischen Rationalität und Dekonstruktion. Kampen 1989.

Waldenfels, B.: Phänomenologie in Frankreich. Frankfurt a.M. 1983.

Weber, E. (Hg.): Jüdisches Denken in Frankreich. Gespräche mit Jacques Derrida, Emmanuel Levinas u.a. Frankfurt a.M. 1994.

ders.: Nachdenken als Nach-denken: Anamnesis" in: M. Mayer / M. Hentschel (Hg.): Lévinas. (s. dort), 256-277.

ders.: Schwarze Tränen, Tintenspur. In: J.-M. Rabaté / M. Wetzel (Hg.): Ethik der Gabe (s. dort), 39-56.

ders.: Verfolgung und Trauma. Zu Emmanuel Lévinas' Autrement qu'être ou au-delà de l'essence. Graz-Wien 1990.

Weber, M.: Protestantische Ethik. Tübingen 1920f.

Weinrich, H.: Art. „Metapher". In: HWP, Spp. 1186-1294.

Weischedel, W.: Der Gott der Philosophen. Grundlegung einer philosophischen Theologie im Zeitalter des Nihilismus. Darmstadt 1983.

Welsch, W.: Religiöse Implikationen und religionsphilosophische Konsequenzen 'postmoderen' Denkens. In: Religionsphilosophie heute. Hg.v. A. Halder u.a. Düsseldorf 1986, 117-129.

ders.: Unsere postmoderne Moderne. Weinheim ^{3}1991.

ders.: Wege aus der Moderne. Schlüsseltexte der postmodernen Diskussion. Weinheim 1988.

Welte, B.: Das Licht des Nichts. Von der Möglichkeit neuer religiöser Erfahrung. Düsseldorf 1980.

ders.: Meister Eckhart. Gedanken zu seinen Gedanken. Freiburg 1979.

Wenzler, L.: „Verbindende Trennung." Zum Verständnis der Zeit im Werk von Emmanuel Levinas. In: F.J. Klehr (Hg.): Den Andern denken. (s. dort), 137-142.

ders.: Zeichen und Antlitz. Ontologische Destruktion und ethische Einsetzung des Subjekts nach Emmanuel Levinas. Ebd., 115-136.

ders.: Zeit als Nähe des Abwesenden. Diachronie der Ethik und Diachronie der Sinnlichkeit nach Emmanuel Levinas. Nachwort in: E. Levinas: Die Zeit und der Andere. (s. dort), 67-92.

Wetzel, M.: Lebewohl Asche. Nachwort zur deutschen Ausgabe von J. Derrida: Feuer und Asche (s. dort), 69-75.

Wiemer, Th.: Die Passion des Sagens. Zur Deutung der Sprache bei Emmanuel Levinas und ihre Realisierung im philosophischen Diskurs. Diss. Freiburg 1988.

Wittgenstein, L.: Tractatus logico-philosophicus. Fankfurt a.M. 1989.

Wohlfahrt, I.: 'Haarscharf an der Grenze zwischen Religion und Nihilismus'. Zum Motiv des Zimzum bei Gershom Scholem. In: Schäfer, P. / Smith, G. (Hg.): Gershom Scholem. Zwischen den Disziplinen. Frankfurt a.M. 1989f, 176-256.

Wolosky, Sh.: Derrida, Jabès, Levinas: Sign-Theory as Ethical Discourse. In: Prooftexts. A Journal of Jewish Literary History. 2 (1982).

Wyschogrod, E.: Derrida, Levinas and Violence. In: H. J. Silverman (Hg.): Derrida and Deconstruction (s. dort), 182-200.

ders.: How to say No in French. In: R. C. Scharlemann (Ed.): Negation and Theology, Charlottsville & London 1992, 39-55.

Zaehner, R.C.: Concordant Discord. Oxford 1970.

Zenger, E.: Das Erste Testament. Die jüdische Bibel und die Christen. Düsseldorf 1991.

ders.: Der Gott des Exodus in der Botschaft der Propheten - am Beispiel des Jesajabuches. In: Concilium 23 (1987).

Zima, P. v.: Die Dekonstruktion, Tübingen 1994.